普通高等教育"十二五"规划教材

高职高专物流类教材系列

物流运输组织与管理实务

秦 英 刘东华 主 编

徐晓林 宋玉华 副主编

科学出版社

北 京

内 容 简 介

本书以物流原理为指导，以运输为基础，对物流运输组织的理论和技术进行整体设计，全面而系统地介绍了公路货物运输、铁路货物运输、水路货物运输、航空货物运输、管道运输、集装箱运输、多式联运等不同运输方式的选择及其业务流程，并就这些业务过程涉及的运输合同和运输质量成本进行了详细的描述。

本书在介绍一般理论的基础上，增加了运输组织实务的案例和操作内容，注重学生实践操作能力的培养，真正做到在理论"必需、够用"的基础上突出实际操作，其最终目标是使学生尽快掌握工作的技能，提高分析问题和解决问题的能力。

本书内容充实、新颖，结构安排严谨，可作为高职高专院校物流管理和交通管理等专业的教材，还可作为本领域业务相关业务人员的培训教材，对非物流管理专业的读者了解物流运输组织管理问题也有一定的参考价值。

图书在版编目(CIP)数据

物流运输组织与管理实务/秦英，刘东华主编. —北京：科学出版社，2008

（普通高等教育"十二五"规划教材·高职高专物流类教材系列）

ISBN 978-7-03-020969-6

Ⅰ.物… Ⅱ.①秦… ②刘… Ⅲ.货物运输-交通运输管理-高等学校：技术学校-教材 Ⅳ.U

中国版本图书馆 CIP 数据核字（2008）第 010688 号

责任编辑：任锋娟 / 责任校对：赵 燕
责任印制：吕春珉 / 封面设计：王 浩

科学出版社 出版

北京东黄城根北街 16 号
邮政编码：100717
http://www.sciencep.com

铭浩彩色印装有限公司 印刷

科学出版社发行　　各地新华书店经销

*

2008 年 3 月第 一 版　　开本：B5(720×1000)
2017 年 8 月第七次印刷　　印张：21 3/4
字数：439 000
定价：43.50元
（如有印装质量问题，我社负责调换〈骏杰〉）
销售部电话 010-62136131　编辑部电话 010-62135741（VF02）

高职高专物流类教材系列
编写委员会

出 版 说 明

进入 21 世纪，国际竞争日趋激烈，竞争的焦点是人才的竞争，是全民素质的竞争。人力资源在国家综合国力的增强方面发挥着越来越重要的作用，而人力资源的状况归根结底取决于教育发展的整体水平。

教育部明确了将进行六大重点工程建设：一是"新世纪素质教育工程"，以进一步全面推进素质教育；二是"职业教育与培训创新工程"，以增强学生的就业、创业能力；三是"高等学校教学质量与教学改革工程"，以进一步深化高等学校的教学改革；四是"教育信息化建设工程"，以加快教育信息化基础设施、教育信息资源建设和人才培养；五是"高校毕业生就业工程"，以建立更加完善的高校毕业生就业信息网络和指导、服务体系；六是"高素质教师和管理队伍建设工程"，以完善教师教育和终身学习体系，进一步深化人事制度改革。

职业教育事业在改革中加速发展，使我国的经济建设和社会发展服务能力显著增强。各地和各级职业院校坚持以服务为宗旨、以就业为导向，正大力实施"制造业与现代服务业技能型紧缺人才培养培训计划"和"农村劳动力转移培训计划"，并密切与企业、人才、劳务市场的合作，进一步优化资源配置和布局结构，深化管理体制和办学体制改革，使这一事业发展势头良好。

科学出版社本着"高水平、高质量、高层次"的"三高"精神和"严肃、严密、严格"的"三严"作风，集中相关行业专家、各职业院校双师型教师，编写了高职高专层次的基础课、公共课教材，各类紧缺专业、热门专业教材，实训教材，并引进了相关的特色教材，其中包括如下三个部分：

1. 高职高专基础课、公共课教材系列，又分

（1）基础课教材系列

（2）公共课教材系列

2. 高职高专专业课教材系列，又分

（1）紧缺专业教材系列

——软件类专业系列教材

——数控技术类专业系列教材

——护理类专业系列教材

（2）热门专业教材系列

——电子信息类专业系列教材

——交通运输类专业系列教材

——财经类专业系列教材

　　　　——旅游类专业系列教材
　　　　——生物技术类专业系列教材
　　　　——食品类专业系列教材
　　　　——精细化工类专业系列教材
　　　　——艺术设计类专业系列教材
　　　　——建筑工程专业系列教材
　　3. 高职高专特色教材系列，又分
　　　　（1）高职高专实训系列教材
　　　　（2）国外职业教育优秀系列教材

　　本套教材建设的宗旨是以学校的选择为依据，以方便教师授课为标准，以理论知识为主体，以应用型职业岗位需求为中心，以素质教育、创新教育为基础，以学生能力培养为本位，力求突出以下特色：

　　1. 理念创新：秉承"教学改革与学科创新引路，科技进步与教材创新同步"的理念，根据新时代对高等职业教育人才的需求，出版一系列体现教学改革最新理念、内容领先、思路创新、突出实训、成系列配套的高职高专教材。

　　2. 方法创新：摒弃"借用教材、压缩内容"的滞后方法，专门开发符合高职特点的"对口教材"。在对职业岗位所需求的专业知识和专项能力进行科学分析的基础上，引进国外先进的教材，以确保符合职业教育的特色。

　　3. 特色创新：加大实训教材的开发力度，填补空白，突出热点，积极开发紧缺专业、热门专业的教材。对于部分教材，提供"课件"、"教学资源支持库"等立体化的教学支持，以方便教师教学与学生学习。对于部分专业，组织编写"双证"教材，注意将教材内容与职业资格、技能证书进行衔接。

　　4. 内容创新：在教材的编写过程中，力求反映知识更新和科技发展的最新动态，将新知识、新技术、新内容、新工艺、新案例及时反映到教材中，体现了高职教育专业紧密联系生产、建设、服务、管理一线的实际要求。

　　欢迎广大教师、学生在使用本系列教材时提出宝贵意见，以便我们进一步做好修订工作，出版更多的精品教材。

科学出版社

前　　言

随着物的流通与人类生产和生活联系的日益密切，社会对物流无论从数量上还是从质量上都提出了更高的要求。而交通运输又是现代物流体系中的重要环节，所以如何利用现有条件组织运输，使物体在流通过程中的运输时间、运输质量和运输成本趋于合理，是现代物流领域中极为重要的课题。

本书从物流管理的基础出发，与运输管理理论相结合，并结合国内外物流行业的运作特点及先进模式，将现代管理思想与方法、现代组织技术与物流实践相结合，为从事物流运输管理工作者提供了理论基础。

本书本着"基本理论知识够用，注重实际运用与操作技能培养"的理念，吸收国外先进的物流理念、物流技术和物流管理思想，全面介绍了物流运输管理的基本知识和业务的实际操作。全书共 10 章，对铁路货物运输、公路货物运输、管道运输、水路货物运输、航空货物运输、集装箱运输等运输方式的发展历史、现状、特点和管理实务、业务办理以及特殊货物的运输实务、运输合同、运输质量与管理等内容都做了全面而系统的介绍，基本涉及物流运输管理的各个方面。

本书的编写立足于高职高专物流管理专业的教学特点，以实际案例为切入点来介绍理论。为便于学生的理解和掌握，每章后面都附有案例分析。

本书作为高职高专物流管理专业教材，也可供普通高等院校、中等职业学校物流及电子商务专业师生选用，还可作为各类物流培训机构的培训教材。

秦英负责全书各章节的结构、内容的策划和统稿工作，刘东华参加了相关文献的整理、校对工作。参加编写的人员有：徐晓林（第一章）、秦英（第二章）、刘东华（第三章）、卢改红（第四章）、朱丽呐（第五章）、宋玉华（第六章）、王玉明（第七章）、卢园（第八章）、魏静（第九章）、李雪（第十章）。另外，感谢包红霞对本书所做的主审工作。

由于物流运输管理是一门实践性非常强的课程，且其所处的行业处于不断的发展和变化之中，加之编写时间紧迫、作者本身的水平和经验有限，本书难免有疏漏和不妥之处，恳请读者批评指正。另外，编者在编写本书时参考了众多资料，在此向有关作者表示感谢。

目　　录

第一章 物流运输管理基础知识

通过学习，了解运输与物流的关系、运输的功能，熟悉各种运输方式的技术经济特征、影响运输成本的因素，着重掌握运输的概念、运输方式选择需要考虑的因素、运输需求、运输供给、运输市场的概念、运输成本的构成。

第一节 物流运输概述

交通运输的诞生与发展，经历了漫长的历史过程，它伴随着社会生产力的发展和科学技术的进步而产生、发展，它促进了社会、政治、经济和文化的发展和进步，是人类社会进步的动力，是人类文明的车轮。

一、运输的概念

一般来说，运输是指在不同地域范围内，以改变实体空间位置为目的的一切活动。实体一般包括人和物，本书中运输实体专指货物和产品。

这里有两个需要明晰的地方：一是运输表现在实体借助于运力创造时间和空间价值的活动。当实体因从一个地方转移到另一个地方时，空间上位置改变了，时间上使用价值也得到了延续，从而创造了实体的空间价值和时间价值。所谓运力，是指由运输设施、路线、设备、工具和人力组成的，具有从事运输活动能力的系统。二是对实体进行空间位移。它和装卸、搬运的区别在于，运输是较大范围内不同地域的活动，而搬运是在同一地域范围之内的活动。

二、运输的地位

1. 运输是物流的主要功能要素之一

按照物流的概念，物流是"物"的物理性运动，这种运动不但改变了物的时间状态，也改变了物的空间状态。而运输承担了改变空间状态的主要任务，运输再配以搬运、配送等活动，就能圆满完成改变空间状态的全部任务。

在现代物流观念未诞生之前，甚至就在今天，仍有不少人将运输等同于物流，其原因是物流中很大一部分责任是由运输担任的，是物流的主要部分。

2. 运输是社会物质生产的必要条件之一

运输是国民经济的基础和先行。马克思将运输称为"第四个物质生产部门"是将运输看成生产过程的继续，这个继续虽然以生产过程为前提，但如果没有这个继续，生产过程最后则不能完成。所以，虽然运输这种生产活动和一般生产活动不同，它不创造新的物质产品，不增加社会产品数量，不赋予产品以新的使用价值，而只变动其所在的空间位置，但这一变动则使生产能继续下去，使社会再生产不断推进，所以将其看成一个物质生产部门。

运输作为社会物质生产的必要条件，表现在运输是生产过程的继续，运输联结着生产与再生产、生产与消费的环节，联结着国民经济各部门、各企业，联结着城乡，联结着不同国家和地区。

3. 运输可以创造"场所效用"

场所效用的含义是：同种物由于空间场所的不同，其使用价值的实现程度则不同，其效益的实现也不同。由于改变场所而最大限度地发挥了使用价值，最大限度地提高了产出投入比，就称为"场所效用"。通过运输，将物运到场所效用最高的地方，就能发挥物的潜力，实现资源的优化配置。从这个意义来讲，通过运输提高了物的使用价值。

4. 运输是"第三利润源"的主要源泉

1）运输是运动中的活动，它和静止的保管不同，要靠大量的动力消耗才能实现这一活动，而运输又承担大跨度空间转移的任务，所以活动时间长、距离长、消耗也大。消耗的绝对数量大，其节约的潜力也就大。

2）从运费来看，运费在全部物流费中占最高的比例，一般要达到 50%，有些产品甚至运费高于生产费。所以节约的潜力是很大的。

3）由于运输总里程长，运输总量巨大，通过体制改革和运输合理化可大大缩短运输吨千米数，从而获得比较大的节约。

三、运输的功能

1. 产品转移功能

无论产品处于哪种形式，是原材料、零部件、半成品还是产成品，也不论是在制造过程中还是转移到最终的顾客，运输都是必不可少的。运输的主要功能就是使产品在价值链中来回移动，即通过改变产品的地点与位置，消除产品的生产与消费之间的空间位置上的背离，或将产品从效用价值低的地方转移到效用价值高的地方，创造出产品的空间效用。另外，因为运输的主要目的是以最少的时间完成从原产地到规定地点的转移，使产品在需要的时间内到达目的地，创造出产品的时间效用。既然运输利用的是时间资源、财务资源和环境资源，那么只有当它确实提高了产品价值时，该产品的运输才是有用的。

运输之所以涉及到时间资源，是因为被运输产品在运输过程中是难以存取的，它是各种供应链战略中所要考虑的，通过运输时间的占用，减少生产线上和配送中心的存货。涉及到财务资源是因为会发生驾驶员劳动报酬、运输工具的运行费用以及一般杂费和行政管理费用的分摊。涉及到环境资源是因为运输是能源的主要消费者之一，同时还会造成交通拥挤、空气污染和噪音污染而产生环境费用。

2. 产品临时储存功能

如果转移中的产品需要储存，且在短时间内又将重新转移，而卸货和装货的成本也许会超过储存在运输工具中的费用，这时，可将运输工具作为暂时的储存场所。所以，运输也具有临时的储存功能。通常以下几种情况需要将运输工具作为临时储存场所：一是货物处于转移中，运输的目的地发生改变时。这时，采取改道则是产品短时储存的一种方法。二是在起始地或目的地仓库储存能力有限的情况下，将货物装上运输工具，采用迂回线路运往目的地。诚然，用运输工具储存货物可能是昂贵的，但如果综合考虑总成本，包括运输途中的装卸成本、储存能力的限制、装卸的损耗或延长时间等，选择运输工具作短时间储存往往是合理的，有时甚至是必要的。

四、运输组织的原理

运输组织是在运输企业的生产和经营实践中发展起来的关于运输资源合理配置和利用的理论和技术。从运载工具运用的角度看，有车辆和船舶的货物配载问题，有特殊货物运输条件的确定和安全运输问题；从运输港站工作的角度看，有运输动力、线路、作业站台、仓库货位和装卸机械等设备配置问题与运输技术作业流程的组织管理问题；从运输网络运用和管理的角度看，有交通流的组织调整和动态监控，确保系统安全、畅通和交通高效有序的问题；从运输企业生产和经营的角度看，有运输市场调查、客流和货流组织以及运输产品设计的问题，运输设备综合运用和运输生产过程优化组织的问题；从整个综合运输系统的角度看，有各种运输方式的布局和运输协作配合的问题等。这些都是运输组织所要面临和应该解决的问题。

随着运输需求的不断发展，从运输组织的角度，即运输资源合理利用的角度，需要对运输设备及其运输能力的加强和发展提出运营上的要求，科学合理地规划运输固定设备、活动设备和运输管理系统的布局和建设，实现运输资源的动态合理配置。这也是运输组织所要研究和解决的重要理论和技术问题。

运输组织属于企业生产组织和管理的范畴，是从系统整体优化的目标出发，以生产过程组织管理的最优化，实现资源投入的最小化和产品利润的最大化。

在生产组织中，充分根据企业生产的特点，合理配置生产设备，科学组织作业流程，实现生产工序之间的紧密配合，保证生产的连续性、流水性和节奏性，统一计划设备的运用和维护，尽可能减少设备的非生产时间，充分发挥人员、设备等生产要素的潜力，实行标准化管理，保证生产过程的安全有序以及满足有市场竞争力的产品质量要求等，是现代企业生产组织和管理的基本要求，运输组织也不例外。

运输组织由于其生产过程本身的特点，有别于一般企业的生产组织和管理。运输产品是人和物的位移，是无形产品，其产品生产与消费同时进行，产品不能存储和调拨，运输基础设施建设的周期较长，运输设计能力的形成也需要较长时间，运输组织与市场营销密不可分。这些特点对运输组织提出了不同于其他生产组织的要求。首先，运输生产组织必须适应运输产品实现的跨地域特点，在一定的开放空间和较长的时间范围内组织运输产品的生产和消费同步进行，在复杂变动的自然、社会和运输环境条件下实现运输产品并保证产品质量，因此需要科学的计划、合理的组织和严密的实施。其次，运输组织适应运输市场多样化需求的能力，往往受其多部门、多环节和跨地域等众多条件的制约。交通流的产生、运行和消失呈现为有控的随机性，其随机性因不同运输方式的受控程度而异，并受经济生活影响而呈现地区性、季节性、工、休日间的和一日间的波动，同一运输通道不同运输方向的交通流量通常也呈现不平衡的特点，使运输组织面临对外的规范服务和对内的柔性生产的两难选择和双重挑战。再次，运输系统由多种运输方式构成，一个完整的运输过程可能由一种运输方式完成，也可能需要多种运输方式完成，由多种运输方式相互协作配合完成运输过程，需要更高形式的运输组织模式，这种模式不仅要解决运输方式间货物的装卸和中转运输的技术问题，而且要克服不同运输方式间管理体制的、规章制度的和信息系统的各种障碍，建立统一的技术的、组织的和制度的保证。

第二节　物流运输的方式

一、运输的基本特征

由于运输过程是运输组织者使用运输设施、设备和工具作用于实体本身，改变实体的空间位置的过程，相对于物流的其他过程来说，运输有其明显的特征。

1. 运输不产生新的实物形态产品

物流运输业劳动对象可以是实体，只改变实体的空间位移，用货物吨千米计量。运输参与社会总产品的生产和国民收入的创造，但却不增加社会产品的实物总量，不产生新的实物形态产品。

2. 运输的服务性

物流运输提供的是一种服务，运输业对劳动对象只有生产权（运输权），只改变劳动对象的空间位置，对物资实体不具有所有权。

3. 运输是社会生产过程在流通领域内的继续

产品在完成了生产过程后，必然要从生产领域进入到消费领域，这就需要运输。产品只有完成这个运动过程，才能变成消费品，运输与流通是紧密相连的，是社会生产过程在流通领域内的继续。

4. 运输生产和运输消费是同一过程

运输业的产品不能储存，不能调配，生产出来的产品如果不及时消费就会被浪费。运输产品的效用是和运输生产过程密不可分的，这种效用只能在生产过程中被消费。生产过程开始，消费过程也就开始，生产过程结束，消费过程也就结束。这一特点要求运输一方面应留有足够的运输能力储备，以避免由于能力不足而影响消费者需求，另一方面应对运输过程进行周密的规划和管理，因为运输过程中出现的任何差错都无法通过对运输产品的"修复"而使消费者免受侵害或影响。

5. 运输具有"网络型产业"特征

运输生产具有"网状"特征，它的场所遍及广阔。运输的网络性生产特征决定了运输内部各个环节以及各种运输方式相互间密切协调的重要性。

6. 运输的资本结构有其特殊性

运输的固定资本比重大，流动资本比重小，资本的周转速度相对较慢。

二、各种运输方式的技术经济特点

现代的运输工具主要是车、船、飞机、管道等。常见的运输方式有铁路运输、公路运输、水路运输、航空运输和管道运输。

1. 铁路运输

这是使用铁路列车运送客货的一种运输方式。铁路运输主要承担长距离、大数量的货运，在没有水运条件的地区，几乎所有大批量货物都是依靠铁路，是在干线运输中起主力运输作用的运输形式。

（1）从技术性能上看，铁路运输的优点

1）运行速度快，常规时速一般在 80～120 千米，提速后可高达 200 千米以上，高速磁悬浮或轮轨列车时速可达 300～400 千米。

2）运输能力大，一列货车可装 2 000~3 500 吨货物，重载列车可装 20 000 多吨货物；单线单向年最大货物运输能力达 1 800 万吨，复线达 5 500 万吨；运行组织较好的国家，单线单向年最大货物运输能力达 4 000 万吨，复线单向年最大货物运输能力超过 1 亿吨。

3）铁路运输过程受自然条件限制较小，连续性强，能保证全年运行。

4）通用性能好，既可运客又可运各类不同的货物。

5）火车客货运输到发时间准确性较高。

6）火车运行比较平稳，安全可靠。

7）平均运距分别为公路运输的 25 倍，为管道运输的 1.15 倍，但不足水路运输的 1/2，不到民航运输的 1/3。

（2）从经济指标上看，铁路运输的优点

1）铁路运输成本较低，有关数据表明，我国铁路运输成本分别是汽车运输成本的 1/11~1/17，民航运输成本的 1/97~1/267。

2）能耗较低，每千吨千米标准燃料消耗为汽车运输的 1/11~1/15，民航运输的 1/174，但是这两种指标都高于沿海和内河运输。

（3）铁路运输的缺点

1）投资太高，单线铁路每千米造价为 100 万~300 万元，复线造价在 400 万~500 万元。

2）建设周期长，一条干线要建设 5~10 年，而且占地太多，随着人口的增长，将给社会增加更多的负担。

因此，综合考虑，铁路适于在内陆地区运送中、长距离、大运量、时间性强、可靠性要求高的一般货物和特种货物；从投资效果看，在运输量比较大的地区之间建设铁路比较合理。铁路运输经济里程一般在 200 千米以上。

2. 公路运输

这是主要使用汽车，也使用其他车辆（如人、畜力车）在公路上进行客货运输的一种方式。公路运输主要承担近距离、小批量的货运和水运、铁路运输难以到达地区的长途、大批量货运及铁路、水运优势难以发挥的短途运输。

（1）公路运输的优点

1）机动灵活，可以实现"门对门"运输。

2）货物损耗少，运送速度快。

3）投资少，修建公路的材料和技术比较容易解决，易在全社会广泛发展。这是公路运输的最大优点。

（2）公路运输的主要缺点

1）运输能力小，每辆普通载重汽车每次只能运送 5 吨货物。

2）运输能耗很高，分别是铁路运输能耗的 10.6~15.1 倍，沿海运输能耗的

11.2～15.9 倍，管道运输能耗的 4.8～6.9 倍，但比民航运输能耗低，只有民航运输的 6%～87%。

3）运输成本高，分别是铁路运输的 11.1～17.5 倍，沿海运输的 27.7～43.6 倍，管道运输的 13.7～21.5 倍，但比民航运输成本低，只有民航运输的 6.1%～9.6%。

4）劳动生产率低，只有铁路运输的 10.6%，沿海运输的 1.5%，内河运输的 7.5%，但比民航运输劳动生产率高，是民航运输的 3 倍。此外，由于汽车体积小，无法运送大件物资，不适宜运输大宗和长距离货物；公路建设占地多，随着人口的增长，占地多的矛盾将表现得更为突出。

因此，公路运输比较适宜在内陆地区短途运输，可以与铁路、水路联运，为铁路、港口集疏运旅客和物资，可以深入山区及偏僻的农村进行运输，在远离铁路的区域从事干线运输。

3. 水路运输

这是使用船舶运送客货的一种运输方式。水运主要承担大数量、长距离的运输，是在干线运输中起主力作用的运输形式。在内河及沿海，水运也常作为小型运输工具使用，担任补充及衔接大批量干线运输的任务。有以下四种具体形式：沿海运输、近海运输、远洋运输、内河运输。

（1）从技术性能看，水路运输的优点

1）运输能力大。在五种运输方式中，水路运输能力最大。在长江干线，一支拖驳或顶推驳船队的载运能力已过万吨，国外最大的顶推驳船队的载运能力达 3 万～4 万吨，世界上最大的油船已超过 50 万吨。

2）在运输条件良好的航道，通过能力几乎不受限制。

3）水路运输通用性能也不错，既可运客，也可运货，可以运送各种货物，尤其是大件货物。

（2）从经济技术指标上看，水路运输的优点

1）水运建设投资省，水路运输只需利用江河湖海等自然水利资源，除必须投资购（造）船舶、建设港口之外，沿海航道几乎不需投资，整治航道也仅仅只有铁路建设费用的 1/3～1/5。

2）运输成本低，我国沿海运输成本只有铁路的 40%，美国沿海运输成本只有铁路运输的 1/8，长江干线运输成本只有铁路运输的 84%，而美国密西西比河干流的运输成本只有铁路运输的 1/3～1/4。

3）劳动生产率高，沿海运输劳动生产率是铁路运输的 6.4 倍，长江干线运输劳动生产率是铁路运输的 1.26 倍。

4）平均运距长，水陆运输平均运距分别是铁路运输的 2.3 倍，公路运输的 59 倍，管道运输的 2.7 倍，民航运输的 68%。

5）远洋运输在国际经济贸易中占重要地位，我国有超过 90% 的外贸货物采

用远洋运输,是发展国际贸易的强大支柱,战争时又可以增强国防能力,这是其他任何运输方式都无法代替的。

（3）水路运输的主要缺点

1）受自然条件影响较大。内河航道和某些港口受季节影响较大,冬季结冰,枯水期水位变低,难以保证全年通航。

2）运送速度慢。途中的货物多,会增加货主的流动资金占有量。

总之,水路运输综合优势较为突出,适宜于运距长、运量大、时间性不太强的各种大宗物资运输。

4. 航空运输

这是使用飞机或其他航空器进行运输的一种形式。

（1）航空运输的优点

1）运行速度快,时速一般在 800～900 千米,比火车快 5～10 倍,比轮船快 20～30 倍。

2）机动性能好,几乎可以飞越各种天然障碍,不受地形地貌、山川河流的限制,能够到达其他运输方式难以到达的地方。

（2）航空运输的缺点

成本很高,机场及飞机的建设造价高、能耗大、运输能力小、技术复杂。

因此,主要适合运载的货物有两类,一类是价值高、运费承担能力很强的货物,如贵重设备的零部件、高档产品等；另一类是紧急需要的物资,如救灾抢险物资等。

5. 管道运输

这是利用管道输送气体、液体和粉状固体的一种运输方式。其运输形式是靠物体在管道内顺着压力方向循序移动实现的,和其他运输方式的重要区别在于,管道设备是静止不动的。管道运输是随着石油和天然气产量的增长而发展起来的,目前已成为陆上石油、天然气运输的主要运输方式。近年来输送固体物料的管道,如输煤、输精矿管道,也有很大发展。

（1）管道运输的优点

1）运输量大,一条直径 720 毫米的输油管道,一年即可输送原油 2 000 万吨,几乎相当于一条单线铁路单方向的输送能力。

2）运输工程量小,占地少,管道运输只需要铺设管线,修建泵站,土石方工程量比修建铁路小得多。而且在平原地区大多埋在地下,不占农田。

3）能耗小,在各种运输方式中是最低的。

4）安全可靠,无污染,成本低。

5）不受气候影响,可以全天候运输,送达货物的可靠性高。

第三节　运输市场及运输合理化

一、运输需求与运输供给

1. 运输需求

（1）运输需求的含义

运输需求是在一定时期内、一定的价格水平下，社会经济生活在货物与旅客空间位移方面所提供的具有支付能力的需要。运输需求必须具备两个条件，即具有实现位移的愿望和具有支付能力，缺少任一条件，都不能构成现实的运输需求。

（2）运输需求的特征

1）运输需求的派生性。市场需求有本源需求和派生需求两种。本源需求是消费者对最终产品的需求，而派生需求则是由于对某一最终产品的需求而引起的对其他某一生产要素的需求。运输活动是产品生产过程在流通领域的继续，它与产品的调配和交易活动紧密相连，因此，运输是从工农业生产活动中派生出来的需求。

2）个别需求的异质性。就整个市场而言，对运输总体的需求是由性质不同、要求各异的个别需求构成的。在运输过程中必须采取相应的措施，才能适应这些个别需求。因此掌握和研究这些需求的异质性，是搞好运输市场经营的重要条件。

3）总体需求的规律性。对运输企业而言，不但要掌握和研究个别需求的异质性，而且要研究总体需求的规律性，如货流的规律性和市场需求变化的规律性。

2. 运输供给

（1）运输供给的含义

运输供给是指在一定时期内、一定的价格水平下，运输生产者愿意而且能够提供的运输服务的数量。运输供给必须具备两个条件，即运输生产者出售服务的愿望和生产运输服务的能力，缺少任一条件，都不能形成有效的运输供给。

（2）运输供给的特征

1）必须储存运输能力。由于运输产品不能储存，运输企业一般以储存运输能力来适应市场的变化。运输在时间上有旺季和淡季之分，按淡季准备运力就不能满足旺季的需求，按旺季准备运力在淡季又会造成运力的浪费。这一不平衡性使得运输能力的储存更加复杂化。

2）要有合理的运力规模。在需求旺季时，运价呈上升趋势，运输企业大量购买和建造运输工具，使得运力不断增加，市场可能达到饱和甚至超饱和。相反，运力过剩和运价长期处于低落状况，必然使运输业处于不景气状态。因此，保持合理的运力规模是提高运输工具利用率和满足运输市场需求的必要条件。

3）部分可替代性。

二、运输市场的概念与特征

1. 运输市场的概念

运输需求和运输供给构成了运输市场。狭义的运输市场是指运输劳务交换的场所，该场所为旅客、货主、运输业者、运输代理者提供的交易空间。广义的运输市场则包括运输参与各方在交易中所产生的经济活动和经济关系的总和，即运输市场不仅是运输劳务交换的场所，而且包括运输活动的参与者之间、运输部门与其他部门之间的经济关系。此外，运输市场作为整个市场体系中的一部分，同样包含资源配置手段这一深层含义。

运输市场是多层次、多要素的集合体。运输市场的参与者如下：

1）需求方——客、货运输的需求者，如居民、企业、军队等。

2）供给方——提供客、货运输服务的运输业者，如铁路运输局、航空公司等。

3）中介方——提供各种与运输服务相关的货运代理公司、经纪人和信息咨询公司等。

4）政府方——政府有关机构和各级交通运输管理部门。

政府方代表国家和公众利益对运输市场进行监督、管理、调控，包括铁道部、交通部、中国民航总局、省交通厅、市县交通局等各级交通运输主管部门以及财政、金融、税务、海关、城建、环保、工商、物价、商检、标准计量、经贸委和仲裁等部门和机构。

2. 运输市场的特征

我国运输市场是社会主义市场经济的组成部分，除具有社会主义市场经济共同的特点外，作为市场体系中的一个专业市场，又有以下几个特征：

（1）运输商品生产、消费的同步性

运输商品的生产过程和消费过程是融合在一起的，在运输生产过程中，劳动者主要不是作用于运输对象，而是运输工具。旅客和货物与运输工具是一起运行的，并且，随交通工具的场所变动而改变所在的位置。由于运输所创造的产品在生产过程中同时被消费掉了，因此就不存在可以存储、转移或调拨的运输"产成品"。同时运输产品具有矢量的特征，不同的到站和发站之间的运输形成不同的运输产品，它们之间不可相互替代。因此，运输劳务的供给只能表现在特定时空的运输能力之中，不能靠储存或调拨运输产品的方式调节市场供求关系。

（2）运输市场的非固定性

运输市场所提供的运输产品具有运输服务性。运输活动在开始提供时只是一种"承诺"，即以客票、货票或运输合同等作为契约保证，随着运输生产过程的开始，通过一定的时间和空间延伸，在运输生产结束时才将客、货位移的实现所带来的运输劳务全部提供给运输需求者。整个市场交换行为，并不局限于一时一地，而是具有较强的广泛性、连续性和区域性。

（3）运输需求的多样性及波动性

运输需求者的经济条件、需求习惯、需求方向等多方面存在较大的差异，必然会对运输劳务或运输活动过程提出各种不同的要求，从而使运输需求呈现出多样性的特点。由于工农业生产有季节性的特点，因此货物运输需求也有季节性波动，特别是水果、蔬菜等农产品的运输需求的季节性十分明显。旅客运输也有较强的波动性，春节、"十一"、寒暑假等期间会出现客流高峰，客运量会达到平时的数倍甚至超过 10 倍。

（4）运输市场容易形成垄断

运输市场容易形成垄断的特征表现在两个方面：一方面，在运输业的一定发展阶段，某种运输方式往往会在运输市场上形成较强的垄断势力，这主要是因为自然条件和一定生产力水平下某一运输方式具有技术上的明显优势等原因造成的。例如，很多发达国家都曾有过运河的大规模建设时期，水运运量占统治地位，其后铁路又在相当长时期内成为运输业的霸主。另一方面是指运输业具有自然垄断的特性，这使得运输市场容易形成垄断。通常把因历史原因、政策原因（准入限制）和需要巨大初期投资原因等使其他竞争者不易进入市场而容易形成垄断的行业划入具有自然垄断特征的行业。运输市场出现的市场垄断力量使运输市场偏离完全竞争市场的要求，因此各国政府都对运输市场加强了监管。

三、运输的合理化

1. 运输合理化的概念

运输合理化就是指在实现社会产销联系的过程中，充分、有效、节约地使用各种运输工具的能力，以最少的运力、最快的速度、最短的线路、最优的服务质量和最低的费用来完成各种物资的运输任务。

运输合理化的影响因素很多，起决定性作用的有如下五个因素：

（1）运输距离

在运输时，运输时间、运输货损、运费、车辆或船舶周转等运输的若干技术经济指标，都与运距有一定的比例关系。运距长短是运输是否合理的一个最基本因素，缩短运输距离有利于改善经济指标。

（2）运输环节

每增加一次运输，不但会增加起运的运费和总运费，而且要增加运输的附属活动，如装卸、包装等，各项技术经济指标也会因此下降。所以，减少运输环节，尤其是同类运输工具的环节，对合理运输有促进作用。

（3）运输工具

各种运输工具都有其使用的优势领域，对运输工具进行优化选择，按运输工具特点进行装卸运输作业，最大限度地发挥所用运输工具的作用，是运输合理化的重要一环。

（4）运输时间

运输是物流过程中需要花费较多时间的环节，尤其是远程运输，在全部物流时间中，运输时间占绝大部分，所以，运输时间的缩短对整个流通时间的缩短有决定性的作用。此外，运输时间短，有利于运输工具的加速周转，从而充分发挥运力的作用，有利于货主资金的周转，有利于运输线路通过能力的提高，对运输合理化有很大贡献。

（5）运输费用

运费高低在很大程度上决定整个物流系统的竞争能力。实际上，运输费用的降低，无论对货主企业来讲还是对物流经营企业来讲，都是运输合理化的一个重要目标。运费的判断，也是各种合理化措施实施是否行之有效的最终判断依据之一。

2. 不合理运输

不合理运输是指在现有条件下可以达到的运输水平而末达到，从而造成了运力浪费、运输时间增加、运费超支等问题的运输形式。目前我国存在的主要不合理运输形式如下：

（1）返程或起程空驶

空车无货载行驶，可以说是不合理运输的最严重形式。在实际运输组织中，有时候必须调运空车，从管理上不能将其看成不合理运输。但是，因调运不当、货源计划不周、不采用运输社会化而形成的空驶，是不合理运输的表现。造成空驶的不合理运输主要有以下几种原因：

1）能利用社会化的运输体系而不利用，却依靠自备车送货提货，这往往出现单程重车、单程空驶的不合理运输。

2）由于工作失误或计划不周，造成货源不实，车辆空去空回，形成双程空驶。

3）由于车辆过分专用，无法搭运回程货，只能单程实车，单程回空周转。

（2）对流运输

对流运输亦称"相向运输"、"交错运输"，指同一种货物，或彼此间可以互相代用而又不影响管理、技术及效益的货物，在同一线路上或平行线路上作相对方向的运送，而与对方远程的全部或一部分发生重叠、交错的运输。已经制定了合理流向图的产品，一般必须按合理流向的方向运输，如果与合理流向图指定的方向相反，也属对流运输。

在判断对流运输时需注意的是，有的对流运输是不很明显的隐蔽对流，例如不同时间的相向运输，从发生运输的那个时间看，并无出现对流，可能做出错误的判断。

（3）迂回运输

迂回运输是舍近取远的一种运输。可以选取短距离进行运输而不选取，却选择路程较长路线进行运输的一种不合理形式。迂回运输有一定的复杂性，不能简单处之，只有当计划不周、地理不熟、组织不当而发生的迂回，才属于不合理运输。如果最短距离有交通阻塞、道路情况不好或有对噪音、排气等特殊限制而不能使用时发生的迂回，不属于不合理运输。

（4）重复运输

重复运输指本来可以直接将货物运到目的地，但是在未达目的地之处，或目的地之外的其他场所将货卸下，再重复装运送达目的地，这是重复运输的一种形式。另一种形式是，同品种货物在同一地点一面运进，同时又向外运出。重复运输的最大毛病是增加了非必要的中间环节，这就延缓了流通速度，增加了费用，增大了货损。

（5）倒流运输

倒流运输是指货物从销地或中转地向产地或起运地回流的一种运输现象。其不合理程度要甚于对流运输，原因在于，往返两程的运输都是不必要的，形成了双程的浪费。倒流运输也可以看成是隐蔽对流的一种特殊形式。

（6）过远运输

过远运输是指调运物资舍近求远，近处有资源不调而从远处调，这就造成可采取近程运输而未采取，拉长了货物运距的浪费现象。过远运输占用运力时间长、运输工具周转慢、占压资金时间长，远距离自然条件相差大，又易出现货损，增加了费用支出。

（7）运力选择不当

运力选择不当指没有按各种运输工具优势进行选择而造成的不合理现象，常见有以下若干形式。

1）弃水走陆。在同时可以利用水运及陆运时，不利用成本较低的水运或水陆联运，而选择成本较高的铁路运输或汽车运输，使水运优势不能发挥。

2）铁路、大型船舶的过近运输。不是铁路及大型船舶的经济运行里程却利用这些运力进行运输的不合理做法。主要不合理之处在于火车及大型船舶起运及到达目的地的准备、装卸时间长，且机动灵活性不足，在过近距离中利用，发挥不了运速快的优势。相反，由于装卸时间长，反而会延长运输时间。另外，和小型运输设备比较，火车及大型船舶装卸难度大、费用也较高。

3）运输工具承载能力选择不当。不根据承运货物数量及重量选择，而盲目决定运输工具，造成过分超载、损坏车辆及货物不满载、浪费运力的现象。尤其是"大马拉小车"的现象发生较多，由于装货量小，单位货物运输成本必然增加。

（8）托运方式选择不当

托运方式选择不当指对于货主而言，在可以选择最好的托运方式而未选择，造成运力浪费及费用支出加大的一种不合理运输。例如，应选择整车而未选择，反而采取零担托运，应当直达而选择了中转运输，应当中转运输而选择了直达运输等都属于这一类型的不合理运输。

3. 运输合理化措施

（1）合理选择运输方式

各种运输方式都有各自的适用范围和不同的技术经济特征，选择时应进行比较和综合分析。首先要考虑运输成本的高低和运行速度的快慢，甚至还应考虑商品的性质、数量的大小、运距的远近、货主需要的缓急及风险程度。

充分利用水运。在运量分配上凡是有水运的地方应该优先安排水运，充分发挥水运能力，提高水运运量在运输总运量的比重，促进各种运输方式之间的合理分工。

开展中短距离铁路公路分流，"以公代铁"的运输。这一措施的要点，是在公路运输经济里程范围内，或者经过论证，超出通常平均经济里程范围，也尽量利用公路。这种运输合理化的表现主要有两点：一是对于比较紧张的铁路运输，用公路分流后，可以得到一定程度的缓解，从而加大这一区段的运输通过能力；二是充分利用公路从门到门和在中途运输中速度快且灵活机动的优势，实现铁路运输服务难以达到的水平。我国"以公代铁"目前在杂货、日用百货运输及煤炭运输中较为普遍，一般在 200 千米以内，有时可达 700～1 000 千米。山西煤炭外运经认真的技术经济论证，用公路代替铁路运至河北、天津、北京等地是合理的。

（2）合理选择和发展运输工具

根据不同商品的性质、数量选择不同类型、额定吨位及对温度、湿度等有要求的车辆。

发展特殊运输技术和运输工具。依靠科技进步是运输合理化的重要途径。例如，专用散装及罐车，解决了粉状、液状物运输损耗大、安全性差等问题；袋鼠式车皮、大型半挂车解决了大型设备整体运输问题；"滚装船"解决了车载货的运输问题，集装箱船比一般船能容纳更多的箱体，集装箱高速直达车船加快了运输速度等，都是通过先进的科学技术实现合理化。

（3）正确选择运输路线

一般应尽量安排直达运输，开展"四就"直拨运输，尽可能缩短运输时间。

直达运输是追求运输合理化的重要形式，其对合理化的追求要点是通过减少中转过载换载，从而提高运输速度，省却装卸费用，降低中转货损。直达的优势，尤其是在一次运输批量和用户一次需求量达到了一整车时表现最为突出。此外，在生产资料、生活资料运输中，通过直达，建立稳定的产销关系和运输系统，也有利于提高运输的计划水平，考虑用最有效的技术来实现这种稳定运输，从而大大提高运输效率。

开展"四就"直拨运输。"四就"直拨是减少中转运输环节，力求以最少的中转次数完成运输任务的一种形式。一般批量到站或到港的货物，首先要进分配部门或批发部门的仓库，然后再按程序分拨或销售给用户。这样一来，往往出现不合理运输。"四就"直拨，首先是由管理机构预先筹划，然后就厂或就站（码头）、就库、就车（船）将货物分送给用户，而勿需再入库了。

（4）通过包装、流通加工等，使运输合理化

提高货物包装质量并改进配送中的包装方法。货物运输线路的长短、装卸操作次数的多少都会影响到商品的完好，所以应合理地选择包装物料，以提高包装质量。另外，有些商品的运输线路较短，且要采取特殊的放置方法（如烫好的衣服应垂挂），则应改变相应的包装。

有不少产品，由于产品本身的形态及特性问题，很难实现运输的合理化，如果进行适当流通加工，就能够有效解决合理运输问题。例如将造纸材在产地预先加工成干纸浆，然后压缩体积运输，就能解决造纸材运输不满载的问题；轻泡产品预先捆紧包装成规定尺寸，装车就容易提高装载量；水产品及肉类预先冷冻，就可提高车辆装载率并降低运输损耗。

（5）提高运输工具实载率，开展配载运输

实载率有两个含义：一是单车实际载重与运距之乘积和标定载重与行驶里程之乘积的比率，这在安排单车、单船运输时，是作为判断装载合理与否的重要指标；二是车船的统计指标，即一定时期内车船实际完成的货物周转量（以吨千米计）占车船载重吨位与行驶千米之乘积的百分比。在计算时车船行驶的千米数，不但包括载货行驶，也包括空驶。

我国曾在铁路运输上提倡"满载超轴"。其中"满载"的含义就是充分利用货车的容积和载重量，多载货，不空驶，从而达到合理化之目的，这个做法对推动当时运输事业发展起到了积极作用。当前，国内外开展的"配送"形式，优势之一就是将多家需要的货和一家需要的多种货实行配装，以达到容积和载重的充分合理运用，比起以往自家提货或一家送货车辆大部分空驶的状况，是运输合理化的一个进步。在铁路运输中，采用整车运输、合装整车、整车分卸及整车零卸等具体措施，都是提高实载率的有效措施。

配载运输是充分利用运输工具载重量和容积，合理安排装载的货物及载运方法以求得合理化的一种运输方式。配载运输也是提高运输工具实载率的一种有效形式。它往往是轻重商品的混合配载，在以重质货物运输为主的情况下，同时搭载一些轻泡货物，如海运矿石、黄沙等重质货物，在仓面上捎运木材、毛竹等，铁路运矿石、钢材等重物上面搭运轻泡农、副产品等，在基本不增加运力投入基本不减少重质货物运输的情况下，解决了轻泡货的搭运，因而效果显著。

第四节 运输成本及运价

一、影响运输成本的因素

1. 距离

距离是影响运输成本的主要因素，因为它直接对劳动、燃料和维修保养等变动成本发生作用。图 1-1 显示了距离和成本的一般关系，并说明了以下两个重点：第一，成本曲线不是从原点开始的，因为它与距离无关，但与货物的提取和交付活动所产生的固定费用有关；第二，成本曲线的增长幅度是随距离的增长而减少的一个函数，这种特征被称作递减原则（tapering principle），即运输距离越长，使城市间每千米单位费用相对较低。但市内配送是个例外，因市内配送通常会频繁地停车，要增加额外的装卸成本。

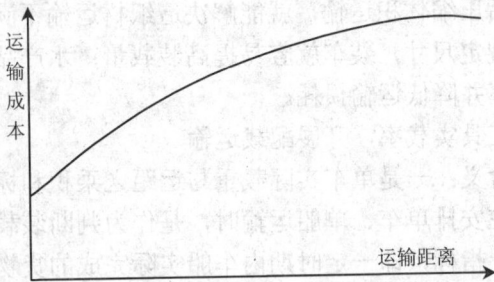

图 1-1 运距与运输成本之间的一般关系

2. 装载量

装载量之所以会影响运输成本，是因为与其他许多物流活动一样存在着规模经济，每单位重量的运输成本随装载量的增加而减少，如图 1-2 所示。

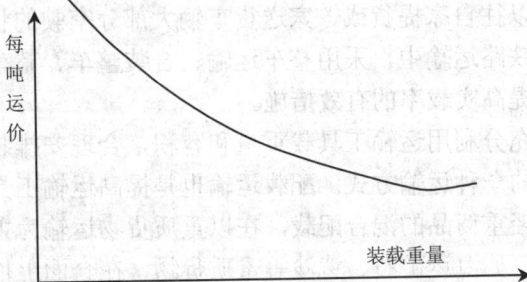

图 1-2 重量与运输成本之间的一般关系

3. 产品密度

通常情况下，运输收费是按重量和体积收费的，产品密度是把重量和空间两方面因素结合起来考虑。因此，产品密度低的货物可能装满了车辆，但实际装载吨位却达不到车辆的额定载重，车辆吨位利用率低；产品密度高的货物可能达到了车辆的额定载重，却不能装满车辆，车辆容积利用率低，如图1-3所示。

4. 配积载能力

配积载能力这一因素是指产品的具体尺寸及其对运输工具（铁路车、拖车或集装箱）的空间利用程度的影响。一般来说标准矩形的产品要比形状古怪的产品更容易配积载，大批量的产品能够相互嵌套，要比小批量的产品容易配积载。

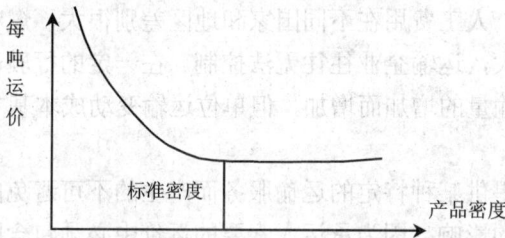

图1-3　产品密度与运输成本之间的一般关系

5. 装卸搬运

运输中货物的装卸搬运是难免的，装卸搬运成本与货物的种类、包装和运输方式有关，也影响到运输成本。

6. 责任

责任与货物的特征有关系，如货物的易损坏性、易腐蚀性、易被偷窃性、易自燃自爆性等，在运输过程中，都有可能发生货物损坏或数量减少而导致货物索赔事故。因此承运人必须通过向保险公司投保来预防可能的索赔，否则就有承担任何可能损坏的赔偿责任，这个也会影响到运输成本。

7. 市场因素

诸如运输市场供求的波动性、运输通道的流量和通道流量均衡等市场因素也会影响到运输成本。

二、运输成本

运输成本是指为货物在两个地理位置间的位移而支付的费用以及与行政管理

和维持运输中的存货有关的费用，运输成本包含的成本内容很多，如人工成本、燃油成本、维护成本、端点成本、线路成本和管理成本等。

1. 成本结构

（1）固定成本

固定成本是不随车辆行驶里程和运输量变化而变化的成本，如管理费用、端点站、通道、信息系统和运输工具的使用等费用。在一定的行驶范围内，随着运输距离和运输量的增加，单位运输固定成本逐渐减少，这是运输规模经济的表现。

（2）可变成本

可变成本是随着车辆行驶里程和运输量变化而变化的成本，如人工费用、燃料费用和维修费用。人工费用在不同国家和地区差别很大，燃料费用受全球燃料市场价格的影响很大，运输企业往往无法控制。在一定的行驶范围内，变动成本随着运输距离和运输量的增加而增加，但单位运输变动成本基本保持不变。

（3）联合成本

联合成本是指提供某种特定的运输服务而产生的不可避免的费用。联合成本对运输收费有很大的影响，因为承运人索要的运价中必须包含隐含的联合成本，它的确定是要考虑托运人有无适当的回程货，或者这种回程运输由托运人支付的运费来弥补。

（4）公共成本

公共成本是承运人代表所有的托运人或某个分市场的托运人支付的费用，如端点站和管理部门的费用，具有企业一般管理费的特征，通常是按照运输活动的距离和载运量等分摊给托运人。公共费用，历来存在着合理与不合理的探讨。

2. 端点成本与线路成本

（1）端点成本

端点成本是指在运输过程的起点与终点产生的费用。包括固定成本和与运量有关的装卸、收货、存货和发货成本。

（2）线路成本

线路成本指在运输线路上产生的费用。通常包括工资、燃油、润滑油和运输工具的维护成本。线路成本的两个重要决定性因素是运距和运量。

3. 不同运输方式的成本特性

1）铁路运输的成本特征：铁路运输的固定成本高，端点的可变成本也很高，线路成本相对较低，而且单位可变成本会随运量和运距的增加略有下降。

2）公路运输的成本特征：公路运输的固定成本是所有运输方式中最低的，而卡车运输的可变成本很高，因为公路建设和公路维护成本都以燃油税、养路费、公路收费、吨千米税的方式征收。

3）水路运输的成本特征：水路运输的固定成本主要投放在运输设备和端点设施上。水运中常见的高端点成本在很大程度上被很低的线路费用所抵消。

4）航空运输的成本特征：昂贵的固定成本和可变成本合在一起使航空运输成为最贵的运输方式，短途运输尤其如此。

5）管道运输的成本特征：管道公司（或拥有管道的石油公司）拥有运输管道、泵站和气泵设备。这些固定装备的成本加上其他成本使管道的固定成本与总成本的比例是所有运输方式中最高的。可变成本主要包括运送产品（通常为原油和成品油）的动力和与泵站经营相关的成本。

三、运输费率

运输费率是指在两地间运输某种具体产品时的每单位运输里程或每单位运输重量的运价。运输费率一般由承运人制定并罗列于费率本中。

运输费率的基本形式如下：

1）基于重量的费率。这种费率随运输货物的重量变化，而不是随距离变化。

2）基于距离的费率。这种费率随距离和重量的变化而变化，对一给定的重量以线性或非线性形式变化，如整车运输费率。

3）和需求相关的费率。这种费率既不取决于重量，也不取决于距离，只和外部市场需求有关。

4）契约费率。这种费率是在货主和承运商之间进行协商的费率。

5）等级费率。这种费率是根据运输距离、商品类型来确定的。

6）其他特殊费率。特殊费率是指在一定时期内，对某些特殊地区或商品实行的费率，它可能比正常费率高或低。

四、运输定价

1. 计算行程费用

在运输定价中计算行程费用非常关键，行程费用一般由三种费用组成，每种都有不同的特征，第一种是基于载重量的费用，第二种是时间费用，第三种是距离费用。

行程费用＝每次装载费用＋每小时功能费用×运行时间
＋每千米功能费用×千米数

每次装载费用使用历史费用数据和载货数据进行估计，每小时的功能费用是用驾驶员工资、利息、折旧及租金、设施费用之和除以人员、设备花费的总时间计算，每千米功能费用是用燃油费用、设备维修费用之和除以载货和空载运输的总里程计算。

2. 特殊费用

（1）行程空载费用

行程中空载费用的分配及体积或密度系数的调整是特殊运输费用问题中的两个重要方面。空程费用的分配可按下述三种方法折算。

1）把后面的空程距离加到本次载货运输距离上。

2）把前面的空程距离加到本次载货运输距离上。

3）前后两次空程距离的50%分别加到本次载货运输距离上。

（2）混合发载费用

对于车辆的混合发载（如货物的一部分是重货，另一些是泡货）问题，要对不同的货物进行不同的费用分配。可以按照下面的步骤安排这种情况。

1）首先计算标准密度（车的容积除以载货汽车有效载重量）。

2）再将产品体积通过标准密度转化为重量。

3）最后用标准密度下的重量和实际重量相比较，选其中最大的作为收费依据。

3. 运输定价

是对为客户提供的运输服务的定价，可以应用以下三种定价方法：

（1）基于成本的运输定价

基于成本的运输定价方法，又包括了下面三种方式：

1）向客户收取发生运输服务的实际成本费用。这种情况大都发生在使用公司内部自己的运输部门提供运输服务时。客户支付运输的实际费用，往往造成运输部门把无效的运营费用和不合理的运输费用也全部转加给了客户。

2）按标准费用收取，在这种情况下，无效的运营费用不会转加给客户。

3）收取边际费用，在这种情况下，固定费用作为日常开支不考虑，只收取变动费用。当运能很大时，这种方法比较有效。

（2）基于市场的运输定价

基于市场的运输定价一般可用以下两种方式执行：

1）按市场上相竞争的承运人相似服务的费用收取，市场价格可能比实际价格高，也可能比实际价格低，如市场中过剩的运输能力可能会降低运输价格，这就需要经常进行检测。

2）按调整后的市场价格（市场价格—费用节约）进行收费，如果运输组织效率高，调整后的市场价格就会低，反之就高。

（3）二者相结合的运输定价

这种定价方式包括以下两种执行方法：

1）在运输组织和客户之间先签署一个协议价格，为了使协议更有效，必须有一个可以比较的市场价格，客户也有选择其他承运人的灵活性。

2）根据运输组织的目标利润定价，在这种方法中，价格等于实际或标准费用加上部门的目标利润。

小　结

本章主要讲述了运输的基本概念与功能，运输方式的类型和选择，运输市场的供给和需求，以及运输合理化的概念、要素和具体举措，运输成本的内涵、运输费率的形式和运输价格制定的方法。

运输是指在不同的地域范围内，以改变实体空间位置为目的的一切活动。运输的功能包括产品转移功能和临时储存功能。

现代运输主要有铁路运输、公路运输、水路运输、航空运输和管道运输五种方式。运输企业可以根据所需运输服务的要求，参考不同运输方式的不同营运特征，进行正确的选择。

运输需求和运输供给构成了运输市场。狭义的运输市场是指运输劳务交换的场所，该场所为旅客、货主、运输业者、运输代理者提供了交易空间。广义的运输市场则包括运输参与各方在交易中所产生的经济活动和经济关系的总和。

运输合理化就是指在实现社会产销联系的过程中，充分、有效、节约地使用各种运输工具的能力，以最少的运力、最快的速度、最短的线路、最优的服务质量和最低的费用来完成各种物资的运输任务。在实施过程中要因地制宜，采用一些有效的方法。

运输成本是指为货物在两个地理位置间的位移而支付的费用以及与行政管理和维持运输中的存货有关的费用，运输成本包含的成本内容很多，如人工成本、燃油成本、维护成本、端点成本、线路成本和管理成本等。

运输定价可以应用以下三种定价方法：基于成本的运输定价，基于市场的运输定价，二者相结合的运输定价。

案 例 分 析

韩国三星公司合理化运输

一、企业物流进行革新的根本目标

今天的商业环境正在发生显著的变化，市场竞争愈加激烈，客户的期望值日益提高。为适应这种变化，企业的物流工作必须进行革新，创建出一种适合企业发展、让客户满意的物流运输合理化系统。

三星公司从 1989 年到 1993 年实施了物流运输工作合理化革新的第一个五年计划。这期间，为了减少成本和提高配送效率进行了"节约成本 200 亿"、"全面提高物流劳动生产率劳动"等活动，最终降低了成本，缩短了前置时间，减少了 40％的存货量，并使三星公司获得首届韩国物流大奖。

三星公司从 1994 年到 1998 年实施物流运输工作合理化革新的第二个五年计划，重点是将销售、配送、生产和采购有机结合起来，实现公司的目标。即将客户的满意程序提高到 100％，同时将库存量再减少 50％。为了这一目标，三星公司进一步扩展和强化物流网络，同时建立了一个全球性的物流链使产品的供应路线最优化，并设立全球物流网络上的集成订货——交货系统，从原材料采购到交货给最终客户的整个路径上实现物流和信息流一体化，这样客户就能以最低的价格得到高质量的服务，从而对企业更加满意。基于这种思想，三星公司物流工作合理化革新小组在配送选址、实物运输、现场作业和信息系统四个方面进行物流革新。

（一）配送选址新措施

为了提高配送中心的效率和质量，三星公司将其划分为产地配送中心和销地配送中心。前者用于原材料的补充，后者用于存货的调整。对每个职能部门都确定了最优工序，配送中心的数量被减少、规模得以最优化，便于向客户提供最佳的服务。

（二）实物运输革新措施

为了及时交货给零售商，配送中心在考虑货物数量和运输所需时间的基础上确定出合理的运输路线。同时，一个高效的调拨系统也被开发出来，这方面的革新加强了支持销售的能力。

（三）现场作业革新措施

为使进出工厂的货物更方便快捷地流动，公司建立了一个交货点查询管理系统，可以查询货物的进出库频率，高效地配置资源。

（四）信息系统新措施

三星公司在局域网环境下建立了一个通讯网络，并开发了一个客户服务器系统，公司集成系统（SAPR）的 1/3 将投入物流中使用。由于将生产配送和销售一体化，整个系统中不同的职能部门将能达到信息共享。客户如有涉及物流的问题，都可以从订单跟踪系统中得到回答。另外，随着客户环保意识的增强，物流工作对环境保护负有更多的责任，三星公司不仅对客户许下了保护环境的承诺，还建立了一个全天开放的由回收车组成的回收系统，并由回收中心来重新利用那些废品，以此来提升企业在客户心目中的形象，从而更加有利于企业的经营。

二、企业物流中合理运输的主要形式

合理运输的主要形式有以下几种：分区产销平衡合理运输、直达运输、"四就"

直拨运输、整合装整车运输、提高技术装载量。

（一）分区产销平衡合理运输

这种方式是指在物流活动中，对某种货物按照一定的生产区固定于一定的消费区。在产销平衡的基础上，按着近产近销的原则，使货物走最少的里程。

1）分区产销平衡合理运输方式的优、缺点。这种方式加强了产、供、运销的计划性，消除了过远、迂回、对流等不合理运输，降低了物流费用，节约了运输成本及运输耗费。

2）适用范围及情况。在实际工作中，这种方式适用于品种单一、规格简单、生产集中、消费分散或生产分散、消费集中且调动量大的货物，如煤炭、木材、水泥、粮食、矿建材料等。

（二）直达运输

这种方式是指越过商业仓库环节或铁路交通中转环节，把货物从产地或起运地直接运到销地或客户，减少中间环节的一种运输方式。

1）直达运输的优、缺点。这种方式的优点是减少了中间环节，节省了运输时间与费用，灵活度较大。但相对而言对企业各部门分工协作程度的要求较高，企业内部计划、财会、业务、仓库等各个机构应加强联系，建立相应的联系制度来满足其需求。

2）适用范围及情况。直达方式通常适用于那些体积大、笨重的生产资料运输，如矿石等。对于出口货物也多采用直达运输方式。一些消费品可依靠货物等具体情况的不同，越过不同的中间环节到达批发商或零售商。

（三）"四就"直拨运输

这种方式是指物流经理在组织货物调运的过程中，以当地生产或外地到达的货物不运进批发站仓库，运用直拨的办法，把货物直接分拨给基层批发、零售中间环节。这种方式可以减少一道中间环节，在时间与各方面收到双重的经济效益。在实际的物流工作中，物流经理可以根据不同的情况，采取就厂直拨、就车站直拨、就仓库直拨、就车船等具体运作方式，如表1-3所示。

表1-3　"四就"直拨运输的主要形式及含义

"四就"直拨 的主要形式	含　义	具体方式
就厂直拨	物流部门从工厂收购产品，在经厂验收后，不经过中间仓库和不必要的转运环节，直接调拨给销售部门或直接送到车站码头运往目的地的方式	厂际直拨、厂店直拨、厂批直拨、用工厂专用线、码头直接发运
就车站直拨	物流部门对外地到达车站的货物，在交通运输部门允许占用货位的时间内，经交接验收后，直接分拨或运给各销售部门	直接运往市内各销售部门 直接运往外埠要货单位

"四就"直拨的主要形式	含　义	具　体　方　式
就仓库直拨	在货物发货时越过逐级的层层调拨，省略不必要的中间环节，直接从仓库拨给销售部门	对需要储存保管的货物就仓库直拨 对需要更新库存的货物就仓库直拨 对常年生产、常年销售货物就仓库直拨 对季节生产、常年销售货物就仓库直拨
就车船直拨	对外地用车、船运输的货物，经交接验收后，不在车站或码头停放，不入库保管，随即通过其他运输工具或装置直接运至销售部门	就火车直装汽车 就船直装火车或汽车 就大船过驳小船

（四）整合装车运输方式

这种方式是指在组织铁路货运的过程中，同一发货人的不同品种发往同一到站、同一收货人的零担托运货物，由物流部门组配，放在一个车内，以整车运输的方式托运到目的地；或把同一方向、不同到站的零担货物，集中组配在一个车内，运到一个适当的车站再中转分运。采用整合装车运输的方法，可以减少一部分运输费用，节约劳动力。

这种方式主要适用于商业、供销部门的杂货运输。根据不同的实际情况，可采取四种方法：主要零担货物拼整车直达运输，零担货物拼整车直达或中转分运，整车分卸（二、三站分卸），整装零担。

（五）提高技术装载量的运输方式

这种方式充分利用车船载重吨位和装载容积，对不同的货物进行搭配运输或组装运输，使同一运输工具能装载尽可能多的货物。这种方式一方面最大限度地利用了车船的载重吨位，另一方面充分使用车船的装载容积，提高了运输工具的使用效率。

这种方式的主要做法有以下四种：将重货物和轻货物组装在一起；对一些体大笨重、容易致损的货物解体运输，使之易于装卸和搬运；根据不同货物的包装形状，采取各种有效的堆码方法。

思考题

1. 三星公司物流工作合理化革新小组进行物流革新的意义何在？
2. "四就"直拨运输的含义和具体形式是什么？
3. 三星公司提高技术装载量的运输方式的主要做法有哪些？

练　习　题

一、单项选择题

1. 运输实现物流的（　　）效用。

  A. 时间   B. 经济   C. 空间   D. 可得性

2. 下列运输方式中，运输量大，连续性强的是（　　）。

  A. 公路   B. 航空   C. 水运   D. 铁路

3. 各种运输方式中，货运量最大的（　　）。

  A. 公路   B. 管道   C. 水运   D. 铁路

4. （　　）是将运输线路和运输工具合二为一的一种专门运输方式。

  A. 铁路运输板 B. 公路运输 C. 航空运输 D. 管道运输

5. 管道运输的特点是（　　）。

  A. 运输时间短   B. 具有广泛性

  C. 机动灵活   D. 永远是单方向的运输

6. （　　）运输可以及时地提供"门到门"的联合运输服务。

  A. 公路运输 B. 铁路运输 C. 水路运输 D. 航空运输

7. 铁路运输的最大特点是（　　）。

  A. 适合于长距离的大宗货物的集中运输

  B. 适合于长距离的杂货小件运输

  C. 适合于短途的大宗货物的集中运输

  D. 适合于短途的杂货小件运输

8. 运输成本随运输距离的增加提高幅度最快的是（　　）。

  A. 铁路运输 B. 公路运输 C. 航空运输 D. 水路运输

9. 端点费用最低的运输方式是（　　）。

  A. 铁路运输 B. 公路运输 C. 航空运输 D. 水路运输

10. 单位距离的运输成本的增长幅度随距离的增长而（　　）。

  A. 减少   B. 不变   C. 增加   D. 不确定

11. 固定成本占总成本的比例最高的运输方式是（　　）。

  A. 铁路运输 B. 管道运输 C. 航空运输 D. 水路运输

12. 运输费率一般由（　　）制定。

  A. 承运人   B. 运输管理部门

  C. 托运人   D. 物价局

二、多项选择题

1. 运输的基本条件包括（　　）。

  A. 运输手段   B. 运输工具

  C. 运输规章制度   D. 运输对象

2. 下列项目（　　）是关于水路运输的不足之处。

  A. 运量小、运输成本高 B. 受自然条件影响较大

C. 能耗大、投资大　　　　　D. 速度慢、装卸成本高

E. 不适宜进行短途运输

3. 航空运输的特点有（　　）。

A. 速度最快

B. 非常适合于低价小批量货物的运输

C. 适合于低价物品和大批量货物的运输

D. 适合于价值较高批量较小的货物的运输

E. 货物只需要简单地打包即可，运输事故少

4. 企业一般通过（　　）来实现运输过程的合理化。

A. 对运输方式的选择　　　　B. 对运输工具的选择

C. 对运输包装的改进　　　　D. 对运输方案的优化

E. 对运输路线的选择

5. 影响运输成本的因素除距离、装载量、市场因素外，还有（　　）。

A. 产品密度　　　　B. 油耗　　　　C. 人员工资

D. 配载能力　　　　E. 装卸搬运　　　　F. 责任

6. 承运人通过（　　）来降低货运事故的赔偿责任。

A. 对易发生货损事故的货物制定特定的运费率或费率等级

B. 通过责任赔偿制度来限定自己的赔偿范围与赔偿幅度

C. 通过订约自由免除自己的赔偿责任

D. 不接易发生货损事故的货物单子

E. 向保险公司投保

7. 具体运输方式的运输费率取决于（　　）。

A. 运输工具　　　　B. 商品种类

C. 重量　　　　C. 运输距离　　　　D. 服务水平

8. 运输费率取决于商品种类、质量、运输距离、服务水平和其他选择性要求，下面关于运输费率的说法中错误的是（　　）。

A. 较坚固的商品费率比易碎商品的费率低

B. 企业为了大规模获利会降低费率

C. 低密度商品单位质量费率比高密度商品高

D. 货主对服务水平的要求也会影响运输的费率

E. 远距离运输的费率比近距离的高

三、计算分析题

阅读下列表格回答问题：

1980～2001 年中国主要货物运输方式的货运量、货运周转量和增长率变化一览表

单位：百万吨（货运量），10 亿吨公里（周转量）

年份	水 路		公 路		铁 路		管 道		航 空	
	货运量	货运周转量	货运量	货运周转量	货运量	货运周转量	货运量	货运周转量	货运量	货运周转量
1980	468.33	507.7	1421.95	34.3	1112.79	571.70	105.25	49.1	0.09	0.1
1985	633.22	772.9	5380.62	190.3	1307.09	812.60	136.50	60.3	0.20	0.1
1990	800.91	1159.2	7240.40	335.8	1506.81	1062.2	157.50	62.7	0.37	0.8
1995	1131.94	1755.2	9403.87	469.5	1658.55	1287.0	152.71	59.0	1.01	2.2
2000	1223.91	2373.4	10388.13	612.9	1655.00	1333.6	187.00	63.9	1.60	3.968
2001	1330.00	2598.9	10560.00	633.0	1780.00	1427.4			1.7	4.353

1. 1980～2001 年（管道运输至 2000 年），各种运输方式的下列指标各发生了什么变化？

    A. 货运量　　B. 货运周转量　　C. 平均运距　　　D. 市场份额

2. 分析出现这些变化的原因。

3. 未来的发展趋势是怎样的，请给出理由。

四、简答题

1. 简述运输的概念和功能。

2. 运输在物流中的意义何在？

3. 运输的基本特征是什么？

4. 常见的运输方式有哪些？各种运输方式的主要特征是什么？

5. 选择运输方式时要考虑哪些因素？

6. 什么叫运输合理化？影响运输合理化的因素有哪些？

7. 实施运输合理化的措施有哪些？

8. 运输成本的构成有哪些？影响运输成本的因素有哪些？

9. 运输费率有哪些形式？

10. 运输服务的定价方法有哪些？

第二章 公路货物运输实务

学习目标

通过学习，了解公路运输的概念及功能、公路运输的设备与设施、公路运输方式，掌握整车及零担货物及特殊货物运输的概念及业务程序、公路运输费用的计算方法。

第一节 公路货物运输概述

公路运输是物流运输中非常重要的一种运输方式，同时，也是构成陆上运输的两个基本运输方式之一。它在整个运输领域中占有重要的地位，并发挥着愈来愈重要的作用。由于公路运输具有"门到门"的直达运输的优势，同时它也是车站、港口、机场集散货物的重要手段。它最大的优势是网状的运输，覆盖面大，既可以深入山区及偏远的农村进行运输，也可以在远离铁路的区域从事干线运输，因而被广泛应用。

一、公路运输的概念及功能

（一）公路运输的概念

从广义来说，公路货物运输（以下简称货运）是指利用一定的载运工具（汽车、拖拉机、畜力车、人力车等）沿公路实现货物空间位移的过程。从狭义来说，公路运输即指汽车运输。物流运输中的公路运输专指汽车货物运输。

（二）公路运输的功能

如图 2-1 所示，公路运输分为直达运输、干线运输和短距离集散运输三种形式。因此，公路运输有"通过"运输和"送达"或"集散"的功能，尤其是"送达"或"集散"功能作为其他几种运输方式（管道除外）的终端运输方式是交通运输中不可缺少的组成部分，在综合交通运输体系中发挥着非常重要的作用。随着高速公路向网络规模的发展，利用高速公路的干线运输功能，公路运输作为一种功能齐全（"通过"和"送达"或"集散"齐备）的运输体系发挥着越来越重要的作用。

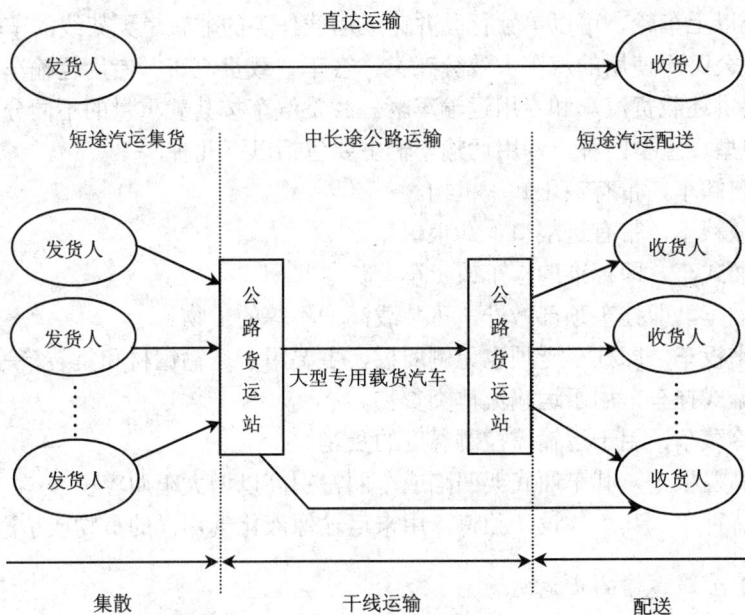

图 2-1　公路运输功能示意（货运）

二、公路运输的设施设备

公路设施设备主要由公路、运载工具和汽车货运站场组成。

（一）公路

公路是指通行各种车辆和行人的工程设施。在我国，根据交通量、公路使用任务和性质，将公路分为以下五个等级：

高速公路：是具有特别重要的政治经济意义的公路，有四个或四个以上车道，并设有中央分隔带、全部立体交叉并具有完善的交通安全设施与管理设施、服务设施，全部控制出入，专供汽车高速行驶的专用公路。能适应年平均日交通量（ADT）25 000 辆以上。

一级公路：是连接重要政治经济文化中心、部分立交的公路，一般能适应 ADT＝10 000～25 000 辆。

二级公路：是连接政治经济中心或大工矿区的干线公路或运输繁忙的城郊公路，能适应 ADT＝2 000～10 000 辆。

三级公路：是沟通县或县以上城市的支线公路，能适应 ADT＝200～2 000 辆。

四级公路：是沟通县或镇、乡的支线公路，能适应 ADT＜200 辆。

（二）公路运载工具

公路物流运输中，运输工具主要就是指汽车，它是由动力装置驱动、拥有四个或四个以上车轮、可以单独行驶并完成运载任务的非轨道无架线的车辆。

一般公路所使用的汽车大致分三类：客车、载货汽车、专用运输车辆。物流运输主要讲述载货汽车和专用运输车辆。载货汽车按其载重量的不同分为微型、轻型、中型、重型四种。专用运输车辆主要包括以下几种。

1）自卸车，带有液压卸车机构。

2）散粮车，带有进粮口、卸粮口。

3）厢式车，即标准的挂车或货车，货厢封闭。

4）敞车，即挂车顶部敞开，可装载高低不等的货物。

5）平板车，即挂车无顶也无侧厢板，主要用于运输钢材和集装箱等货物。

6）罐式挂车，用于运输流体类货物。

7）冷藏车，用于运输需控制温度的货物。

8）高栏板车，其车厢底架凹陷或车厢特别高以增大车厢容积。

9）特种车，其车体设计独特，用来运输像液化气那样的货物或小汽车。

（三）公路运输的货运站场

货运站是专门办理货物运输业务的汽车站，一般设在公路货物集散点。货运站可分为集运站（或集送站）、分装站和中继站等几类。

1. 货运站的任务与职能

货运站的主要工作是组织货源、受理托运、理货、编制货车运行作业计划，以及车辆的调度、检查、加油、维修等。

汽车货运站的职能，包括下列几个方面：

1）调查并组织货源，签订有关运输合同。

2）组织日常的货运业务工作。

3）做好运行管理工作。运行管理的核心是做好货运车辆的管理，保证各线路车辆的正常运行。

2. 汽车货运站的分类

1）整车货运站。主要经办大批货物运输，有的也兼营小批货物运输。

2）零担货运站。专门办理零担货物运输业务，是进行零担货物作业、中转换装、仓储保管的营业场所。

3）集装箱货运站。主要承担集装箱的中转运输任务，所以又称集装箱中转站。

3. 汽车货运站的分级

1）零担站的站级划分。根据零担站年货物吞吐量，将零担站划分为一、二、三级。年货物吞吐量在 6 万吨以上者为一级站；2 万吨及以上，但不足 6 万吨者为二级站；2 万吨以下者为三级站。

2）集装箱货运站的站级划分。根据年运输量、地理位置和交通条件的不同，集装箱货运站可分为四级。年运输量是指计划年度内通过货运站运输的集装箱总量。一级站年运输量为 3 万标准箱以上；二级站年运输量为 1.6 万～3 万标准箱；三级站年运输量为 0.8 万～1.6 万标准箱；四级站是年运输量为 0.4 万～0.8 万标准箱的国际集装箱中转站。

（四）公路运输的货物

1）按货物的物理属性，可以将货物划分为固体、液体、气体 3 种不同性质的货物。

2）按货物的装卸方法，可以将货物分为件装货物和散装货物。

3）按货物的运输条件，可以将货物分为普通货物和特种货物。

4）按一批货物托运量的大小，可以将货物分为整车货物和零担货物。

三、公路运输方式

1. 按货物的营运方式划分

1）整车运输。整车运输指托运人一次托运货物的质量必须在 3 吨（含 3 吨）以上的货物运输。

2）零担运输。零担运输是指托运人一次托运货物的质量不足 3 吨，零担运输一般要求定线路、定班期发运。

3）联合运输。联合运输是指货物通过两种或两种以上运输方式，或需要同种运输方式中转两次以上的运输。联合运输实行一次托运、一次收费、一票到底、全程负责。联合运输的方式有公铁联运、公水联运、公航联运以及公公联运等。

4）集装箱运输。集装箱运输是指将货物集中装入规格化、标准化的集装箱内进行运输，是一种先进的现代化运输方式，是改变件杂货物运输落后状况的一项根本性措施。在我国，集装箱运输又分为国内集装箱运输和国际集装箱运输两类。

2. 按货物类别划分

（1）普通货物运输

普通货物运输是指对普通货物的运输。普通货物是指在运输、保管及装卸作业中没有特殊要求，不必采用专用汽车运输的货物，普通货物分类如表 2-1 所示。

表 2-1　普通货物分类

等级	序号	货类	货物名称
一等货物	1	煤	原煤、块煤、可燃性片岩
	2	砂	砂子
	3	石	片石、渣石、寸石、石硝、粒石、卵石
	4	非金属矿石	各种非金属矿石
	5	土	各种土、垃圾
	6	灰	青灰、粉煤灰
	7	渣	炉渣、炉灰、水渣、各种灰烬、碎砖瓦
	8	空包装容器	篓、坛、罐、瓶、箱、筐、袋、包、箱、盒
二等货物	1	粮食及加工	各种粮食（稻、麦、各种杂粮、薯类）及其加工品
	2	棉花、麻	皮棉、籽棉、絮棉、日棉、棉胎、术棉、各种麻类
	3	油料作物	花生、芝麻、油菜籽、蓖麻籽及其他油料作物
	4	烟叶	烤烟、土烟
	5	蔬菜、瓜果	鲜蔬菜、鲜菌类、鲜水果、甘蔗、甜菜、瓜类
	6	植物油	各种食用、工业、医药用植物油
	7	植物的种、花、叶、茎	树、草、菜、花的种子、干花、各种麻类、牧草、谷草、稻草、芦苇、树苗、树枝、树根、木柴
	8	禽、畜、蚕、萤	各种活家畜、家禽及大牲畜、蚕、蚕子、蚕蛹、蚕茧
	9	肥料、农药	化肥、粪肥、土杂肥、农药
	10	糖	各种食用糖（包括铪糖）
	11	肉脂及制品	鲜、腌、酱肉类、油脂及其制品
	12	水产品	干鲜鱼类、虾、蟹、贝、海带
	13	酱菜、调料	腌菜、酱菜、酱油、醋、酱、花椒、茴香、生姜、芥末、腐乳
	14	土产杂品	土产品、各种杂品
	15	皮毛、塑料	生熟毛皮、鬃毛绒及其加工品、塑料及其制品
	16	日用百货、棉麻制品	各种日用小百货、棉麻纺织品和针织品、服装鞋帽
	17	药材	普通中药材
	18	纸、纸浆	普通纸及纸制品、各种纸浆
	19	文化体育用品	文具、教学用具、体育用品
	20	印刷品	报刊、图书及其他印刷品
	21	木	圆木、方木、板材、成材、杂木棍
	22	橡胶、可塑材料及其制品	生橡胶、人造橡胶、再生胶及其制品、电木制品、其他可塑原料及其制品

续表

等 级	序 号	货 类	货 物 名 称
二等货物	23	水泥及其制品	袋装水泥、水泥制品、预制水泥构件
	24	钢铁、有色金属及其制品	钢材（管、丝、线、绳、板、皮、条）、生铁、毛坯、铸铁件、有色金属材料、大小五金制品、配件、小型农机具
	25	矿物性建筑材料	普通砖、瓦、缸砖、水泥瓦、乱石、块石、级配石、条石、水磨石、白云石、腊石、萤石及一般制品、滑石粉、石灰膏、电石灰、矾石灰、石膏、石棉、白垩粉、陶土管、石灰石、生石灰
	26	金属矿石	各种金属矿石
	27	焦炭	焦炭、焦炭沫、石油焦、沥青焦、木炭
	28	原煤加工品	煤球、煤砖、蜂窝煤
	29	盐	原盐及加工精盐
	30	泥	泥土、淤泥、煤泥
	31	废品及散碎品	废钢铁、废纸、破碎布、碎玻璃、废靴鞋、废纸袋
	32	其他	
三等货物	1	蜂、鱼	蜜蜂、蜡虫、活鱼类、鱼苗
	2	观赏用花、木	观赏用长青树木、花草
	3	蛋、乳	蛋、乳及其制品
	4	干菜、干果	干菜、干果、子仁及各种果脯
	5	橡胶制品	轮胎、橡胶管、橡胶布及其制品
	6	颜料，染料	颜料、染料及助剂与其制品
	7	煤、木化学副产品	化学香精（如制造食品、化妆品等的香精）糖精、樟脑油、松节油、芳香油、木溜油、木腊（橡油、皮油）树脂、环氧树脂
	8	化妆品	香水、润肤油脂等各种化妆品
	9	木材加工品	毛板、企口板、胶合板、刨花板、装饰板、纤维板、木构件
	10	家具	竹、藤、钢木家具
	11	交电器材	电影机、电唱机、录音机、家用电器、打字机、扩音机、闪光机、放大机、收发报机、复印机、医疗器械、无线电广播设备、无线电话设备、电线电缆、电灯用品、蓄电池（木装酸液）、各种电子元件、电子或电动儿童玩具
	12	毛、丝、呢绒、化纤皮革制品	毛、丝、呢绒、化纤、皮革制的服装、皮毛、呢、毡鞋、帽

等　　级	序　号	货　类	货物名称
三等货物	13	烟、酒、饮料，调料	各种烟卷、各种瓶罐装的酒、汽水、果汁、食品、罐头、炼乳、植物油精（薄荷油、桉油）、茶叶及其制品、味精及其他调味品
	14	糖果、糕点	糖果、果酱（桶装）、水果粉、蜜饯、面包、饼干、糕点
	15	淀粉	各种淀粉及其制品
	16	冰及冰制品	天然冰、机制冰、冰淇淋、冰棍
	17	中西药品、医疗器具	西药、中药（丸、散、膏、丹成药）及医疗器具
	18	贵重纸张	卷烟纸、玻璃纸、过滤纸、蜡纸、复写纸、复印纸
	19	文娱用品	乐器、留声机、唱片、幻灯片、其他演出用具及道具
	20	美术工艺品	刺绣、腊或塑料制品、美术制品、骨角制品、漆器、草编、竹编、藤编等各种美术工艺品
	21	陶瓷、玻璃及其制品	瓷器、陶器、玻璃及其制品
	22	机器及设备	各种机械及设备
	23	车辆	组成的自行车，摩托车、轻骑、小型拖拉机
	24	污染品	炭黑、铅粉、锰粉、乌烟（炭黑、松烟）、涂料及其他污染人体的货物、角、蹄、甲、死禽兽
	25	粉类品	散装水泥、石粉、耐火粉
	26	装饰石料	大理石、花岗石、汉白玉
	27	带釉建筑用品	玻璃瓦、琉璃瓦、其他带釉建筑用品、耐火砖、耐酸砖、瓷砖瓦
	28	笨重货物	单位质量在0.5～4吨的货物

（2）特种货物运输

特种货物运输是指对特种货物的运输。特种货物运输是指货物的本身性质、体积、质量和价值等方面具有特别之处，在运输、保管或装卸等环节上必须采取特别措施才能保证完好地输送货物。特种货物运输一般包括：危险货物、贵重货物、长大笨重货物、易腐货物、冷藏货物、鲜活货物等，具体货物如表2-2所示。

表2-2　特种货物分类表

类　　别	类别界限	各类别档次或序号	各类货物范围或货物名称
长大、笨重货物类	1．货物长度在6米（包括6米）以上	一级	货物长度6～10米，质量4吨（不含4吨）～8吨的货物
	2．货物每件质量在4吨（不包括4吨）以上	二级	货物长度10～14米，质量8吨（不含8吨）～20吨的货物
	3．货物高超过2.7米，宽超过2.5米	三级	货物14米以上，质量20吨以上（含20吨）的货物

类　别	类别界限	各类别档次或序号	各类货物范围或货物名称
危险货物类	交通部《汽车危险货物运输规则》中列名的所有危险货物	一级	《汽车危险货物运输规则》中规定的爆炸物品、氧化剂、气体、自燃物品、遇水燃烧物品、易燃固体、一级易燃液体、剧毒物品、一级酸性腐蚀物品、放射性物品
		二级	《汽车危险货物运输规则》中规定的二级易燃液体，有毒物品、碱性腐蚀物品、二级酸性腐蚀物、其他腐蚀物品
贵重货物类	价格昂贵、运输责任重大的货物	1	货币及主要证券，如货币、国库券、邮票、布票等
		2	贵重金属及稀有金属。贵重金属如金、银、白金等及其制品；稀有金属如钴、钛等及其制品
		3	珍贵艺术品，如古玩字画、象牙、珊瑚、珍珠、玛瑙、水晶、宝石、钻石、翡翠、琥珀、猫眼、玉及其制品；景泰蓝制品、各种雕刻工艺品、仿古艺术制品和壁毯刺绣艺术品等
		4	贵重药材和药品，如鹿茸、麝香、犀牛角、高丽参、西洋参、虫草、羚羊角、四三七、银耳、天麻、蛤蟆油、牛黄、鹿胎、熊胎、豹胎、海马、海龙、藏红花、猴枣、马宝及以其为主要原料的制品和贵重西药
		5	贵重毛皮，如水獭皮、海龙皮、貂皮、灰鼠皮、玄虎皮、虎豹皮、猞猁皮、金丝猴皮及其制品
		6	珍贵食品，如海参、干贝、鱼肚、鱼翅、燕窝、鱼唇、鱼皮、鲍鱼、猴头、熊掌、发菜
		7	高级精密机械及仪表，如显微镜、电子计算机、高级摄影机、录像机及其他精密仪器仪表
		8	高级光学玻璃及其制品，如照相机、放大机、显微镜等的镜头片、各种科学实验用的光学玻璃仪器和镜片
		9	高档日用品，如电视机、收录机、收录音机、手表、放映机等
鲜货货物类	货物价值高、运输时间性强、效率低、责任大的贵重鲜活货物	1	各种种畜，如种牛、种马等
		2	供观赏的野生动物，如虎、豹、狮、熊、熊猫、狼、象、蛇、蟒、孔雀、天鹅等
		3	供观赏的水生动物，如海马、海豹、金鱼、鳄鱼、热带鱼
		4	名贵花木，如盆景及各种名贵花木

3. 按运送速度划分

1）一般货物运输。主要是指在运送速度上没有特殊要求，只要满足常规的货物运送速度要求就可以达到托运人的一种运输方式。

2）快件运输。根据《道路零担货物运输管理办法》的规定，快件货运是指从货物受理的当天 15 时起算，300 千米运距内，24 小时以内运达；1 000 千米运距内，48 小时以内运达；2 000 千米运距内，72 小时以内运达。一般是由专门从事该项业务的公司和运输公司、航空公司合作，派专人以最快的速度在发件人、货运中转站或机场、收件人之间递送急件。

3）特快专运。特快专运是指应托运人要求即托即运，在约定时间内运达。

第二节　整车货物运输组织

一、整车货物运输的概念

托运人一次托运的货物在 3 吨（含 3 吨）以上，或虽不足 3 吨，但其性质、体积、形状需要一辆 3 吨以上车辆进行公路运输的，称为整车货物运输。但以下的货物必须按整车运输：

1）鲜活货物，如冻肉、冻鱼、鲜鱼，活的牛、羊、猪、兔、蜜蜂等。

2）需用专车运输的货物，如石油、烧碱等危险货物，粮食、粉剂的散装货等。

3）不能与其他货物拼装运输的危险品。

4）易于污染其他货物的不洁货物，如炭黑、皮毛、垃圾等。

5）不易于计数的散装货物，如煤、焦炭、矿石、矿砂等。

为明确运输责任，整车货物运输通常是一车一张货票、一个发货人。因此，公路货物运输企业应选派额定载重量（以车辆管理机关核发的行车执照上标记的载重量为准）与托运量相适应的车辆装运整车货物。一个托运人托运整车货物的重量（毛重）低于车辆额定载重量时，为合理使用车辆的载重能力，可以拼装另一托运人托运的货物，即一车二票或多票，但货物总重量不得超过车辆额定载重量。

若整车货物多点装卸，按全程合计最大载重量计重，最大载重量不足车辆额定载重量时，按车辆额定载重量计算。

若托运整车货物由托运人自理装车，未装足车辆标记载重量时，按车辆标记载重量核收运费。

整车货物运输一般不需要中间环节或中间环节很少、送达时间短，相应的货运集散成本较低。涉及城市间或过境贸易的长途运输与集散。

二、整车货物运输的生产过程

整车货物运输生产过程是一个多环节、多工种的联合作业系统，它由运输准备过程、基本运输过程、辅助运输过程、运输服务过程四个相互关联、相互作用的部分组成。

1. 运输准备过程

又称运输生产技术准备过程，是货物进行运输之前所做的各项技术准备性工作。包括车型选择、线路选择、装卸设备配置、运输过程的装卸工艺设计等。

2. 基本运输过程

基本运输过程是运输生产过程的主体，是指直接组织货物，从起运地至到达地完成其空间位移的生产活动，包括起运站装货、车辆运行、终点站卸货等作业过程。

3. 辅助运输过程

辅助运输过程是指为保证基本运输过程正常进行所必需的各种辅助性生产活动。辅助生产过程本身不直接构成货物位移的运输活动，它主要包括车辆、装卸设备、承载器具、专用设施的维护与修理作业，以及各种商务事故、行车事故的预防和处理工作，营业收入结算工作等。

4. 运输服务过程

是指服务于基本运输过程和辅助运输过程的各种服务工作和活动。例如，各种行车材料、配件的供应，代办货物储存、包装、保险业务等。

三、整车货物运输的站务工作

整车货物运输站务工作可分为发送、途中和到达三个阶段的站务工作，内容包括：货物的托运与承运，货物装卸、起票、发车，货物运送与到达交付、运杂费结算、商务事故处理等。

（一）整车货物运输的发送站务工作

货物在始发站的各项货运作业统称为发送站务工作。发送站务工作主要由受理托运、组织装车和核算制票等三部分组成。

1. 受理托运

受理货物托运必须做好货物包装、确定重量和办理单据等作业。

（1）货物包装

为了保证货物在运输过程中的完好和便于装载，发货人在托运货物之前，应按"国家标准"（代号 GB）以及有关规定进行包装，凡在"标准"内没被列入的货物，发货人应根据托运货物的质量、性质、运距、道路、气候等条件，按照运输工作的需要做好包装工作。车站对发货人托运的货物，应认真检查其包装质量，发现货物包装不合要求时，应建议并督促发货人将其货物按有关规定改变包装，然后再行承运。凡在搬运、装卸、运送或保管过程中，需要加以特别注意的货物，托运方除必须改善包装外，还应在每件货物包装物外表明显处，贴上货物运输指示标志。

（2）确定重量

货物的质量不仅是企业统计运输工作量和核算货物运费的依据，而且与车辆载质量的充分利用，保证行车安全和货物完好也有关。货物质量分为实际质量和计费质量，货物质量的确定必须准确。

货物有实重货物与轻浮货物之分。凡平均每立方米质量不足 33.3kg 的货物为轻浮货物；否则为实重货物。公路货物运输经营者承运有标准质量的整车实重货物，一般由发货人提出质量或件数，经车站认可后承运。货物质量应包括其包装质量在内。

（3）办理单据

发货人托运货物时，应向起运地车站办理托运手续，并填写货物托运单（或称运单）作为书面申请。

2. 组织装车

货物装车前必须对车辆进行技术检查和货运检查，以确保其运输安全和货物完好。装车时要注意码放货物，在严格执行货物装载规定的前提下，充分利用车辆的载质量和容积。货物装车完毕后，应严格检查货物的装载情况是否符合规定的技术条件。

3. 核算制票

发货人办理货物托运时，应按规定向车站缴纳运杂费，并领取承运凭证——货票。始发站在货物托运单和货票上加盖承运日期之时起即算承运，承运标志着企业对发货人托运的货物开始承担运送义务和责任。

（二）整车货物运输的途中站务工作

货物在途中发生的各项货运作业，统称为途中站务工作。途中站务工作主要包括途中货物交接、货物整理或换装等内容。

1. 途中货物交接

为了保证货物运输的安全与完好，便于划清各环节的运输责任，货物在运输途中如发生装卸、换装、保管等作业，驾驶员之间，驾驶员与站务人员之间，应认真办理交接检查手续。一般情况下交接双方可按货车现状及货物装载状态进行，必要时可按货物件数和质量交接，如接收方发现有异常，由交出方编制记录备案。

2. 途中货物整理或换装

货物在运输途中如发现有装载偏重、超重、货物撒漏，车辆技术状况不良而影响运行安全，货物装载状态有异状，加固材料折断或损坏，货车篷布遮盖不严或捆绑不牢等情况出现，且有可能危及行车安全和货物完好时，应及时采取措施，对货物加以整理或换装，必要时调换车辆，同时登记备案。

为了方便货主，整车货物还允许中途拼装或分卸作业，考虑到车辆周转的及时性，对整车拼装或分卸应加以严密组织。

（三）整车货物运输的到达站站务工作

货物在到达站发生的各项货运作业统称为到达站站务工作。到达站站务工作主要包括货运票据的交接，货物卸车、保管和交付等内容。

整车货物一般直接卸在收货人仓库或货场内，并由收货人自理。收货人确认卸下货物无误并在货票上签收后，货物交付即完毕。货物在到达地向收货人办完交付手续后，才算完成该批货物的全部运输过程。

四、货物的监装与监卸

（一）货物的监装

车辆到达装货地点，监装人员应根据货票或运单填写的内容、数量与发货单位联系发货，并确定交货办法。散装货物根据体积换算标准确定装载量，件杂货一般以件计算。

在货物装车前，监装人员应注意并检查货物包装有无破损、渗漏、污染等情况，一旦发现，应与发货单位商议修补或调换，如发货单位自愿承担因破损、渗漏、污染等引起的货损，则应在随车同行的单证上加盖印章或做批注，以明确其责任。装车完毕后，应清查货位，检查有无错装、漏装，并与发货人员核对实际装车的件数，确认无误后，办理交接签收手续。

（二）货物的监卸

货物监卸人员在接到卸货预报后，应立即了解卸货地点、货位、行车道路、卸车机械等情况。在车辆到达卸货地点后，应会同收货人员、驾驶员、卸车人员检查车辆装载有无异常，一旦发现异常应做好卸车记录后再开始卸车。卸货时应根据运单及货票所列的项目与收货人点件或监秤记码交接。如发现货损货差，则应按有关规定编制记录并申报处理。收货人可在记录或货票上签署意见但无权拒收货物。交货完毕后，应由收货人在货票收货回单联上签字盖章，公路承运人的责任即告终止。

五、整车货物的运输变更

整车货物的运输变更通常是货物托运人或收货人对运输中的货物因特殊原因对运输提出变更要求，主要如下。

1）取消运输要求，即货物已申请托运，但尚未装车。

2）停止装运，即已开始装车或正在装车，但尚未起运。

3）中途停运，即货物未运抵目的地前，并能通知停运的。

4）运回起运站，即货物已运抵到站，在收货人提货之前收回。

5）变更到达站，即在车辆运输所经过的站别范围内或在原运程内变更。

6）变更收货人。

运输变更无论是整车或零担，均以一张货票记载的全部货物为限。整车货物运输变更的手续，应由货物托运人提出运输变更的申请书和其他有效的证明文件，填写变更申请书，说明货物运输变更原因，加盖与原托运单上相同的印章。审查只有在货物运输变更内容不违反有关规定时才予以办理。

第三节　零担货物运输组织

随着国民经济的发展，特别是现代物流理念和技术的飞速发展，货物的流动无论从时间还是从空间上都发生了根本的变化，当前，零星用户、零星货物、零星整车的"三零"货物急剧增加，使得零担货物运输正呈现日益繁荣的景象、普通零担货物运输作为货物运输的重要形式之一，越发显现出它的重要性。

一、公路零担货物运输的概念

我国汽车运输管理部门制定的《公路汽车货物运输规则》规定：托运人一次托运的货物，其重量不足 3 吨者为零担货物。按件托运的零担货物，单件体积一般不得小于 0.01 立方米（单件重量超过 10 千克的除外），不得大于 1.5 立方米；单件重量不得超过 200 千克；货物长度、宽度、高度分别不得超过 3.5 米、1.5 米和 1.3 米。不符合这些要求的，不能按零担货物托运、承运。

各类危险货物，易破损、易污染和鲜活货物，一般不能作为零担货物办理托运。

二、零担货物运输的特点

零担货物运输只是货物运输方式中相对独立的一个组成部分，由于其货物类型和运输组织形式的独特性，衍生出其独有的特点。一般而言，公路承运的零担货物具有数量小、批次多、包装不一、到站分散的特点，并且品种繁多，许多商品价格较高。另一方面，经营零担货运又需要库房、货棚、货场等基本设施以及与之配套的装卸、搬运、堆码机具和苦垫设备。所以，这些基本条件的限定，使零担货物运输形成了自己独有的特点。

（一）货源的不确定性和来源的广泛性

零担货物运输的货物流量、货物数量、货物流向具有一定的不确定性，并且多为随机性发生，难以通过运输合同方式将其纳入计划管理范围。货物的来源涉及到社会的方方面面。

（二）组织工作的复杂性

零担货物运输不仅货物来源、货物种类繁杂，而且面对如此繁杂的货物和各式各样的运输要求必须采取相应的组织形式，才能满足人们货运的需求，这样就使得零担货物运输货运环节多，作业工序细致，设备条件繁杂，对货物配载和装载要求较高。因此，作为零担货物作业的主要执行者——货运站，要完成零担货物质量的确认，货物的积配载等大量的业务组织工作。

（三）单位运输成本较高

为了适应零担货物运输的需求，货运站要配备一定的仓库、货栅、站台，以及相应的装卸、搬运、堆置的机具和专用厢式车辆。此外，相对于整车货物运输而言，零担货物周转环节多，更易于出现货损、货差，赔偿费用较高，因此，导致了零担货物运输成本较高。

（四）适应于千家万户的需要

零担货物运输非常适合商品流通中品种繁多、小批量、多批次、价高贵重、时间紧迫、到站分散的特点。因此它能满足不同层次人民群众商品流通的要求，方便大众物资生产和流动的实际需要。

（五）运输安全、迅速、方便

零担货物运输由于其细致的工作环节和业务范围，可承担一定行李、包裹的运输，零担班车一般都有固定的车厢，所装货物不至于受到日晒雨淋，一方面成为客运工作的有力支持者，同时体现了安全、迅速、方便的优越性。

（六）零担货物运输机动灵活

零担货物运输都是定线、定期、定点运行，业务人员和托运单位对运输情况都比较清楚，便于沿途各站点组织货源，往返实载率高，经济效益显著。对于竞争性、时令性和急需的零星货物运输具有尤为重要的意义。

三、零担货物运输的组织形式

零担货物运输由于集零为整，站点、线路较为复杂，业务繁琐，因而必须采用合理的车辆运行组织形式。这些形式通常有以下几种。

（一）固定式

固定式也称汽车零担货运班车，即所谓的"四定运输"，是指车辆运行采取定线路、定班期、定车辆、定时间的一种组织形式。

零担货运班车主要通过以下几种方式运行：

1. 直达式零担班车

直达式指在起运站将各发货人的货物托运到同一到达站，而且性质适合配装的零担货物，同一车装运直接送至到达站，如图2-2所示。

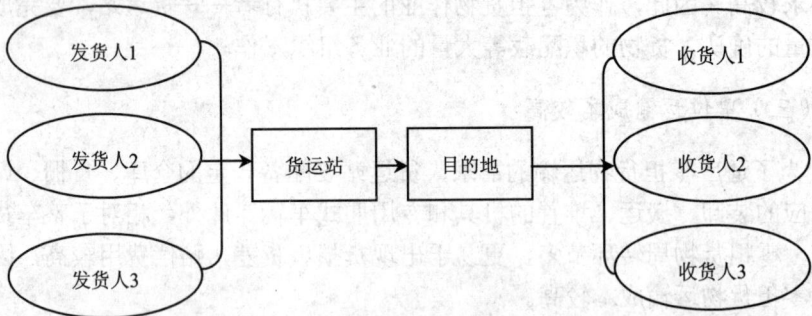

图 2-2　直达式零担班车

2. 中转式零担班车

中转式是指在起运站将各托运人的货物发往同一去向，不同到达站，而且性质适合配装的零担货物，同车装运到规定的中转站中，卸货后另行配装，重新组成新的零担班车运往各到达站的一种组织形式，如图2-3所示。

3. 沿途式图零担班车

沿途式是指在起运站将各托运人的货物发往同一线路，不同到达站，且性质适宜配装的各种零担货物，同车装运，按计划在沿途站点卸下或装上零担货物再继续前进，运往各到达站的一种组织形式，如图2-4所示。

（二）非固定式

非固定式是指按照零担货流的具体情况，根据实际需要，随时开行零担货车的一种组织形式。这种组织形式由于缺少计划性，必将给运输部门和客户带来一定不便。因此只适宜于在季节性或在新辟的零担货运线路上作为一项临时性措施。

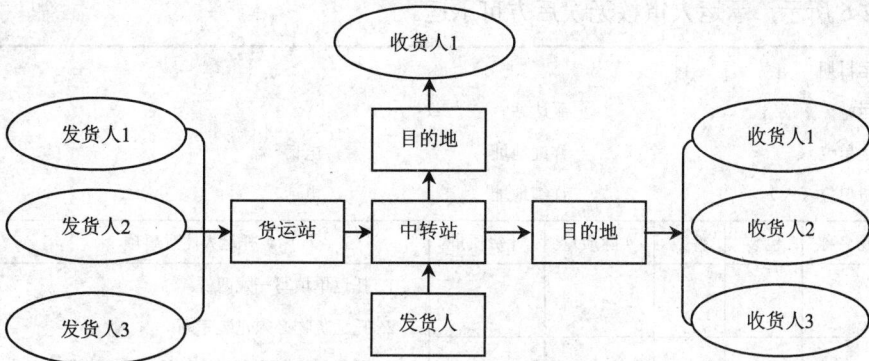

图 2-3 中转式零担班车

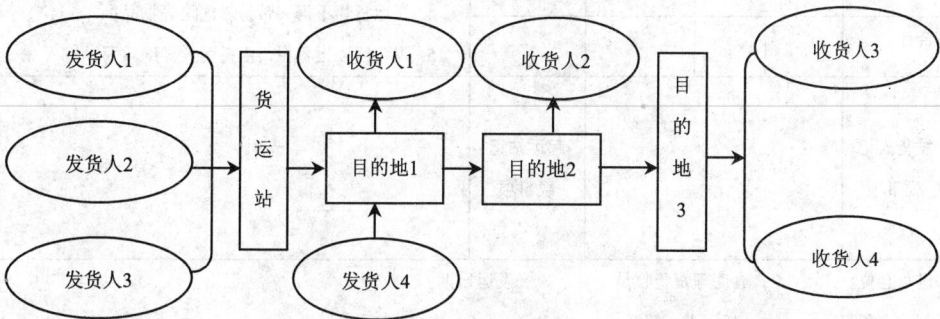

图 2-4 沿途式零担班车

四、零担货物运输的组织作业程序

零担货物运输业务是根据零担货运工作的特点，按流水作业形式构成的一种作业程序，可用图 2-5 简单表示。

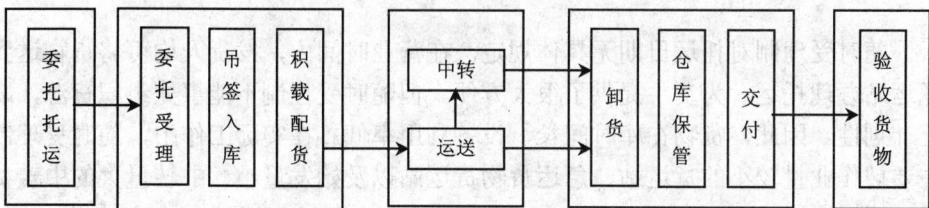

图 2-5 零担货物作业流程

（一）托运受理

托运受理是指零担货物承运人根据经营范围内的线路、站点、运距、中转车站、各车站的装卸能力、货物性质及受运限制等业务规则和有关规定要求在接受托运零担货物办理托运手续。受理托运时，必须由托运人认真填写托运单，如图 2-6 所示，承运人审核无误后方可承运。

托运日期　年　月　日					
起运站			到达站		
托运单位			详细地址		电话
收货单位（人）			详细地址		电话
货物名称	包装	件数	实际质量	计费质量	托运人注意事项
					1. 托运单填写一式两份；
					2. 托运货物必须包装完好；
					3. 不得假报货物名称，否则在运输过程中发生的一切损失，均由托运人负责赔偿；
合计					4. 托运货物不得夹带易燃危险等物品； 5. 黑粗线以上各栏，由托运人详细填写。
发货人记载事项			起运站记载事项		
进货仓位		仓库理货验收员		发运日期	
到站交货日		托运人（签章）			

图 2-6　公路汽车零担货物托运单

在受理托运时，可根据零担货物数量、运距以及车站最大能力采用不同的受理制度。

1. 随时受理制

随时受理制对托运日期无具体规定，在营业时间内，发货人均可将货物送到托运站办理托运，为货主提供了很大方便。但随时受理制不能事先组织货源，缺乏计划性。因此，货物在库时间长，设备利用率低。在实际工作中，随时受理制主要被作业量较小的货运站、急运货物货运站以及始发量小、中转量大的中转货运站采用。

2. 预先审批制

预先审批制要求发货人事先向货运站提出申请，车站再根据各个发货方向及站别的运量，结合站内设备和作业能力加以平衡，分别指定日期进货集结，组成零担班车。

3. 日历承运制

日历承运制是指货运站根据零担货物的流量和流向规律，编写承运日期表，事先公布，发货人按规定日期来站办理托运手续。

采用日历承运制可以有计划、有组织地组织零担货物的运输，便于将去向和到站比较分散的零担货物合理集中，组织直达零担班车，可以均衡安排起运站每日承担零担货物的数量，合理使用货运设备，便于物资部门安排生产和物资调拨计划，提前做好货物托运准备工作。

（二）过磅起票

零担货物受理人员在收到托运单后，审核托运单填写内容与货物实际情况是否相符，检查包装，过磅量方，扣、贴标签和标志。

1. 核对运单

核对运单就是核对货物品名、件数、包装标志是否与托运单相符。注意是否夹带限制运输货物或危险货物，做到逐件清点件数，防止发生差错。

2. 检查货物包装

货物包装是货物运输、装卸、仓储、中转过程中保护货物质量的首要条件。检查货物包装就是检查货物包装是否按货物的特性和要求进行包装，是否符合零担货运的关于货物包装的规定。对不符合规定的包装，应请货主重新包装；对包装不良或无包装但不影响装卸及行车安全的，经车站同意可予受理，但应请货主在托运单中注明包装不良状况及损坏免责事项。对使用旧包装的应请货主清除旧标志、旧标签。

检查货物一定要仔细认真。如果在接受货物时检查疏忽，就会使有问题的货物进入运输过程，进而转化为运输部门的责任事故，给双方都造成不应有的损失。

3. 过磅量方

货物重量是正确装载、核算运费和发生事故后正确处理赔偿费用的重要依据。因此必须随票过磅量方，并保证准确无误。一般货物重量分实际重量、计费重量和标定重量。

（1）实际重量

货物的实际重量是根据货物过磅后（包括包装在内）的毛重来确定的。

（2）计费重量

计费重量可分为不折算重量和折算重量。不折算重量就是货物的实际重量，零担货物起码的计费重量为 1 千克，重量在 1 千克以上尾数不足 1 千克的，四舍五入。

（3）标定重量

标定重量是对特定的货物所规定的统一计费标准。同一托运人一次托运轻浮和实重两种货物至同一到站者，可以合并称重或合并量方折重计费（不能拼装者除外）。过磅量方后，应将重量或体积填入托运单内。一张托运单的货物分批过磅、量方时，应将每批重量和长、宽、高体积尺寸记在托运单内，以备查考，然后将总重量和总体积填入托运单并告货主。

零担货物过磅量方后，司磅、收货人员应在托运单上签字证明并指定货位将货物搬入仓库，然后在托运单上签注货位号，加盖承运日期戳，将托运单留存一份备查，另一份交还货主持其向财务核算部门付款开票。

4. 扣、贴标签和标志

零担标签、标志建立了货物本身与其运输票据间的联系，标明了货物本身的性质，也是理货、装卸、中转、交付货物的重要识别凭证。标签的各栏必须认真详细填写，在每件货物的两端或正、侧两面明显处各扣（贴）一张。其标签、货票式样如图 2-7、图 2-8 所示。

车次	
起站	
到站	
票号	
总件数	

站发

200 　年　月　日

公路汽车行李、包裹、零担标签

站　　至　　站

票号	总件数

站　200　年　月　日

图 2-7　公路汽车行李、包裹、零担货物标签

编号
年 月 日

起点站		中转站			到达站		千米		备注
托运人			详细地点						
收货人			详细地点						
货名	包装	件数	体积（立方米）			实际质量	计费质量	每百千克运价	合计
			长	宽	高				
合计									托运人签章

车站： 填票人： 复核人： 经办人：

图 2-8 公路汽车零担货物运输货票

（三）开票收费

零担货物运输的开票收费作业，是在零担货物托运收货后，根据司磅人员和仓库保管人员签字的零担货物托运单进行的。开票收费环节包括如下作业内容。

1. 运费的计算

零担货运收费包括运费和其他杂费，运费的计算必须包括运费和杂费的计算。运费的计算有既定的计算公式，在计算时可以套用，至于零担货运的杂费包括：

① 渡费：零担运输车辆如需要过渡运行，由起运站代收渡费。

② 标签费。

③ 标志费。

④ 联运服务费：通过两种以上运输工具的联合运输以及跨省（市）的公路联运，核收联运服务费。

⑤ 中转包干费：联运中转换装所产生的装卸、搬运、仓储、整理包装劳务等费用，实行全程包干，起运站一次核收。

⑥ 退票费：受理承运后货主要求退运，按规定收取已发生的劳务费用及消耗票证的印制成本费用。

⑦ 保管费。

⑧ 快件费：应货主要求办理快件运输，收取快件费。

⑨ 保价（保险）费：对贵重物品实行保价运输，制定收费标准按货物价值的百分比核收。

2. 营收报解与营收审核

营收人员每日工作完毕，必须将当天开出货票核联中的营收进款累计数与所收的现金、支票金额进行核对。

（四）仓库保管

1）零担货物进出仓要照单入库或出库，做到以票对票、票票不漏、货票相符。

2）零担货物仓库应严格划分货位，一般可分为待运货位、急运货位、到达待交货位。

3）零担货物仓库要具有良好的通风能力、防潮能力、防火和灯光设备、安全保卫能力。

（五）配载装车

1. 零担货物的配载原则

1）中转先运、急件先运、先托先运、合同先运。

2）尽量采用直达方式，必须中转的货物，则应合理安排流向。

3）充分利用车辆载货量和容积。

4）严格执行混装限制规定。

5）加强对中途各站待运量的掌控，尽量使同站装卸的货物在重量和体积上相适应。

2. 装车准备工作

1）按车辆容积、载重和货物的形状、性质进行合理配载，填制配装单和货物交接清单。填单时应按先远后近、先重后轻、先大后小、先方后圆的顺序进行，以便按单顺次装车，对不同到达站和中转站的货物要分单填制。

2）将整理后的各种随货单证分别附于交接清单后面。

3）按单核对货物堆放位置，作好装车标记。

3. 装车

1）按交接清单的顺序和要求点件装车。

2）将贵重物品放在防压、防撞的位置，保证运输安全。

3）驾驶员（或随车理货员）清点随车单证并签章确认。

4）检查车辆、关锁及遮盖捆扎情况。

（六）货物中转

对于需要中转的货物需以中转零担班车或沿途零担班车的形式运到规定的中转站进行中转。中转作业主要是将来自各个方向的仍需继续运输的零担货物卸车后重新集结待运，继续运至终点站。

零担货物的中转作业一般有以下三种方法：

1. 全部落地中转（落地法）

将整车零担货物全部卸下交中转站入库，由中转站按货物的不同到站重新集结，另行安排零担货车分别装运，继续运到目的地。这种方法简便易行，车辆载重量和容积利用较好，但装卸作业量大，仓库和场地的占用面积大，中转时间长。

2. 部分落地中转（坐车法）

由始发站开出的零担货车，装运有部分要在途中某地卸下转至另一路线的货物，其余货物则由原来车继续运送到目的地。

这种方法部分货物不用汽车，减少了作业量，加快了中转作业的速度，节约了装卸劳力和货位，但对留在车上的货物的装载情况和数量不易检查清点。

3. 直接换装中转（过车法）

当几辆零担车同时到站进行中转作业时，将车内部分中转零担货物由一辆车向另一辆车上直接换装，而不到仓库货位上卸货。组织过车时，既可以向空车上过，也可向留有货物的重车上过。

这种方法在完成卸车作业时又完成了装车作业，提高了作业效率，加快了中转速度，但对到发车辆的时间等条件要求较高，容易受意外因素干扰而影响运输计划。

零担货物的中转还涉及中转环节的理货、堆码、保管等作业，零担货物中转站必须配备相应的仓库等作业条件，确保货物安全及时准确地到达目的地。

（七）零担货运到达

1. 到站卸货

零担班车到站后，应注意做好以下各项工作：

1）要认真办好承运车与车站的交接工作。班车到站时，车站货运人员应向随车理货员或驾驶员索阅货物交接清单以及随附的有关单证，两者要注意核对，如有不符，应在交接清单上注明不符情况。

2）要检查车门、车窗及敞车的篷布覆盖、绳索捆扎有无松动、漏雨等情况，确认货物在运送过程中的状态和完整性，以便在发生货损货差时划清责任并防止误卸。发现票货不符时，按下列原则处理：有票无货的，原票退回；流向错运及越站错运的，原车带回；货物短少、损坏以及有货无票的，均不得拒收，但应在交接清单上签注并作出商务记录；有货无票的应联系沿途停靠装货各站查询处理。

2. 到货通知

零担到货卸理验收完毕后，到达本站的货物应登入"零担货物到货登记表"，并迅速以"到货分店"形式和"到货通知单"或电话发出通知，催促收货人提货，一面将通知的方式和日期记入到货登记簿内备查。对合同运输单位的货物，应立即组织送货上门。

3. 收票交货

收票交货是零担货物运输的最后一道工序，货物交付完毕，收回货票提货联，公路汽车的责任运输才告结束。它包括内交付（随货同行单证交付）和外交付（现货交付）。

第四节　特殊货物运输组织

一、危险货物运输

1. 危险货物的定义

凡具有爆炸、易燃、毒害、腐蚀、放射性等性质，在运输、装卸和储存保管过程中容易造成人身伤亡和财产损毁而需要特别防护的货物，均属危险货物。

危险货物分为以下八类：爆炸品，压缩和液化气体，易燃液体，易燃固体、自燃物品和通湿易燃物品，氧化剂和有机过氧化物，毒害品和感染性物品，放射性物品，腐蚀品。中华人民共和国交通部《汽车危险货物运输规则》按危险货物的危险程度将其分为两个级别。一级危险货物有：爆炸品，压缩和液化气体，一级易燃液体，易燃固体、自燃物品和通湿易燃物品，氧化剂和有机过氧化物，剧毒物品、一级酸性腐蚀品，放射性物品。二级危险货物有：二级易燃液体，有毒物品，碱性腐蚀品，二级酸性腐蚀品，其他腐蚀物品。

2. 危险货物的包装

危险货物包装不仅为保证产品质量不发生变化、数量完整，而且是防止运输过程中发生燃烧、爆炸、腐蚀、毒害、放射性污染等事故的重要条件之一，是安全运输的基础。对危险货物的包装有下列基本要求：

1）包装的材质应与所装危险货物的性质适应，即包装及容器与所装危险货物的直接接触部分，不应受其化学反应的影响。

2）包装及容器应具有一定的强度，能经受运输过程中正常的冲击、震动、挤压和摩擦。

3）包装的封口必须严密、牢靠，并与所装危险货物的性质相适应。

4）内、外包装之间应加适当的衬垫，以防止运输过程中内、外包装之间，包装和包装之间以及包装与车辆、装卸机具之间发生冲撞、摩擦、震动而使内容器破损，同时又能防止液体货挥发和渗漏，并当其渗漏时可起吸附作用。

5）包装应能经受一定范围的内温、湿度的变化，以适应各地气温、相对湿度的差异。

6）包装的质量、规格和形式应适应运输、装卸和搬运条件，如包装的质量和体积不能过重和过大；形式结构便于各种装卸方式作业；外形尺寸应与有关运输工具包括托盘、集装箱的容积、载质量相匹配等。

7）应有规定的包装标志和储运指示标志，以利运输、装卸、搬运等安全作业。

3. 危险货物的包装标记

一般货物运输包装标记分为识别标记和储运指示标记。危险货物运输包装除前述两种标记外还须有危险性标记，以明确显著地识别危险货物的性质。

4. 危险货物的运输

（1）危险货物的托运

托运人必须向已取得道路危险货物运输经营资格的运输单位申请办理托运。托运单上要填写危险货物品名、规格、件重、件数、包装方法、起运日期、收发货人详细地址及运输过程中的注意事项；对于货物性质或灭火方法相抵触的危险货物，必须分别托运；对有特殊要求或凭证运输的危险货物，必须附有相关单证并在托运单备注栏内注明；危险货物托运单必须是红色的或带有红色标志，以引起注意；托运未列入《汽车运输危险货物品名表》的危险货物新品种必须提交《危险货物鉴定表》。凡未按以上规定办理危险货物运输托运，由此发生的运输事故，由托运人承担全部责任。

（2）危险货物的承运

从事营业性道路危险货物运输的单位，必须具有 10 辆以上专用车辆的经营规模，5 年以上从事运输经营的管理经验，配有相应的专业技术管理人员，并已建立健全安全操作规程、岗位责任制、车辆设备保养维修和安全质量教育等规章制度。承运人受理托运时应根据托运人填写的托运单和提供的有关资料，予以查对核实，必要时应组织承托双方到货物现场和对运输线路进行实地勘察。承运爆炸品、剧毒品、放射性物品及需控温的有机过氧化物、使用受压容器罐（槽）运输烈性危险品，以及危险货物月运量超过 100 吨均应于起运前 10 天，向当地道路运政管理机关报送危险货物运输计划，包括货物品名、数量、运输线路、运输日期等。营业性危险货物运输必须使用交通部统一规定的运输单证和票据，并加盖危险货物运输专用章。

（3）危险货物的运输和装卸

危险货物运输和装卸的基本要求如下：

1）车辆。车厢、底板必须平坦完好，周围栏板必须牢固。铁质底板装运易燃、易爆货物时应采取衬垫防护措施，如铺垫木板、胶合板、橡胶板等，但不得使用谷草、草片等松软易燃材料；机动车辆排气管必须装有有效的隔热和熄灭火星的装置，电路系统应有切断总电源和隔离电火花的装置；凡装运危险货物的车辆，必须按国家标准《道路运输危险货物车辆标志》悬挂规定的标志和标志灯（车前悬挂有危险字样的三角旗）。根据所装危险货物的性质，配备相应的消防器材和捆扎、防水、防散失等用具。

2）装卸。装运危险货物应根据货物性质，采取相应的遮阳、控温、防爆、防火、防震、防水、防冻、防粉尘飞扬、防渗漏等措施。装运危险货物的车厢必须保持清洁干燥，车上残留物不得任意排弃，被危险货物污染过的车辆及工具必须洗刷消毒，未经彻底消毒，严禁装运食用、药用物品、饲料及活动物。危险货物装卸作业，必须严格遵守操作规程，轻装、轻卸，严禁摔碰、撞击、重压、倒置；使用的工具不得损伤货物，不准粘有与所装货物性质相抵触的污染物，货物必须堆放整齐、捆扎牢固、防止失落，操作过程中有关人员不得擅离岗位；危险货物装卸现场的道路、灯光、标志、消防设施等必须符合安全装卸的条件；罐（槽）车装卸地点的储槽口应标有明显的货物名牌，储槽注入、排放口的高度；容量和路面坡度应能适合运输车辆装卸的要求。

3）运送。运输危险货物时必须严格遵守交通、消防、治安等法规。车辆运行应控制车速，保持与前车的距离，严禁违章超车，确保行车安全。

4）交接。货物运达后，要做到交付无误。货物交接双方必须点收点交，签证手续完全。收货人在收货时如发现差错、破损应协助承运人采取有效的安全措施及时处理并在运输单证上批注清楚。

二、大件货物运输

1. 大件货物的定义

凡整件货物，长度在 14 米以上，宽度超过 3.5 米，高度超过 3 米的货物，或者质量在 20 吨以上的单件货物或不可解体的成组（捆）货物称为长大货物，如大型钢梁、起吊设备等。

我国公路运输主管部门现行规定，公路大件货物按其外形尺寸和质量分成四级，如表 2-3 所示。

表 2-3 公路大件货物的分级

大件货物	质量/吨	长度/米	宽度/米	高度/米
一	40～（100）	14～（20）	3.5～（4）	3～（3.5）
二	100～（180）	20～（25）	4～（4.5）	3.5～（4）
三	180～（300）	25～（40）	4.5～（5.5）	4.0～（5）
四	300 及 300 以上	40 及 40 以上	5.5 及 5.5 以上	5 及 5 以上

注：① 括号里的数表示该项参数不包括括号内的数值；

　② 货物的质量和外廓尺寸中，有一项达到表列参数，即为该级别的货物；货物同时在外廓尺寸和质量达到两
　　种以上等级时，按高限级别确定等级。

2. 大件货物运输的基本技术条件

托运长大笨重货物时，一般都要采用相应的技术措施和组织措施。

1）使用适宜的装卸机械，装车时应使货物的全部支撑面均匀地、平稳地放置在车辆底板上，以免损坏车辆。

2）用相应的大型平板车等专用车辆，严格按有关规定装载。

3）对于集重货物，为使其重量能均匀地分布在车辆底板上，必须将货物安置在纵横垫木上或起垫木作用的设备上。

4）货物重心应尽量置于车底板纵横中心交叉点的垂线上，严格控制横移位和纵移位。

5）重心高度应控制在规定限制内，若重心偏高，除应认真进行加载加固以外，还应采取配重措施，以降低其重心高度。

3. 大件货物的运输组织

（1）大件货物的托运

托运人在办理托运时，必须做到向已取得道路大件货物运输经营资格的运输业户或其代理人办理托运；必须在运单上如实填写大件货物的名称、规格、件数、件重、起运日期、收发货人和地址及运输过程中的注意事项。托运人还应向运输单位提交货物说明书；必要时应附有外形尺寸的三面视图（以"＋"表示重心位置）和计划装载加固等具体意见及要求。凡未按上述规定办理托运或运单填写不明确，由此发生运输事故的由托运人承担全部责任。

（2）大件货物的承运

1）受理。承运人在受理托运时，必须做到根据托运人填写的运单和提供的有关资料，予以查对核实；承运大件货物的级别必须与批准经营的类别相符，不准受理经营类别范围以外的大件货物。凡未按以上规定受理大件货物托运由此发生运输事故的，由承运人承担全部责任。同时，按托运人提出的有关资料对货物进行审核，掌握货物的特性及长、宽高度，实际质量，外形特征，重心位置等以便

合理选择车型，计算允许装载货物的最大质量，不得超载。并指派专人观察现场道路和交通状况，附近有无电缆、电话线、煤气管道或其他地下建筑物，车辆是否能进入，现场是否适合装卸、调车等情况。了解运行路线上桥、涵渡口、隧道道路的负荷能力及道路的净空高度，并研究装载和运送办法。

2）大件货物的装卸。大型物件运输的装卸作业应根据托运人的要求、货物的特点和装卸操作规程进行作业。货物的装卸应尽可能使用适宜的装卸机械。装车时应使货物的全部支撑面均匀地、平稳地放置在车辆底板上，以免损坏底板或大梁；对于重货物为使其质量能均匀地分布在车辆底板上，必须将货物安置在纵横垫木上或起垫木作用的设备上；货物重心应尽量置于车底板纵、横中心交叉点的垂线上，如无可能时，则对其横向位移应严格限制；纵向位移在任何情况下不得超过轴荷分配的技术数据；还应视货物质量、形状、大小、重心高度、车辆和线路、运送速度等具体情况采用不同的加固措施以保证运输质量。

3）大件货物的运送。按指定的路线和时间行驶，并在货物最长、最宽、最高部位悬挂明显的安全标志，日间挂红旗夜间挂红灯，以引起往来车辆的注意。特殊的货物，要有专门车辆在前引路，以便排除障碍。

三、鲜活易腐货物运输

1. 鲜活易腐货物的定义

鲜活易腐货物是指在运输过程中，需要采取一定措施以防止货物死亡和腐坏变质，并须在规定运达期限内抵达目的地的货物。

汽车运输的鲜活易腐货物主要有：鲜鱼虾、鲜肉、瓜果、牲畜、观赏野生动物、花木秧苗、蜜蜂等。

2. 鲜活易腐货物运输的主要特点

1）季节性强、货源波动性大，如水果、蔬菜、亚热带瓜果等。

2）时效性强，鲜活货物极易变质，要求以最短的时间、最快的速度及时运到。

3）运输过程需要特殊照顾，如牲畜、家禽、蜜蜂、花本秧苗等的运输，需配备专用车辆和设备，并有专人沿途进行饲养、浇水、降温、通风等。

3. 鲜活易腐货物的运输

1）鲜活易腐货物的托运。托运鲜活货物前，应根据货物的不同特性，做好相应的包装。托运时须向具备运输资格的承运方提出货物最长的运达期限、某一种货物运输的具体温度及特殊要求，提交卫生检疫等有关证明，并在托运单上注明。

2）鲜活易腐货物的承运。承运鲜活易腐货物时，应对托运货物的质量、包装和温度进行认真地检查。要求质量新鲜、包装达到要求、温度符合规定。

3）鲜活易腐货物的装车。鲜活货物装车前，必须认真检查车辆的状态，车辆及设备完好方能使用，车厢如果不清洁应进行清洗和消毒，适当风干后才能装车。装车时应根据不同货物的特点，确定其装载方法。

4）鲜活易腐货物的运送。根据货物的种类、运送季节、运送距离和运送方向，按要求及时起运、双班运输、按时运达。炎热天气运送时，应尽量利用早晚行驶。运送牲畜、蜜蜂等货物时，应注意通风散热。

第五节　公路货物运费计算

一、公路货物运输计价标准

1. 计费重量

（1）计量单位

1）整批货物运输以吨为单位。

2）零担货物运输以千克为单位。

3）集装箱运输以箱为单位。

（2）重量确定

货物的质量一般以起运地过磅为准。起运地不能或不便过磅的货物，由承运、托运双方协商确定计费质量。

1）一般货物：无论整批、零担货物，计费重量均按毛重计算。轻泡货物：指每立方米重量不足 333 千克的货物。

2）整批货物吨以下计至 100 千克，尾数不足 100 千克的，四舍五入。装运整批轻泡货物的高度、长度、宽度，以不超过有关道路交通安全规定为限度，按车辆标记吨位计算重量。

3）零担货物起码计费重量为 1 千克。重量在 1 千克以上，尾数不足 1 千克的，四舍五入。零担运输轻泡货物以货物包装最长、最宽、最高部位尺寸计算体积，按每立方米折合 333 千克计算重量。

4）包车运输按车辆的标记吨位计算。

5）散装货物，如砖、瓦、砂、石、土、矿石、木材等，按体积由各省、自治区、直辖市统一规定重量换算标准计算重量。

2. 计费里程

（1）里程单位

汽车货物运输计费里程以千米为单位，尾数不足 1 千米的，进整为 1 千米。

（2）里程确定

1）货物运输的营运里程，按交通部和各省、自治区、直辖市交通行政主管部门核定、颁发的《营运里程图》执行。《营运里程图》未核定的里程由承、托双方共同测定或经协商按车辆实际运行里程计算。

2）出入境汽车货物运输的境内计费里程以交通主管部门核定的里程为准，境外里程按毗邻国（地区）交通主管部门或有权认定部门核定的里程为准。未核定里程的，由承、托双方协商或按车辆实际运行里程计算。

3）货物运输的计费里程。按装货地点至卸货地点的实际载货的营运里程计算。

4）因自然灾害造成道路中断，车辆需绕道行驶的，按实际行驶里程计算。

5）城市市区里程按当地交通主管部门确定的市区平均营运里程计算；当地交通主管部门未确定的，由承托双方协商确定。

（3）计时包车货运计费时间

计时包车货运计费时间以小时为单位。起码计费时间为 4 小时；使用时间超过 4 小时，按实际包用时间计算。整日包车，每日按 8 小时计算；使用时间超过 8 小时，按实际使用时间计算。时间尾数不足半小时舍去，达到半小时进整为 1 小时。

（4）运价单位

境内公路货物运输计价以元为单位，运费尾数不足 1 元时，四舍五入。

1）整批运输：元/吨·千米。

2）零担运输：元/千克·千米。

3）集装箱运输：元/箱·千米。

4）包车运输：元/吨位·小时。

出入境运输，涉及其他货币时，在无法按统一汇率折算的情况下，可使用其他自由货币为运价单位。

二、计价类别

1. 车辆类别

载货汽车按其用途不同，划分为普通货车和特种货车两种。特种货车包括罐车、冷藏车及其他具有特殊构造和专门用途的专用车。

2. 货物类别

货物按其性质分为普通货物和特种货物两种。普通货物分为三等（如表 2-1 所示）；特种货物分为长大笨重货物、大型物件、危险货物、贵重货物、鲜活货物五类（如表 2-2 所示）。

3. 集装箱类别

集装箱按箱型分为国内标准集装箱、国际标准集装箱和非标准集装箱三类，其中国内标准集装箱又分为 1 吨箱、5 吨箱、10 吨箱三种，国际标准集装箱分为 20 英尺（1 英尺=0.3048 米）箱、40 英尺箱两种。

集装箱按货物种类分普通货物集装箱和特种货物集装箱。

4. 公路类别

公路按公路等级分等级公路和非等级公路。

5. 区域类别

汽车运输区域分为国内和出入境两种。

6. 营运类别

根据道路货物运输的营运形式分为道路货物整批运输、零担运输和集装箱运输。

三、货物运价价目

1. 基本运价

1) 整批货物基本运价：指一吨整批普通货物在等级公路上运输的每吨·千米运价。

2) 零担货物基本运价：指零担普通货物在等级公路上运输的每千克·千米运价。

3) 集装箱基本运价：指各类标准集装箱重箱在等级公路上运输的每箱·千米运价。

2. 吨（箱）次费

（1）吨次费

对整批货物运输在计算运费的同时，按货物重量加收吨次费。

（2）箱次费

对汽车集装箱运输在计算运费的同时，加收箱次费。箱次费按不同箱型分别确定。

3. 普通货物运价

普通货物实行分等级计价，以一等货物为基础，二等货物加成 15%，三等货物加成 30%。

4. 特种货物运价

（1）长大笨重货物运价

1) 一级长大笨重货物在整批货物基本运价的基础上加成 40%～60%。

2) 二级长大笨重货物在整批货物基本运价的基础上加成 60%～80%。

（2）危险货物运价

1）一级危险货物在整批（零担）货物基本运价的基础上加成 60%～80%。

2 二级危险货物在整批（零担）货物基本运价的基础上加成 40%～60%。

（3）贵重、鲜活货物运价

贵重、鲜活货物在整批（零担）货物基本运价的基础上加成 40%～60%。

5. 特种车辆运价

按车辆的不同用途，在基本运价的基础上加成计算。另外，特种车辆运价和特种货物运价两个价目不准同时加成使用。

6. 非等级公路货运运价

非等级公路货物运价在整批（零担）货物基本运价的基础上加成 10%～20%。

7. 快速货运运价

快速货物运价按计价类别在相应运价的基础上加成计算。

8. 集装箱运价

（1）标准集装箱运价

标准集装箱重箱运价按照不同规格箱型的基本运价执行，标准集装箱空箱运价在标准集装箱重箱运价的基础上减成计算。

（2）非标准集装箱运价

非标准集装箱重箱运价按照不同规格的箱型，在标准集装箱基本运价的基础上加成计算，非标准集装箱空箱运价在非标准集装箱重箱运价的基础上减成计算。

（3）特种集装箱运价

特种集装箱运价在箱型基本运价的基础上按装载不同特种货物的加成幅度加成计算。

9. 出入境汽车货物运价

出入境汽车货物运价，按双边或多边出入境汽车的运输协定，由两国或多国政府主管机关协商确定。

四、货物运输其他收费

1. 调车费

1）应托运人要求，车辆调往外省、自治区、直辖市或调离驻地临时外出驻点参加营运，调车往返空驶者，可按全程往返空驶里程、车辆标记吨位和调出省基本运价的 50% 计收调车费。在调车过程中，由托运人组织货物的运输收入，应在调车费内扣除。

　　2）经承托双方共同协商，可以核减或核免调车费。

　　3）经铁路、水路调车，按汽车在装卸船、装卸火车前后行驶里程计收调车费；在火车、在船期间包括车辆装卸及待装待卸时，每天按 8 小时、车辆标记吨位和调出省计时包车运价的 40% 计收调车延滞费。

　　2. 延滞费

　　1）发生下列情况时，应按计时运价的 40% 核收延滞费。

　　① 因托运人或收货人责任引起的超过装卸时间定额、装卸落空、等装待卸、途中停滞、等待检疫的时间。

　　② 应托运人要求运输特种或专项货物需要对车辆设备改装、拆卸和清理延误的时间；因托运人或收货人造成不能及时装箱、卸箱、掏箱、拆箱、冷藏箱预冷等业务，使车辆在现场或途中停滞的时间。

　　延误时间从等待或停滞的时间开始计算，不足 1 小时者，免收延滞费；超过 1 小时及以上，以半小时为单位递进计收，不足半小时进整为半小时。车辆改装、拆卸和清理延误的时间，从车辆进厂（场）起计算，以半小时为单位递进计算，不足半小时进整为半小时。

　　2）由托运人或收、发货人责任造成的车辆在国外停留延滞时间（夜间住宿时间除外），计收延滞费。延滞时间以小时为单位，不足 1 小时进整为 1 小时。延滞费按计时包车运价的 60%～80% 核收。

　　3）执行合同运输时，因承运人责任引起货物运输期限延误，应根据合同规定，按延滞费标准，由承运人向托运人支付违约金。

　　3. 装货（箱）落空损失费

　　应托运人要求，车辆开至约定地点装货（箱）落空造成的往返空驶里程，按其运价的 50% 计收装货（箱）落空损失费。

　　4. 道路阻塞停运费

　　汽车货物运输过程中，如发生自然灾害等不可抗力造成的道路阻滞，无法完成全程运输，需要就近卸存、接运时，卸存、接运费用由托运人负担。已完运程收取运费，未完远程不收运费；托运人要求回运，回程运费减半；应托运人要求绕道行驶或改变到达地点时，运费按实际行驶里程核收。

　　5. 车辆处置费

　　应托运人要求，运输特种货物、非标准箱等需要对车辆改装、拆卸和清理所发生的工料费用，均由托运人负担。

6. 车辆通行费

车辆通过收费公路、渡口、桥梁、隧道等发生的收费，均由托运人负担。其费用由承运人按当地有关部门规定的标准代收代付。

7. 运输变更手续费

托运人要求取消或变更货物托运手续，应核收变更手续费。因变更运输承运人已发生的有关费用，应由托运人负担。

五、货物运费计算

1. 整批货物运费计算

整批货物运价按货物运价价目计算，其计算公式为

整批货物运费＝吨次费×计费重量＋整批货物运价×计费重量
×计费里程＋货物运输其他费用

2. 零担货物运费计算

零担货物运价按货物运价价目计算，其计算公式为
零担货物运费＝计费重量×计费里程×零担货物运价＋货物运输其他费用

3. 集装箱运费计算

集装箱运价按计价类别和货物运价费目计算，其计算公式为
重（空）集装箱运费＝重（空）箱运价×计费箱数×计费里程
＋箱次费×计费箱数＋货物运输其他费用

4. 计时包车运费计算

包车运价按照包用车辆的不同类别分别制定，其计算公式为
包车运费＝包车运价×包用车辆吨位×计费时间＋货物运输其他费用

小　　结

公路运输是物流运输中非常重要的一种运输方式，它具有许多特点和优势，被广泛采用。本章主要内容包括：整车货物运输的概念、整车货物运输的站务工作组织；整车货物运输的过程及货物装卸工作的组织；公路零担货物运输的概念、组织形式和组织程序；危险货物、大件货物和鲜活易腐货物运输的相关要求和组织方法；公路货物运输的计价标准和类别。

案 例 分 析

　　某物流公司接到某汽车配件生产厂家的一项运输业务,有一批汽车配件要在两天之内送到全市所有大众汽车修配厂。公司考虑到这项运输任务时间紧、任务重、手续多,将这项业务交给经验丰富的运输物流员来具体负责组织实施。运输物流员按照零担货运的组织作业程序,顺利完成了任务。

思考题

　　假如你是运输物流员,你将如何组织实施零担货物的运输?请写出实施的流程。

练 习 题

一、单项选择题

　　1. 从狭义来说,公路运输就是指（　　）运输。

　　　　A. 拖拉机　　　　B. 汽车　　　　C. 畜力车　　　　D. 人力车

　　2. 作为发货人托运货物的原始依据,承运部门承运货物的原始凭证是（　　）。

　　　　A. 货票　　　　B. 发票　　　　C. 托运单　　　　D. 运输合同

　　3. 公路运输货运票据的交接属于车站货运工作中的（　　）。

　　　　A. 准备工作　　B. 发送工作　　C. 途中工作　　D. 到达工作

　　4. 公路运输的经济半径一般在（　　）。

　　　　A. 100 千米　　B. 200 千米　　C. 500 千米　　D. 1 000 千米

　　5. 一般连接重要的政治\经济中心,汽车分道行驶并且部分控制出入、部分立体交叉,平均昼夜交通量设计能力在 10 000~25 000 辆的公路是（　　）。

　　　　A. 高速公路　　B. 一级公路　　C. 二级公路　　D. 三级公路

　　6. 快件货物运送速度从货物受理当日 15:00 开始,运距在 1 000 千米内（　　）小时到达。

　　　　A. 24　　　　B. 36　　　　C. 48　　　　D. 72

　　7. 下列物品不能作为零担运输的是（　　）。

　　　　A. 活鱼　　　　B 计算机　　　C. 书籍　　　　D. 棉被

二、多项选择题

　　1. 公路运输的局限性有（　　）。

　　　　A. 载重量小　　　　　　　　B. 不适宜走长途运输

  C. 易造成货损货差事故 D. 灵活方便

2. 下列物品不能作为零担运输的是（　　　）。

  A. 危险货物   B. 易破损货物

  C. 易污染货物   D. 鲜活货物

3. 托运受理的形式有（　　　）。

  A. 随时受理制   B. 预先审批制

  C. 日历承运制   D. 合作制

4. 托运人在办理托运时，必须在运单上如实填写的内容除了大件货物的名称、件重、起运日期、运输过程中的注意事项之外还有（　　　）。

  A. 规格   B. 到达日期

  C. 件数   D. 收发货人的地址

5. 零担货物的中转作业的三种方法是（　　　）。

  A. 落地法 B. 坐车法 C. 过车法   D. 换车法

三、简答题

1. 简述公路运输的功能。

2. 简述公路运输的主要组成部分。

3. 什么是整车货物运输？什么是零担货物运输？

4. 简述整车货物运输的生产组织过程。

5. 简述零担货物运输的组织特点和程序。

6. 简述零担货物运输的组织形式。

7. 简述大件货物的概念及运输的基本条件。

8. 简述鲜活易腐商品货物运输的基本流程及注意事项。

第三章　铁路货物运输

学习目标

通过学习，了解铁路运输主要发展趋势、铁路的基础知识、铁路货物运输的基本条件，熟悉特殊条件铁路货物运输的组织、掌握铁路货物运输的业务流程及铁路货物运输费用的计算。

铁路是国家重要的基础设施，是国民经济的大动脉。基于全面、协调和可持续的发展观，人们从资源、环境和生态等角度，重新审视各种交通运输方式的发展前景。铁路占地少、能耗低、污染轻、能源利用的可替代性强、环境效益好等可持续发展特性获得了越来越多的认同。大力发展铁路，是发展国民经济、增强国防力量、繁荣城乡市场、促进国土开发、增强民族团结和扩大对外开放的需要，符合我国的基本国情，符合我国经济和社会可持续发展的战略要求。在我国这样一个幅员辽阔、人口众多、资源丰富的大国，铁路运输不论在目前还是在可以预见的未来，都是综合交通运输网络中的中坚。

铁路货物运输是铁路运输的重要组成部分，在大宗货物运输和中长距离货物运输领域具有传统优势，也是铁路运输效益的主要源泉。

第一节　铁路货物运输概述

一、国外铁路货物运输的发展趋势

国外铁路货物运输普遍向集中化、重载化、集装化、直达化、快速化的方向发展。

（一）集中化

货运业务集中化是铁路改善经营、与其他运输方式开展竞争的有效途径。国外铁路的普遍作法是重新调整路网的点线布局，封闭运量不足、经营亏损的线路和车站，将货运作业集中到少量大型货运站和技术站上进行，以利于发展重载运输、集装运输和直达运输，加速实现铁路货运现代化。

（二）重载化

重载运输是世界铁路在大宗散堆装货物运输领域所取得的重大技术成就，是铁路扩能提效的有效途径，是衡量一个国家铁路技术水平的重要标志。重载运输以开行超常规的长大列车为主要特征，以提高列车牵引重量为主要标志，充分发挥铁路集中、大宗、长距离、全天候的运输优势，大幅度提高运输能力和运输效率，降低运输成本。

（三）集装化

各发达国家铁路在成件杂货运输方面，对适箱货物普遍采用集装箱，对非适箱货物则采用集装化运输。集装箱运输是借助集装箱这种大型标准化容器为载体进行的货物运输。集装化运输在国外称为货捆运输、单元运输或束装运输。它是使用集装器具（如托盘、集装笼、集装架、集装桶、集装袋等）或捆扎方法，把裸装货物、散粒状货物、具有商业包装的货物、体积较小的成件包装货物等组合成为一定规格的货物运输单元，经由铁路运输。集装箱和集装化运输方便承运、装卸、搬运和交付，能够充分利用车辆载重力，加速车辆周转，保证货物的运输质量，提高货物的运输效率，利于多式联运和"门到门"运输，是实现铁路货物运输现代化的重要途径。尤其是集装箱运输，已经成为各种运输方式之间乃至国际间办理货物联运的主要运输工具，国际贸易75%以上的货物运输已使用集装箱。

（四）直达化

直达运输以追求重车从发送地到目的地之间的运输全过程中，货车的装卸、调移、集结时间和途中中转停留时间以及相关作业的成本最小化为目标，是一种先进的铁路货物运输组织方式。直达运输减少了车辆在运输途中的改编作业，加速了车辆周转和货物送达，经济和社会效益非常显著。据统计，法国整列直达列车的运量已占整个货运量的一半以上；美国大力开行单元列车，直达运输比重达60%；日本则通过发展基点站间直达列车运输体系，全部废除了铁路编组站。

（五）快速化

快速货物运输适合高附加值货物的运输，不仅货物通过运输易地而产生较大增值，而且运输企业也从中获得更高的效益，历来是运输市场竞争的焦点。在快速货物运输市场中，铁路具有速度比公路快、费用比航空低的优势。为了与公路和航空运输竞争，国外铁路大力提高货物列车速度，并取得了显著成果。目前，美国、日本、法国、德国、意大利等国，快速货物列车的运行速度都在120千米/小时以上。各国开行的快速货物列车的主要种类有：快速普通货物列车、快速鲜活货物列车、快速集装箱列车、特快普通货物列车和高速邮政列车等。快速货物列车的最高速度一般为120～140千米/小时；特快货物列车的最高速度为140～160千米/小时；高速邮政列车的最高车速在250千米/小时以上。国外的运营数据表明，快速货物列车的运营效益一般都高于高速旅客列车。

二、我国铁路货物运输的发展方向

（一）提高货运集约化水平

1）整合铁路零担业务。通过引入现代物流理念，实现零担运输组织方式的更新换代，笨零纳入整车运输，停办危零货物，普零要与小件快运有机整合。

2）整合运量小的货运站。目前我国铁路部分货运站规模偏小，布局分散，运力资源效率不高。为此，要在完成年发到量 5 万吨以下货运站的业务整合工作的基础上，进一步推进年发到量 5 万～10 万吨货运站的业务整合工作。

3）建成覆盖全国重点区域的一大批年发到量 100 万吨及以上的大宗品类战略装车点。对货源和货物去向集中、运量较大的地区，以专用铁路和专用线扩建为主；对货源和货物去向相对分散的地区，以车站扩建为主。

4）发展铁路快捷货物运输。通过建设 18 个集装箱物流中心、一批行邮运输基地，构建一批铁路现代物流中心，形成铁路快捷货运网络，积极发展行包专列运输、行邮专列运输、"五定"班列运输（定点（装车站和卸车站）、定线（运行线）、定车次（直达班列车次）、定时（货物到达时间）、定价（全程运输价格）的直达快运货物列车）、双层集装箱运输。

5）发展重载运输。主要干线应逐步实现牵引定数 5 000 吨，运煤专线可开行 10 000 吨或 20 000 吨的重载货物列车，形成东部主要港口与内陆腹地重载循环运通道。

6）发展直达运输。大宗货物实现点对点直达运输，提高直达列车的开行比例。

（二）实现货运设施、装备的现代化和信息化

1）推进铁路货场仓储设施、装卸机具和计量设备的现代化。

2）提高路网性编组站的综合自动化水平。

3）大力发展载重 70 吨通用货车、80 吨运煤专用货车和 100 吨矿石、钢铁专用货车。货车运行速度全部达到 120 千米/小时以上。

4）积极发展单机牵引 5 000 吨、速度 120 千米/小时的大功率电力和内燃机车。

5）以调度指挥智能化、货运营销社会化、经营管理现代化为重点，建成功能完善的铁路信息系统。实现列车、机车、车辆、货物和集装箱的实时追踪。托运人可通过互联网申报货运计划。

三、铁路货物运输的基础知识

1. 铁路线路

铁路线路（line haul）是机车车辆和列车运行的基础，它是由路基、桥隧建筑物和轨道组成为一个整体的工程结构。铁路线路应当经常保持完好状态，使列车能按规定的最高速度安全、平稳、不间断地运行。

铁路线路涉及的工程技术问题比较复杂，这里仅就铁路轨距和铁路限界做简

要说明。

（1）铁路轨距

铁路轨距（rail gauge）是钢轨头部顶面下 16 毫米范围内两股钢轨作用边之间的最小距离，轨距=轮对宽度+活动量。由于轮缘和钢轨之间有一个活动量，轮缘能在两股钢轨之间自由滚动而不会卡住。

在机车车轮运行的动力作用下，轨距可能产生一定的误差。我国规定这种误差应在−2～6 毫米范围内，即直线部分轨距允许最大值为 1 441 毫米（1435+6），最小轨距为 1 433 毫米。

由于轨距不同，列车在不同轨距交接的地方必须进行换装或换轮对。欧、亚大陆铁路轨距按其大小不同，可分为宽轨、标准轨和窄轨三种，标准轨的轨距为 1 435 毫米，大于标准轨的为宽轨，其轨距大多为 1 524 毫米和 1 520 毫米；小于标准轨的为窄轨，其轨距多为 762 毫米和 1 000 毫米。我国铁路基本上采用标准轨距（中国台湾地区和海南省铁路轨距为 1 067 毫米）。

（2）铁路限界

为了确保机车车辆在铁路线路上安全运行，防止机车车辆撞击邻近铁路的建筑和设备，而对机车车辆和接近线路的建筑物、设备规定的不允许超越的轮廓尺寸，称为铁路限界（rail line demarcation）。

铁路的基本限界有机车车辆限界和建筑接近限界两种。机车车辆限界是机车车辆横断面的最大极限，它规定机车车辆不同部位宽度、高度的最大尺寸和底部零件至轨面的最小距离。机车车辆限界是和桥梁、隧道等限界相互制约的，当机车车辆在满载状态下运行时，也不会因产生摇晃、偏移现象而与桥梁、隧道及线路上其他设备接触，以保证行车安全。而建筑接近限界是一个和线路中心线垂直的横断面，它规定了保证机车车辆安全通行所必需的横断面的最小尺寸。凡靠近铁路线路的建筑及设备，其任何部分（和机车车辆有相互作用的设备除外）都不得侵入限界之内。

（3）超限货物

随着经济建设的发展，经由铁路运输的长大货物不断增加。装车后，其任何部分的高度和宽度超过机车车辆限界的货物，称为超限货物。按货物超限的程度，分为一级超限、二级超限和超级超限三个级别。对于超限货物要采取特殊的组织方法进行运输。

2. 铁路机车

铁路车辆本身没有动力装置，无论是客车还是货车，都必须把许多车辆连挂在一起编成一列，由机车牵引才能运行，所以机车是铁路运输的基本动力。铁路机车（locomotive）的种类很多，按照机车原动力分，可分为蒸汽机车、内燃机车、电力机车三种。从世界各国铁路牵引动力的发展来看，电力机车被公认为是最有发展前途的一种机车。

3. 车辆

铁路车辆（freight cars）是运送旅客和货物的工具，它本身没有动力装置，需要把车辆连挂在一起由机车牵引，才能在线路上运行。铁路货车车辆的种类很多，可从不同的角度对其进行分类。按照其用途或车型可以分为通用货车和专用货车两大类。

（1）通用货车

1）棚车（covered cars）。棚车车体由端墙、侧墙、棚顶、地板、门窗等部分组成，用于运送比较贵重和怕潮湿的货物。

2）敞车（open cars）。敞车仅有端墙、侧墙和地板，主要装运不怕湿损的散装或包装货物，必要时也可以加盖篷布装运怕潮湿的货物。所以敞车是一种通用性、灵活性较大的货车。

3）平车（flat cars）。大部分平车车体只有一块平底板，部分平车装有很低的侧墙和端墙，并有能够翻倒的设备装置，适合于装载重量、体积或长度较大的货物。也有将车体做成下弯的凹底平车或一部分不装地板的落下孔车，供装运特殊长大重型货物，因而也称做长大货物车。

（2）专用货车

1）保温车（cold storage ars）。车体与棚车相似，但其墙板由两层壁板构成，壁板间用绝缘材料填充，以减少外界气温的影响。目前我国以成列或成组使用机械保温车为多，车内装有制冷设备，可自动控制车内温度。保温车主要用于运送新鲜蔬菜、鱼、肉等易腐货物。

2）罐车（tank cars）。车体为圆筒形，罐体上设装卸口。为保证液体货物运送时的安全，罐车还设有空气包和安全阀等设备。罐车主要用来运送液化石油气、汽油、盐酸、酒精等液体货物。

3）专用车。有煤车、矿石车、矿砂车和家畜车等。

车号是识别车辆最基本的标记，车号包括型号及号码。型号又有基本型号和辅助型号两种。基本型号代表车辆种类，用字母表示。我国部分货车的种类及其基本型号如表 3-1 所示。

表 3-1　我国部分货车的种类及其基本型号

顺　序	车　种	基本型号	顺　序	车　种	基本型号
1	棚车	P	7	保温车	B
2	敞车	C	8	集装箱专用车	X
3	平车	N	9	家畜车	J
4	矿砂车	A	10	罐车	G
5	煤车	M	11	水泥车	U
6	矿石车	K	12	长大货物车	D

四、铁路货物运输的种类

铁路运送的货物,尽管种类繁多,但根据托运货物的数量、性质、形状等条件,结合装运货车的方式不同,将铁路货物运输的种类划分为整车、零担和集装箱 3 种。

（一）整车货物运输

一批货物的重量、体积、形状或性质需要以一辆以上货车运输的,应按整车托运。

（二）零担货物运输

不够整车运输条件的,按零担托运。按零担托运的货物,一件体积最小不得小于 0.02 立方米（一件重量在 10 千克以上的除外）,每批不得超过 300 件。

下列货物,由于性质特殊,或需特殊照料,或受铁路现有设备条件的限制,尽管不够整车运输条件,也不得按零担托运。

1）需要冷藏、保温或加温运输的货物。

2）规定限按整车办理的危险货物。

3）易于污染其他货物的污秽品,如未经过消毒处理或使用密封不漏包装的牲骨、湿毛皮、粪便、炭黑等。

4）蜜蜂。

5）不易计算件数的货物。

6）未装容器的活动物（铁路局规定可按零担运输的除外）。

7）一件货物重量超过 2 吨、体积超过 3 立方米或长度超过 9 米的货物（经发站确认不致影响中转站和到站装卸车作业的除外）。

（三）集装箱运输

使用集装箱进行的货物运输,称为集装箱运输。集装箱适用于运输精密、贵重、易损、怕湿的货物。凡适箱货物均应采用集装箱运输。

（四）整车分卸

整车分卸是整车运输的特殊形式,其目的是解决托运的数量不足一车而又不能按零担办理的货物运输。由于运输途中需要分卸,对铁路运输组织工作的影响较大,因此铁路对整车分卸规定了必要的限制条件:托运的货物必须是规定限按整车办理的危险货物、易于污染其他货物的污秽品、未装容器的活动物及一件货物重量超过 2 吨、体积超过 3 立方米或长度超过 9 米的货物。货物数量不够一车,托运人要求在同一经路上两个或两个车站站内卸车,可装在同一货车内作为一批托运。

货物虽然途中进行几次卸车,但只是货物的减少,不能视为分批。

按整车分卸办理的货物,除派有押运人外,托运人必须在每件货物上拴挂标记，分卸站卸车后，对车内货物必须整理，以防偏重或倒塌。

第二节 铁路货物运输的基本条件

一、铁路运输的货物种类

经由铁路运输的货物，包括工、矿、农、林、渔、牧等各种产品和商品，种类繁多。随着新产品的不断问世和旧产品的不断淘汰，其类别和品名也在不断变化。铁路运输货物的类别，主要是根据运输管理的需要来划分的。

（1）按货物的性质和运输条件分类

铁路运输的货物，按货物的性质，可分为普通货物和特殊条件货物。

普通货物是指在运输过程中，按一般运送条件办理的货物，如煤、矿石、粮谷、棉布等。由于货物本身的性质，在运输过程中，需要采取特殊的运送措施才能保证货物完整和行车安全的，称为特殊条件货物。

（2）按照特殊条件货物的不同运送要求分类

1）危险货物。即具有爆炸、易燃、毒害、感染、腐蚀、放射性等特性，在运输、装卸和储存保管过程中，容易造成人身伤亡和财产毁损而需要特别防护的货物。危险货物在运输过程中，要分别按其特性在包装、标志、承运、装卸、编组、挂运、防护和管理等方面采取妥善的安全措施。

2）鲜活货物。凡是在运输、保管过程中，需要采取冷藏或加温、供应饲料、饮水等特殊措施，以防腐坏变质或死亡的货物，称为鲜活货物。保证鲜活货物运输质量的关键，是根据鲜活货物的性质，认真执行其所要求的运送条件。

3）超限货物。一件货物装车后，在直线上停留时，货物的高度和宽度有任何部位超出机车车辆限界或特定区段装载限界的，或行经半径为 300 米的曲线，货物任何部位的计算宽度超限时，称为超限货物。对超限货物，要在车辆选择、装载方案制定、装车和挂运等方面采取妥善措施，确保运输安全。

4）超长货物。一件货物的长度超过所装普通平车的长度，需要使用游车或跨装而不超限的，称为超长货物。无论使用游车还是跨装，均需保证货物装载和加固的安全技术条件。

5）集重货物。一件货物的重量，大于所装普通平车的负重面长度最大容许载重的，称为集重货物。对集重货物，应在确定装载方案时，避免车底架受力过于集中，造成其工作应力超过设计的容许限度。

二、货运站与货场

（一）货运站

为了保证行车安全和必要的线路通过能力，铁路上每隔一定距离（10 千米左右）需要设置一个车站，车站把每一条铁路线划分成若干个长度不同的段落，每一段落称为区间，而车站就成为相邻区间之间的分界点。因此，区间和分界点是组成铁路线路的两个基本环节。

车站按技术作业量大小，以及在政治、经济和铁路网所处的地位分为特、一、二、三、四、五等站。车站按技术作业的不同可分为编组站、区段站和中间站。编组站和区段站总称为技术站。按业务性质的不同又可分为货运站、客运站和客货运站。凡专为办理各种货物装卸作业以及货物联运换装作业而设置的车站均称为货运站。货运站多设在大城市与工业区，以及河海港湾与不同轨距铁路的衔接地点。目前，全国铁路车站 5 752 个，其中特等站 51 个、一等站 209 个、二等站 313 个、三等站 826 个，货运营业站约 5 000 个。

1. 货运站办理作业

货运站办理的主要作业有运转作业和货运作业。有的货运站还办理机车整备作业、车辆洗刷消毒作业、冷藏车的加冰作业与客运作业。

（1）运转作业

货运站的运转作业是为货运作业服务的，主要是按货物装卸地点选分与取送车辆，在货物作业地点配置车辆。

（2）货运作业

货运站的货运作业可以分为货物的发送作业、途中作业和到达作业。主要内容包括货物的受理、承运、检斤、保管和交付，货物的装卸与换装作业，集装箱的中转作业，以及运费核算和办理票据手续等。

2. 货运站分类

（1）按办理的货物种类与服务对象

1）综合性货运站。站内设有较大的货场，办理各种不同种类的整车、零担和集装箱货物的发送和到达作业以及专用线作业。这种车站主要为工厂、企业、机关及城市居民服务。

2）专业性货运站。此种车站办理一定种类货物的装卸作业或联运货物的换装作业，如大宗货物装车站、危险货物专用站、港口站及换装站等。

（2）按办理货物作业的性质

1）装车站。装车作业大于卸车作业，经常需要大量空车。主要办理大宗货物的发送，如煤、木材、矿石、石油、矿物性建筑材料等。

2）卸车站。卸车作业大于装车作业，经常排出大量空车。某些位于工业企业附近的车站及位于大城市的综合性货运站，大都属于此类。

3）装卸站。装卸作业车数大致相等，双重作业比重较大。位于中小城市的中小型货场的装卸作业大都属于此类。

4）换装站。以办理不同运输工具之间的货物换装作业为主。港口站、国际铁路联运的国境站、不同轨距铁路联轨站、集装箱中转站都属于此类。

（3）按与正线连接的方式

1）尽头式货运站。即车站到发场仅一端连接正线的车站。

2）通过式货运站。即车站到发场两端都与正线连接的车站。

（二）货场

铁路货场是铁路货运产品的营销窗口，是办理货物承运、装卸、保管和交付作业的场所，也是铁路与地方短途运输相衔接的地方。

铁路货场按办理的货物种类可分为综合性货场和专业性货场；按办理的货运量可分为大型货场、中型货场和小型货场；按办理的货运作业可分为整车货场、零担货场、集装箱货场和兼办整车、零担与集装箱作业的货场；按线路配置图形又可分为尽头式货场、通过式货场和混合式货场。

（三）货场技术设备

根据货运站办理的货物种类及货运量的大小，货场应设置下列技术设备：

1）货场配线，包括货物装卸线、选分钱、存车线、牵出线、轨道衡线等。

2）场库设备，包括货物仓库、雨棚、站台、堆放场和集装箱作业场等。

3）装卸机械设备，包括各种类型的起重、搬运机械和充电、检修设备等。

4）办理易腐货物运输的货场，设有加冰所，有制冰、储冰设备和加冰、加盐设备。

5）办理危险货物运输的货场，设有货车洗刷、消毒设备及污水处理设备。

6）装卸牲畜较多的货场，应设有牲畜装卸及饮水设备。

三、货物运到期限

（一）货物运到期限的概念

货物运到期限是铁路将货物由发站运至到站的最长时间限制，是根据铁路现有技术设备条件和运输工作组织水平确定的，也是铁路承运货物的根据。

货物运到期限是铁路运输合同的重要内容，是对铁路运输企业的要求和约束，也是对托运人或收货人合法权益的保护。铁路应当尽量缩短货物的运到期限，因铁路责任超过货物运到期限的要负违约责任。

（二）货物运到期限的计算

货物运到期由货物发送期间、运输期间和特殊作业时间三部分组成，具体规定如下：

1）货物发送期间为1天。

2）货物运输期间：运价里程每 250 千米或其未满为 1 天；按快运办理的整车货物，运价里程每 500 千米或其未满 1 天。

3）特殊作业时间。

① 需要途中加冰的货物，每加冰 1 次另加 1 天。

② 运价里程超过 250 千米的零担货物和 1 吨集装箱另加 2 天，超过 1 000 千米另加 3 天。

③ 一件重量超过 2 吨、体积超过 3 立方米或长度超过 9 米的零担货物，另加 2 天。

④ 整车分卸货物，每增加一个分卸站，另加 1 天。

⑤ 准、米轨间直通运输的整车货物，因需在接轨站换装另加 1 天。

上述五项特殊作业时间应分别计算，当一批货物同时具备几项时，应累计相加计算。

货物的实际运到日数，从货物承运次日起算，在到站由铁路组织卸车的，至卸车完了终止；在到站由收货人组织卸车的，至货车调到卸车地点或交接地点时终止。

货物运到期限，起码为 3 天，按自然日计算。

"五定"班列货物的运到期限按运行天数（始发日和终到日不足 24 小时的均按 1 天计算）加 2 天计算。运到期限自该班列的始发日开始计算。

托运易腐货物或"短寿命"放射性货物时，应记明容许运输期限。货物的容许运输期限至少须大于货物的运到期限 3 天方可承运。

【例 3-1】 甲站发乙站整车新鲜蔬菜一车，用加冰冷藏车按快运办理，甲乙站间运价里程 2 150 千米，途中加冰 2 次，试确定该批货物的运到期限。

解：1）发送时间

$$T_发 为 1 天$$

2）运输时间

$$T_运 = 2 150/500 \approx 5 天$$

3）特殊作业时间

$$T_特 = 2 天$$

$$T = T_发 + T_运 + T_特 = 1 + 5 + 2 = 8 天$$

所以该批货物的运到期限为 8 天。

（三）货物运到逾期

所谓运到逾期，是指货物的实际运到日数超过规定的运到期限，这是一种违约行为。

1. 逾期违约金的支付

若货物运到逾期，则铁路应向收货人支付违约金。违约金支付比例如表 3-2

所示。

表 3-2　运到逾期违约金比例（一）

运到期限/天 ＼ 逾期总日数/天 违约金比例/%	1	2	3	4	5	6 以上
3	15	20				
4	10	15	20			
5	10	15	20			
6	10	15	15	20		
7	10	10	15	20		
8	10	10	15	15	20	
9	10	10	15	15	20	
10	5	10	10	15	15	20

货物运到期限在 11 天以上，发生运输逾期时，按表 3-3 规定计算违约金。

表 3-3　运到逾期违约金支付比例（二）

逾期总日数占运到期限天数比例	违约金占运费的比例/%
不超过 1/10 时	5
超过 1/10，但不超过 3/10 时	10
超过 3/10，但不超过 5/10 时	15
超过 5/10 时	20

快运货物超过运到期限，按表 3-4 退还货物快运费。

表 3-4　退还货物快运费比例

发到站间运输里程/千米	超过运到期限天数/天	退还货物快运费比例/%
1 801 以上	1	30
	2	60
	3 以上	100
1 201～1 800	1	50
	2 以上	100
1 200 以下	1 以上	100

快运货物运到逾期，除按表 3-4 规定退还快运费外，货物运输期间按每 250 千米运价里程或其未满为 1 天，计算运到期限超过时，还应按上述规定，向收货人支付违约金。"五定"班列运输货物逾期，除因不可抗力外，到站在运到期限满日前因承运人责任不能交付货物的，由到站在交付的同时使用车站退款证明书向

收货人支付违约金，每逾期 1 天为快运费的 50%；自第 3 天起（未收快运费的自第 1 天起）按以上运到期限的规定计算。

2. 不支付违约金的货物

1）超限、限速运行和免费运输的货物以及货物全部灭失。

2）从铁路发出催领通知的次日起（不能实行催领通知或会同收货人卸车的货物为卸车的次日起），如收货人在 2 天内未将货物领出，即失去要求铁路支付违约金的权利。

3. 货物滞留时间

货物在运输过程中，由于下列原因之一造成的滞留时间，应从实际运到日数中扣除。

1）因不可抗力的原因引起的。

2）由于托运人的责任致使货物在途中发生换装、整理所产生的。

3）因托运人或收货人要求运输变更产生的。

4）其他非承运人的责任发生的。

上述情况均为非承运人原因造成的滞留。发生滞留的车站，应在货物运单"承运人记载事项"栏内记明滞留时间和原因。到站应将各种情况所发生的滞留时间加总，加总后不足 1 天的尾数进整为 1 天。

四、铁路货物运价

（一）货物运价的分类

铁路货物运价可按适用范围和货物运输种类的不同进行划分。

1. 按适用范围

铁路货物运价按其适用范围可以分为普通运价、特殊运价、军运运价等。

（1）普通运价

1）普通运价是铁路货物运价的基本形式，是铁路计算运费的统一运价，凡在路网上办理正式营业的铁路运输线上都适用统一运价。现行铁路的整车货物、零担货物、集装箱货物、冷藏车货物运价都属于普通运价。

普通运价是计算运费的基本依据。特殊条件运送的货物是在特殊情况下做了一些特殊规定。例如，超限货物的运价是按照超限货物的超限等级的不同分别在普通货物运价的运价率上加成 50%、100%、150% 计算运费。又如，自备集装箱空箱的回送是属于特殊条件运送的货物，其运价率按其适用重箱货物运价率的50%计算。

2）优待运价是对一定机关或企业运输的货物或对于不同的托运人运送给一定机关或企业的货物而规定的低于普通运价的一种运价。例如，托运人自备货车或租用铁路货车装运货物用铁路机车牵引，或铁路货车装运货物用该托运人机车牵引运输时，按所装货物的运价率减成20%计费。

3）国际联运运价是指为铁路国际联运的货物所规定的运价，包括过境运输和国内段运输运价。

4）水陆联运运价是指水陆联运货物在铁路区段的运价。

（2）特殊运价

特殊运价是指地方铁路、临时营业线和特殊线路的运价。

（3）军运运价

是指对军事运输中军运物资所规定的运价。

2. 按货物运输种类

（1）整车货物运价

整车货物运价是铁路对按整车运送的货物所规定的运价。冷藏车货物运价是铁路对按冷藏车运送的货物所规定的运价，是整车货物运价的组成部分。

（2）零担货物运价

零担货物运价是铁路对按零担运送的货物所规定的运价。

（3）集装箱货物运价

集装箱货物运价是铁路对按集装箱运送的货物所规定的运价。目前，铁路实行集装箱一口价。集装箱一口价是指集装箱自进发站货场至出到站货场的铁路运输全过程的各项价格的总和，包括门到门运输取空箱、还空箱的站内装卸作业、专用线取送车作业、港站作业的费用和经铁道部确认的集资货场、转场货场费用。集装箱一口价由铁路发站使用货票向托运人一次收取，货票记事栏内注明"一口价"。其计算及核收以箱为单位。

（二）《铁路货物运价规则》的主要内容

1. 适用范围

铁路货物运价由铁路主管部门拟订，报国务院批准，由铁道部运价主管部门集中管理。

《铁路货物运价规则》是根据铁路法的规定，为正确体现国家的运价政策，确定国家铁路及合资、地方铁路及与国家铁路办理直通运输的有关货物运输费用计算方法而制定的规则。

国家铁路营业线的货物运输，除军事运输（后付）、水陆联运、国际铁路联运过境运输及其他铁道部另有规定的货物运输费用外，都按《铁路货物运价规则》计算货物运输费用。本规则以外的货物运输费用，按铁道部的有关规定计算核收。

铁路货物运输费用由铁路运输企业使用货票和运费杂费收据核收。

2. 基本内容

《铁路货物运价规则》规定了在各种不同情况下计算货物运输费用的基本条件，各种货物运费、杂费和代收款的计算方法及国际铁路联运货物国内段的运输费用的计算方法。

（三）其他费用

1. 铁路货运杂费

是铁路运输的货物自承运至交付的全过程中，铁路运输企业向托运人、收货人提供的辅助作业和劳务以及托运人或收货人额外占用铁路设备，使用用具、备品所发生的费用，主要用于运营支出。

2. 新路新价均摊

目前全路有宝中、青藏和兰新三条线路实行了新路新价均摊运费。宝中线和青藏线已纳入到基本运价中，兰新复线均摊设置了专项费率。征收标准是普通货物每吨·千米 1.1 厘，主要用于还贷和弥补新线运营的高成本支出。

3. 特殊运价

根据国家有关政策规定，国家计委、铁道部对临管铁路和部分新线实行特殊运价。按每吨·千米计费。如大秦、京秦、京原、丰沙大煤炭分流运价，京九、京广分流加价，广深铁路特殊运价，南昆线临管运价等。

4. 电气化附加费

通过电气化区段时才征收。一般货物征收标准是每吨·千米 1.2 分，主要用于弥补电气化区段的电价支出。

5. 铁路建设基金

一般货物的征收标准是每吨·千米 3.3 分，建设基金收入纳入国家财政预算，主要用于铁路建设。

6. 印花税

印花税属铁路代收费用，印花税按运费的万分之五核收。印花税以元为单位，精确至分，分以下四舍五入。印花税起码价为 1 角，运费不足 200 元的货物，免收印花税。

五、货物保价运输和运输保险

《中华人民共和国铁路法》规定，托运人可以自愿办理保价运输，也可以办理货物运输保险，还可以既不办理保价运输，也不办理货物运输保险。按哪种方式运输，由托运人确定，不得以任何方式强迫办理保价运输或者货物运输保险。

（一）货物保价运输

铁路保价运输是铁路运输实行限额赔偿后，为保证托运人、收货人的合法利益，供托运人选择的一种赔偿制度。托运人做出这种选择后，即成为铁路运输合同的组成部分，铁路将承担相应的责任。铁路对承运的货物自承运时起到交付时止发生的灭失、短少、变质、污染、损坏承担赔偿责任。

1. 保价金额

如果托运人要求按保价运输时，应在货物运单托运人记载事项栏内注明"保价运输"字样，并在"货物价格"栏内以元为单位填写货物的实际价格，全批货物的实际价格即为货物的保价金额。货物的实际价格是指货物在起运地的价格与税款、包装费和已发生的运输费用之和。

2. 保价费的计算

保价运输时应按货物保价金额的一定比例交纳保价费。货物保价费按保价金额乘以适用的货物保价费率计算。按保价运输办理的货物，应全批保价，不得只保其中一部分。保价费率不同的货物按一批托运时，应分项填记品名及保价金额，保价费分别计算。保价费率不同的货物合并填记时，适用于其中最高的保价费率。保价费率分为五个基本级和两个特定级，其费率分别为 1‰、2‰、3‰、4‰、5‰、10‰和15‰。

3. 保价货物的赔偿

保价运输的货物发生损失时，按照实际损失赔偿，但最高不超过保价金额。如果损失是铁路运输企业故意或因重大过失造成的，不受保价额的限制，按照实际损失赔偿。一部分损失时，按损失货物占全批货物的比例乘以保价金额赔偿；逾期未能赔付时，处理站应向赔偿要求人支付违约金。

4. 不办理保价运输

自轮运转（包括企业自备或租用铁路）的铁道机车、车辆和轨道机械暂不办理保价运输。

5. 车站受理

车站受理一批保价金额在 50 万元以上的整车、大型集装箱货物，一批保价金额在 30 万元以上的 1 吨、10 吨集装箱货物或一批保价金额在 20 万元以上的零担货物，应在货物运单、货运票据封套或货物装载清单上加盖"△"戳记（或用红色书写），并在"列车编组顺序表"记事栏内注明"△"字样。

（二）货物运输保险

铁路货物运输保险是我国保险事业的一个重要组成部分，是托运人以铁路装运的货物作为保险标的的保险。遇有保险责任范围内的损失时，由保险公司负责按规定给予赔偿，以补偿被保险货物在运输过程中因自然灾害和意外事故所造成的经济损失。

属保险责任范围的损失，由保险公司按照实际损失，在保险金额内给予补偿。

投保货物运输险的货物在运输中发生损失，对不属于铁路运输企业免责范围、未按保价运输承运的，按照实际损失赔偿，但最高不超过国务院铁路主管部门规定的赔偿限额；如果损失是铁路运输企业故意或因重大过失造成的，不适用赔偿限额的规定，按照实际损失赔偿，由铁路运输企业承担赔偿责任。

保险公司按照保险合同的约定向托运人或收货人先行赔付后，对于铁路运输企业应按货物实际损失承担赔偿责任，保险公司按照支付的保险金额向铁路运输企业追偿，因不足额保险产生的实际损失与保险金的差额部分，由铁路运输企业赔偿；对于铁路运输企业应按限额承担赔偿责任的，在足额保险的情况下，保险公司向铁路运输企业的追偿额为铁路运输企业的赔偿限额；在不足额保险的情况下，保险公司向铁路运输企业的追偿额在铁路运输企业的赔偿限额内按照投保金额与货物实际价值的比例计算，因不足额保险产生的铁路运输企业的赔偿限额与保险公司在限额内追偿额的差额部分，由铁路运输企业赔偿。

承运人对投保货物运输险的货物，应在货物运单、货票"托运人记载事项"栏内加盖"已投保运输险，保险凭证×××号"戳记。

托运人托运货物，应在货物运单"货物价格"栏内，准确填写该批货物的总价格，根据总价格确定保险总金额，投保货物运输险。

货物运输保险由保险公司办理或委托铁路代办。

（三）保险保价货物

既保险又保价的货物在运输中发生损失，对不属于铁路运输企业免责范围的，按照实际损失赔偿，但最高不能超过保价额，由铁路运输企业承担赔偿责任。对于保险公司先行赔付的，比照对保险货物损失的赔偿处理。

（四）非保价货物

非保价货物实际限额赔偿，不按件数只按重量承运的货物，每吨最高赔偿100元；按件数和重量承运的货物，每吨最高赔偿 2 000 元；个人托运的搬家货物、行李每 10 千克最高赔偿 30 元。实际损失低于上述赔偿限额时，按货物实际损失的价格赔偿；如果损失是铁路运输企业故意或因重大过失造成的，不适用赔偿限额的规定，按照实际损失赔偿，由铁路运输企业承担赔偿责任。

第三节　铁路货物运输的业务流程

铁路为完成货物运输任务而进行的基本作业，主要是在车站进行的。按其作业环节可分承运、装车、运送、卸车和交付作业；按作业流程可分为发送作业、途中作业和到达作业。

一、发送作业

货物在发站所进行的各项货运作业，统称货物的发送作业。它是铁路货物运输技术作业过程的开始阶段，包括承运、装车两大环节。

（一）托运与受理

1. 货物运单

货物运单如图 3-1 所示，是托运人与承运人之间，为运输货物而签订的一种运输合同。它是确定托运人、承运人、收货人之间在运输过程中的权利、义务和责任的原始依据。货物运单既是托运人向承运人托运货物的申请书，也是承运人承运货物和核收运费、填写货票以及编制记录和备查的依据。

货物运单有两种。一种是黑色印刷，适合于现付；一种是红色印刷。快运用的货物运单，颜色与现付相同，适用于到付或后付，仅将上端居中的票据名称改印为"快运货物运单"字样。

货物运单由两部分组成，左边为货物运单，右边为领货凭证。货物运单中粗线左侧"托运人填写"部分和领货凭证各栏由托运人填写，右侧各栏由承运人填写。托、承双方应对货物运单所填记的内容负责，并按照《铁路货物运输规程》（以下简称《货规》）的要求，做到正确、完备、真实、详细、清楚地填写运单。运单填写各栏有更改时，属于托运人的填记事项，应由托运人盖章证明；属于承运人的记载各项，应由车站加盖站名戳记。承运人对托运人填记事项一般不得更改。

货物运单

格式一　　　　　　　　　　　　××铁路局　　　　　　　　　　　　　　领货凭证

货物指定于　　月　　日搬入　　　〇 货物运单　　　　| 承运人/托运人装车 |　　车种及车号

货位：　　　　　　　　　　托运人→发站→到站→收货人　| 承运人/托运人施封 |　　货票第　　　号

计划号码或运输号码：　　　　　　　　　　　　　　　　　　　　　　　运到期限　　　日

运到期限　　日

货票第　　　号

托 运 人 填 写						承 运 人 填 写					发　站		
发站		到站（局）				车种车号		货车标重			到　站		
到站所属省（市）自治区						施封号码					托运人		
托运人	名称					经由	铁路货车篷布号码				收货人		
	地址		电话								货物名称	件数	重量
收货人	名称					运价里程	集装箱号码						
	地址		电话										
货物名称	件数	包装	货物价格	托运人确定重量（千克）	承运人确定重量（千克）	计费重量	运价号	运价率	运费				
合计													
托运人记载事项				承运人记载事项							托运人盖章或签字		
											发站承运日期戳		

注：本单不作为收款凭证，托运人签约须知见背面。
规格：350mm×185mm

托运人盖章或签字
　年　月　日

到站交付
日期戳

发站承运
日期戳

注：收货人领货须知见背面

图 3-1　货物运单样本

2. 托运

托运人以货物运单向承运人提出货物运输要求，并向承运人交运货物，称为货物的托运。

托运人向承运人交运货物，应向车站按批提出货物运单一份。使用机械冷藏车运输的货物，同一到站、同一收货人可以数批合提一份运单。整车分卸货物，除提出基本货物运单一份外，每一分卸站应另增加分卸货物运单两份（分卸站、收货人各一份），作为分卸站卸车作业和交付货物的凭证。

为了正确地核收运输费用以及发生灭失、损坏等事故时便于划清承运人与托运人之间的责任，遇下列情况托运人除提出货物运单外还应同时提出物品清单。

1）按一批托运的货物，品名过多不能在运单内逐一填记时。

2）托运搬家货物时。

3）同一包装内有两种以上货物时。

4）以概括名称托运品名、规格、包装不同，且不能在货物运单内填记的保价货物。

托运人对其在货物运单和物品清单内所填记的事项负责，匿报、错报货物品名、重量时应按规定支付违约金。

3. 受理

车站对托运人提出的货物运单，经审查符合运输要求，在货物运单上签证货物搬入或装车日期后，即为受理。

（1）审查货物运单

1）货物运单各栏填写是否齐全、正确、清楚，领货凭证与运单是否一致。

2）整车运输有无批准的计划号码，计划外运输有无批准命令，实行承运日期表的零担货物和集装箱的货物是否符合日期表规定的去向。

3）到站的营业办理限制（包括临时停限装）和起重能力。主要根据《货物运价里程表》站名索引表有关"营业办理限制"栏和"最大起重能力"栏中的规定来确定。

4）货物名称是否准确，是否准许铁路运输，因其关系到铁路运输货物的安全和运费计算。

5）需要的证明文件是否齐全有效。根据中央或省（市）、自治区法令需要证明文件运输的货物，托运人应将证明文件与货物运单同时提出并在货物运单托运人记载事项栏注明文件名称和号码。车站在证明文件背面注明托运数量，并加盖车站日期戳，退还托运人或按规定留发站存查。

6）有无违反按一批托运的限制。

7）托运易腐货物和"短寿命"放射性货物时，其容许运输期限是否符合要求。

8）需要声明事项是否在"托运人记载事项"栏内注明，例如派有押运人的货物，托运人应在"托运人记载事项"栏内注明押运人姓名、证明文件名称和号码。

（2）签证货物运单

货物运单经审查符合要求后，进行签证。

1）整车货物。在站内装车者，在货物运单上签证计划号码、货物搬入日期及地点，将货物运单交还托运人，凭此搬入货物；在专用线装车者，在货物运单上签证计划号码和装车日期，将货物运单交指定的包线货运员，按时到装车地点检查货物。

2）零担货物和集装箱运输的货物。在货物运单上签证运输号码、搬入日期及地点，将运单交还托运人，凭此搬入货物。

3）加盖受理章和经办人名章。

（二）进货验收与保管

托运人凭车站签证后的货物运单，按指定日期将货物搬入货场的指定位置即为进货。货场门卫人员和线路货运员对搬入货场的货物进行有关事项的检查核对，确认符合运输要求并同意货物进入场、库指定货位称验收。

托运人将货物搬入车站，经验收完毕后，一般不能立即装车，需在货场内存放，这就产生了保管的问题。整车货物可根据协议进行保管；零担货物和集装箱运输的货物，车站从收货完毕时即负保管责任。

（三）货物的件数和重量

在运输过程中，保证货物重量和件数的完整是承运人必须履行的义务。因此，铁路明确规定了确定货物件数、重量的范围。

铁路运输货物按件数和重量承运。整车货物原则上按件数和重量承运，但有些非成件货物或一批货物件数过多而且规格不同，在货运作业中，点件费时费力，只能按重量承运，不计件数。这些货物如下。

1）散堆装货物。

2）成件货物规格相同（规格在三种以内视作规格相同），一批数量超过2 000件；规格不同，一批数量超过1 600件。

有些货物价值较高，无论规格是否相同，按一批托运时，每件平均重量在10千克以上，只要托运人能按件点交给车站的，铁路都应按件数和重量承运。例如纺织品、钟表、中西成药、医疗器械、电视机、收音机和照相机等。

整车货物和集装箱运输的货物，由托运人确定重量；零担货物除标准重量、标记重量或有过秤清单以及一件重量超过车站衡器最大称量的货物外，由承运人确定重量，并核收过秤费。

货物的重量（包括货物的包装重量），不仅是承运人与托运人、收货人之间交接货物和铁路计算运费的依据，而且与货车载重量的利用和列车运行的安全都有很大的关系，同时也影响铁路运营指标，因此货物重量的确定必须准确。对于由托运人确定重量的整车货物、集装箱货物和零担货物，承运人应进行抽查，重量不符时应进行处理并向托运人或收货人核收过秤费。

（四）货物装车作业

1. 装卸车责任

货物装车或卸车的组织工作，在车站公共场所内由承运人负责；在其他场所，均由托运人或收货人负责。但是，下列货物由于在装卸作业中需要特殊的技术或设备、工具，所以，虽在车站公共场所内进行装卸作业，仍然由托运人或收货人负责。

1）罐车运输的货物。

2）冻结的易腐货物。

3）未装容器的活动物、蜜蜂、鱼苗等。

4）一件重量超过 1 吨的放射性同位素。

5）用人力装卸带有动力的机械和车辆。

2. 货车使用原则

合理使用车辆的原则是：车种适合货种、车吨配合货吨。如无适当的货车拨配，在征得托运人同意、保证货物安全完整和装卸作业方便的条件下可以以其他符合运输要求的货车代用。

3. 填写运输票据

货车施封后，车站货运员应将车种、车号、货车标重、使用篷布张数、施封个数记入货物运单内。

（五）货车施封和篷布苫盖

使用棚车、冷藏车、罐车、集装箱运输的货物，由组织装车或装箱单位在货车或集装箱上施封。使用敞车、平车装运易燃、怕湿货物，装载堆码要成屋脊状，使用篷布时苫盖要严密、捆绑牢固。施封和篷布苫盖是货物（车）交接、划分运输责任的一项手段。在货物运输过程中，通过观察、检查施封状态可判明货物是否保持完整，从而达到贯彻责任制，划分铁路与托运人以及铁路内部各部门对货物运输完整应负责任的目的。

（六）货物的承运

1. 货票的填制

整车货物装车后，零担货物过秤后，集装箱货物装箱后或接收重箱后，车站货运员将签收的运单移交货运室填制货票，核收运杂费。

货票是铁路运输货物的凭证，是一种具有财务性质的票据。它是清算运输费用、确定货物运到期限、统计铁路所完成的工作量和计算货运工作指标的依据。

货票一式四联。甲联为发站存查联；乙联为报告联，由发站每日按顺序订好，定期上报发局；丙联为承运证，交托运人凭以报销；丁联如图 3-2 所示，为运输凭证，随货物递交到站存查。货票各联正面内容完全相同。

填制货票由货运室进行，可手工也可用微机制票。零担、集装箱货物是先制票后装车，整车货物是先装车后制票或平行作业。

货票应根据货物运单记载的内容填写，手工制票时，字迹必须清晰、金额不准涂改，填写错误时按作废处理，其他事项如有更改，必须盖章证明。

车站在货物运单和货票上加盖车站日期戳并收清费用后，即将领货凭证和货票丙联一并交给托运人。

计划号码或运输号码	××铁路局 货　票 运输凭证：发站→到站存查				丁联 No.A00000

发　站		到站（局）		车种车号		货车标重		承运人/托运人 装车
经　由		货物运 到期限		施封号码或铁 路篷布号码				
运价里程		集装箱 箱　型		保价金额		现付费用		

现付费用：

				费别	金额	费别	金额

| 托运人名称及地址 | |
| 收货人名称及地址 | |

货物名称	品名代码	件数	货物重量	计费重量	运价号	运价率	
合计							
集装箱号码							
记事						合计	

卸货时间　月　日　时	收货人盖章或签字	到站交付日期戳	发站承运日期戳
催领通知方法			
催领通知时间　月　日　时	领货人身份证件号码	经办人盖章	经办人盖章
到站收费收据号码			

265mm×190mm

（a）正面式样

1.货物运输变更事项

受理站	电报号	变更事项	运输杂费 收据号码
处理站 日期戳		经办人盖章	

2.关于记录事项

编制站	记录号	记录内容

3.交接站日期戳

1.	2.	3.	4.	5.	6.	7.

4.货车在中途站摘车事项

车种、车号、车次、时间	摘车原因	货物发出时间、车次、车种、车号	车种、车号、车次、时间	摘车原因	货物发出时间、车次、车种、车号
摘车站	日期戳	经办人 盖章	摘车站	日期戳	经办人 盖章

（b）背面式样

图 3-2　货票丁联式样

2. 货物承运

零担和集装箱运输的货物，由发站接收完毕，整车货物装车完毕并核收运费后，发站在货物运单上加盖车站日期戳时起，即为承运。

承运标志着货物运输合同的成立，是承诺的生效，从承运时起承托双方就要分别履行运输合同的权利、义务和责任。因此，承运意味着铁路负责运输的开始，是承运人与托运人双方划分责任的时间界线。同时，承运标志着货物正式进入运输过程。

3. 货物的押运

由于有些货物的性质特殊，在运输过程中需要加以特殊防护和照料，否则，不能保证货物运输安全，因而需派押运人押运，如活动物需要专门人员供应饮水和照料；鲜活植物需要浇水运输等。

派有押运人的货物，应由托运人在货物运单内注明押运人姓名和证明文件名称及号码，经发站审核后发给押运人，并在货票甲联注明，由托运人签收，对押运人核收押运人乘车费。

二、途中作业

（一）货物的换装整理

货物的换装整理是指装载货物的车辆在运输过程中，发生可能危及行车安全和货物完整的情况时，所进行的更换货车或货物整理作业。

在运输途中发现货车装载偏重、超载、货物渗漏以及因车辆技术状态不良，经铁路车辆部门扣留，不能继续运行，或根据站车交接检查的规定需换装整理时，由发现站及时换装整理。

换装整理的时间不应超过 2 天。如 2 天内未整理完毕时，应由换装站以电报通知到站，以便收货人查询。

换装整理的费用，属于铁路责任的，由铁路内部清算；属于托运人责任的，应由到站向收货人核收。

（二）货物运输合同的变更和解除

货物运输合同签订后承托双方都应信守合同，严格履行。承、托双方均不得任意变更，否则要负法律责任。但由于托运人或收货人的特殊原因，货物承运后，托运人或持有领货凭证的人可以向承运人提出变更和解除运输合同的要求。

1. 货物运输合同的变更

托运人在货物托运后由于特殊原因需要变更的，经承运人同意，对承运后的货物可以按批在货物所在的途中站或到站办理变更到站和收货人。

货物运输合同的变更，打乱了正常的运输秩序，降低了货物的运输质量，有时还要增加货车的调车作业和非生产停留时间，增加作业费用，延缓货物的送达。因此，铁路对于下列情况，不办理货物合同的变更：

1）违反国家法律、行政法规、物资流向、运输限制和密封的变更。
2）变更后货物运到期限大于容许运输期限的变更。
3）变更一批货物中的一部分。
4）第二次变更到站。

2. 货物运输合同的解除

整车货物和大型集装箱在承运后、挂运前，零担和其他类型集装箱在承运后、装车前，托运人可向发站提出取消托运，经承运人同意，运输合同即告解除。

解除合同，发站退还全部运费与押运人乘车费，但特种车使用费和冷藏车回送费不退。托运人还应按规定支付保管费等费用。

（三）运输阻碍的处理

因不可抗力（如风灾、水灾、雹灾、地震等）的原因致使行车中断，货物运输发生阻碍时，铁路局对已承运的货物，可指示绕路运输；或者在必要时先将货物卸下，妥善保管，待恢复运输时再行装车继续运输，所需装卸费用，由承担装卸作业的铁路局负担。性质特殊的货物（如鲜活货物、危险货物等）绕路运输或卸下再装，可造成货物损失时，车站应联系托运人或收货人在要求时间内提出处理办法。超过要求时间未接到答复或因等候答复将使货物造成损失时，比照无法交付货物处理，所得剩余价款（缴纳装卸、保管、运输、清扫、洗刷除污费后）通知托运人领取。

三、货物的到达作业

货物在到站进行的各种货运作业，称为到达作业。货物经过到达作业后，货物运输作业过程即告结束。货物交付完毕后，运输合同终止。

（一）重车到达与票据交接

列车到达后，车站应派人接收重车。交接货车时，应详细进行票据与现车的核对，对现车的装载状态进行检查，并与车长或列车乘务员办理重车及货运票据的交接签证。

（二）货物卸车作业

1. 卸车前检查

为使卸车作业顺利进行，防止误卸并确认货物在运输过程中的完整状态，便于划分责任，卸车货运员应根据车站货调下达的卸车计划，在卸车前认真做好以下三方面的检查：

1）检查货位。主要检查货位能否容纳待卸的货物，货位的清洁状态，相邻货位上的货物与待卸货物的性质有无抵触。

2）检查运输票据。主要检查票据记载的到站与货物实际到站是否相符，了解待卸货物的情况。

3）检查现车。主要检查车辆状态是否良好；货物装载状态有无异状；施封是否良好，篷布的状态和数量；现车与运输票据是否相符。如发现现车和货物有异状应先予记录处理后，再行卸车。

2. 卸车作业

在卸车作业的过程中，货运员与装卸工组应密切配合，正确开封、开启车门或取下苫盖篷布，逐批核对货物、清点件数，应合理使用货位，按标准进行堆码，对于事故货物则要编制记录。

3. 卸车后检查

1）检查运输票据。检查票据上记载的货位与实际堆放货位是否相符；货票丁联上的卸车日期是否填写。

2）检查货物。主要检查货物件数与运单是否相符；堆码是否符合要求；卸后货物安全距离是否符合规定。

3）检查卸后空车。主要检查车内货物是否卸净和是否清扫干净；车门、窗、端侧板是否关闭严密；标识牌是否撤除。

4. 货车的清扫、洗刷和除污

货车卸空后，负责卸车的单位应将货车清扫干净。卸后车辆的车门、车窗、端侧板、盖、阀、螺栓都要关闭、拧牢。

此外，装过活动物、鲜鱼类、剧毒品和受到危险品、污秽品污染的货车由铁路部门负责洗刷、除污，并向收货人核收费用。

（三）货物到达通知

发出催领通知的时间应不迟于卸车完毕的次日。通知的方式可采用电话、书信、电报、广告等，也可与收货人商定其他通知方式。

对到达的货物，收货人有义务及时将货物搬出，铁路也有义务提供一定的免费保管时间。免费保管时间规定为：由承运人组织卸车的货物应于承运人发出催领通知的次日起算，不能实行催领通知或会同收货人卸车的从卸车次日起算，2日内将货物搬出，不收取保管费。超过此期限未将货物搬出，对超过部分核收货物暂存费。根据具体情况，铁路局可以缩短免费保管期间到 1 日，也可以提高货物暂存费率，但提高部分不得超过规定费率的 3 倍，并应报告当地人民政府和铁道部备案，车站站长可以适当延长货物免费暂存期限。

货物运抵到站，收货人应及时领取。拒绝领取时，应出具书面说明，自拒领之日起，3 日内到站应及时通知托运人和发站，征求处理意见。托运人自接到通知次日起 30 日内提出处理意见答复到站。

（四）交付工作

交付工作包括票据交付和现货交付两部分。

1. 票据交付

收货人要求领取货物时，须向铁路提交领货凭证或有效证明文件，经与货运单票据核对后，由收货人在货票丁联上盖章或签字，收清一切费用，在运单和货票上加盖交付日期戳。

收回的领货凭证或证明文件应粘贴在货票丁联上留站存查，并将货物运单交给收货人，凭此到货物存放地点领取货物。

2. 现货交付

交付货运员凭收货人提出的货物运单向收货人点交货物，然后在货运单上加盖"货物交讫"戳记，并记明交付完毕的时间，将运单交还收货人，凭此将货物搬出货场。

由承运人组织卸车或发站由承运人组织装车到站由收货人组织卸车的货物，在向收货人点交货物或办理交接手续后，即为交付完毕；发站由托运人组织装车，到站由收货人组织卸车的货物，在货车交接地点交接完毕，即为交付完毕。

货物运输合同的履行是从承运开始至货物交付完毕时止。因此交付完毕意味着铁路履行运输合同就此终止，铁路负责运输就此结束。

综合以上作业，货物运输业务流程如图 3-3、图 3-4 所示。

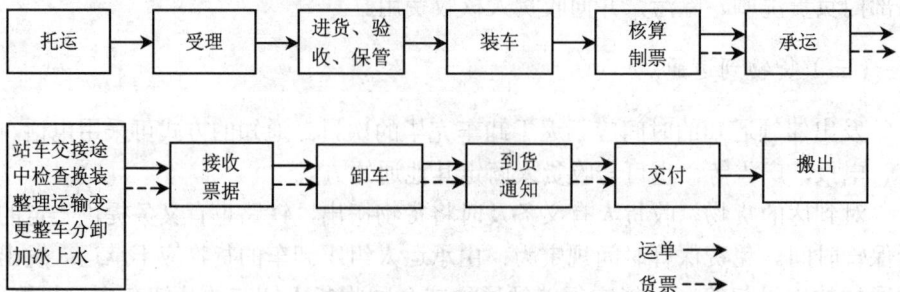

图 3-3　整车货物运输流程

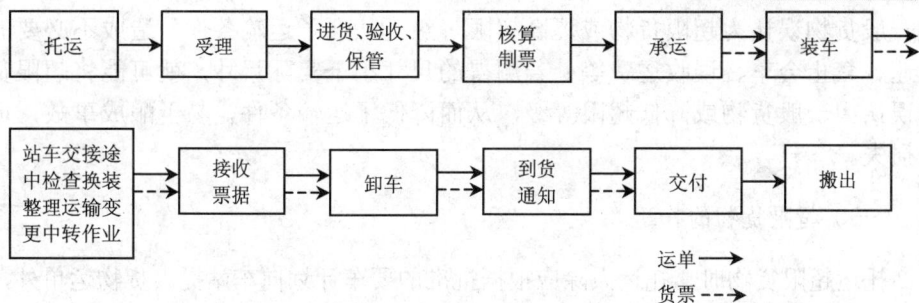

图 3-4　零担、集装箱货物运输流程

第四节　特殊条件的铁路货物运输组织

一、超限货物的运输组织

（一）超限货物等级的划分

1）超限货物以装车站列车运行方向为准，由线路中心线起分为左侧、右侧和两侧超限。

2）按超限程度划分为一级超限、二级超限和超级超限。

3）按超限部位进行如下划分：

① 上部超限。由轨面起高度（以下简称高度）超过 3 600 毫米，有任何部位超限者，按其超限程度划分为一、二级和超级超限。

② 中部超限。在高度 1 250～3 600 毫米，有任何部位超限者，按其超限程度划分为一、二级和超级超限。

③ 下部超限。在高度 150～1 250 毫米，有任何部位超限者，按其超限程度划分为二级和超级超限。

4）对装载通过或到达特定装载限界区段内各站的货物，虽然没有超出机车车辆限界，但超出特定装载限界区段的装载限界时，亦应视为超限货物，其超限等级应按照下列规定办理：

① 对超出特定区段的装载限界，还没有超出一级超限限界的，按照一级超限办理。

② 对超出一级超限限界的，应根据超出限界程度确定超限等级。

（二）超限货物的测量

超限货物的测量是指货物在装车前测量各部位的尺寸和装车后复测各部位的尺寸。测量的尺寸是计算超限等级、运行条件的重要依据。因此要求测量的尺寸要准确，能如实反映外形的实际情况。若测量的尺寸大于实际尺寸，就会把一般货物误认为超限货物或提高超限等级，从严了运输条件，造成不必要的限速、禁止会车、误收运费等；若测得的尺寸小于实际尺寸，就可能将超限货物误认为一般货物或降低超限等级，从而降低了运输条件，易于酿成事故，造成损失。

（三）超限货物的托运

托运超限货物时，托运人除应根据批准的要车计划向车站提出货物运单外，还应提供如下资料。

1）托运超限货物说明书，如图 3-5 所示。

托运超限货物说明书

发局		装车站			预计装后尺寸		
到局		到站			由轨面起高度	由车辆纵中心线起	
品名		件数				左宽	右宽
每件重量		总重量		重心位置	中心高		
货物长度		支重面长度			侧高		
高度	中心高		由线路纵中心线起的宽度	左	右	侧高		
	侧高			左	右	侧高		
	侧高			左	右	侧高		
	侧高			左	右	侧高		
要求使用车种			标记载重		侧高		
装卸时的要求							
其他要求					车地板高度		
					垫木或转向架高度		
					预计装在车上货物重心位置距轨面的高度		
					重车重心高度		

注：粗线栏内由铁路填记。

图 3-5　托运超限货物

2）货物外形尺寸三视图，并以"+"号标明货物重心的位置。

3）有计划装载、加固计算根据的图纸和说明。

4）自轮运转超限货物，应有自重、轴数、轴距、固定轴距、长度、转向架中心销间距离、制动机类型及限制条件。

二、鲜活货物的运输组织

（一）鲜活货物分类

鲜活货物分为易腐货物和活动物两大类。

1. 易腐货物

易腐货物包括肉、鱼、蛋、奶、鲜水果、鲜蔬菜、冰、鲜活植物等。按其热状态又分为冻结货物、冷却货物和未冷却货物。

1）冻结货物是指经过冷冻处理成为冻结状态，温度达到承运温度范围内的易腐货物，如冻肉、冰淇淋等。

2）冷却货物是指经过预冷处理后，温度达到承运温度范围内的易腐货物，如经过冷却的水果、蔬菜等。

3）未冷却货物是指未经过冷却、冷冻处理，处于自然状态的易腐货物，如采收后以初始状态提交运输的水果、蔬菜等。

2. 活动物

活动物包括禽、畜、兽、蜜蜂、活鱼以及鱼苗等。

（二）易腐货物的运输组织

1. 按一批托运的规定

1）不同热状态的易腐货物不得按一批托运。

2）按一批托运的整车易腐货物，一般限运同一品名。但不同品名的易腐货物，如在冷藏车内保持或要求的温度上限（或下限）差别不超过 3℃时，允许拼装在同一冷藏车内按一批托运。

例如，热状态均为未冷却的甜椒和番茄（已开始上色），用机械冷藏车装运，车内保持的温度分别为 6～9℃和 2～6℃，两者车内保持温度的下限相差 4℃，上限相差 3℃，上限差别不超过 3℃，允许拼装在同一车内按一批托运。若用加冰冷藏车装运，车内要求的温度分别为 6～10℃和 2～8℃，下限相差 4℃，上限相差 2℃，上限差别不超过 3℃，也可以拼装在同一车内按一批托运。但此时，托运人应在货物运单"托运人记载事项"栏内记明："车内保持温度（或途中加冰掺盐）按××品名规定的条件办理。"

2. 运单填写

（1）货物品名

托运人托运易腐货物，应在货物运单"货物名称"栏内填写具体的货物品名，并注明其品类序号及热状态。

（2）容许运输期限

托运易腐货物时，托运人应注明易腐货物的容许运输期限（天）。易腐货物的容许运输期限至少须大于铁路规定的运到期限3天时，发站方可承运。

（3）冷藏车的运输方式

使用冷藏车运输易腐货物时，托运人应按"易腐货物运输条件表"或按运输协议的条件确定运输方式，并在"托运人记载事项"栏内具体注明"途中加冰"、"途中制冷"、"途中加温"、"途中通风"、"途中不加冰"、"途中不制冷"、"途中不加温"、"不加冰运输"等字样，以便铁路按要求组织运输。

（4）加冰冷藏车途中加冰的运输经由

对需要在途中加冰的冷藏车，发站应在货物运单的"经由"栏内按加冰所分工依次填记应加冰的各加冰所站名；如最短径路上未设加冰所，不能确保易腐货物质量时，托运人可要求铁路绕路运输，此时发站应在货物运单的"经由"栏内依次填记绕路运输经由的各加冰所站名。

（5）快速挂运标记（△）

发站承运易腐货物后应在货物运单以及货票、票据封套上分别填记红色"△"标记。

3. 易腐货物的检疫证明

托运人托运需检疫运输的易腐货物时，应按国家有关规定提出检疫证明，在货物运单"托运人记载事项"栏内注明检疫证明的名称和号码，并将随货同行联牢固地粘贴在运单背面，车站凭此办理运输。例如，需检疫运输的牲畜皮毛、血液等畜禽产品和苗木等鲜活植物。

4. 运输季节和运输方式

（1）运输季节的划分

运输易腐货物必须考虑外界气温的影响。铁路运输易腐货物，按运输时外界平均气温的高低将运输季节划分为热季（平均气温在20℃以上）、温季（平均气温在1～19℃）和寒季（平均气温0℃以下）。在温季的温度范围内又细分成1～6℃、7～12℃、13～19℃三个温度段。划分运输季节的目的是为了便于根据不同的外温情况，掌握易腐货物的运输条件和选择相应的运输方式。

（2）运输季节的确定

运输季节要按发站至到站的全程平均气温来确定。当全程沿途各地的温差较大，运输距离较长，跨及两个以上平均气温不同的区段时，则应根据沿途各地气温的变化情况分段考虑，按各段平均气温来确定。

（3）运输方式

易腐货物在不同的外界气温条件下，需要采用不同的运输方式。运输易腐货物有冷藏、保温、防寒、加温和通风五种运输方式。

（三）活动物的托运与承运

1. 活动物检疫证明

托运人托运活动物时，应按国家有关规定提出检疫证明，在货物运单"托运人记载事项"栏内注明检疫证明的名称和号码，并将随货同行联牢固地粘贴在运单背面，车站凭此办理运输。

2. 猛禽、猛兽商定条件运输

托运人托运猛禽、猛兽（包括演艺用）时，应与发送铁路局商定运输条件和运输防护方法。跨局运输时，发送局应将商定的事项通知有关的铁路局。

3. 对押运人的规定

活动物运输的最大特点是运输过程中要同时进行饲养工作，养运难以分离。因此，装运活动物时，托运人必须委派熟悉活动物习性的押运人随车押运。托运人应在货物运单"托运人记载事项"栏内注明押运人的姓名、证明文件名称及号码。押运人的人数，每车以 1~2 人为限，托运人要求增派时，须经车站承认，但增派人数一般不得超过 5 人。鱼苗每车押运人不得超过 8 人，蜜蜂每车押运人不得超过 9 人。租用的家畜、家禽车回空时，每次准许派 2 人押运。押运人携带物品必须符合安全要求，只限途中生活用品和途中需要的饲料和饲养工具，数量在规定限量内。

4. 注明"活动物"字样

对承运的活动物，发站应在货物运单、货票、封套、装载清单内注明"活动物"字样，以便沿途做好服务工作。

三、危险货物的运输组织

（一）危险货物运输的办理条件

1. 铁路危险货物托运人资质

铁路危险货物托运人，是指经国家有关部门认定，取得危险货物生产、储存、使用、经营资格，从事铁路危险货物运输托运业务的单位。

铁路危险货物运输实行资质认证制度，办理铁路危险货物运输的托运人，在办理危险货物托运前，应向有管辖权的铁路管理机构取得《铁路危险货物托运人资质证书》。

（1）申请铁路危险货物托运人资质应具备的条件

1）具有国家规定的危险物品生产、储存、使用、经营的资格。

2）危险货物自备货（罐）车、集装箱等运输工具的设计、制造、使用、充装、检修等符合铁道部的安全管理规定。

3）危险货物容器及包装物的生产符合国家规定的定点生产条件并取得产品合格证书。

4）办理危险货物作业场所的消防、防雷、防静电、安全检测、防护、装卸、充装等安全设施、设备应符合国家有关规定。储存仓库的耐火等级、防火间距应符合《建筑设计防火规范》等有关国家标准。

5）相关专业技术人员、运输经办人员和押运人员应经过铁路危险货物运输业务知识培训，熟悉本岗位的相关危险货物知识，掌握铁路危险货物运输规定。

6）有铁路危险货物运输事故处理应急预案，配备应急救援人员和必要的救援器材及设备。

（2）申请铁路危险货物托运人资质需提交的材料

1）行政许可申请书。

2）申请办理危险化学品、爆炸品、放射性物质托运人资质的，应提供相应生产许可证或经营许可证。

3）营业执照（副本）。

4）铁道部或铁路管理机构认可的培训机构对专业技术人员、运输经办人员、押运人员进行培训的合格证明。申请办理气体类危险货物托运人资质的，还需提交轨道衡年检合格证。

5）危险货物运输事故处理应急预案。

2. 铁路进出口危险货物代理人

铁路进出口危险货物代理人是指从事铁路危险货物进出口运输代理的国际货贷企业，需具备铁路进出口危险货物代理人资格。

取得铁路进出口危险货物代理人资格，需具备以下条件：

1）具备中华人民共和国商务部批准颁发的国际货贷资格证书。

2）必须有 3 年以上从事铁路危险货物运输的工作经验和完善的管理制度，应有相应数量的熟悉铁路危险货物基本知识的专业技术人员。

3）危险货物进出口运输经办人员必须通过技术培训考试合格，并取得铁路局核发的《铁路危险货物运输业务培训合格证》。

出口代理人代理的危险货物生产企业必须具备危险货物的生产、经营等资质条件，具有铁路部门发放的《铁路危险货物托运人资质证书》。

3. 铁路危险货物办理站（专用线、专用铁路）办理规定

铁路危险货物运输办理站是指站内、专用线、专用铁路办理危险货物发送、到达及中转作业的车站。

为严格和细化铁路危险货物运输办理条件，提高铁路危险货物运输管理水平，铁道部制定了《铁路危险货物运输办理站（专用线、专用铁路）办理规定》（以下简称《办理规定》），包括如下几个方面：

1）危险货物办理站名表，规定站内办理危险货物的发到品类。

2）危险货物集装箱办理站名表，规定站内办理危险货物集装箱发到站站名及允许的箱型。

3）剧毒品办理站名表，规定站内、专用线剧毒品发到品名。

4）专用线、专用铁路办理规定一览表，规定与车站衔接的专用线、专用铁路产权单位名称、共用单位名称，铁路罐车、集装箱、整车装运危险货物的发到品名，轨道衡计量以及集装箱作业条件（起重能力、起重设备类型）等。

办理危险货物运输应符合以下要求。

1）凡在《办理规定》中未列载的办理站、专用线、专用铁路一律不得办理危险货物运输。批准办理危险货物运输的办理站、专用线、专用铁路只准办理《办理规定》中列载的危险货物品名。

2）《办理规定》中增加或修改内容，需按铁道部规定的要求进行申报，审核批准并全路公布后方可办理。

3）《办理规定》仅适用于非军运危险货物，军运危险货物办理要求另按有关规定执行。

（二）铁路危险货物托运

危险货物仅办理整车和 10 吨以上集装箱运输。托运人托运危险货物时，应在货物运单"货物名称"栏内填写"危险货物品名索引表"内列载的品名和相应编号，在运单的右上角用红色戳记标明类项名称，并在货物运单"托运人记载事项"栏内填写《托运人资质证书》、经办人身份证和《铁路危险货物运输业务培训合格证》号码，对派有押运员的还需填写押运员姓名和《液化气体铁路罐车押运员证》或《铁路危险货物运输业务培训合格证》号码。托运爆炸品（如烟花爆竹）时，托运人还须出具到达地县级人民政府公安部门批准的《爆炸物品运输许可证》《烟花爆竹运输许可证》），并注明许可证名称和号码，并在运单右上角用红色戳记标明"爆炸品（烟花爆竹）"字样。

禁止运输《铁路危险货物运输管理规则》未确定运输条件的过度敏感或能自发反应而引起危险的物品。如叠氮铵、无水雷汞、高氯酸（＞72％）、高锰酸铵、4-亚硝基苯酚等。对易发生爆炸性分解反应或需控温运输等危险性大的货物，须由铁道部确定运输条件。如，乙酰过氧化磺酰环己烷、过氧重碳酸二仲丁酯等。凡性质不稳定或由于聚合、分解在运输中能引起剧烈反应的危险货物，托运人应采用加入稳定剂或抑制剂等方法，保证运输安全。如，乙烯基甲醚、乙酰乙烯酮、丙烯醛、丙烯酸等。

小　　结

铁路货物运输生产过程就是托运方提出货物运输要求，铁路部门作为承运方利用线路、机车、车辆等技术设备，将原料或产品装入车辆，以相同去向的车辆组成列车，以列车方式从一个生产地点运送到另一个生产地点或消费地点，又好又快地交付收货方。在运送过程中，必须进行装车站的发送作业、途中运送以及卸车站的终点作业。就铁路货物运输组织而言，本章更多地是从托运方角度出发，概要性地介绍了铁路货物运输的基本概念、业务流程以及特殊货物运输组织。为保证结构的相对完整，对承运方的一些规定、作业要求也作了简要介绍。本章应重点掌握按货物的性质和运输条件划分货物类别、铁路货物运输的种类、货物运到期限的计算和逾期违约金的支付、托运、受理与交付业务流程的影响因素，掌握货物保价运输和运输保险的概念、货物的承运业务流程、超限货物等级的划分、易腐货物运单填写、危险货物运输办理条件。

案 例 分 析

无过错举证

2004 年 5 月 20 日，托运人黑龙江省北大荒米业有限公司将 1 200 件、60 000 千克大米交铁路佳木斯站运至杭州南星桥站，承运方式为整车直达，装车方式为托运人自装，并办理了保价运输，保价额为 14 万元（货物实际价值 16.2 万元），货物运到期限为 15 天，收货人为大米购买人宁军。6 月 2 日，货到南星桥站。6 月 4 日，南星桥站卸车。卸前检查车辆篷布苫盖良好，无异状，卸时发现车厢底部有 200 件大米不同程度受潮，6 月 8 日原告提货时发现受潮霉大米为 253 件，南星桥站分别编制了货运记录。经南星桥站与宁军确认，253 件受潮大米的实际损失为 30 992.5 元。因铁路承运人对上述损失不予赔偿，宁军遂将到站南星桥站所隶属的艮山门站和上海铁路局杭州铁路分局诉至法院。

宁军认为，铁路承运人接收货物后，应在约定期限内将货物安全运送到目的地。根据合同法规定，承运人应对运输货物的毁损、灭失承担损害赔偿责任，除非承运人能证明自己存在免责事由，否则即应赔偿原告上述 253 件货物的损失 30 992.5 元。两被告作为铁路统一承运人的到站和分局，应对上述损失予以赔付。

两被告对大米受损事实无异议。但称，该批货物系托运人自装，承托运双方凭篷布现状交接。到站卸货时篷布苦盖良好，无异状。承运人无任何造成大米可能受潮的情形，故完全为托运人责任，承运人不承担赔偿责任，请求法院驳回原告的诉讼请求。

思考题

如果你是法官，你会如何裁决？

练 习 题

一、选择题

1. 我国常用的铁路货车的载重量是（　　）。

 A. 60 吨　　　　 B. 20 吨　　　　 C. 50 吨　　　　 D. 90 吨

2. 棚车、敞车、平车、冷藏车、罐车的基本型号分别是（　　）。

 A. G-P-C-N-B　　 B. P-U-N-C-G　　 C. P-C-N-B-G　　 D. P-C-K-B-G

3. 铁路阔大件运输货物不包括（　　）。

 A. 超长货物　　 B. 集重货物　　 C. 集装箱　　 D. 超限货物

4. 铁路货物运输中，一批零担货物的件数不得超过（　　）。

 A. 200 件　　 B. 250 件　　 C. 300 件　　 D. 400 件

5. 铁路零担货物一件体积最小不得小于（　　）立方米（一件重量在 10 千克以上的除外）。

 A. 0.01　　　　 B. 0.02　　　　 C. 0.03　　　　 D. 0.05

6. 铁路货运五定班列是指（　　）。

 A. 定点、定线、定车次、定货物、定价

 B. 定车组成员、定线、定车次、定时、定价

 C. 定车组成员、定线、定车次、定货物、定价

 D. 定点、定线、定车次、定时、定价

7. 铁路货物运到期限的起码日数为（　　）天。

 A. 1　　　　 B. 2　　　　 C. 3　　　　 D. 5

8. 下列货物中不能按一批托运的是（　　）。

 A. 服装与帽子　　　　 B. 西药与毛巾

 C. 白糖与水泥　　　　 D. 电风扇与西餐桌

9. 对铁路货物运输，发货人凭以向银行结汇的运输单据为（　　）。

 A. 铁路运单正本　　 B. 铁路运单副本

 C. 承运货物收据　　 D. 上述三种单据都需要

10. 承运的起算日期是（　　）。

 A. 订单被审定　　　　 B. 货物进站

　　C. 货物装车　　　　　　　　D. 发站在运单上加盖日期戳

二、简答题

1. 铁路货物运输的种类是如何划分的?

2. 整车运输的特殊形式有哪些? 各有何限制条件?

3. 简述铁路运输中"一批"货物的含义。

4. 简述货物保价运输和运输保险。

5. 何谓运到期限? 运到期限有何意义? 如何计算?

6. 货物运单有哪几种? 由哪几部分组成? 填写时有哪些要求?

7. 何谓托运、受理、承运?

8. 货票是什么性质的票据? 由哪几联组成? 各有何作用?

9. 什么是运输合同的变更? 有哪些限制条件?

10. 铁路货物运价的种类是如何划分的?

11. 货物运费计算的影响因素有哪些?

12. 除运费外还有哪些运输费用?

13. 超限货物的等级是如何划分的?

14. 易腐货物按一批托运要符合哪些规定?

15. 危险货物运输有哪些办理条件?

第四章 水路货物运输

学习目标

通过学习，了解水路运输的特点、基本条件及基本设施设备，掌握水路运输的经营方式及特点、海运进出口的货运流程、海运主要货运单证的作用，了解货运单证的流程，掌握班轮运费的计算标准和计算步骤。

第一节 水路运输概述

一、水路运输的特点及适用情况

水路运输是指利用船舶在江、河、湖泊、人工水道以及海洋上运送旅客和货物的一种运输方式。在现代运输方式中，水路运输是一种最古老、最经济的运输方式。水路运输是我国统一的交通运输网中的重要组成部分，并且正日益显示出它的巨大作用。水路货物运输是指利用船舶、排筏及其他浮运工具在江、河、湖泊、人工水道及海洋上运送货物的一种运输方式。

（一）水路运输的优点

1）利用天然水道，进行大吨位、长距离的运输。

2）运量大，成本低。

3）与其他运输方式相比，水运对货物的载运和装卸要求不高，因而占地较少。新建 1 千米铁路需占地 30～40 亩，公路需占地 15 亩左右，而水运航道几乎不占用土地，港口、码头均建在海岸或江河岸边，这就节约了国家的土地资源。

4）对于海上运输而言，它的通航能力几乎不受限制。一般来说，水运系统综合运输能力主要由船队运输能力和港口通过能力所决定。

（二）水路运输的缺点

1）船舶平均航速较低，不能快速将货物送达目的地。

2）水路运输生产过程受自然条件影响较大，特别是受气候条件影响较大，比如江河断流或枯水，海洋风暴或台风影响等，因而呈现较大的波动性及不均衡性，不能适应需求变化大、时效性强的商品运输。

（三）水路运输的主要适用情况

根据水上运输的特点，非常适合于运输大宗货物，在运输体系中，水上运输主要承担以下作业任务：

1）承担大批量货物，特别是集装箱运输。

2）承担原料、半成品等散货运输，如建材、石油、煤炭、矿石、谷物等。

3）承担国际贸易运输，即远距离、运量大、不要求快速抵达的国际客货运输。

二、水路运输的基本条件

我国水运资源十分丰富，历史上就是世界领先的水运大国。最早为方便运输而开凿的灵渠，连接了珠江和长江，是世界上第一条人工运河，并建有先进的过坝设备——船闸；现在依旧在发挥作用的京杭运河，是历史上最长的人工运河，成为南北漕运的重要通道，乾隆下江南也经常走京杭运河；郑和七次下西洋，最远曾到达印度洋和阿拉伯国家，说明当时已掌握了一定的航海技术和造船技术。

我国水运布局十分理想：南北方向由四大沿海组成南北海上航线，东西向有长江、珠江、黑龙江、淮河、钱塘江等几大水系组成的内河运输体系，长江长达6 300多千米，配合我国西高东低的地形和海岸弧线，犹如直指太平洋的一支满弦弓箭。我国海岸线蜿蜒曲折，岛屿众多，有多处天然良港，沿海是我国经济最发达的地区，数10个大中城市以上海为中心分布于南北两岸。香港回归中国后，与内地联系日益紧密，仍然是世界最大的中转基地之一。祖国宝岛台湾有众多深水良港，地理位置优良，适合发展国际水运航线。

世界第三大河长江，深入我国内地，连接上海、江苏、安徽、江西、湖南、湖北、重庆、四川、云南等省市，沿江有上海、南京、武汉、重庆等大中城市，是当地的工业、文化、经济、政治中心。长江常年不冻，雨量充沛、航道较稳定，是我国内地重要的航运通道。三峡工程完工后，万吨级船队可直达重庆。几个主要支流赣江、汉江、湘江形成的支线水道，连接内地众多中小城市。长江历来有"黄金水道"之称。随着三峡工程和长江上游梯级电站的建设和国家西部大开发战略的实施，长江内河运输将会发挥更大的作用。京杭运河把钱塘江、长江、淮河连成一体，年运输量能力超过京沪铁路。京杭运河目前还在发挥航运作用的地段主要集中在江苏苏北段和浙江境内南段，北煤南运和矿建材料为其主要货源。由于京杭运河即将成为南水北调的东线方案输水渠道，国家必然投资整修京杭运河，这会进一步提高京杭运河的通航能力。

珠江水系的水运作用仅次于长江，是粤桂两省以广州为中心的经济往来的重要通道。珠江三角洲水网密布，水位落差大，航道不稳定，河汊众多，夏秋季受热带风暴或台风影响较大。黑龙江及其支流松花江是季节性通航水系，通航期在每年3~11月是北部水运的主要干线。黄河因水浅、滩多、水急，航道多变，每年有数月的断流期，全流域不适宜通航。

水路运输按航行区域和特点可分为远洋运输、沿海运输和内河运输。远洋运输指我国与其他国家或地区经过一个或数个大洋的海上运输，又分远洋和近洋运输。我国至北美、南美、澳洲、欧洲等地区的运输就是远洋运输；我国到日本、朝鲜、印尼等地的运输属近洋运输。沿海运输是指在我国沿海各港口之间的运输，在船员配备标准和船舶技术要求上与远洋运输有所不同。内河运输利用天然河流、湖泊及人工船闸和运河从事水运，与海运相比受水面狭窄、弯多水浅等限制，船舶不宜造得过大，通常以船队形式增加运载量，降低成本。

三、水路运输设备

水路运输的基本设备有船舶、航线和港口。

（一）船舶

船舶是能航行或停泊于水域内，用以执行作战、运输、作业等各类船、舰、舢板、筏及水上作业平台等的总称。根据船舶的用途，在物流中广泛使用的水上运输工具是运输船舶（通常又称商船）中的货船。货船又分为干货船、液货船、驳船、拖船与推船。

1. 驳船、拖船与推船

驳船是内河运输货物的主要运载工具，本身一般无自航能力，需拖船或推船等机动船带动形成船队进行运输。其特点为设备简单、吃水浅、载货量大，并可根据货物运输要求随时编组，适合各港口之间的货物运输。少数增设了机动装置的驳船称为机动驳船。驳船按载货用途分为干杂货舱口驳船、散货甲板驳船、油驳船、滚装驳船等。

拖船是用于拖带其他船只或浮动建筑物的船舶。其船身较小，而功率较大，自身并不载运货物，拖船有海洋拖船、内河拖船和港口拖船之分。内河拖船主要在内河进行作业，如拖带船队、木排等。港口拖船主要在港口作业。

推船是专门用于顶推非自航货船的机动船舶。与拖船相比，顶推航行时驳船在前，推船在后，整个船队有较好的机动性。

2. 干货船

干货船是用于装载干货的船舶，常见的干货船主要有如下几种：

1）杂货船。是用于载运各种包装、桶装以及成箱、成捆等件杂货的船舶。杂货船具有2～3层全通甲板，根据船的大小设有3～6个货舱，通常设有吊杆或吊车装卸货物，底部常采用双层舱底结构以保证船舶的安全。由于集装箱运输的发展，杂货船建造渐少，现有杂货船向集装箱船型改造或向提供大件运输的特种船型发展的趋势。

2）集装箱船。是指以载运集装箱或以集装箱为主的混装运输船舶。

3）滚装船。是借助于轮子滚上滚下装卸作业的船舶，其主要特点是将船舶垂直方向的装卸改变为水平方向的装卸，船和码头都需要设置起重设备。

4）载驳船。又称子母船、载货驳船，是指专门用于以载货驳船为运输单元的船舶。其主要特点是载驳船在到达中转港时，有母船起重设备卸下驳船，然后用拖船或推船将载货的驳船拉到目的港。不需占用码头泊位，不需货物换装倒装。这种船舶始于 20 世纪 60 年代，适于海洋与内河联运或港口驳运。

5）冷藏船。是指设有冷藏设备，用来装运易腐货物或需低温运输货物的专用船舶。冷藏船温度范围为 −25～15℃，可根据不同货种选择适宜的温度。

6）散装船。散装船是指专门用于载运粉末状、颗粒状、块状等散堆货物运输的船舶，主要有普通散货船、专用散货船、兼用散货船及特种散货船等。

3. 液货船

液货船主要是用于载运液态货物的船舶。液货船的运量在现代商船队中占有重要的比例（约 44.7%）。液货船主要有油船、液化气船、液体化学品船等。

1）油船。是指载运散装石油及成品油的液货船，一般分为原油船和成品油船。

原油船品种单一，吨位较大，以获得规模效益为目标。原油船按载重吨分为特级油船（30 万吨以上）、超级油船（20 万吨以上不满 30 万吨）。我国已能制造 30 万吨级油船。

2）液化气船。是专门装运液化气的液货船。液化气船装有特殊的高压液舱，分为液化天然气和液化石油气船。

3）液体化学品船。是专门载运各种散装液体化学品的船，如甲醇、硫酸、醚苯等的液货船。

（二）航线

航线是指船舶在一定港口之间从事客、货运输的路线，有客货航线、直达航线、非直达航线、国际航线、国内航线等。水运航线由航道、航标、灯塔和船舶组成。

航道是船舶的进出港通道，是以水上运输为目的所规定或建造的船舶航行通道。应具备足够的水深和宽度，以满足设计标准船型的满载吃水要求和通行船舶的顺利通过。航道的宽度可根据船舶通航的频繁程度分别采用单向航道和双向航道。

航标是导引和辅助船舶航行而设置在岸上或水上的由标志、灯光、响声或无线电信号、雷达等组成的设施。航标应能准确地标示航道的方向、界限、航道内及周围航行水域的水上或水下障碍物。

灯塔一般是建立在岸边陆地上的固定航标，给航行船舶测定方向，提供风力、风向等航运环境信息的建筑物。夜晚灯塔探照灯的强大光柱，使周围航行的船舶及时捕捉到目标，所以灯塔是功能最为丰富的航标。

（三）港口

港口是指位于江、河、湖、海或水库沿岸，具有一定的设备，能提供船舶停靠、上下旅客、装卸货物等服务，办理客货运输或其他专门业务的场所。

1. 港口功能

1）运输装卸功能：港口供船舶停靠、装卸货物、疏运旅客等；在恶劣天气下供船舶避风；货物汇集和储存；为船舶提供燃料、淡水和船员的生活用品等。

2）工业功能：大型企业为满足大量的原材料、产成品出口往往依托现代化港口。

3）商业旅游功能：旅客、物资的流转，带动金融、房地产、商业贸易的发展，现代化的港口建筑以及处于相对较好的地理位置而成为城市观光、旅游资源之一。

2. 港口分类

1）按用途可分为商港、渔港、工业港、军港、避风港。

① 商港：主要指用于货物装卸作业、中转作业和旅客上下的港口。商港有综合性的港口和专业化的港口之分。如大连港、青岛港、天津港、上海港，都是综合性港口，从事多种货物的装卸兼客运；秦皇岛港主要是煤炭输出，属专业化港口。

② 渔港：渔港是指专供渔船停靠、装卸渔货、供应淡水、燃料及其他各类物资补给的港口。有的渔港还设有冷冻厂、水产品加工厂，对捕获物进行深加工作业。

③ 工业港：工业港又称货主码头，是由企业自行投资建设的专为企业服务的码头。它只对本企业进出口原料、产品及所需要的物资装卸，一般设在企业附近，并有与企业相连的运输通道。如上海宝钢长江口码头、镇海炼化石油码头等。

④ 军港：军港是专门为军舰服务的港口。

⑤ 避风港：专供船舶躲避台风等恶劣天气停泊的港口称避风港。一般港口均可以作为避风港，另外，还在航线附近划定安全区域，设置一定的系靠设备，作为专用的避风锚地。

2）按地理位置分海港、河口港、内河港。

① 海港：位于自然海岸的港口称海港，又有海湾港和海峡港之分。海港充分利用岛屿、岬角作天然屏障，免受风暴和泥沙淤积，一般水深、港阔，可供布置的码头海岸众多，可作大型船舶锚地和码头，如大连港、连云港。

② 河口港：河口港是位于河流入海口附近的港口，如上海港、广州港、天津

港等。河口港兼有海运、河运的优点，水运条件较好。内河成为海运疏运通道，作用优于铁路和公路。国际上大多数港口都建在河口附近。

③ 内河港：位于内河的港口属内河港。内河港水位落差大、河道狭窄，码头易淤积，码头布置与海港呈现不同的特点，如武汉港、重庆港、杭州港等。

3）按其水运地位和重要性分为国际性港、国家性港、地区性港。

① 国际性港：国际性港是为世界各国和地区船舶提供服务的港口，一般从事国际海运，设有海关、商检、检疫、海事等管理机关。例如，上海、广州、鹿特丹、新加坡、神户等港口。

② 国家性港：主要为国内船舶服务的港口为国家性港，主要承担国内货物的运输装卸。

③ 地区性港：主要为国内某一地区服务的港口为地区性港，一般规模较小，设备简单。

第二节　水路运输船舶的经营方式

一、班轮运输

（一）班轮运输的概念

班轮运输又称定期船运输，是指船舶在特定航线上和固定港口之间，按事先公布的船期表进行有规律的、反复的航行，以从事货物运输业务并按事先公布的费率收取运费的一种运输方式。它的服务对象是非特定的、分散的众多货主。因此，班轮公司具有公共承运人的性质。

（二）班轮运输的特点

班轮运输是在不定期船运输的基础上发展起来的，迄今为止已有150多年的历史。目前班轮运输是海上运输经营方式之一，班轮航线已遍及世界各海域和主要港口，有力地促进了国际贸易的发展。这种运输经营方式具有以下特点：

1）具有"四固定"的特点，即固定航线、固定港口、固定船期和相对固定的费率，这是班轮运输最基本的特征。

2）班轮运价内包括装卸费用，即货物由承运人负责配载装卸，承托双方不计滞期费和速遣费。

3）承运人对货物负责的时段是从货物装上船起，到货物卸下船止，即"船舷至船舷"或"钩至钩"。

4）承托双方的权利义务和责任豁免以签发的提单为依据，并受统一的国际公约制约。

（三）班轮运输的作用

由于班轮运输具有上述特点，采用这种运输经营方式极大地方便了货主，有力地促进了国际贸易的发展，对国际贸易的开展产生了巨大的推动作用。

1）有利于一般杂货和不足整船货的小额贸易货物的运输。班轮只要有舱位，不论数量大小、挂港多少、直运或转运都可以接受承运。

2）由于"四固定"的特点，时间有保证，运价固定，为贸易双方洽谈价格和装运条件提供了方便，有利于开展国际贸易。

3）班轮运输长期在固定航线上航行，有固定设备和人员，能够提供专门的、优秀的服务。

4）由于事先公布船期、运价费率，有利于贸易双方达成交易，减少磋商内容。

5）手续简便，货主方便。由于承运人负责装卸和理舱，托运人只要把货物交给承运人即可，省心省力。

（四）班轮运输业务的程序

1. 货运安排

货运安排包括揽货和确定航次货运任务。

班轮公司为使自己所经营的船舶在载重量和载货舱容两方面均能得到充分利用，以期获得最好的经营效益，会通过各种途径从货主那里争取货源，揽集货载（揽货）。通常的做法是在所经营的班轮航线的各挂靠港口及货源腹地通过自己的营业机构或船舶代理人与货主建立业务关系；通过报刊、杂志刊登船期表，如我国的《中国远洋航务公报》、《航运交易公报》、《中国航务周刊》等都定期刊登班轮船期表，以邀请货主前来托运货物，办理订舱手续；通过与货主、无船承运人或货运代理人等签订货物运输服务合同或揽货协议来争取货源。

订舱是托运人（包括其代理人）向班轮公司（即承运人，包括其代理人）申请货物运输，承运人对这种申请给予承诺的行为。托运人申请货物运输可视为"要约"，即托运人希望和承运人订立运输合同意思的表达，根据法律规定，合同订立采取要约——承诺方式，因此，承运人一旦对托运人货物运输申请给予承诺，则货物运输合同订立。

国际贸易实践中，出口商如果以 CIF 条件成交，此时，由出口商安排货物运输工作，即出口商承担出口货物的托运工作，将货物交班轮公司运往国外，所以订舱工作多数在装货港或货物输出地由出口商办理。但是，如果出口货物是以 FOB 条件成交，则货物运输由进口商安排，此时订舱工作就可能在货物的卸货地或输入地由进口商办理。这就是所称的卸货地订舱。

确定航次货运任务就是确定某一船舶在某一航次所装货物的种类和数量。而对于货物的数量，班轮公司参考过去的情况，预先对船舶舱位在各装货港间进行适当的分配，定出限额，并根据各个港口情况的变化，及时进行调整，使船舶舱位得到充分和合理的利用。

2. 接货装船

为了提高装船效率，加速船舶周转，减少货损、货差现象，在杂货班轮运输中，对于普通货物的交接装船，通常采用由班轮公司在各装货港指定装船代理人，由装船代理人在各装货港的指定地点（通常为港口码头仓库）接受托运人送来的货物，办理交接手续后，将货物集中整理，并按次序进行装船的形式，即所谓的"仓库收货，集中装船"的形式。

对于特殊货物，如危险货物、鲜活货、贵重货、重大件货物等，通常采取由托运人将货物直接送至船边，交接装船的形式，即现装或直接装船的方式。

在杂货班轮运输的情况下，不论接货装船的形式是直接装船还是集中装船，托运人都应承担将货物送至船边的义务，而作为承运人的班轮公司的责任则是从装船时开始，除非承运人与托运人之间另有约定。因此，集中装船与直接装船的不同之处只不过是由班轮公司指定的装船代理人代托运人将货物从仓库送至船边，而班轮公司与托运人之间的责任界限和装船费用的分担仍然以船边货物挂上吊钩为界。

3. 卸船交货

在杂货班轮运输中，卸船交货是指船舶所承运的货物在提单上载明的卸货港从船上卸下，并在船边交给收货人并办理货物的交接手续。但是，如果由于战争、冰冻、港口罢工等特殊原因，船舶已不可能前往原定的卸货港则班轮公司有权决定将船舶驶往能够安全到达的附近港口卸货。

班轮公司或其代理人一旦发现误卸时，应立即向各挂靠港口发出货物查询单，并在查清后及时将货物运至原定卸货港。提单条款中一般都有关于因误卸而引起的货物延迟损失或货物损坏责任问题的规定：因误卸而发生的补送、退运的费用由班轮公司负担，但对因此而造成的延迟交付或货物的损坏，班轮公司不负赔偿责任；如果误卸是因标识不清、不全或错误，以及因货主的过失造成的，则所有补送、退运、卸货或保管的费用都由货主承担，班轮公司不负担任何责任。

对于危险货物、重大件等特殊货物，通常采取由收货人办妥进口手续后来船边接收货物，并办理交接手续的现提形式。对于普通货物，通常采取先将货物卸至码头仓库，进行分类整理后，再向收货人交付的所谓"集中卸船，仓库交付"的形式。

与接货装船的情况相同，在杂货班轮运输中，不论采取怎样的卸船交货形式，班轮公司的责任都是以船边为责任界限，而且卸货费用也是按这样的分界线来计算的。

在使用提单的情况下收货人必须把提单交回承运人，并且该提单必须经适当正确的背书，否则班轮公司没有交付货物的义务。另外，收货人还须付清所有应该支付的费用，如到付的运费、共同海损分担费等，否则班轮公司有权根据提单上的留置权条款的规定，暂时不交付货物，直至收货人付清各项应付的费用；如果收货人拒绝支付应付的各项费用而使货物无法交付时，船公司还可以经卸货港所在地法院批准，对卸下的货物进行拍卖，以拍卖所得价款充抵应收取的费用。

在已经签发了提单的情况下，收货人要取得提货的权利，必须以交出提单为前提条件。然而，有时由于提单邮寄延误，或者作为押汇的跟单票据的提单未到达进口地银行，或者虽然提单已到达进口地银行，因为汇票的兑现期限的关系，在货物已运抵卸货港时，收货人还无法取得提单，也就无法凭提单来换取提货单提货。此时，按照一般的航运习惯，收货人就会开具由世界著名银行签署的保证书，用保证书交换提货单后提货。班轮公司同意凭保证书交付货物是为了能尽快交货，而且除有意欺诈外，班轮公司可以根据保证书将因凭保证书交付货物而发生的损失转嫁给收货人或保证银行。但是，由于违反运输合同的义务，班轮公司对正当的提单持有人仍负有赔偿一切损失责任的风险。因此，船公司应及时要求收货人履行解除担保的责任，即要求收货人在取得提单后及时交给班轮公司，以恢复正常的交付货物的条件。实践中，班轮公司要求收货人和银行出具的保证书的形式和措辞虽各不相同，但主要内容都包括因不凭提单提货，收货人和保证银行应同意下列条件：

1）因不凭提单提取货物，收货人和银行保证赔偿并承担班轮公司及其雇员和代理人因此承担的一切责任和遭受的一切损失。

2）对班轮公司或其雇员或其代理人因此被起诉提供足够的法律费用。

3）对班轮公司的船舶或财产因此被扣押或羁留或遭到此种威胁而提供所需的保释金或其他担保以解除或阻止上述扣押或羁留，并赔偿班轮公司由此所遭受的一切损失和损害。

4）收到提单后换回保证书。

5）对于上述保证内容由收货人和银行一起承担连带责任。

在使用海运单的情况下，收货人无须出具海运单，承运人只要将货物交给海运单上所列的收货人，便被视为已经做到了谨慎处理。通常收货人在取得提货单提货之前，应出具海运单副本及本人确实是海运单注明的收货人的证明材料。

二、租船运输

（一）租船运输的概念

租船运输又称为不定期船运输，它是相对于班轮运输的另一种海运方式。与班轮运输相比，租船运输没有固定航线、港口、船期和运价，是根据国际租船市场的行情和租船人的实际需要，船舶所有人出租整船或部分舱位给租船人使用，以完成特定的货物运输任务，租船人按约定的运价或租金支付运费的商业行为。

（二）租船运输的特点

1）适合运输低值的大宗货物，如粮食、煤炭、矿砂、化肥、石油、木材和水泥等，而且一般是租用整船装运。据统计，在国际海洋货物运输中，租船运输量约占80%。因此，租船运输在海洋运输中发挥着重要作用。

2）租船运输不同于定期船运输，它无固定航线、固定装卸港和航期，而是根据货主的货运需要和船舶所有人供船的可能，由双方洽商租船运输条件，并以租船合同的形式加以肯定，作为双方权利义务关系的依据。

3）租船运价受租船市场供求关系的影响，船多货少时运价就低，反之就高，它与商品市场的价格一样经常发生变动。因此，在进行租船时必须进行租船市场行情的调查和研究。

（三）租船运输的作用

纵观世界航运发展史，无论是航运发达国家还是不发达国家，只要有海洋货物运输的需求，都离不开租船运输，即使有庞大船队的国家也不能完全避免租船运输。实践也证明租船运输在整个国际贸易运输中发挥了巨大的作用，其作用主要表现在以下几个方面：

1）租船一般都是通过租船市场，即双方集中进行交易的场所，根据双方的需要选择、洽租以取得最佳经济效果，满足各自的需要，为开展国际贸易提供便利条件。

2）租船一般都是租用整船，国际间的大宗货物主要使用租船运输。由于运量大，可以充分发挥规模经济效益，降低单位运输成本。

3）租船运价受供求关系影响极大，属于竞争性价格，一般比班轮运价低，因此有利于低值大宗货物的运输。

4）由于租船运输的限制较少，只要船舶能够安全往返的航线和港口，租船都可以进行直达运输，极大地方便了货主的需求。

5）当贸易量增加、舱位不足，而造船、买船又赶不上需要时，租船运输便可弥补需要。另外，如舱位有余，也可进行租船揽货，避免停船造成的损失。

（四）租船运输的经营方式

国际上广为使用的租船方式主要有定程租船、定期租船、包运租船和光船租船四种。

1. 定程租船

定程租船，简称程租，又称航次租船，是指以航次为基础的租船方式。在这种租船方式下，船舶所有人必须按时把船舶驶到装货港口装货，再驶到卸货港口卸货，完成合同规定的运输任务并负责船舶的经营管理以及航行中的一切开支费用，租船人则按约定支付运费。对租船人来说，这种租船方式简单易行，不必操心船舶的调度和管理，也容易根据运费估算每吨货物的运输费用。同时在租船市场上，大宗货物又占主要地位，因此，程租被广泛采用，成为租船的基本形式。不仅如此，租船市场行情的涨落也主要是以程租运价的波动来表现的。其主要特点如下：

1）以航次为基础，规定一定的航线或装卸港口以及装运货物的种类、名称、数量等。

2）船舶的调度、经营管理由船舶所有人负责，并负担船舶的燃料、物料、修理、港口使用费、淡水以及船员工资等营运费用。

3）在多数情况下，运价按货物装运数量计算或采用包干运费。

4）规定一定的装卸期限或装卸率，并计算滞期、速遣费。

5）船舶所有人除对航行、驾驶、管理负责外，还应对货物运输负责。

6）船、租双方的权利义务和责任豁免，以定程租船合同为依据。

2. 定期租船

定期租船，简称期租，是指以租赁期限为基础的租船方式。在租期内，租船人按约定支付租金以取得船舶的使用权，同时负责船舶的调度和经营管理。期租租金一般规定以船舶的每载重吨每月若干金额计算。租期可长可短，短则几个月，长达几年以上，甚至到船舶报废为止。

租船市场上货源、货流比较稳定的货物，一般通过定期租船方式进行运输。除一部分缺乏运力的船公司需以定期租船方式租进船舶外，租船人往往是一些大的综合性企业或实力较强的贸易公司。由于这些企业或贸易公司通常掌握或控制着市场上一定比例的资源，因此对租金进行讨价还价的实力很强。

与程租船相比，期租船具有下列特点：

1）期租是租用整船，而程租既可租用整船，也可租用船舶的部分舱位。

2）期租不规定船舶航线和装卸港口，只规定航行区域范围。因此，租船人可以根据货运需要选择航线、挂靠港口，便于船舶的使用和营运；而程租均规定航线和装卸港口。

3）期租对船舶装运的货物不作具体规定，可以选装任何合法货物，而程租则对装运货物加以具体规定。

4）期租的租船人有船舶调度权并负责船舶的运营，支付船用燃料、各项港口费用、捐税、货物装卸等费用。而在程租下船舶的调度、营运权归船方。租船人只付运费及其他少数费用，其余费用都由船方负担。

5）期租是以一定时间为租船条件，租赁期间的船期损失，除特殊原因外，均归租船人负担，故不规定滞期速遣条款。而程租是以航程为条件，均规定货物的装卸率或装卸期限，因而规定有滞期速遣条款。

6）期租租金是按每载重吨每月（或每日）计算，不能直接表现为货物的运输成本，必须通过对各种费用、开支的计算才能得到；租金一般是预付。而程租运费一般规定按装货的实际吨数计算，它直接表现为货物的运输成本；可以预付，也可以到付，还可以预付、到付各一部分。

7）有关双方的权利和义务，期租以期租合同、程租以程租合同为依据。

3. 包运租船

所谓"包运租船"是指，船舶所有人提供给租船人一定的运力，在确定的港口之间，以事先约定的期限、航次周期和每航次较均等的货运量，完成运输合同规定的总运量的方式。其主要特点如下：

1）包运租船方式下，船舶出租期限的长短，完全取决于货物的总运量及船舶航次周期的所需时间。如总运量为 10 万吨化肥，每航次周期 1 个月左右，船舶每航次货运量约 1 万吨，要完成这批化肥的运输需要一年左右的时间。

2）包运租船合同中不确认船名和船籍，一般仅规定船级、船龄和技术规范。因此，船舶所有人只需提供能够完成合同规定的每航次货运量的运力即可，船舶所有人调度和安排船舶极为便利。

3）包运租船方式下，船舶所运输的货物，主要是货运量大的干散货或液体散装货，租船人往往是业务量大和实力强的综合性工矿企业、贸易公司、生产加工集团或大石油公司等。

4）包运租船方式以每吨货物的运费率作为基础，运费按船舶实际装运的货物数量计收。与程租方式相同，由船舶所有人承担船舶航次期间所产生的延误损失风险。对于船舶在港内装卸货物期间所产生的时间延误，则通过在合同中订明滞期条款的办法来处理，通常由租船人承担船舶在港的时间损失。

4. 光船租船

光船租船实际上是期租的一种派生租船方式，所不同的是，船东只提供一艘光船，船上没有船员，租船人接船后尚需自行配备船员，负责船舶的经营管理和航行的各项事宜。其主要特点如下：

1）船长和全部船员由租船人指派并听从租船人的指挥。

2）船舶所有人不负责船舶的运输，租船人以承运人的身份经营船舶。

3）以整船出租并按船舶的载重吨和租期计算租金。

4）船舶的一切时间损失风险完全由租船人承担，即使在船舶修理期间，租金仍连续计算。

5）从船舶实际交给租船人使用时起，船舶的占有权从船舶所有人转给租船人。

（五）租船程序

一项租船交易的成交，大致要经过如下几个阶段：

1. 询价

询价又称询盘，通常是由承租人以其期望的条件通过租船经纪人在租船市场上要求租用船舶的行为。询价主要以电报或电传等书面形式提出。承租人询价所期望条件的内容一般应包括需要承运的货物种类、数量，装货港和卸货港，装运期限，租船方式或期限，期望的运价（租金）水平，以及所需用船舶的明细说明等内容。

询价也可以由船舶所有人为承揽货载而先通过租船经纪人向租船市场发出。由船舶所有人发出的询价内容应包括出租船舶的船名、国籍、船舶的散装和包装容积，可供租用的时间，希望承揽的货物种类等。

2. 报价

报价又称发盘，是指当船舶所有人从船舶经纪人那里得到承租人的询价后，经过成本估算，或者比较其他的询价条件，选定对自己有利的条件后，通过租船经纪人向承租人提出自己所能提供的船舶情况和条件。

如果询价是由船舶所有人先提出的，则报价由承租人提出。

报价的主要内容，除了对询价的内容作出答复和提出要求外，最主要的是关于租金（运价）的水平和选定的租船合同范本及对范本条款的修订、补充条款。

报价有"硬性报价"和"条件报价"之分。

"硬性报价"是报价条件不可改变的报价。在"硬性报价"的情况下，常附有有效期的规定，询价人必须在有效期内对报价人的报价作出接受订租的答复，超过有效期，这一报价即告失效。

"硬性报价"对报价人也有约束力，在"硬性报价"的有效期内，他不得再向其他询价人报价，也不得撤销或更改已报出的报价条件。

与此相反，"条件报价"是可以改变报价条件的报价。在"条件报价"的情况下，报价人可以与询价人反复磋商、修改报价条件，报价人也有权同时向几个询价人发出报价。当然，作为商业习惯和从商业信用考虑，当报价人先后接到几个询价人的询价时，应按"先到先复"的原则，先向第一个询价人报价。

3. 还价

还价又称还盘，是指在"条件报价"的情况下，承租人与船舶所有人对报价条件中不能接受的条件提出修改或增删，或提出自己的条件。

还价意味着询价人对报价人报价的拒绝和新的询价的开始。因此，报价人收到还价后还需要对是否同意还价条件作出答复，或再次做出新的报价，反还价或反还盘。

反价和反还价常需多次反复，直至双方达成租船交易或终止谈判。

4. 报实盘

在一笔租船交易中经过多次还价与反还价后，如果双方对租船合同条款的意见已渐趋一致，一方可通过报实盘的方式要求对方作出是否成交的决定。

报实盘时，要列举租船合同中的必要条款，既要把双方已经同意的条款在实盘中加以明确，也要对尚未最后确定的条件加以确定。同时，还要在实盘中规定有效期限，要求对方答复是否接受实盘，并在规定的有效期限内作出答复。若在有效期限内未作出答复，所报实盘即告失效。同样，在有效期内，报实盘的一方对报出的实盘是不能撤销或修改的，也不能同时向第三方报实盘。

5. 接受订租

接受订租又称为受盘，即一方当事人对实盘所列条件在有效期内明确表示承诺的意见。至此，租船合同即告成立。原则上，接受订租是租船程序的最后阶段。接受订租以后，一项租船洽商即告结束。

6. 签认订租确认书

如上所述，接受订租是租船程序的最后阶段，到此一项租船业务即告成交，但通常的做法是，当事人之间还要签署一份"订租确认书"，作为简式租船合同供双方履行。

7. 编制、审核、签订正式租船合同

正式的租船合同实际上是合同已经成立后才开始编制的。双方签订的订租确认书实质就是一份供双方履行的简式租船合同。签订订租确认书后，船舶所有人还应按照已达成的协议的内容编制正式的租船合同，通过租船经纪人送交承租人。

承租人接到船舶所有人编制的租船合同后应详细审核，如果发现与原协议内容有不符之处，应及时提出异议并制定补充条款，要求船舶所有人修改、更正。如果承租人对船舶所有人编制的租船合同没有异议，即可签署。

以上是租船和签订租船合同的一般程序。有时货主急于成交，而将询价看作是还价，要求船舶所有人当场决定是否成交，这就是所谓的"当场成交"。在这种情况下，作为承租人的货主当然要以较高的代价才能取得船舶所有人的承诺。这对作为承租人的货主当然不利，但是在实际业务中，这种情况并不少见。还有的时候，一些有实力的租船经纪人事先就掌握了不少货主和船舶所有人的询价或实盘，然后将其中双方条件相近的询价和实盘安排成交，这样就能加速租船成交的进程。

第三节 水路货物运输组织

一、海运进口货物运输业务

海运进口货物运输业务是根据贸易合同中有关的运输条款，将国外货物加以组织安排，通过海洋运输方式运进国内的一种业务。这种业务的程序也取决于合同的贸易条件。凡是以 CIF 或 CFR 条件成交的进口合同，则由国外卖方安排运输事宜；凡以 FOB 条件成交的进口合同，则由买方租船订舱，派船接运货物。

在我国进口货物的海运中，若采用 FOB 条件，则称为"我方派船"，若采用 CIF 或 CFR 条件，一般称"对方派船"。现在我国海运进口货物一般多采用 FOB 条件成交。因此，此处主要介绍 FOB 条件下的进口货物海运业务。

（一）合理签订运输条款

运输条款在进口合同中占有重要地位。进口合同的运输条款订得是否合理直接关系到合同能否顺利履行，关系到进口任务能否顺利完成以及我方的经济利益能否得到保证。因此进口合同中的运输条款应引起充分重视。

（二）租船、订舱

按照贸易合同的规定，负责货物运输的一方，要根据货物的性质和数量来决定租船或订舱。大宗货物需要整船装运的，洽租适当的船舶承运；小批量的杂货，大多向班轮公司订舱。不论租船或订舱，均需办理租船或订舱手续。除个别情况外，一般均委托代理人来办理。在我国，可以委托中国对外贸易运输总公司及其分公司来办理。在办理委托时，委托人须填写《进口租船订舱联系单》并提出具体要求。联系单的内容一般包括货名、重量、尺码、合同号、包装种类、装卸港口、交货期、买货条款、发货人名称和地址、电挂或电传号等项目。如有其他特殊要求事项，也应在联系单中注明。

（三）掌握船舶动态

掌握进口货物船舶动态，对装卸港的工作安排，尤其是卸货港的卸船工作安排极为重要。船舶动态主要包括船名、船籍、船舶性质、装卸港顺序、预抵港日期、船舶吃水和该船所载货物的名称、数量等方面的信息。船舶动态信息可来自各船公司提供的船期表、国外发货人寄来的装船通知、单证资料、发货电报以及有关单位编制的进口船舶动态资料等。

（四）收集和整理单证

进口货物运输单证一般包括商务单证和货运单证两大类。商务单证有贸易合同正本或副本、发票、提单、装箱单、品质证明书和保险单等。货运单证主要有载货清单、货物积载图、租船合同或提单等。如是程租船，还应有装卸准备就绪通知书、装货事实记录、装卸货物时间表等，以便计算滞期费、速遣费。

单证多由装货港口的代理和港口轮船代理公司、银行、国外发货人提供。

进口货物的各种单证是港口进行卸货、报关、报检、接交和疏运等项工作不可缺少的资料，因此负责运输的部门收到单证后，应把此与进口合同进行核对。若份数不够，要及时复制，分发有关单位，以便船只到港后，各单位相互配合，共同做好接卸疏运等工作。

（五）报关

进口货物需向海关报关，填制《进口货物报关单》。报关单的内容主要有船名、贸易国别、货名、标记、件数、重量、金额、经营单位、运杂费和保险费等项，货主凭报关单、发票、品质证明书等单证向海关申报进口。办理报关的进口货物，经海关查验放行，交纳进口关税后，方可提取。

根据《中华人民共和国海关法》的规定，进口货物应当自运输工具申报进境之日起 14 日内向海关申报。超过上述规定期限未向海关申报的，由海关征收滞纳金。

非贸易进口货物的货主，需填制《免领许可证进口物品验放凭证》，连同有关证件，向海关申报检查放行。

凡不在港口查验放行的贸易货主的货物，需填制《国外货物转运准单》，向港口海关申报，经海关同意并监管运至目的地，由目的地海关查验放行。

（六）报检

按照我国《商检法》的规定，进口货物必须向检验检疫机构申请办理检验检疫、鉴定手续，查验进口商品是否符合我国规定或订货合同的有关规定，以保护买方利益。

报检进口货物需填写《进口商品检验检疫申请单》，同时需提供订货合同、发票、提单、装箱单、理货清单、磅码单、质保书、说明书、验收单、到货通知单等资料。

凡列入《检验检疫商品目录》的进口商品，需接受法定检验检疫。

为了提高进出口通关效率，降低进出口检验费用，我国国务院将原国家进出口商品检验局、原卫生部卫生检疫局和原农业部动植物检疫局合并组建成新的"国家出入境检验检疫局。""三检合一"把过去的三次申请、三次抽样检验，变为一次报验、一次取样、一次检验检疫、一次卫生除害处理、一次发证放行，形成一种高效率的通关制度。

如进口的是危险品，应在船舶到港前向港口、航运、铁路等部门提供《进口危险货物技术说明》，其中品名与危规号必须正确无误。对尚未列入我国危险品货物品名表的进口货物，订货单位或用货部门应提供详细的中文资料，说明货物的化学性质、消防和急救方法以及装卸搬运过程中应注意的事宜，以便安排接、卸、运工作。

（七）监卸和交接

一般由船方申请理货，负责把进口货物按提单、标记点清件数，验看包装情况，分批拨交收货人。监卸人员一般是收货人的代表，履行现场监卸任务。监卸人员要与理货人员密切配合，把好货物数量和质量关。港方卸货人员应按票卸货，严禁不正常操作和混卸。已卸存库场的货物应按提单、标记分别码垛、堆放。对船边现提货物和危险品货物，应根据卸货进度及时与车、船方面有关人员联系，做好衔接工作，防止因卸货与拨运工作脱节而产生等车卸货或车到等工的现象，对于超限货物或集重货物应事先提供正确的尺码和重量，以便准备接运车驳，加快疏运进度。对重点货物，如规格复杂的各种钢材、机械、零配件等，要有专人负责，以防错乱。货物从大船卸毕后，要检查有无漏卸情况，在卸货中如发现短损，应及时向船方或港方办理有效签证，并共同做好验残工作。验残时要注意查清以下几方面内容：

1）货物内包装的残损和异状。

2）货物损失的具体数量、重量和程度以及受损货物或短少货物的型号、规格。

3）判断并确定货物致残或短少的原因。

（八）进口代运

为了解决用货部门在到货港口无机构和人员的困难，并使进口货物能及时提离港口，保证港口畅通，防止出现压港、压船、压货现象，各港口接卸单位可接受用货部门的委托，代为办理进口货物到达国内港口后的国内转运业务，这种业务称为进口代运工作。

代运进口货物如包装完整、外表无异状、件数相符，一般不在港口办理申请检验手续。如发现代运进口货物短少、残损或外表有异状，接卸单位除应在港口取得有关证件并做好残损记录外，还应由收货人按有关责任人的不同情况分别处理。货到目的地后，收货人应与承运人办理交接手续。如发现货物不符或有残损、短少时，应取得承运部门的商务记录或普通记录，直接向承运部门或责任方索赔。

（九）保险

若是我方以 FOB 或 CFR 条件成交的进口货物，由我方办理保险。进口单位在收到发货人装船通知后应立即办理投保手续。目前为简化手续和防止发生漏保现象，一般采用预约的保险办法，由进口单位与保险公司签订进口货物预约保险合同。

二、海运出口货物运输业务

出口货物海运业务是根据与贸易合同有关的运输条款，把卖给国外客户的货物加以组织安排，通过海洋运输方式运到目的港的一种业务。凡以 CIF 或 CFR 条件成交的出口货物，应由卖方派船运输；凡以 FOB 条件成交的出口货物，则由买方派船运输。如果采用信用证结汇时，卖方则须等收到信用证后才可安排装运。

（一）合理签订运输条款

运输条款是出口贸易合同的组成部分。如果在签订贸易合同时忽略了运输条款，使运输条款订得不恰当或责任不明确，甚至脱离运输的实际情况，不但会在履行贸易合同时使运输工作处于被动局面，造成损失和引起纠纷，严重的还会直接影响贸易合同的履行，使出口贸易无法完成。因此，在签订出口贸易合同时，应充分考虑运输条件，把运输条款尽可能订得完整、明确和切实可行，以保证出口贸易的顺利进行。

（二）审核信用证中的装运条款

若使用信用证方式支付货款，卖方在收到信用证以后，要对其进行严格审核。要重点审核装运期、装运港、目的港、结汇日期、转船和分批装运等，根据货物出运前的实际情况，决定对信用证中的有关运输条款是否接受、修改。

（三）备货、报验

卖方收到信用证后，要按信用证上规定的交货期及时备好出口货物，并按合同及信用证的要求对货物进行包装、刷唛。

对需要检验检疫的出口货物，在货物备齐后，应申请检验检疫，取得合格证书。

（四）租船、订舱

以 CIF 和 CFR 条件成交的出口贸易合同，卖方要按照合同或信用证规定的交货期（或装运期），办理租船、订舱手续。对出口数量多、需要整船装运的大宗货物，可洽租适当的船舶装运；对成交批量不大的件杂货，则可洽订班轮舱位。租整船运输出口货物，一般是委托租船经纪人在国际租船市场上洽租所需船舶。在我国，一般委托中国对外贸易运输（集团）总公司所属的中国租船公司来办理租船业务。洽订班轮舱位，则向船公司或其代理人提出订舱委托单，经船公司同意后，向托运人签发装货联单，运输合同即告成立。

（五）货物集中港区

给妥船舶或舱位后，货方或其代理人应在规定时间内将符合装船条件的出口货物发运到港区内指定的仓库或货场，以待装船。向港区集中时，应按照卸货港口的先后和货物积载顺序发货，以便按先后次序装船。大宗出口货物可联系港区提前发货；对可以直接装船的货物，按照装船时间将货物直接送至港区船边现装；对需特殊运输工具、起重设备和舱位的特殊商品，如危险品、重大件、冷冻货或鲜活商品、散油等，应事先联系安排好调运、接卸和装船作业。发货前要按票核对货物品名、数量、标记、配载船名、装货单号等各项内容，做到单货相符和船货相符。同时还要注意发货质量，如发现货物外包装有破损现象，发货人要负责修理或调换。

（六）出口报关和装船

货物集中到港区后，发货人必须备妥出口货物报关单、发票、装货单、装箱单（或磅码单）、检验检疫证及其他有关单证向海关申报出口。经海关人员对货物查验合格后，在装货单上加盖放行章方可装船。

海关查验放行后，发货人（包括货代和卖方）应与港务部门和理货人员联系，做好装船前的准备和交接工作。

在装船过程中，发货人应派人进行监装，随时掌握装船情况和处理装船过程中所发生的问题。对舱容紧、配货多的船只，应联系港方和船方配合，合理装载以充分利用舱容，防止货物被退关。如舱位确实不足，应安排快到期的急运货物优先装船；对必须退关的货物，应及时联系有关单位设法处理。

监装人员对一级危险品、重大件、贵重品、特种商品和驳船来货的船边接卸、直装工作，要随时掌握情况，防止接卸和装船脱节。对装船过程中发生的货损，应取得责任方的签证，并联系原发货人做好货物调换或包装修整工作。

（七）装船通知与投保

发货人应及时发出装船通知。如因发货人延迟或没有发出装船通知，致使收货人不能及时或没有投保而造成的损失，发货人应承担责任。如由发货人负责投保，一般应在船舶配妥后即予投保。

（八）支付运费

对需要预付运费的出口货物，船公司或其代理人必须在收取运费后签给托运人运费预付的提单；如属到付运费的货物，则在提单上注明运费到付，其运费由船公司卸港代理人在收货人提货前向收货人收取。

第四节　海运进出口单证

一、班轮运输主要货运单证

在班轮运输中需要办理各种单证，这些单证不仅是联系工作的凭证、划分风险的责任依据，也起着买卖双方以及货承双方办理货物交接的证明作用。国际贸易运输工作离不开单证。这些单证，有的是国家行政机关规定的，有的是国际公约或各国海商法规定的，也有的是根据国际航运惯例共同使用的。尽管这些单证种类繁多，而且因各国港口的规定会有所不同，但主要单证大同小异，并在国际航运中通用。目前国际航运及我国航行于国际航线上的船舶所使用的班轮运输货运单证主要有以下几种：

（一）装船单证

1. 托运单

托运单（booking note，B/N，我国有时用"委托申请书"代替）是托运人根据贸易合同或信用证条款内容填写的向船公司或其代理办理货物托运的单证（一式两份）。船公司根据托运单内容，结合航线、船期和舱位等条件，如认为可以接受，就在托运单上签章，留存一份，退回托运人一份。

2. 装货联单

托运人将托运单交船公司办理托运手续，船公司接受承运后在托运单上签章确认，然后发给托运人装货联单。实务中，通常由货运代理人向船舶代理人申请托运，然后由货运代理人根据托运人委托，填写装货联单后提交给船公司代理人。而货运代理人填写装货联单的依据是托运人提供的买卖合同或信用证的内容以及货运委托书或货物明细表等。

目前我国各个港口使用的装货联单的组成不尽相同，但是，主要都是由以下各联组成：托运单及其留底，装货单，收货单等。

3. 装货单

装货单（shipping order，S/O）亦称下货纸，是托运人（通常是货运代理人）填制交船公司（通常是船舶代理人）审核并签章后，据以要求船长将货物装船承运的凭证。

按照国际航运惯例，装货单一般是一式三联，第一联留底作为船方凭以缮制装货清单和画积载图，打制出口载货清单、运费清单，结算运费，最后存档备查和作运费资料。第二联是装货单正本，即用作船舶装船的依据，又作为货主向海关办理货物出口申报手续的凭证之一，因而又称关单。该联上面列有装货细节记录、收件件数和所装货物质量情况，并需理货员签字。船代公司在签单时，在此联"经办员"处盖章，表示已代表船公司收下上列货物，因而此单又称"放货单"。第三联是收货单，又称"大副收据"，是承运人收妥货物并已装船的凭证，也是托运人换取正本已装船提单的依据。

装货单是运输的主要货运单据之一，它有以下主要作用。

1）是承运人确认承运货物的证明。签发装货单，表示承运人已办妥托运手续，通知托运人货物已配妥××船舶、航次、装货日期以及货物应于该期限内集中码头，准备装船。同时，表示运输合同已成立，船货双方都应受到一定的约束，如发生退关而造成损失，责任方应承担责任。

2）是海关对出口货物进行监管的单据。托运人凭装货单以及有关单证，向海关办理货物出口手续，经海关检验放行并盖章后，货物才能装船。

3）作为通知码头仓库放货、船长接受该批货物装船的通知，也是船上接受货物装船的依据。

4. 收货单

收货单（mate's receipt M/R）是指船方签发给托运人的、用以证明货物已经收到并已装船的单据。在实际货物装船数量与理货单核对无误后，由船方签发给托运人的单据，一般均由船上大副签发，故又称大副收据。收货单又是托运人向船公司换取已装船提单的重要凭证。

大副在签署收货单时，会认真检查装船货物的外表状况、货物标志、货物数量等情况。如果货物外表状况不良、标志不清，货物有水渍、油渍或污渍，数量短缺，货物损坏时，大副就会将这些情况记载在收货单上，称为"批注"，习惯上称为"大副批注"。有大副批注的收货单称为"不清洁收货单"，无大副批注的收货单则为"清洁收货单"。

大副可以拒绝将有缺陷或外表状况不良的货物装船，并要求发货人予以调换。如果发货人不愿意调换或调换实际上已不可能，而又要将货物装船时，大副就在收货单上如实地加以适当的批注。

5. 提单

提单（bill of lading，B/L）是船公司凭收货单签发给托运人的正式单据。它是承运人收到货物并已装船的凭证，是运输合同的证明和物权凭证，也是在目的港承运人凭以交付货物的证据。

6. 装货清单

装货清单（loading list，L/L）是根据装货联单中的托运单留底联，将全船待运货物按目的港和货物性质归类，依航次靠港顺序排列编制的装货单的汇总单。装货清单的内容包括船名、装货单编号、件数、包装、货名、毛重、估计立方米及特种货物对运输的要求或注意事项的说明等。

装货清单是大副编制积载计划的主要依据，又是供现场理货人员进行理货、港口安排驳运、进出库场以及掌握托运人备货及货物集中情况等的业务单据。当有增加或取消货载的情况发生时，船方应及时编制"加载清单"或"取消货载清单"，并及时分送各有关方。

7. 载货清单

载货清单（manifest，M/F）亦称"舱单"，是在货物装船完毕后，根据大副收据或提单编制的一份按卸货港顺序逐票列明全船实际载运货物的汇总清单。其内容包括船名及国籍、开航日期、装货港及卸货港，同时逐票列明所载货物的详细情况。

载货清单是国际航运实践中一份非常重要的通用单证。船舶办理报关手续时，必须提交载货清单。载货清单是海关对进出口船舶所载货物进出国境进行监督管理的单证。如果船载货物在载货清单上没有列明，海关有权依据海关法的规定进行处理。载货清单又是港方及理货机构安排卸货的单证之一。在我国，载货清单还是出口企业在办理货物出口后申请退税，海关据以办理出口退税手续的单证之一。因此，在船舶装货完毕离港前，船方应由船长签认若干份载货清单，并留下数份随船同行，以备中途挂港或到达卸货港时办理进口报关手续时使用。另外，进口货物的收货人在办理货物进口报关手续时，载货清单也是海关办理验放手续的单证之一。

根据船舶办理出口（进口）报关手续的不同，向海关递交的载货清单可分为在装货港装货出口时使用的"出口载货清单"（export M/F），在卸货港进口卸货时使用的"进口载货清单"（import M/F）和"过境货物载货清单"（through cargo M/F）。如果船舶在港口没有装货出口，在办理出口报关手续时，船舶也要向海关递交一份经船长签名并注明"无货出口"（export cargo Nil）字样的载货清单。船舶没有载货进口，则向海关递交一份由船长签名并注明"无货进口"（import cargo Nil）字样的载货清单。

如果在载货清单上增加运费项目，则可制成载货运费清单（freight manifest）。

8. 货物积载图

出口货物在货物装船前，必须就货物装船顺序、货物在船上的装载位置等情况作出一个详细的计划，以指导有关方面安排泊位、货物出舱、下驳、搬运等工作。这个计划以一个图表的形式来表示，即用图表的形式表示货物在船舱内的装载情况，使每一票货物都能形象具体地显示其船舱内的位置，该图表就是通常所称的货物积载图（stowage plan）。实践中，有人把货物装船前的积载计划和货物装船后根据实际装舱情况绘制的图表分别称为货物配载图或计划积载图（cargo plan）和实际积载图或货物积载图，也有人不加区别地将货物配载图和货物积载图混在一起使用，并称为"船图"。

在货物装船以前，大副根据装货清单上记载的货物资料制定货物积载计划。但是，在实际装船过程中，往往会因为各种客观原因，使装货工作无法完全按计划进行。例如，原计划的载货变动，货物未能按时集港而使装船计划改变，造成积载顺序与原计划不同等情况。这样，就造成货物实际在舱内的积载位置与原来的计划不一致。当然，在装船过程中，对原计划的改动，原则上都应征得船长或大副的同意。当每一票货物装船后，应重新标出货物在舱内的实际装载位置，最后绘制成一份"货物积载图"。

9. 危险货物清单

危险货物清单（dangerous cargo list）是专门列出船舶所载运全部危险货物的明细表。其记载的内容除装货清单、载货清单所应记载的内容外，特别增加了危险货物的性能和装船位置两项。

为了确保船舶、货物、港口及装卸、运输的安全，包括我国港口在内的世界上很多国家的港口都专门作出规定，凡船舶载运危险货物都必须另行单独编制危险货物清单。

按照一般港口的规定，凡船舶装运危险货物时，船方应向有关部门（我国海事局）申请派员监督装卸。在装货港装船完毕后由监装部门签发给船方一份"危险货物安全装载书"，这也是船舶载运危险货物时必备的单证之一。

另外，有些港口对装卸危险货物的地点、泊位，甚至每一航次载运的数量，以及对危险货物的包装、标志等都有所规定。

除上述主要单证外，还会使用其他一些单证，如重大件清单、剩余舱位报告、积载检验报告等。

（二）卸船单证

1. 提货单

提货单（delivery order，D/O）又称小提单，是船公司或其代理凭收货人持有的提单或保证书而签发的提货凭证，收货人可凭此单到仓库或船边提取货物，提货单的内容基本与提单所列项目相同。

2. 货物过驳清单

货物过驳清单（boat note）是驳船卸货时证明货物交接的单据，它是根据卸货时的理货单编制的，其内容包括驳船名、货名、标志号码、包装、件数、舱口号、卸货日期等。由收货人、装卸公司、驳船经营人等收取货物的一方与船方共同签字确认。

3. 货物溢短单

货物溢短单（overlanded & shortlanded cargo list）是指一批货物在卸货时，所卸货物与提单记载数字不符，发生溢卸或短卸的证明单据，该单由理货员编制，经船方和有关方（收货人、仓库）共同签字确认。

4. 货物残损单

货物残损单（broken & damaged cargo list）是指卸货时，理货人员根据卸货过程中发现的货物破损、水浸、渗漏、霉烂、生锈、弯曲等情况，记录编制的、表明货物残损情况的单据。货物残损单须经船方签认，它与货物溢短单都是日后收货人向船方提出索赔的原始资料和依据。

5. 货物品质检验证书

货物品质检验证书（quality inspection certificate）是指卸货时，收货人申请商品检验机构对货物进行检验后，由商品检验机构出具的证明。如果货物品质与贸易合同规定不符，此单是向国外卖方提出索赔的重要依据之一。

二、货运单证流程

货运单证（仅指与运输有关的单证，不包括其他商务单证）是托运人、承运人和港方等有关方面进行业务活动的凭证，它起着货物交接时的证明作用，证明货物的数量和品质等情况。各种货运单证之间相互联系，不可分割。在货物从发货人到收货人的整个过程中，每一份主要货运单证都具有独特的作用。在装运港作为出口货运单证，是货物出运和结汇的重要证明文件和依据。在目的港，就变成了进口货运单证，或是作为编制进口货运单证的主要依据，同时也成为收货人提货的重要依据。为了熟悉货运过程，现将班轮货物运输主要单证的流转程序描述如下：

1）托运人向船公司在装货港的代理人（也可直接向船公司或其营业所）提出货物装运申请，递交托运单，填写装货联单。

2）船公司同意承运后，其代理人指定船名，核对 S/O 与托运单上的内容无误后，签发 S/O，将留底联留下后退还给托运人，要求托运人将货物及时送至指定的码头仓库。

3）托运人持 S/O 及有关单证向海关办理货物出口报关、验货放行手续，海关在 S/O 上加盖放行图章后，货物准予装船出口。

4）船公司在装货港的代理人根据留底联编制装货清单（L/L）送船舶及理货公司、装卸公司。

5）大副根据 L/L 编制货物积载计划交代理人分送理货，装卸公司等按计划装船。

6）托运人将经过检验及检疫的货物送至指定的码头仓库准备装船。

7）货物装船后，理货员将 S/O 交大副，大副核实无误后留下 S/O 并签发收货单（M/R）。

8）理货员将大副签发的 M/R 转交给托运人。

9）托运人持 M/R 到船公司在装货港的代理人处付清运费（预付运费的情况下），换取正本已装船提单（B/L）。

10）船公司在装货港的代理人审核无误后，留下 M/R 签发 B/L 给托运人。

11）托运人持 B/L 及有关单证到议付银行结汇（在信用证支付方式下），取得货款，议付银行将 B/L 及有关单证邮寄开证银行。

12）货物装船完毕后，船公司在装货港的代理人编妥出口载货清单（M/F），送船长签字后向海关办理船舶出口手续，并将 M/F 交船随带，船舶启航。

13）船公司在装货港的代理人根据 B/L 副本（或 M/R）编制出口载货运费清单（F/M），连同 B/L 副本、M/R 送交船公司结算代收运费，并将卸货港需要的单证寄给船公司在卸货港的代理人。

14）船公司在卸货港的代理人接到船舶抵港电报后，通知收货人船舶到港日期，做好提货准备。

15）收货人到开证银行付清货款取回 B/L（在信用证支付方式下）。

16）卸货港船公司的代理人根据装货港船公司的代理人寄来的货运单证，编制进口载货清单及有关船舶进口报关和卸货所需的单证，约定装卸公司、理货公司，联系安排泊位，做好接船及卸货的准备工作。

17）船舶抵港后，船公司在卸货港的代理人随即办理船舶进口手续，船舶靠泊后即开始卸货。

18）收货人持正本 B/L 向船公司在卸货港的代理人处办理提货手续，付清应付的费用后，换取代理人签发的提货单（D/O）。

19）收货人办理货物进口手续，支付进口关税。

20）收货人持 D/O 到码头仓库或船边提取货物。

三、海运提单

海运提单（bill of lading，B/L）是在海上运输（主要是班轮运输）的方式下，由承运人或其代理人签发的，确认已经收到（或已装船）某种货物，并且承诺将其运到指定地点交与提单持有人的一种具有法律效力的证明文件。

（一）提单的作用

1）提单是证明货物的收受或装船的单证，提单的签发意味着承运人已收到提单所列之货物并已装船或等待装船。

2）提单是承运人保证在目的港据以交付货物的单证，提单持有人在目的港出示提单后，即有权要求提单所记载的货物，而承运人则负有向正当的提单持有者交付海上运输货物的义务。

3）提单是货物的物权凭证，可以自由转让买卖。

4）提单是有价证券，有价证券是指任何一种与权利密切相连的证书，没有这种证书，权利就不能实现，也不能转让给他人，而提单正好实现了这种权利和证券的一体化，即权利证券化。

（二）提单的种类

1. 按货物是否装船划分

（1）已装船提单

已装船提单（on board or shipped B/L）是指货物已由承运人装船的提单。这种提单表明提单上所列货物已经装上船舶，在提单上写明船名和装船日期。在对外贸易中，商业单位和银行都要求提供这种提单，它是在货物确已装船以后，由承运人、船长或其代理人予以签发的。

（2）备运提单

备运提单（received for shipment B/L）又称收讫待运提单，是指货物（集装箱运输除外）在装船前已由承运人接管，承运人应托运人的要求而签发的提单。由于这种提单的货物没有装船，没有载明船名、装船日期，到货时间没有保证，对货方很不利，因此买方一般不愿接受备运提单。备运提单在货物装船后，可凭以向船公司换取已装船提单。一般做法是，由承运人在备运提单上加注已装××船和装船日期并签字盖章，备运提单即变为已装船提单。

2. 按提单上所列收货人划分

（1）记名提单

记名提单（straight B/L）又称收货人抬头提单，是指提单上收货人一栏内已具体填写特定的人或公司名称的一种提单，根据这种提单，承运人在卸货港只能将货物交给提单上所指定的收货人。如果承运人将货物交给提单指定以外的人，即使该人占有提单，承运人也应负责。记名提单原则上不能转让，因此一般只有在运输贵重物品或展览品时采用。一些国家的习惯做法是如果采用记名提单，收货人只要在"到货通知"上背书即可提货，而可以不凭记名提单提货。

（2）不记名提单

不记名提单（bearer B/L）是指提单上收货人一栏内没有指明任何收货人，而只注明提单持有人字样，承运人应将货物交给提单持有人。谁持有提单，谁就可以提货，承运人交付货物只凭单，不凭人。不记名提单无须背书即可转让，流通性极强。但一旦丢失或被窃，风险极大，故国际上较少使用这种提单。另外，根据有些班轮工会的规定，凡使用不记名提单，在给大副的副本提单上必须注明卸货港通知人的名称和地址。

（3）指示提单

指示提单（order B/L）是指在提单上收货人一栏内只填写"凭指示"（To order）或"凭××指示"（To order of ××）字样的提单。这种提单可以通过背书的方式进行转让，因而在国际上使用较为广泛。

"To order"称为空白指示，或不记名指示；"To order of ××"称为记名指示，指示人有银行、发货人或收货人等。

指示提单转让时有两种背书方式：空白背书和记名背书。"空白背书"仅由背书人（提单转让人）在提单的背面签字盖章，而不注明被背书人（提单受让人）的名称；"记名背书"是指在提单背面既有背书人签字盖章，又有被背书人的名称。

指示提单在托运人（卖方）未指定收货人之前，卖方仍保有货物所有权，如经空白背书，则成为不记名提单，而作为凭提单提货的凭证；如经记名背书后即成为记名提单。

3. 按提单是否有批注划分

（1）清洁提单

清洁提单（clean B/L）是指在装船时，货物外表状况良好，承运人在签发提单时，未在提单上加注任何有关货物残损、包装不良的批注，或其他妨碍结汇的批注。银行办理结汇时，都规定交清洁提单。

（2）不清洁提单

由于承运人须对承运货物的外表状况负责，因此在装船时，若发现货物包装不牢、破残、渗漏、玷污、标志不清等现象，大副将在收货单上对此加以批注，并将其转移到提单上，这种提单称为不清洁提单（unclean or foul B/L）。不清洁提单是不能结汇的。为此，托运人应把外表状况有问题的货物进行修补或更换。但有时托运人向承运人出具"保函"，让承运人签发清洁提单。这种做法是不可取的，承运人应慎重从事，不能随便接手保函。

（三）提单记载事项和条款

1）法定记载事项：一般包括托运人资料；货物的种类、品质、数量、包装等资料；承运人资料；船舶名、船籍、装载港、卸载港、提单份数、运费等。

2）任意记载事项：不属于法定的记载事项，由承运人因业务需要而记入的任意记载事项。包括签发地点、时间、航次、装船日期、提单号码、运费支付地点等。

3）印刷条款：一般为记载"免除或限制"运送人责任的事项。法律为保护托运人与收货人的权益，多规定承运人的免责事项，除非能证明托运人明示同意外，不发生效力。提单的免责条款已经国际化，并有统一解释。主要内容有：

① 危险除外条款：由于天灾、战争、行为危险（扣押、管制、拘捕等）等原因造成的损毁，承运人不负责任。

② 责任除外条款：由船员引起、隐性瑕疵、变更、内容不详、危险货物、包装等方面造成的损毁，不属于承运人责任，承运人不负责任。

③ 其他条款：包括未付清运费前的留置权条款、共同海损条款等。

第五节　水路货物运输费用

一、班轮运费的构成

班轮运费通常由基本运费和各种附加运费构成。基本运费是对任何一种货物都要计收的运费；附加运费则是视不同情况而加收的运费。

（一）基本运费

指对运输每批货物所应收取的最基本的运费，是整个运费的主要构成部分。它根据基本运价和计费吨计算得出。

（二）附加费

基本运费是构成班轮运输应收运费的主要部分，但由于基本运费是根据一个平均水平制定的，且保持相对稳定性，而实际上在运输中由于船舶、货物、港口及其他种种原因，会使承运人在运输中增加一定的营运支出或损失。因此为了补偿这部分损失，只能采取另外收取追加费用的方法，这部分不同类型的费用就是附加费。

1. 由货物特性衍生的附加费

1）超重附加费：指单件货物的毛重达到或超过规定的重量时，所征收的附加运费（规定重量的标准通常在单件货物3吨或5吨以上）。超重附加费通常按重量来计收，重量越大，超重附加费率越高。货物一旦超重，征收的超重附加费是按整个货物的全部重量来征收的，而非只征收超过规定重量的部分。如果超重货物需要转船，每转船一次加收超重附加费一次。

2）超长附加费：指单件货物的长度达到或超过规定长度时（通常为9米）所加收的附加运费。超长附加费是按长度的标准确定的并按长度分为不同等级，按累进方法确定费率，长度越长其附加费率越高，但计算附加费时是以货物的运费吨（freight ton，FT）来计收的而不是长度。超长货物转船时同样是每转船一次征收一次超长附加费。

3）超大件附加费：是指单件货物的体积超过规定的数量时（如6立方米）所加收的附加运费。一件货物超长、超重、超大件三种情形同时存在则应在分别计算了上述3种附加费后采取或按择大计收或按全部加总计收这两种形式。

2. 由运输及港口原因衍生的附加费

1）直航附加费：是指托运人要求承运人将一批货物不经过转船而直接从装货港运抵航线上某非基本港时，船公司为此而增收的附加费。

通常船公司都有规定，托运人交运一批货物至非基本港必须每港、每航次达到或超过某一数量（如1 000运费吨）时，才同意托运人提出的直航要求，并按各航线规定加收直航附加费。

2）转船附加费：是指运往非基本港口的货物，必须在中途某一基本港换装另一船舶才能运至目的港而加收的附加运费。

货物在中途港转船时发生的换装费、仓储费和二程船的运费均包含在转船附加费中，通常这些费用由船公司按基本运费的一定百分比来确定，其盈亏由船公司自理。

3）港口附加费：船方由于港口设备条件差、装卸效率低、速度慢（如船舶进、出需要通过闸门）或费用高而向货方收取的附加费叫港口附加费。港口附加费随着港口装卸效率及其他条件的变化而随时变化。

3. 临时性附加费

承运人常因偶发事件的出现而临时增收附加费，通过这种方法来补偿由于意外情况的出现而增加的开支。临时性附加费的特点是一旦意外情况消除后，此项附加费也取消征收，等待再次出现时才会重新征收。

1）燃油附加费：指船公司为补偿因燃油价格上涨而增收的附加运费。

2）货币贬值附加费：简称币值附加费，是指船方按运价表中的运价征收的运费，因货币贬值的原因造成面额相同而实际价值减少，为弥补贬值后的损失而增收的附加费。货币贬值附加费是在1967年世界金融危机后出现的一种附加费，此项附加费随危机的消除船公司曾一度取消此项附加费，但也有船公司在随后又征收此项附加费，该附加费与燃油附加费一样均会因国际金融市场的变化而临时增加或取消。

货币贬值附加费一般用百分比表示，基本运费和附加费均要加收。因从价运费是按货值的百分比计算，一般货值已考虑了贬值因素，不再加收该项附加费。船公司可在同一航线的其中某一单航向单独征收此项附加费。

3）港口拥挤附加费：由于港口拥挤，船舶抵港后不能很快靠卸而需要很长时间等泊，有时长达几个月之久，造成船期延长，空耗成本。为此船方要向货方征收附加费以弥补这种损失。这项费用为港口拥挤附加费。

4）绕航附加费：是指某一段正常航线因战争影响、运河关闭或航道阻塞等意外情况的发生，迫使船舶绕道航行，延长运输距离而增收的附加运费。绕航附加费是一种临时性的附加费，一旦意外情况消除船舶恢复正常航线航行，该项附加费即行取消。如1967年6月5日苏伊士运河因中东战争而关闭，往来欧洲、亚洲间的船舶只好绕道非洲南端的好望角航行，均增收绕航附加费。到1975年6月5日运河重新开放时随即取消征收该项附加费。

5）选择卸货港附加费：是指由于贸易原因，货物在托运时，托运人尚不能确定具体的卸货港，要求在预先指定的两个或两个以上的卸货港中进行选择，待船舶开航后再作选定。这样就会使这些商品在舱内的积载增加困难，甚至会造成舱容的浪费，因此而增收的附加费。

6）变更卸货港附加费：是指由于贸易原因，货物无法在原定的提单上记录的卸货港卸货而临时改在航线上其他基本港卸货而增收的附加费。变更卸货港会形成船方翻舱等额外损失费用，因此加收此费用。

二、班轮运费的计算标准

班轮运费的计费标准指的是计费时使用的单位。班轮运费的计费标准通常有货物的重量、尺码或价值等。

（一）重量吨

重量吨（weight tonnage，W/T 或 W）指该货物按货物的毛重计算运费的标准。适用于货物积载因数小于船舶载货容积系数的重货。按国际惯例，凡1吨货物的积载因数小于1.133立方米或40立方英尺均为重货，如重金属、建筑材料、矿产品等。

重量吨的计量单位统一为公制单位即公吨。

有关计量单位的换算为

$$1 公吨 = 0.9842 长吨 = 1.1023 短吨$$
$$1 长吨 = 1.016 公吨$$
$$1 短吨 = 0.9072 公吨$$

（二）尺码吨或容积吨

尺码吨或容积吨（measurement tonnage，M/T 或 M）指货物按其尺码或体积计算运费的标准。适用于货物积载因数大于船舶载货容积系数的轻泡货。如前所述，凡1吨货物的积载因数大于1.133立方米或40立方英尺均为轻泡货，如纺织品、日用百货等。

由于轻泡货物的重量不大，但占用舱容过多，若按重量吨计算运费不尽合理，因此尺码吨与重量吨是并重的两种基本计算标准。

同样尺码吨的计量单位统一为公制单位即立方米。某些国家运输木材时按"板尺"（board foot）和"霍普斯尺"（Hoppus foot）计算运费（12 板尺＝0.785 霍普斯尺＝1 立方英尺）。

有关尺码吨的计量换算为

$$1\ 立方米＝35.3148\ 立方英尺$$
$$1\ 立方英尺＝0.0283\ 立方米$$

（三）特种单位

1. 从价运费

指对货主托运的高价货物，其体积不大而重量又有限，船方按货物的 FOB 价格的一定百分比（如 2%～5%）收取运费。所谓高价货物，在运价本中明确为金、银、有价证券、货币、宝石、钻、艺术品、贵金属、书画、手工艺品等，此类货物船方对其尽特别保管照料之责，并在灭失损坏时给予高出一般责任限制的赔偿。又因其价值昂贵，不宜使用重量吨或体积吨为计量单位。

2. 按件运费

指按货物的实体个数或件数为单位计算。适用于某些既非贵重物品又不便测量体积和重量的货物，如车辆以每"辆"计算，活牲畜按每"头"计收，集装箱运输中以每"标准箱"为单位计收。

3. 起码运费

起码运费（minimum freight）是指一票货物的收取定额。对于所运小于 1 立方米或 1 公吨的货物，其某些运输劳务与运量大的货物是相同的，故船公司规定了最低运费标准，计算单位为 1 公吨或 1 立方米。若货物小于此标准均按 1 立方米或 1 公吨征收运费。有些船公司还规定最低运费等级，在商品费率本中常规定每提单的起码运费额。货物若按起码运费征收时，仍要加收转船附加费、港口附加费、燃油附加费等。

以上三种基本计费通过一定的组合转化为以下几种计算方法：

1）重量法。以"W"表示，按货物毛重作为运费吨计算运费。

2）体积法。以"M"表示，按货物尺码作为运费吨计算运费。

3）从价法。以"Ad.val"表示，按货物 FOB 价格计算运费。

4）选择法。分别以"W/M"、"W or Ad.val"、"M or Ad.val"、"W/M or Ad.val"表示，具体如下：

① "W/M"：以货物的重量或尺码择大后作为计费吨计算运费。

② "W or Ad.val"：以货物毛重计算的运费与从价运费择大计收。

③ "M or Ad.val"：以货物尺码计算的运费与从价运费择大计收。

④ "W/M or Ad.val"：以货物毛重计算的运费、以货物尺码计算的运费、从价运费三者择大。

5）综合法。指货物除按运费吨计收外还要加收从价运费。通常此类货物既有一定的重量、体积，价值又较昂贵，有以下几种形式：

① "W plus Ad.val"：按重量计费再加上从价运费。

② "M plus Ad.val"：按体积计费再加上从价运费。

③ "W/M plus Ad.val"：按体积重量择大计收后再加上从价运费。

6）议定法。是指某些特殊货物的运价是由船、货双方通过协商后确定运价的方法，此法适用于承运特大型机器和散货，如粮谷、矿石等。

三、水路货物运杂费计算

（一）班轮运价表

虽然各船公司的运价表形式由于航线数量及其他特殊情况而不尽相同，但内容上大同小异，一般由以下几个部分构成：

1. 说明和有关规定

在这一部分通常由说明与规则（分别规定杂货与集装箱运输）及港口规定组成。

说明和规定部分，规定了运价表的适用范围、运费计算方法、支付方法、计价币值、单位、船货双方责任、权利、义务，各种货物运输的特殊规定和各种运输形式，如直航、转航、选择和变更卸货港口等办法和规定。

船公司在综合运价表中会特别规定杂货、托盘、集装箱运输承运条款和有关基本运费和附加费的计算方法。

"说明和有关规定"是提单条款的组成部分，也是船货双方共同遵守的规则。在运价及运输过程中发生异议、分歧和纠纷时，"说明和有关规定"同样被视为处理问题的依据。

"港口规定和条款"，引用了国外有关港口的规定和习惯做法。这些港口的规定和习惯做法并不是船公司规定的，而是由有关港口当局或政府规定的，船舶不论行驶到哪个港口卸货，船货双方都必须遵守那里的规定和习惯做法。为避免引起争议和麻烦，班轮公司将这些常去港口的有关规定和习惯做法印在运价表内用来约束有关当事人。

2. 商品分级表附录

商品分级表部分标列了各种货物的名称及其运费的计算等级和计费标准，每一商品的名称是按英文字母顺序排列的，商品运价本中无此项分级表，商品运价表在各种货物列名后直接标示其计费标准和费率。等级运价表则在此部分先对成千上万种商品进行归类分级，如表 4-1 所示。

表 4-1　商品分级表（节选）

货　名	物品（commodity）	等级（CLASS）.W/M
手推车	Barrow	8
啤酒	Beer	7
未列名货物	Cargo N.O.E	12
陶管及配件	Earthen Pipe & Fittings	6
羽绒及制品	Feather Dow & Products	15
各种麻纱、线	Hemp，Yarn & Twine All Kind	7
光学仪器	Instruments，Optical	13
保险柜	Iron Cash Cases	10
海蜇皮	Jelly Fish	10
锡箔	Joss Tin Foies	11

由于商品种类繁多，加之新产品的不断出现，任何一个运价表都不能将所有商品开列无遗。为此运价表内都有一项"未列名货物"。

一般"未列名货物"的运价偏高，至少近于平均运价水平，大多数船公司定位于 20 级中的 12 级左右。"未列名货物"有一个总称，另外对某大类货物往往也有一个未列名货物品种，如"未列名粮谷"、"未列名合金"等。由于商品分级表中未列出全部商品名称，一般情况下，可按商品分级表中性质相近的商品等级确定商品等级。

商品附录是商品列名的补充。有些商品的列名和运价是以货类集合名称标列的。为明确每种集合名称的大类具体包括哪些商品，便制定了"商品附录"作为商品列名的附录部分，如化工品、文具、小五金、工具、饲料等都另有附录。

3. 航线费率表

航线费率表规定了各航线的等级费率及各类附加费。

（二）班轮运费的计算步骤

班轮运费由基本运费和各类附加费构成，在计算基本费用和各种附加费用时应结合所使用的运价本的特点，按运价表的有关规定，查找相应的资料进行结算。在计算一笔运费时，应按下列步骤进行：

1）了解货物品名、译名、特性、包装、重量、尺码（是否超重、超长）、装卸港（是否需转船、选卸港）等。

2）根据货物的品名，从货物分级表中找出该货物的等级和计算标准。如属未列名货物，则参照性质相近货物的等级和计算标准计算。

3）查找货物所属航线等级费率表，找出货物等级相应的基本费率。

4）查找有无附加费，及其各种附加费的计算办法及费率。

5）查到各种数据后，列式进行计算。计算公式为

　　　　运费总额＝货运数量（重量或体积）×基本费率＋各项附加费

（三）水运货物运费实例

某轮从上海装运 10 吨共 33.440 立方米茶叶到伦敦，要求直航，计算全程应收多少运费。计算过程如下：

1）从题目中知该票商品的运输航线属中国/欧洲、地中海航线，并由航线费率表得知，伦敦是该航线的非基本港口。

2）查商品分级表得知，茶叶属 8 级，计算标准 W/M。

3）查中国/欧洲、地中海航线等级费率表得知，8 级商品的基本费率为＄90.00（F/T）。

4）查中国/欧洲、地中海航线附加费率表得知，伦敦直航附加费率为基本运费的 35%，伦敦的港口附加费率为＄7.00（F/T）。

因为茶叶的容积吨大于重量吨，所以应按容积吨 33.440 立方米计收运费，全程应收运费（F）为：

$$F=90.00×33.440+90.00×33.440×35\%+7.00×33.440$$
$$=4\ 297.04（\＄）$$

小　　结

远洋运输的主要方式有班轮运输和租船运输。班轮运输也称为定期船运输，本章主要介绍了班轮运输的特点、货运程序、货运单证和运费计算方法。租船运输也称为不定期船运输，本章主要介绍了各种租船方式的概念、特点和租船程序。此外，本章还重点介绍了海运进出口货运的流程，使读者更全面地了解海运知识。

案 例 分 析

运输方式的选择

某物流公司接受了一项长期的、数量大的运输任务：为大陆某水果批发公司从台湾地区运输各种水果。经双方协议，物流公司可以及时从批发公司获得水果销售的数量情况。为完成运输任务，部门经理召集运输部门人员，进行运输任务、

运输方式、运输线路等情况的分析、比较，认为该任务运输量大，水果保鲜技术允许相对宽裕的运输时间，时限要求不高；各类水果销售趋势基本情况可以预测，所以水果运输任务量可以随时与批发公司协商、交流、确认。

思考题

请分析采用哪种运输方式最好？为什么？

练 习 题

一、单项选择题

1. 我国到日本、朝鲜的运输属于（　　）。
   A. 远洋运输　　　B. 沿海运输　　　C. 内河运输
2. 本身一般无自航能力的船舶是（　　）。
   A. 拖船　　　　　B. 推船　　　　　C. 驳船
3. 托运人向船公司换取已装船提单的重要凭证是（　　）。
   A. 托运单　　　　B. 收货单　　　　C. 装货单
4. 目前国际上使用比较广泛的提单种类是（　　）。
   A. 记名提单　　　B. 不记名提单　　C. 指示提单
5. 在班轮运输中，金、银、有价证券等货物是以（　　）作为计费标准的。
   A. 从价运费　　　B. 重量吨　　　　C. 尺码吨

二、简答题

1. 简述水路运输的优缺点及适用情况。
2. 简述班轮运输的特点和业务程序。
3. 租船运输的经营方式有哪几种？它们的不同之处是什么？
4. 简述海运进出口货运的程序。
5. 班轮运输的主要货运单证有哪些？各自的作用是什么？
6. 简述海运提单的作用和种类。
7. 班轮运费的计算标准有哪些？

第五章 航空货物运输

📎 **学习目标**

通过学习，了解航空货物运输的相关组织，了解航空运输的设施与设备，掌握国际航空货物运输方式，理解进、出口货物的运输流程，了解航空运单的基本概念及种类，掌握航空运单的填写，掌握国际航空货物运费的计算。

第一节 航空货物运输概述

一、航空运输的相关组织

1. 国际民用航空组织

国际民用航空组织（International Civil Aviation Organization，ICAO）于 1947 年 4 月 4 日成立，是联合国所属的专门机构之一，也是政府间的国际航空机构。它的总部设在加拿大的蒙特利尔，现有成员 160 多个。最高权力机构是成员大会，至少每 3 年举行一次。常设机构是理事会，理事会由大会选出的 33 名会员国代表组成，任期 3 年。中国于 1974 年正式加入该组织，也是理事国之一。

国际民用航空组织的宗旨是发展国际航行的原则和技术，促进国际航空运输的规划和发展，其具体任务如下：

1）确保全世界民用航空事业安全而有序地发展壮大。

2）鼓励和平用途的航空器的设计和操作技术。

3）鼓励发展用于国际民用航空的航路、机场和航行设施。

4）满足世界人民对安全、正常、有效和经济的航空运输的需要。

5）防止因不合理的竞争而造成经济上的浪费。

6）保证各缔约国的权利充分受到尊重，每一个缔约国均有经营国际空运企业的公平机会。

7）避免各缔约国之间的差别待遇。

8）促进国际航行的飞行安全。

9）普遍促进国际民用航空在各方面的发展。

2. 国际航空运输协会

国际航空运输协会（International Air Transport Association，IATA）是各国航

空货运企业之间的联合组织，会员必须是国际民用航空组织成员国的空运企业。参加国际航空运输协会的航空公司的所属国一般都是联合国成员。目前，我国的国际航空公司、东方航空公司、南方航空公司等13家航空公司成为国际航空运输协会的成员公司。其宗旨如下：

1）为了世界人民的利益，促进安全、正常和经济的航空运输，辅助发展航空运输业，并研究与此有关的问题。

2）为直接或间接从事国际航空运输服务的各航空运输企业提供合作。

3）促进与国际民用航空组织和其他国际组织的合作。

该协会的主要任务是：制定国际航空运价，统一载运规则，简化运输手续，协助航空公司之间的财务结算，执行国际民航组织制定的国际标准和程序等。

半个多世纪以来，国际航空组织协会充分利用航空方面的专门知识在多方面做出了重大贡献，其中包括推动地空通信、导航、航空器安全飞行等新技术；制定机场噪音、油料排放等环境政策；与国际民航组织密切联系制定一系列国际公约；协助航空公司处理有关法律纠纷；筹建国际航空清算组织；推进行业自动化，促进交流；对发展中国家航空运输企业提供从技术咨询到人员培训的各种帮助；在航空货运方面，制定空运集装箱技术说明及航空货运服务有关章程；培训国际航协代理人等。另外，定期召开的IATA会议还为会员提供了讨论航空运输规则、协调运价、统一单证、财务结算等问题的场所。

3. 国际货运代理人协会

国际货运代理人协会（International Federation of Freight Forwarders Association，FIATA）简称"FIATA（菲亚塔）"是国际航运代理人的行业组织，于1926年5月31日在奥地利维也纳成立，总部设在瑞士苏黎世，创立的目的是解决由于日益发展的国际货运代理业务所产生的问题，保障和提高国际货运代理在全球的利益，提高货运代理服务的质量。

协会的一般会员由国家货运代理协会或有关行业组织或在这个国家中独立注册登记的且为唯一的国际货运代理公司组成，另有为数众多的国际货运代理公司或其他私营企业作为其联系会员。截至1996年，菲亚塔在85个国家内有95个一般会员，在全世界共有联系会员2 400个。它是公认的国际货运代理的代表，是世界范围内运输领域中最大的非政府和非营利组织。

二、航空运输设备

1. 航空港

航空港又称航空站或机场，是供飞机起飞、降落和停放及组织、保障飞行活动的场所。航空港通常由跑道、滑行道、停机坪、指挥调度塔或管制塔、助航系统、输油系统、维护修理基地、消防设备、货栈以及航站大楼等建筑和设施组成。

近年来，随着航空站功能的多样化，航空站内除了配有装卸货物的必要设施外，一般还配有商务、娱乐中心、货物集散中心等设施，以满足往来客户的需要，同时吸引周边地区的生产和消费。

航空港按所处位置可分为干线航空港和支线航空港；按服务对象可分为军用航空港和民用航空港；按业务范围可分为国内航空港和国际航空港。国内航空港是指仅供国内航线的航空器使用，除特殊情况经批准外，不准外国航空器使用的航空港。国际航空港则是经政府核准对外开放，并设有海关、移民、检疫及卫生机构，供国际航线上的航空器起降和营运的航空港。世界上现代化、专业化程度较高的大型国际航空货运机场有美国的芝加哥机场、德国的法兰克福机场、荷兰阿姆斯特丹的希普霍尔机场、英国的希思罗机场、法国的戴高乐机场、日本的成田机场以及中国香港新启用的国际机场等。这些机场有现代化的导航设备和庞大的客货运中心，以及现代化的全货机码头、仓库，专门用于货运，这些现代化的装备可大大提高货机的装卸速度。

2. 航空器

航空器主要指的是飞机。飞机的构造包括机身、机翼、操纵装置、起落装置和推进装置。

常见的飞机有螺旋桨式飞机、喷气式飞机和超音速飞机。螺旋桨式飞机利用螺旋桨的转动将空气向机后推动，借其反作用力推动飞机前进。所以，螺旋桨转动越快，飞行速度也越快。但螺旋桨转动到一定程度就无法提高其转速，飞机的飞行速度就会受其影响而无法提升。喷气式飞机是飞机的燃烧室借助空气与燃料混合燃烧后产生的大量气体推动涡轮，以高速度将空气排出机体外，借助其反作用力使飞机前进。这种飞机的优点是：结构简单，制造、维修方便，速度快，节省燃料费用，装载量大，使用效率高。这是目前世界各国普遍使用的一种机型。超音速飞机的优点是速度快，缺点是造价高，耗油量大，装载量小，噪音大，使用效率低等，因而很少使用。

此外，飞机还可按载量大小分为普通型和高载量型；按机身宽度可分为窄体飞机和宽体飞机；按用途可分为客机、全货机和客货混合型飞机。

飞机的舱位一般分为上舱和下舱。除全货机外，一般客货两用的混合型飞机，都是上舱运客，下舱运货，因此，用来运货的舱位小，货运量有限。也有一些飞机的舱位是可变形舱，如将上舱的椅子拆除后可用来装货，运送旅客时再将椅子装上。还有一些机型较新的飞机，其下舱有空气调节装置可承载活动物；而机型较陈旧的飞机，下舱没有空气调节装置，只能承运普通货物。

三、航线与航班

1. 航线

航空器在空中飞行，必须有适于航空器航行的通路，经过批准开辟的连接两个或几个地点，进行定期和不定期飞行，经营运输业务的航空交通线即为航线。航线不仅确定了航行的具体方向、经停地点，还根据空中管理的需要规定了航路的宽度和飞行的高度层，以维护空中交通秩序，保证飞行安全。

航线按飞机飞行的路线，可分为国内航线和国际航线。国内航线是指飞机的起讫地点和经停地点均在一国国境内的航线，一般由国家民用航空管理机构指定。国际航线是指飞机的起讫地点和经停地点跨越国境的航线。由于国际航线需经过其他国家的领空，必须事先经过洽商，获得同意后方可开航。我国目前内地与香港地区之间的航线，被称为地区航线（包括在国内航线内）。

世界上较繁忙的航空线有如下几条：

1）西欧—北美间的北大西洋航空线。该航线主要连接巴黎、伦敦、法兰克福、纽约、芝加哥、蒙特利尔等航空枢纽。

2）西欧—中东—远东航空线。该航线连接西欧各主要机场至远东的中国香港、北京及东京等机场，并途径雅典、开罗、德黑兰、卡拉奇、新德里、曼谷、新加坡等重要航空站。

3）远东—北美间的北太平洋航线。该航线从北京、香港地区、东京等机场经北太平洋上空至北美西海岸的温哥华、西雅图、旧金山、洛杉矶等机场，并可延伸至北美东海岸的机场。太平洋中部的火奴鲁鲁是该航线的主要中继加油站。

此外，还有北美—南美、西欧—南美、西欧—非洲、西欧—东南亚—澳新、远东—澳新、北美—澳新等重要航空线。

我国通往世界各地的国际航线主要有中国北京、上海至美国的航线，中国至加拿大的航线，中国北京、上海至日本的航线，中国与澳大利亚之间的航线，中国与欧洲的航线，中国与非洲的航线，中国与中东以及中国与东南亚之间的航线等。

2. 航班

根据班机时刻表在规定的航线上使用规定的机型、按照规定的日期、时刻进行飞行称为航班。从基地站出发的飞行叫去程航班，返回基地站的飞行称为回程航班。

航班有定期航班和不定期航班之分。

定期航班公布运价和班期，按照双边协定经营，向公众提供运输服务，对公众承担义务。定期国际航班是指具有下列全部特征的飞行系列。

1）它飞经一个以上国家领土的空气空间。

2）它用航空器运输为取酬目的，从事旅客、邮件或货物运输，以每次飞行都对公众开放的方式经营。

3）就其在相同的两个或多个地点之间营运而言，它的经营依照公布的班期时刻表，或者其飞行的正规性或经常性已达到公认的制度性。

不定期航班多采用包机合同运输，特别便利运输批量大的货物。

我国班期时刻表按时间分为夏季班期时刻表（每年 3 月份最后一个星期日开始使用）和冬春季班期时刻表（每年 10 月最后一个星期日开始使用）。

我国目前有中国航空运输集团公司（简称国航，代号 CA）、中国东方航空集团公司（简称东航，代号 MU）和中国南方航空集团公司（简称南航，代号 CZ）三大航空运输集团公司。三大航空运输集团公司下属分公司或股份公司，实施主副业剥离，进行主业一体化运作。航班通常用航班号来标示具体的飞行班次。我国的民航飞行航班号一般是由两个字母的航空公司代码加四位数字组成。第一个数字表示执行飞行的航空公司所在地区代号（1 表示北京，3 表示广州，5 表示上海）；第二个数字表示该航班终点站所属的航空公司的地区代号；最后两位数字表示具体航班号，单数表示去程航班方向，双数表示回程航班方向。如航班号 CZ3117 的含义是：CZ 表示中国南方航空集团公司，3 表示广州，1 表示北京，17 表示去程航班方向。所以，CZ3117 即表示由南航执行的广州飞往北京的第 17 次去程航班。

第二节　国际航空货物运输方式

一、班机运输

班机运输（scheduled flights）是指在固定的航线上定期航行的航班。班机运输一般有固定的始发站、到达站和经停站。飞机由始发站起飞按照规定航线经过经停站作运输生产飞行，称为航班。

按照业务对象的不同，班机运输可分为客运航班和货运航班。客运航班一般采用客、货混合型飞机，一方面搭载旅客，一方面运送小批量货物；货运航班只承揽货物运输，一般使用全货机。但考虑到货源方面的因素，货运航班一般只由一些规模较大的航空公司在货运量较为集中的航线上开辟。班机运输具有下列特点：

1）迅速准确。由于班机运输具有固定航线、固定始发目的港、中途挂靠港，并具有固定的班期，它可以准确、迅速地将货物送到目的港。

2）方便货主。收发货人可以准确掌握货物的起运、到达时间，对于贸易合同的履行具有较高的保障。

3）舱位有限。由于班机运输大多采用客货混合机型，随货运量季节的变化会出现舱位不足的现象，不能满足大批量货物即时出运的要求，往往只能分批运送。而且，不同季节同一航线客运量的变化也会直接影响货物装载的数量，例如在旅游旺季，航空公司首先要满足的是旅客的运输需求，有限的舱位越发显得不足，从而使得班机运输在货物运输方面存在一定程度的局限性。

近年来随着航空运输业的发展，航空公司为实现航空运输快速、准确的特点，不断加强航班的准班率，并强调快捷的地面服务，在吸引传统的鲜活货物、易腐货物、贵重货物、急需货物的基础上，又提出为企业特别是跨国企业提供后勤服务，正努力成为跨国公司分拨产品、半成品的得力助手。

二、包机运输

当货物批量较大，班机运输不能满足需要时，则采用包机运输（chartered carrier）。包机运输可分为整包机和部分包机两类。

1. 整包机

整包机即包租整架飞机，是指航空公司或包机代理公司，按照与租机人双方事先约定的条件和费率，将整架飞机租给租机人，从一个和几个航空港装运货物到指定目的港的运输方式。这种方式适合运输大批量货物。但整包机的租期，要在货物装运前一个月与航空公司联系，以便航空公司安排飞机运载和向起降机场以及有关政府部门申请出入境以及办理有关手续。

整包机的费用是一次一议的，它随国际市场供求情况而发生变化。中国民航包机运费，是按每一飞行千米固定费率核收，并对空驶里程按每一飞行千米运价的 80% 收取空驶费。因此，大批量货物使用包机时，要争取来回程都要有货载，这样费用比较低，如果使用单程载货运费较高。

2. 部分包机

部分包机是指由几家航空货运公司（或发货人）联合包租一架飞机，或者由航空公司把一架飞机的舱位分别卖给几家航空货运公司的货物运输方式。

相对而言，部分包机适合于运送 1 吨以上但货量不足整机的货物，在这种形式下，货物运费较班机运输低，但由于需要等待其他货主备好货物，因此运送时间要长。

由于包机运输可以由承租人自行设定航程的起讫点和中途停靠港，因此灵活性高。但由于各国政府为了保护本国航空公司的利益，常对从事包机业务的外国航空公司实行各种限制，如申请入境、通过领空和降落地点等复杂繁琐的审批手续，大大增加了包机运输的营运成本。所以包机的活动范围比较狭窄，目前，这种部分包机方式在西欧和香港之间开办较多。

三、集中托运

集中托运（consolidation）是指集中托运人将若干批单独发运的货物组成一整批，向航空公司办理托运，采用一份航空总运单集中发运到同一目的港，由集中托运人在目的港指定的代理人收货，再根据集中托运人签发的航空分运单分拨给各实际收货人的运输方式。这种方式在航空货物运输界使用比较普遍，也是航空货运代理公司的主要业务之一和盈利的主要手段。

其中集中托运人在运输中具有双重角色，他对各个发货人负有货物运输责任，地位相当于承运人；而在与航空公司的关系中，他又被视为集中托运一整批货物的托运人，各关系方承担的责任如图 5-1 所示。

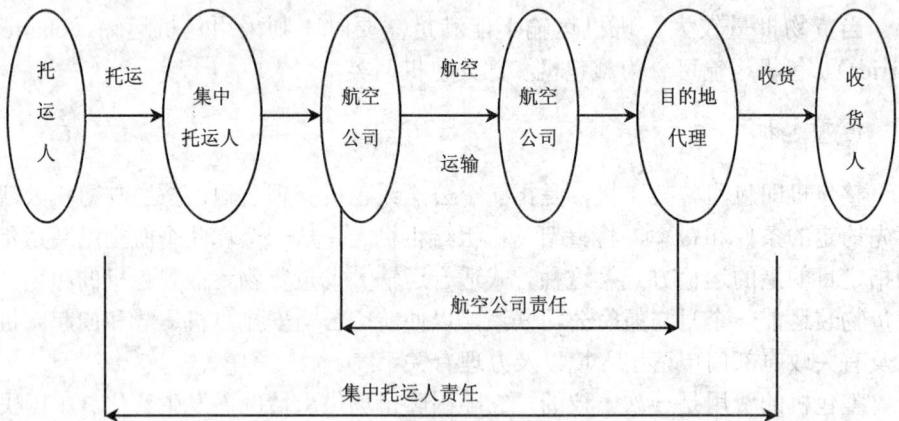

图 5-1　集中托运责任

集中托运作为最主要的一种航空货运方式有着鲜明的特征，同时也给托运人带来了极大的便利，主要表现如下：

1）节省运费。由于航空运费的费率随托运货物数量的增加而降低，所以当集中托运人将若干小批量货物组成一大批出运时，能够争取到更为低廉的费率。集中托运人会将其中一部分用以支付目的地代理的费用，另一部分会返还给托运人以吸引更多的客户，其余的作为集中托运人的收益。

2）高效服务。集中托运人的专业性服务也会使托运人受益，这包括完善的地面服务网络，拓宽了的服务项目，以及更高的服务质量。

3）提早结汇。由于航空的主运单与集中托运人的分运单效力相同，集中托运形式下托运人结汇的时间提前，资金的周转加快。

但是，集中托运也有它的局限性，主要如下：

1）贵重物品、危险物品、活动物、外交信袋以及文物等根据航空公司的规定不得采用集中托运的形式。

2）由于在集中托运的情况下，货物的出运时间不能确定，所以不适合易腐烂变质的货物、紧急货物或其他对时间要求较高的货物的运输。

3）对书本等可以享受航空公司优惠运价的货物来讲，使用集中托运的形式可能不仅不能享受到运费的节约，反而使托运人的运费负担加重。

四、航空快递

航空快递（air express）是指具有独立法人资格的企业将进出境的货物从发货人所在地通过自身或代理的网络运达收货人的快速运输方式。具体地说，就是由专业经营该项业务的航空货运公司和航空公司合作，派专人以最快的速度，在货主、机场和用户之间传送急件的运输服务业务。这种运输方式特别适用于急需的药品和医疗器械、贵重物品、图样资料、货样、单证和书报杂志等小件物品。这是目前国际航空货物运输中最快捷的运输方式。

由此可见，航空快运的业务性质和运输方式与普通航空货物运输基本上是一样的，可以视为航空货物运输的延续。因此，世界上许多经营该项业务的公司都隶属于航空货运公司之下，一些专门从事快运业务的公司也是从航空货运代理公司派生出来的，同时又有不少快运公司兼办普通的航空货物运输业务。

航空快递的主要业务形式有如下几种：

1）机场到机场。发货人在飞机始发机场将货物交给航空公司，然后发货人打电话通知目的地收货人到机场取货。采用这种方式的一般是海关当局有特殊规定的货物。

2）桌到桌或门到门。这种服务形式是航空快递公司最常用的一种服务形式，具体操作过程是，首先由发件人在需要时电话通知快递公司，快递公司迅速派人上门取件，然后将所收到的快件集中在一起，根据其目的地分拣、整理、制单、报关，然后发往世界各地。到达目的地后，再由当地的分公司办理清关、提货手续，并送至收件人手中。

3）派专人送货。派专人送货是指快递公司派专人随机而行，在最短时间内将货物直接送到收件人手中。这种形式服务周到，但可想而知，费用较高。

航空快递在很多方面与传统的航空货运业务、与邮政运送业务有相似之处，但作为一项专门的业务它又有独到之处，主要表现在如下几个方面：

（1）收件的范围不同

航空快递的收件范围主要有文件和包裹两大类。其中文件主要是指商业文件和各种印刷品，对于包裹一般要求毛重不超过 32 千克（含 32 千克）或外包装单边不超过 102 厘米，3 边相加不超过 175 厘米。近年来，随着航空运输行业竞争的激烈，快递公司为吸引更多的客户，对包裹大小的要求趋于放松。而传统的航空货运业务以贸易货物为主，规定每件货物体积不得小于 5×10×20 厘米，邮政业务则以私人信函为主要业务对象，对包裹要求每件重量不超过 20 千克，长度不超过 1 米。

（2）经营者不同

经营国际航空快递的大多为跨国公司，这些公司以独资或合资的形式将业务深入世界各地，建立起全球网络。航空快件的传送基本都是在跨国公司内部完成。而国际邮政业务则通过万国邮政联盟的形式在世界上大多数国家的邮政机构之间取得合作，邮件通过两个以上国家邮政当局的合作完成传送。国际航空货物运输则主要采用集中托运的形式，或直接由发货人委托航空货运代理人进行，货物到达目的地后再通过发货地航空货运代理的关系人代为转交货物到收货人手中。业务中除涉及航空公司外，还要依赖航空货运代理人的协助。

（3）经营者内部的组织形式不同

邮政运输的传统操作理论是接力式传送。航空快递公司则大多采用中心分拨理论或称转盘分拨理论组织起全球网络。简单地讲，就是快递公司根据自己业务的实际情况在中心地区设立分拨中心（hub）。各地收集起来的快件，按所到地区分拨完毕，装上飞机。当晚各地飞机飞到分拨中心，各自交换快件后飞回。第二天清晨，快件再由各地分公司用汽车送到收件人办公桌上。这种方式看上去似乎不太合理，但由于中心分拨理论减少了中间环节，快件的流向简单清楚，减少了错误，提高了操作效率，缩短了运送时间，被事实证明是经济、有效的。

（4）使用的单据不同

航空货运使用的是航空运单，邮政使用的是包裹单，航空快递业也有自己的独特的运输单据——交付凭证（proof of delivery，POD）。交付凭证一式四份。第一联留在始发地并用于出口报关；第二联贴附在货物表面，随货同行，收件人可以在此联签字表示收到货物（交付凭证由此得名），但通常快件的收件人在快递公司提供的送货记录上签字，而将此联保留；第三联作为快递公司内部结算的依据；第四联作为发件凭证留存发件人处，同时该联印有背面条款，一旦产生争议时可作为判定当事各方权益、解决争议的依据。

（5）航空快递的服务质量更高

1）速度更快。航空快递自诞生之日起就强调快速的服务，速度又被称为整个行业的生存之本。一般洲际快件运送在 1～5 天内完成，地区内部只要 1～3 天。这样的传送速度无论是传统的航空货运还是邮政运输都是很难达到的。

2）更加安全、可靠。因为在航空快递的形式下，快件运送自始至终是在同一公司内部完成，各分公司操作规程相同，服务标准也基本相同，而且同一公司内部信息交流更加方便，对客户的高价值易破损货物的保护也会更加妥帖，所以运输的安全性、可靠性也更高。与此相反，邮政运输和航空货物运输因为都牵扯不只一位经营者，各方服务水平参差不齐，所以较容易出现货损货差的现象。

3）更方便。确切地说航空快递不只涉及航空运输一种运输形式，它更像是陆空联运，通过将服务由机场延伸至客户的仓库、办公桌，航空快递真正实现了门到门的服务，从而方便了客户。此外，航空快递公司对一般包裹代为清关，针对不断发展的电子网络技术又率先采用了 EDI（电子数据交换）报关系统，为客户提供了更为便捷的网上服务，快递公司特有的全球性电脑跟踪查询系统也为有特殊需要的客户带来了极大的便利。

当然，航空快递同样有自己的局限性，如快递服务所覆盖的范围不如邮政运输广泛。国际邮政运输综合了各国的力量，可以说有人烟的地方就有邮政运输的足迹，但航空快递毕竟是靠某个跨国公司的一己之力，所以各快递公司的运送网络只包括那些商业发达、对外交流多的地区。

第三节　国际航空货物运输的业务流程

在航空货物运输的各方式中，这里主要介绍其中班机货物进出港的业务流程。班机货物运输的业务流程主要包括出港业务流程和进港业务流程两大环节。

一、出港货运流程

出港货运流程，是指从托运人发货到承运人把货物装上飞机的物流、信息流的实现和控制管理的全过程。出港货运流程包括货方的出港货运流程和航空公司出港货物的操作程序两大部分。

（一）货方的出港货运流程

在货方航空货物的运输流程中，这里以最复杂的航空货物出口运输为例进行说明，通常这一工作是委托航空货运代理人办理。航空货运代理业务程序包含很多环节：市场销售、委托运输、审核单证、预配舱、预订舱、接单、接货、标签、配舱、订舱、出口报关、出舱单、提板箱、装板箱、签单、交接发运、航班跟踪、信息服务、费用结算等。

发货人与航空货运代理公司就出口货物运输事宜达成意向后，发货人需填写货物托运书，作为货主委托代理办理航空货物运输的依据，航空货运代理根据委托书要求办理出口手续，并据以结算费用。预配舱、预订舱是指计算出货物的件数、重量和体积，根据货物轻重情况和航空公司不同机型对不同板箱的重量和高度的要求，制定预配舱方案，并对每票货配上运单号，打印出总运单号、件数、重量、体积，向航空公司预订舱。此时货物可能还没有入仓库，预报和实际的件数、重量、体积都会有差别，这些情况留待配舱时再做调整。

审核确认的托运书以及报关单证和收货凭证，制作操作交接单，填上所收到的各种报关单证份数，给每份交接单配一份总运单或分运单。如果此时货未到或未全到，可以按照托运书上的数据填入交接单并注明，货物到齐后再进行修改。

　　接货一般与接单同时进行。接货时应对货物进行称量和丈量，并根据发票、装箱单或送货单清点货物，并核对货物的数量、品名、合同号或唛头等是否与货运单上所列一致。并且还要检查货物的外包装是否符合运输的基本要求，然后在每件货物的包装上详细写明收货人、另请的通知人和托运人的姓名和地址，如包装表面上不能书写时，可写在纸板、木牌或布条上，再栓挂在货物上。在外包装上要由托运人书写托运人的相关信息，如姓名、地址、电话等，以及操作注意事项。

　　根据情况制作标签。标签根据其作用，可以分为识别标签、特种货物标签和操作标签等。识别标签是用以说明货物的货运单号码、件数、重量、始发站、目的站、中转站的一种运输标志；特种货物标签是说明特种货物性质的各类识别标志，分为活动物标签、危险品标签和鲜活易腐物品标签；操作标签是说明货物出运注意事项的各类标志。

　　配舱、订舱是指需要运出的货物都已入库后，核对货物的实际件数、重量、体积与托运书上预报数量的差别，根据预订舱位、板箱的领用合理搭配，按照各航班机型、板箱型号、高度、数量进行配载，并将所接受空运货物向航空公司正式提出运输申请并订妥舱位。货物订舱需根据发货人的要求和货物标识的特点而定。一般来说，大宗货物、紧急物资、现货、易腐物品、危险品和贵重物品等，必须预订舱位，非紧急的零散货物可以不预订舱位。

　　订舱时需要向航空公司领取并填写订舱单，同时提供相应货物运输的信息，航空公司则根据实际情况安排航班和舱位。订舱后，航空公司签发舱位确认书（舱单），同时给予装货集装箱领取凭证，并表示舱位订妥。

　　如果出口货物，则要根据检验检疫部门的规定和货物种类办理相应手续，并向出境地海关办理货物出口手续后方可出运。

　　配舱方案制定后应编制出舱单。出舱单上应载明日期、承运航班的日期、装载板箱形式及数量、货物进仓顺序编号、总运单号、件数、重量、体积、目的地等信息和备注。出舱单交仓库，用于安排出库计划，出库时点清货数并向提板箱程序交接。提板、箱与装货是根据订舱计划向航空公司申领板箱并办理相应的手续，提板、箱时，应领取相应的塑料薄膜和网，对所使用的板、箱要登记、消号，然后货物就可以装箱、装板了。

　　货运单在盖好海岸放行章后还需要到航空公司签单，主要审核运价使用是否正确，以及货物的性质是否适合空运。只有在签单确认后才允许将单、货交给航空公司。

　　交接发运是向航空公司交单交货，由航空公司安排航空运输。交单就是将随机单据和应由承运人留存的单据交给航空公司，交货即把与单证相符的货物交给航空公司。

　　航班跟踪是指在将单证交给航空公司后，航空公司会由于种种原因，如航班取消、延误、故障、改机型、错运等，未能将货物按照预订时间运出，所以应从单证交给航空公司后就要对航班、货物进行跟踪。

费用结算主要涉及航空代理人同发货人、承运人和国外代理人三方面的结算。在运费预付的情况下，涉及的费用主要有：航空运费、地面运输费、各种服务费和手续费。

（二）航空公司的货物出港流程

航空公司出港货物的操作程序是指自货方将货物交给航空公司，直到货物装上飞机的整个操作程序，包括：预审、整理、称重和入库、出库等环节。

预审国际货物订舱单。此单由国际吨控室开具，作为配载人员进行配载工作的依据。配载人员应严格按照这一单据的要求配货。而整理的单据主要包括三个方面的单据：已入库的大货的单据、现场收运的货物的单据以及中转的散货的单据。对已入库的大货的单据，需要检查入库通知单，看交接清单是否清楚完整，运单是否与交接单一致；核对货物订舱单，做好货物实际到达情况记录，如果出现未订舱货物，应将运单放回原处，对于现场收运的货物的单据需要根据报关单、货物清单对运单进行审核，主要查看货物品名、件数、重量、运价以及海关放行章，对化工产品要求提供化工部门出具的非危险品证明。对于中转的散货的单据需要整理运单，询问货物到达情况及所在仓库区位，寻找并清点货物，决定组装方式。

对货物进行称重等计量工作后可把货物入库。在货物出港时要制作平衡交接单、舱单。配载工作全部完成后，制作平衡交接单，内容包括航班、日期、机型、起飞时间、板箱号、重量、总板箱号、总重量等，对于鲜活物品、快件、邮件以及特殊物品要做出标识，并要注明高、中、低板。在对航班所载货物的运单进行核对和将运单和货物组装情况输入电脑后，制作舱单。舱单是每一架飞机所装载货物、邮件的清单，是每一航班总申报单的附件，也是向出境国、入境国海关申报飞机所载货、邮情况的文件，是和承运人之间结算运费的依据之一。

二、航空货运的进港操作流程

航空货运进港程序是指从飞机到达目的地机场，航空公司将货物卸下飞机开始，直到交给收件人的物流、信息流的实现和控制管理的全过程。仍以国际航空货物运输为例，其进口业务流程主要包括航空公司进港货物的操作程序和航空货物进口运输货方进口货运流程两大部分。

1. 航空公司进港货物的操作程序

航空公司进港货物的操作程序是指从飞机到达目的地机场，承运人把货物卸下飞机直到交给货方的整个操作流程。航空公司进港货物的操作程序包括进港航班预报、办理货物海关监管、分单业务、核对运单和舱单、电脑输入、交接等。

1）进港航班预报是航空公司及其地面代理人填写航班预报记录本，以当日航班进港预报为依据，在航班预报册中逐项填写航班号、机号、预计到达时间。要求预先了解货物情况，在每个航班到达之前，从查询部门掌握航班信息，了解到达航班的货物装机情况和特殊货物的处理情况。

2）办理货物海关监管是指在收到业务袋后，检查业务袋的文件是否完备，并将货运单送到海关办公室，由海关人员在货运单上加盖海关监管章的手续。业务袋中通常包括货运单、货邮舱单、邮件路单等运输文件。

3）分单业务是指在每份货运单的正本上加盖或书写到达航班的航班号和日期。要求认真审核货运单，注意运单上所列目的港、代理公司、品名和运输保管注意事项。

4）核对运单和舱单的工作中，要求根据分单情况，在整理出的舱单上标明每票运单的去向。若舱单上有分批货，则应把分批货的总件数标在运单号之后，并注明分批标志，注意把舱单上列出的特种货物、联程货物圈出。核对运单份数与舱单份数是否一致，做好多单、少单记录，将多单运单号码加在舱单上，多单运单交查询部门。然后根据标好的一套舱单，将航班号、日期、运单号、数量、重量、特种货物、代理商、分批货、不正常现象等信息输入电脑，打印出国际进口货物航班交接单。最后进行货物单证的交接工作，将中转货物和中转运单、舱单交出港操作部门，将邮件和邮件路单交邮局。

2. 货方的进口货运流程

货方的航空货物运输业务程序通常由航空货运代理人来完成，它是指对于货物从入境到提取或转运整个流程的各个环节所需办理的手续以及准备相关单证的全过程。该业务程序包括到货预报、交接单货、理货与仓储、理单与到货通知、制单与报关、收费与发货、送货与转运。

在国外或者国内发货之前，由发货方将运单、航班、件数、重量、品名、实际收货人及其地址、联系电话等内容通过传真或 E-mail 等方式发至目的地，这一过程被称为到货预报。到货预报的目的是让目的地做好接货的所有准备工作。对于到货预报要注意中转航班和分批货物的情况。

对于国际航空货物运输，货物入境时，与货物相关的单据也随机到达，运输工具及货物处于海关监管之下，货物卸下后，被存入航空公司或机场的监管仓库，进行进口货物舱单录入，将舱单上的相关信息通过电脑传输给海关留存，供报关用。航空公司或其地面代理人发提货通知。若运单上收货人或通知人为某航空集运商时，则将运输单据及与之相关的货物交给该集运商。

　　航空公司的地面代理人与集运商进行国际货物交接清单、总运单、随机文件和货物的交接时，要做到单、单核对，即交接清单与总运单核对；单、货核对，即交接清单与货物核对。当发现货物短缺、破损或存在其他异常情况时，应向民航索要商务事故纪录作为交涉索赔事宜的依据。

　　理货与仓储是指集运商自航空公司接货后立即短途驳运进自己的监管仓库，组织理货及仓储。理单与到货通知是指集运商整理有关单证和向收货人发出到货通知的工作。货物到目的港后，为减少货主仓储费用，避免海关滞报金，货运代理人应从航空运输的时效出发，尽早、尽快、尽妥地通知货主到货情况，提请货主配齐有关单证，尽快报关，即向收货人发出到货通知。

　　制单与报关是指按海关要求，依据运单、发票、装箱单及证明货物合法进口的有关批准文件，制作"进口货物报关单"等单证。要求异地清关时，在符合海关规定的情况下，制作"转关运输申报单"，办理转关手续，然后办理进口报关。办完报检、报关等进口手续后，货主需凭盖有海关放行章、检验检疫章的进口提货单到所属监管仓库付费提货。货物交接时，需再次检查货物外包装情况，遇有破损、短缺，监管仓库应向货主做出交代。发货时一般要收取相关费用，收费项目包括：到付运费及垫付佣金、单证报关费、仓储费、装卸铲车费以及海关报检等相关费用。

　　集运商可以为货主提供送货与转运服务。送货上门服务是指将进口清关后的货物直接运送到货主单位，运输工具一般为汽车。转运业务是指将进口清关后的货物转运至内地的货运代理公司，运输方式主要包括飞机、汽车、火车、水运、邮政。办理转运业务，需由内地的货运代理公司协助收取相关费用。

三、航空运单

　　国际航空货物运单是由承运人或其代理人签发的重要的货物运输单据。它有别于海运提单，却与国际铁路运单相似。它是承托双方的运输合同，其内容对双方均具有约束力，航空运单不是代表货物所有权的物权凭证，因此不可转让，是一种不可预付的单据。

（一）航空运单的性质

1. 承运合同

　　在传统的远洋运输业务中，提单可以作为运输合同的一部分，但是除此之外，托运人与承运人之间通常还要签署一份正式合同，就一些要约达成共识。与海运提单不同，航空运单不仅证明航空运输合同的存在，而且航空运单本身就是发货人与航空运输承运人之间缔结的货运运输合同，在双方共同签署后产生效力，并在货运到达目的地交付给运单上所记载的收货人后失效。

2. 货物收据

航空运单也是货物收据，在发货人将货物发运后，承运人或其代理人就会将其中一份交给发货人（即发货人联），作为已经接收货物的证明。除非另外注明，它是承运人收到货物并在良好条件下装运的证明。

3. 运费账单

航空运单分别记载着收货人负担的费用，应支付给承运人的费用和应支付给代理人的费用，并详细列明费用的种类、金额，因此可作为运费账单和发票。承运人往往也将其中的承运人联作为记账凭证。

4. 报关单证

出口时航空运单是报关单证之一。在货物到达目的地机场进行进口报关时，航空运单也通常是海关查验放行的基本单证。

5. 保险证书

如果承运人承办保险或发货人代办保险，则航空运单也可用来作为保险证书。

6. 航空运单是承运人内部业务的依据

航空运单随货同行，证明了货物的身份。运单上载有有关该票货物发送、转运、交付的事项，承运人会据此对货物的运输做出相应安排。

航空运单的正本一式三份，每份都印有背面条款，其中一份交发货人，是承运人或其代理人接收货物依据；第二份由承运人留存，作为记账凭证；最后一份随货同行，在货物到达目的地、交付给收货人时作为核收货物的依据。

（二）航空运单的分类

航空运单主要分为以下两大类。

1. 航空主运单

凡由航空运输公司签发的航空运单就称为主运单（master air waybill，MAWB）。它是航空运输公司据以办理货物运输和支付的依据，是航空公司和托运人订立的运输合同，每一批航空运输的货物都有自己相对应的航空主运单。

2. 航空分运单

集中托运人在办理集中托运业务时签发的航空运单被称作航空分运单（house air waybill，HAWB）。

在集中托运的情况下，除了航空运输公司签发主运单外，集中托运人还要签发航空分运单。此时各方的关系如图 5-2 所示。

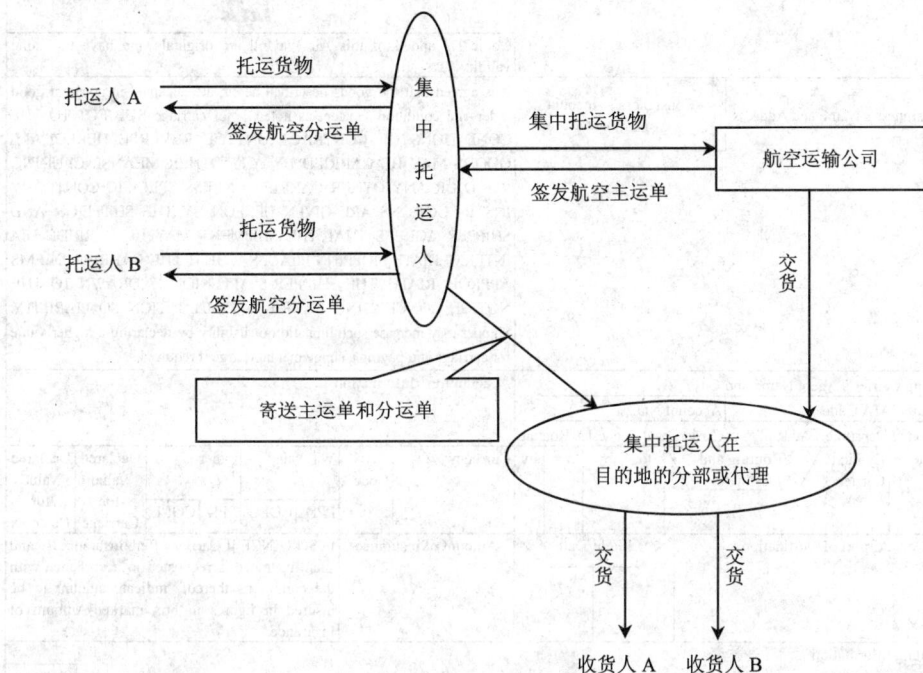

图 5-2 航空运单流程

在这中间，航空分运单作为集中托运人与托运人之间的货物运输合同，合同双方分别为货主 A、B 和集中托运人；而航空主运单作为航空运输公司与集中托运人之间的货物运输合同，当事人则为集中托运人和航空运输公司。货主与航空运输公司没有直接的契约关系。

不仅如此，由于在起运地货物由集中托运人将货物交付航空运输公司，在目的地由集中托运人或其代理从航空运输公司处提取货物，再转交给收货人，因而货主与航空运输公司也没有直接的货物交接关系。

（三）航空运单的内容

航空运单与海运提单类似也有正面、背面条款之分，不同的航空公司也会有自己独特的航空运单格式。所不同的是，航运公司的海运提单可能千差万别，但各航空公司所使用的航空运单则大多借鉴 IATA 所推荐的标准格式，差别并不大。所以我们这里只介绍这种标准格式，也称中性运单，如图 5-3 所示，下面就有关需要填写的栏目说明如下。

Shipper's Name and Address		Shipper's Account Number	NOT NEGOTIABLE **Air Waybill**								
			Issued by　IATA								
			Copies1.2 and 3 of this Air Waybill are originals and have the same validity								
Consigness's Name and Address		Consigness's Account Number	It is agreed that the goods described herein are accepted in apparent good order and condition (except as noted) for carriage SUBJECT TO THE CONDITIONS OF CONTRACT ON THE REVERSE HEREOF.ALL GOODS MAY BE CARRIED BY ANY OTHER MEANSINCLUDING ROAD OR ANY OTHER CARRIER UNLESS SPECIFIC CONTRARY INSTR- UCTIONS ARE GIVEN HEREON BY THE SHIPPER, AND SHIPPER AGREES THAT THE SHIPMENT MAY BE CARRIDE UIA INTERMEDIATE SIOPPING PLACES WHICH THE CARRIER DEEMS APPROP- RIATE. THE SHIPPER'S ATTENION IS DRAWN TO THE NOTICE CONCERNING CARRIERS LIMITA- TION SO LIABILITY. Shipper may increase such limitation of liability by declaring a higher value for carriage and paying a supplemental charge if required.								
Issuing Carrier's Agent Name and City			Accounting Information								
Agent's IATA Code		Account NO.									
Airport of Departure (Addr. of First Carrier) and Requested Routing											
To	By First Carrier	Routing and Destination	to	by	to	by	Currency	CHGS Code	WT/Val	Other	Declared Value for Carriage / Customs
									PPD COLL	PPD COLL	
Airport of Destination		Flight/Date		Amount of insurance			INSURANCE if Carrier offers insurance, and such insurance is requested in accordance with the conditions thereof, indicate amount to be insured in figures in box marked'Amount of Insurance.'				
Handing Information											SUI
No. of Pieces RCP	Gorss Weight	kg/b	Rate Class / Commodity Iterm NO.	Chargeable Weight	Rate/Charge		Total		Nature and Quantity of Goods (Incl.Dimensions or Volume)		
prepaid / Weight Charge / Collect					Other Charges						
Valuation Charge											
Tax											
Total other Charges Due Agent					Shipper certifier that the particulars on the face here if are correct and that insofar as any part of the consignment contains dangerous goods, such part is properly described by name and is in proper condition for carriage by air according to the applicable Dangerous Goods Regulations.						
Total other Charges Due Carrier											
					Signature of shipper or his Agent						
Total Prepaid / Total Collect											
Currency Conversion Rates		CC Charges in Dest Currency			Executed on (date) at (Place) Signature of Issuing Carrier or its Agent						
For Carrier Use only at Destination		Charges at Destination			Total Collect Charges						

图 5-3　航空运单（中性运单）

1. 始发站机场：需填写 IATA 统一制定的始发机场或城市的 3 字代码，这一栏应该和 11 栏相一致。

1A: IATA 统一编制的航空公司代码，如我国的国际航空公司的代码就是 999。

1B: 运单号。

2. 发货人姓名、住址（Shipper's Name and Address）：填写发货人姓名、地址、所在国家及联络方法。

3. 发货人账号：只在必要时填写。

4. 收货人姓名、住址（Consignee's Name and Address）：应填写收货人姓名、住址、所在国家及联络方法。与海运提单不同，因为航空运单不可转让，所以"凭指示"（To Order）之类的字样不得出现。

5. 收货人账号：同 3 栏一样只在必要时填写。

6. 承运人代理的名称和所在城市（Issuing Carrier's Agent Name and City）。

7. 代理人的 IATA 代号。

8. 代理人账号。

9. 始发站机场及所要求的航线（Airport of Departure and Requested routing）：这里的始发站应与 1 栏填写的相一致。

10. 支付信息（Accounting Information）：此栏只有在采用特殊付款方式时才填写。

11A（C、E）. 去往（To）：分别填入第一（二、三）中转站机场的 IATA 代码。

11B（D、F）. 承运人（By）：分别填入第一（二、三）段运输的承运人。

12. 货币（Currency）：填入 ISO 代码。

13. 收费代号：表明支付方式。

14. 运费及声明价值费（WT/VAL，weight charge/valuation charge）：此时可以有两种情况：预付（PPD，Prepaid）或到付（COLL，collect）。如预付在 14A 中填入"x"，否则填在 14B 中。需要注意的是，航空运输中运费与声明价值费支付的方式必须一致，不能分别支付。

15. 其他费用（Other）：也有预付和到付两种支付方式。

16. 运输声明价值（Declared Value for Carriage）：在此栏填入发货人要求的用于运输的声明价值。如果发货人不要求声明价值，则填入"NVD（No value declared）"。

17. 海关声明价值（Declared Value for Customs）：发货人在此填入对海关的声明价值，或者填入"NCV（No customs valuation）"，表明没有声明价值。

18. 目的地机场（Airport of Destination）：填写最终目的地机场的全称。

19. 航班及日期（Flight/Date）：填入货物所搭乘航班及日期。

20. 保险金额（Amount of Insurance）：只有在航空公司提供代为保险业务而客户也有此需要时才填写。

21. 操作信息（handing information）：一般填入承运人对货物处理的有关注意事项，如"Shipper's certification for live animals（托运人提供活动物证明）"等。

22A – 22L 货物运价、运费细节。

22A. 货物件数和运价组成点（No. of pieces RCP, rate combination point）：填入货物包装件数。如 10 包即填 "10"。当需要组成比例运价或分段相加运价时，在此栏填入运价组成点机场的 IATA 代码。

22B. 毛重（Gross Weight）：填入货物总毛重。

22C. 重量单位：可选择千克（kg）或磅（b）。

22D. 运价等级（Rate Class）：针对不同的航空运价共有六种代码，他们是 M（minimum，起码运费）、C（specific commodity rates，特种运价）、S（surcharge，高于普通货物运价的等级货物运价）、R（reduced，低于普通货物运价的等级货物运价）、N（normal，45kg 以下货物适用的普通货物运价）、Q（quantity，45kg 以上货物适用的普通货物运价）。

22E. 商品代码（Commodity Item No.）：在使用特种运价时需要在此栏填写商品代码。

22F. 计费重量（Chargeable Weight）：此栏填入航空公司据以计算运费的计费重量，该重量可以与货物毛重相同也可以不同。

22G. 运价（Rate/Charge）：填入该货物适用的费率。

22H. 运费总额（Total）：此栏数值应为起码运费值或者是运价与计费重量两栏数值的乘积。

22I. 货物的品名、数量、含尺码或体积（Nature and Quantity of Goods Including Dimensions or Volume）：货物的尺码应以厘米或英寸为单位，尺寸分别以货物最长、最宽、最高边为基础。体积则是上述三边的乘积，单位为立方厘米或立方英寸。

22J. 该运单项下货物的总件数。

22K. 该运单项下货物的总毛重。

22L. 该运单项下货物的总运费。

23. 其他费用（Other Charges）：指除运费和声明价值附加费以外的其他费用。根据 IATA 规则各项费用分别用三个英文字母表示。其中前两个字母是某项费用的代码，如运单费就表示为 AW（Air Waybill Fee）。第三个字母是 C 或者 A，分别表示费用应支付给承运人（carrier）或货运代理人（agent）。例如，AWC 表示应该支付给承运人的运单费用。

24~26. 分别记录运费、声明价值费和税款金额，有预付和到付两种方式。

27~28. 分别记录需要付与货运代理人（due agent）和承运人（due carrier）的其他费用合计金额。

29. 需预付或到付的各项费用。

30. 预付、到付的总金额。

31. 发货人的签字。

32. 签单时间（日期）、地点、承运人或其代理人的签字。

33. 货币换算及目的地机场收费记录。

　　以上所有内容不一定要全部填入航空运单，IATA 也并未反对在运单中写入其他所需的内容，如图 5-4 所示，但这种标准化的单证对航空货运经营人提高工作

Shipper's Name and Address	Shipper's Account Number	NOT NEGOTIABLE	港龙航空 DRAGONAIR
			AIR WAYBLL （AIR CONSIGNMENT NOTE） ISSUED BY Hong Korig Dragon Airlines Limitde DRAGONAIR HOUSE，11TUNG FAI ROAD， HONG KONG INTERNATIONAL AIRPORT，LANTAU，HONGKONG
			Copies1.2 and 3 of this Air Waybill are originals and have the same Validity
Consigness's Name and Address	Consigness's Account Number		It is agreed that the goods described herein are accepted in apparent good order and condition （except as noted） for carriage SUBJECT TO THE CONDITIONS OF CONTRACT ON THE REVERSE HEREOF.ALL GOODS MAY BE CARRIED BY ANY OTHER MEANSINCLUDING ROAD OR ANY OTHER CARRIER UNLESS SPECIFIC CONTRARY INSTRUCTIONS ARE GIVEN HEREON BY THE SHIPPER，AND SHIPPER AGREES THAT THE SHIPMENT MAY BE CARRIDE UIA INTERMEDIATE SIOPPING PLACES WHICH THE CARRIER DEEMS APPROPRIATE. THE SHIPPER'S ATTENION IS DRAWN TO THE NOTICE CONCERNING CARRIERS LIMITATION SO LIABILITY. Shipper may increase such limitation of liability by declaring a higher value for carriage and paying a supplemental charge if required.
Issuing Carrier's Agent Name and City		Accounting Information	
Agent's IATA Code	Account NO.		Optional Shipping Information
Airport of Departure（Addr. of First Carrier）and Requested Routing			

TO	By First Carrier	Routing and Destination	to	by	to	by	Currency	CHGS Code	WT/Val		Other		Declared Value For Carriage	Declared Value For Customs
									PPD	COLL	PPD	COLL		

Airport of Destination	Flight/Date	Amount fo insurance	INSURANCE if Carrier offers insurance， and such insurance is requested in accordance with the conditions thereof， indicate amount to be insured in figures in box marked'Amount of Insurance.'

Handing Information

SUI

No of Pieces RCP	Gorss Weight	kglb	Rate Class	Commo dity IternNO	Chargeable Weight	Rate/Charge	Total	Nature and Quantity of Goods （Incl.Dimensions or Volume）

prepaid	Weight Charge	Collect	Other Charges
	Valuation Charge		
	Tax		
	Total other Charges Due Agent		Shipper certifier that the particulars on the face hererf are correct and that insofar as any part of the consignment contains dangerous goods， such part is properly described by name and is in proper condition for carriage by air according to the applicable Dangerous Goods Regulations.
	Total other Charges Due Carrier		
			Signature of shipper or his Agent
Total Prepaid		Total Collect	
Currency Conversion Rates		CC Charges inDest Currency	
			Executed on （date） at （Place） Signature of Issuing Carrier or its Agent
For Carrier Use only at Destination		Charges at Destination	Total Collect Charges

图 5-4　航空运单

效率，促进航空货运业向电子商务方向的迈进有着积极的意义。而且随着电子通关在国际贸易中的大规模使用，这种标准化的单证无疑可以提高工作效率，降低错误发生率，节省制单费用。

第四节　航空运费

航空货物运价是承运人为运输货物对规定的重量单位（或体积或货物的价值）从起运机场至目的地机场所收取的空中费用（但不包括承运人、代理人或托运人收取的其他费用）。航空货物运输费用包括运费和附加费。运费是指根据适用的运价所计算的应核收的每批货物的费用。附加费包括声明价格附加费、地面运费、中转手续费、制单费、货到付款手续费、提货费、送货费等。

一、航空运输区划

与其他各种运输方式不同的是，国际航空货物运输中与运费有关的各项规章制度、运费水平都是由国际航协统一协调、制定的。分段在充分考虑了世界上各个不同国家、地区的社会经济、贸易发展水平后，国际航协将全球分成三个区域，简称为航协区（IATA Traffic Conference Areas），每个航协区内又分成几个亚区。由于航协区的划分主要从航空运输业务的角度考虑，依据的是不同地区的经济、社会以及商业条件，因此和我们熟悉的世界行政区划有所不同。航空公司按国际航空货运协会所制定的三个区划费率收取国际航空运费。具体如下。

一区（TC1）：包括北美、中美、南美、格陵兰、百慕大和夏威夷群岛。

二区（TC2）：由整个欧洲大陆（包括俄罗斯的欧洲部分）及毗邻岛屿，冰岛、亚速尔群岛，非洲大陆和毗邻岛屿，亚洲的伊朗及伊朗以西地区组成。本区也是我们所熟知的政治地理区划差异最多的一个区，它主要有三个亚区。

1）非洲区：含非洲大多数国家及地区，但北部非洲的摩洛哥、阿尔及利亚、突尼斯、埃及和苏丹不包括在内。

2）欧洲区：包括欧洲国家和摩洛哥、阿尔及利亚、突尼斯三个非洲国家和土耳其（既包括欧洲部分，也包括亚洲部分），俄罗斯仅包括其欧洲部分。

3）中东区：包括巴林、塞浦路斯、埃及、伊朗、伊拉克、以色列、约旦、科威特、黎巴嫩、阿曼、卡塔尔、沙特阿拉伯、苏丹、叙利亚、阿拉伯联合酋长国、也门等。

三区（TC3）：由整个亚洲大陆及毗邻岛屿（已包括在二区的部分除外），澳大利亚、新西兰及毗邻岛屿，太平洋岛屿（已包括在一区的部分除外）组成，它主要有以下几个亚区。

1）南亚次大陆区：包括阿富汗、印度、巴基斯坦、斯里兰卡等南亚国家。

　　2）东南亚区：包括中国（含港、澳、台地区）、东南亚诸国、蒙古、俄罗斯亚洲部分及土库曼斯坦等独联体国家、密克罗尼西亚等群岛地区。

　　3）西南太平洋洲区：包括澳大利亚、新西兰、所罗门群岛等。

　　4）日本、朝鲜区：仅含日本和朝鲜。

二、计费重量

　　所谓计费重量（chargeable weight）就是据以计算运费的货物的重量。由于一架飞机所能装载的货物是受飞机的装货量和舱容限制的。重量大、体积小的货物往往受飞机载货量的限制，舱容未被充分利用；轻泡货物和体积大的货物往往受舱容的限制，而载货量未达到额定限度。因此，航空公司规定计费重量按实际重量和体积重量两者之中较高的一种统计。

1. 实际重量

　　实际重量（gross weight）是指一批货物含包装在内的实际总重，即毛重。凡重量大而体积相对小的重货物（如机械、金属零件等），用实际重量作为计费重量。一般规定每 6 000 立方厘米或每 366 立方英寸重量超过 1 千克，或每 166 立方英寸重量超过 1 磅的货物，以货物的实际重量作为计费重量。

　　如果货物的毛重以千克表示，计费重量的最小单位是 0.5 千克。当重量不足 0.5 千克时，按 0.5 千克计算；超过 0.5 千克不足 1 千克时按 1 千克计算；如果货物的毛重以 1 磅表示，当货物不足 1 磅时，按 1 磅计算。

2. 体积重量

　　体积大、重量相对小的货物称为轻泡货物，具体指那些每 6 000 立方厘米或每 366 立方英寸不足 1 千克或每 166 立方英寸不足 1 磅的货物。

　　轻泡货物以体积重量（measurement weight）作为计费重量，计算方法如下。

　　1）不考虑货物的几何形状，分别量出货物的最长、最宽、最高的部分，单位为厘米或英寸，测量数值四舍五入。

　　2）计算货物的体积。

　　3）将体积折合成千克或磅，即根据所使用的度量单位分别用体积值除以 6 000 立方厘米或 366 立方英寸，结果即为该货物的体积重量，即：体积重量＝最长×最宽×最高/6 000（或 366）

3. 计费重量

　　在确定计费重量时，其原则是将实际毛重和体积重量进行比较，把两者之中较高的一个作为计费重量。一般情况下，靠实际经验是可以判断出一批货物是属于轻货还是重货，但有疑义时，最好是将实际毛重和体积重量两者算出后进行比较。例如，一批货物的实际毛重是 43.8 千克，体积是 253 200 立方厘米，则体积重量为 42.2 千克，货物的计费重量是 44 千克，而不是 42.2 千克。

4. 集中托运货物的计费重量

在集中托运情况下，同一总运单下会有多件货物，其中，有重货也有轻泡货物，其计费重量采用整批货物的总实际重量或总的体积重量，按两者之中较高的一个计算。

三、起码运费

航空公司在承运一批货物时，即使这一批货物量很小，但仍产生一定的固定费用，所以规定了起码运费，低于这个运费，航空公司就不合算。一批货物运费的计算，是适用货物的计费重量乘以所用的运价，但不管适用哪一种运价，计算出的运费都不能低于公布的起码运费。当运费少于起码运费时，就要收起码运费。但对指定商品运价有时例外，对此一般都在有关运价前，标明一个特殊号码，说明"一般起码运费不适用"。

所以，起码运费（minimum charges，简称 M）是航空公司承运一批货物所能接受的最低运费，是在两点之间运输一批货物应收取的最低金额，而不论货物的重量或体积。起码运费的类别代号为 M。

不同的国家和地区有不同的起码运费，中国民航的起码运费是按货物从始发港到目的港之间的普通货物运价 5 千克运费为基础或根据民航与其他外国航空公司洽谈的起码运费率征收的。

四、公布的直达运价

公布的直达运价是指航空公司在运价本上直接注明承运人对由甲地运至乙地的货物收取的一定金额。

1. 普通货物运价

普通货物运价（general cargo rate，GCR）又称一般货物运价，它是为一般货物制定的，仅适用于计收一般普通货物的运价，是航空货物运输中使用最为广泛的一种运价。任一货物除含有贵重元素或被指定为特殊货物外，均采取普通货物运价收取运费。普通货物运价的数额随运输量的增加而降低，这也是航空运价的显著特点之一，类同于远洋运输业务中的递远递减的原则。

对于普通货物运价，通常针对所承运货物数量的不同，规定几个计费重量分界点（breakpoints）。一般以 45 千克作为重量分界点，将货物分为 45 千克以下的货物和 45 千克以上（含 45 千克）的货物。45 千克以下的货物运价被称为标准普通货物运价（normal general cargo rate，简称 N）。航空公司为了吸引更多的货载，对 45 千克以上的货物,甚至更高的重量点又进一步公布更低的运价,如 100 千克,300 千克,500 千克,甚至 1 000 千克,1 500 千克,2 000 千克等档运价,但运价类别均为 quantity rate,用 Q 表示。

普通货物运费的计算方法:货物的计费重量乘以相应重量等级的运价所得的运费,与较高重量等级的起始重量乘以相应的运价所得的运费进行比较,取其低者。

【例 5-1】 北京运往新加坡一箱水龙头接管,毛重 35.6 千克,计算其航空运费。公布运价如表 5-1 所示。

表 5-1 所公布的运价

BEIJING		CN		BJS	
Y.RENMINBI		CNY		KGS	
SINGAPORE		SG	M	230.00	
N	36.66				
45	27.50				
300	23.46				

解:(1)按实际重量计算

Gross Weight:35.6kgs

Chargeable Weight:36.0kgs

Applicable Rate:GCR N 36.66CNY/KG

Weight Charge:36.0×36.66=CNY1 319.76

(2)采用较高重量分界点的较低运价计算

Chargeable Weight:45.0kgs

Applicable Rate:GCR Q 27.50CNY/KG

Weight Charge:27.50×45.0=CNY1 237.50

(1)与(2)比较,取运费较低者。即航空运费为 CNY1 237.50。

运用下列公式,可求得在两个相邻重量分界点之间,按较高重量分界点的起始重量与相应运价计算运费的起码重量,即

$$W_x = W_2 \times A_2/A_1$$

式中,W_x——以较高重量分界点的起始重量与相应运价计算运费的起码重量,单位为千克;

W_2——较高重量等级的起始重量,单位为千克;

A_2,A_1——相邻重量等级的运价,A_1 是较低重量等级,A_2 是较高重量等级,单位为元/千克。

2. 指定商品运价

(1)指定商品运价的分组和编号

指定商品运价(special commodity rate,SCR)是指适用于自规定的始发地至

规定的目的地之间运输特定品名货物而公布的低于普通货物运价的某些特殊指定商品的运价。所以，指定商品运价又称特种货物运价。就其性质而言，该运价是一种优惠性质的运价。指定商品运价根据不同的运价费率，有不同的最低重量规定，而且要遵守关于这类货物的最低运费并与该运价同时公布，而且往往都低于普通货物运价。使用指定商品运价计算航空运费的货物，其航空货运单的"Rate Class"一栏，用字母"C"表示。

指定商品运价是由参加"国际航空运输协会"的航空公司，根据在一定航线上有经常性特定品名货物运输的发货人的要求，或者为促进某地区的某种货物运输，向"国际航空运输协会"申请，经同意后而制定的。其目标是向发货人提供一个优惠的运价，以吸引货载，促进发货人充分有效地利用航空公司的运力。

"国际航空运输协会"在公布指定商品时，将货物划分为下列各品类，并注以编号：

1）0001～0999 食用动物和蔬菜产品。

2）1000～1999 活动物和非食用动物及蔬菜产品。

3）2000～2999 纺织品、纤维及其制品。

4）3000～3999 金属及其制品，不包括机械、车辆和电器设备。

5）4000～4999 机械、车辆及电器设备。

6）5000～5999 非金属矿产品及其制品。

7）6000～6999 化工品及其制品。

8）7000～7999 纸、芦苇、橡胶和木材及其制品。

9）8000～8999 科研和贵重的仪器及其零件。

10）9000～9999 其他货物。

其中，每一品类又细分为10分类小组，每个小组再细分，这样几乎所有商品都有一个对应的组号。公布指定商品运价时，只要指出本运价适用于哪一组货物就可以了。

（2）指定商品运价的使用规则

使用指定商品运价需要满足以下条件。

1）货物的始发地与目的地之间公布有指定商品运价。

2）托运人所交运的货物，其品名与有指定商品运价的货物品名相吻合。

3）货物的计费重量满足指定商品运价使用时的最低重量要求。

（3）运费计算

计算步骤：1）先查询运价表，如有指定商品代号，则考虑使用指定商品运价；2）查找 TACT RATES BOOKS 的品名表，找出与运输货物品名相对应的指定商品代号；3）如果货物的计费重量超过指定商品运价的最低重量，则优先使用指定商品运价；4）如果货物的计费重量没有达到指定商品运价的最低重量，则需要比较计算。

【例5-2】　北京运往大阪20箱鲜蘑菇共360.0千克，每件体积长、宽、高分别为60×45×25（厘米），计算航空运费。

公布运价如表5-2所示。

表5-2　所公布的运价

BEIJING		CN		BJS	
Y.RENMINBI		CNY		KGS	
OSAKA		JP	M	230.00	
N	37.51				
45	28.13				
0008	300	18.80			
0300	500	20.61			
1093	100	18.43			
2195	500	18.80			

解：查找TACT RKTES BOOKS的品名表，蘑菇可以使用0008（新鲜蔬菜和水果）的指定商品运价。由于货主交运的货物重量符合"0850"指定商品运价使用时的最低重量要求，运费计算如下：

Volume：$60×45×25×20=1\,350\,000$（cm^3）

Volume Weight：$1\,350\,000÷6\,000=225$（kg）

Chargeable Weight：360.0kg

Applicable Rate：SCR 0008/Q300　　18.80CNY/kg

Weight Charge：$360.0×18.80＝CNY6\,768.00$

注：在使用指定商品运价计算运费时，如果其指定商品运价直接使用的条件不能完全满足，例如货物的计费重量没有达到指定商品运价使用的最低重量要求，使得按指定商品运价计得的运费高于按普通货物运价计得的运费时，则按低者收取航空运费。

【例5-3】　上例中，如果货主交运10箱蘑菇，毛重为180千克，计算其航空运费。

解：（1）按指定商品运价使用规则计算

Actual gross weight：180.0kg

Chargeable Weight：300.0kg

Applicable Rate：SCR0008/Q300　　　18.80CNY/kg

Weight Charge：$300.0×18.80＝CNY5\,640.00$

（2）按普通运价使用规则计算

Actual gross Weight：180.0kg

Chargeable Weight：180.0kg

Applicable Rate：GCR/045 28.13CNY/kg

Weight charge：$180.0×28.13＝CNY5\,063.40$

对比（1）与（2），取运费较低者，即航空运费为 CNY5 063.40。

【例 5-4】 上例中，如果货主交运 2 箱蘑菇，毛重为 36 千克，计算其航空运费。

分析：由于货物计费重量仅 36 千克，而指定商品运价最低重量要求 300 千克，因此采用普通货物运价计算，求得较低运费。

解：（1）按 NORMAL GCR 运价计算运费

      Actual Gross weight：36.0kg

      Chargeable Weight：36.0kg

      Applicable Rate：GCR/N 37.51CNY/kg

      Weight Charge：36.0×37.51＝CNY1 350.36

（2）按 Q45 运价计算运费

      Actual Gross Weight 36.0kg

      Chargeable Weight：45.0kg

      Applicable Rate：GCR/Q45 28.13CNY/kg

      Weight Charge：45.0×28.13＝CNY1 265.85

对比（1）与（2），取运费较低者，即航空运费为 CNY1 265.85。

3. 货物的等级运价

货物的等级运价（class cargo rate，CCR）是指对某种特定商品在一般货物运价的基础上进行提价或优惠的价格。

货物等级运价没有航空运输协会制定的运价表，而是由在一般货物 N 级运价基础上增减一定百分比的形式构成。当某货物没有指定商品运价可适用时，方可使用合适的等级运价。

货物的等级运价仅适用于国际航空运输协会一定的业务区内或业务区间运输的少数货物。适用等级运价的货物有活动物、贵重货物、尸体或骨灰、机动车辆、书报期刊杂志类，以及作为货物托运的行李等。

（1）活动物运价

活动物运价（live animals）是指按照目的机场所处的航协区的不同以及不同的具体货物的差异，对具体航线上的具体货物的运价，各个航空公司都有自己的运价表，要严格按照公布的运价执行。而且针对这样的货物，很多航空公司仅仅规定了一个水平的运费，即不象普通货物那样存在货物的分界点。因此，不论货物的重量如何都按照这一运费而不能享受大批量货物运输带来的低运价。中国至世界各区的活动物运价如图 5-5 所示。

ALL LIVE ANIMALS Except:	IATA AREA(see Rule 1.2.2. "Definitions of Areas")								
	Within 1		Within 2 (see also Rule3.7.1.3）	Within 3	Between 1&2		Between 2 and 3	Between 3&1	
	to/from Canada	Other sectors			to/from Canada	Other sectors		to/from Canada	Other sectors
A. Baby Poultry less than 72 hours old B. Monkeys and Primates C. Cold blooded animals')	150% of appl. GCR *Except*:9 below	Normal. GCR *Except*:10 below	150% of Normal. GCR *Except*:1 below	Normal GCR *Except*:2,3,17 below	150% of appl. GCR *Except*:6,12 below	Normal GCR *Except*:6,14 below	Normal GCR *Except*:3,7,16 below	150% of appl. GCR *Except*:3 below	Normal GCR *Except*:3,13,15 below
A. BABY POULTRY less than 72 hours old	150% of appl. GCR *Except*:9 below	appl.GCR	Normal GCR *Except*:4 below	Normal GCR or over 45kgs *Except*:3,17 below	150% of appl. GCR *Except*:12 below	Normal GCR or over 45 kgs. *Except*:5,14 below	Normal GCR or over 45 kgs. *Except*:3,16 below	150% of appl. GCR *Except*:3 below	Normal GCR or over 45 kgs. *Except*:3,13,15 below
B. MONKEYS and PRIMATES	150% of appl. GCR *Except*:9 below	appl.GCR	150% of appl. GCR *Except*:1 below	Normal GCR *Except*:3,17 below	150% of appl. GCR *Except*:12 below	Appl.GCR *Except*:14 below	Normal GCR *Except*:3,16 below	150% of appl. GCR *Except*:3 below	appl.GCR *Except*:3, 15 below
C. COLD BLOODEDAN-IMALS')	125% of appl. GCR *Except*:8 below	Normal GCR *Except*:10 below	150% of Normal GCR *Except*:1 below	Normal GCR *Except*:2, 3,17 below	125% of appl. GCR *Except*:12 below	Normal GCR *Except*:14 below	Normal GCR *Except*:3,16 below	125% of appl. GCR *Except*:3 below	Normal GCR *Except*:3, 13,15 below

图 5-5　活动物运价

（TACT RULES 第 53 期 3.7.2，2001 年 10 月出版）

运价表中有关内容说明如下：

1）相关名称解释。

① BABY POULTRY，幼禽类，指出生不足 72 小时的幼禽。

② MONKEYS and PRIMATES，猴类和灵长类。

③ COLD BLOODED ANIMALS，冷血动物类。

④ ALL LIVE ANIMAL，指除上述三类以外的所有活动物。

表中的"Except"表示一些区域的运价规则与表中规则有例外的情况，使用时应严格按照 TACT－Rules 的规则要求，计算正确的航空运费。

2）运价规则的运用说明。

① "Normal GCR"，使用 45 千克以下的普通货物运价，如无 45 千克以下的普通货物运价，可使用 100 千克以下普通货物运价；不考虑较高重量点的较低运价。

② "Normal GCR or Over45kgs"，使用 45 千克以下的普通货物运价，或者 45 千克以上的普通货物运价；即使有较高重量分界点的较低运价，也不可以使用。

③ "Appl.GCR"，使用相适应的普通货物运价。

④"as a percentage of Appl.GCR",按相应的普通货物运价附加某个百分比使用。

注：运输动物所用的笼子等容器、饲料、饮用水等重量包括在货物的计费重量内。

3）活动物运输的最低收费标准。

① IATA 三区内，相应 M 的 200%。

② IATA 二区与三区之间，相应 M 的 200%。

③ IATA 一区与三区之间（除到/从美国、加拿大以外），相应 M 的 200%。

④ 从 IATA 三区到美国，相应 M 的 110%。

⑤ 从美国到 IATA 三区，相应 M 的 150%。

⑥ IATA 三区与加拿大之间，相应 M 的 150%。

注：对于冷血动物，有些区域间有特殊规定，应按规则严格执行。

【例 5-5】 从北京运往温哥华一只大熊猫，重 400.0 千克，体积尺寸长、宽、高分别为 $150 \times 130 \times 120$（厘米），计算航空运费。

公布运价如表 5-3 所示。

表 5-3　所公布的运价

BEIJING			CN	BJS
Y.RENMINBI			CNY	KGS
VANCOUVER	BC	CA	M	420.00
N	59.61			
45	45.68			
100	41.81			
300	38.79			
500	35.77			

解：查找活动物运价表，从北京运往温哥华，属于自三区运往一区的加拿大，运价的构成形式是"150% of Appl.GCR"。

运费计算如下。

1）按查找的运价构成形式来计算：

Volume: $150 \times 130 \times 120$（cm^3）$=2\,340\,000$（cm^3）

Volume Weight: $2\,340\,000 \div 6\,000 = 390.0$（kg）

Chargeable Weight：400.0kg

Applicable Rate：S 150% of Applicable GCR

$150\% \times 38.79 = 58.185$（CNY/kg）$\approx 58.19$（CNY/kg）

Weight Charge：$400 \times 58.19 = $ CNY23 276.00

2）由于计费重量已经接近下一个较高重量点 500KG，用较高重量点的较低运价计算：

Chargeable Weight：500.0kg

Applicable Rate：S 150% of Applicable GCR

$$150\%\times35.77=53.655\text{（CNY/kg）}\approx53.66\text{（CNY/kg）}$$

Weight Charge：$500.0\times53.66=$ CNY26 830.00

对比（1）与（2），取运费较低者。因此，运费为 CNY23,276.00。

【例 5-6】 从上海运往巴黎两箱幼禽，每一箱重 25.0 千克，体积尺寸长、宽、高分别为 $70\times50\times50$（厘米）$\times2$，计算航空运费。

公布运价如表 5-4 所示。

表 5-4　所公布的运价

SHANGHAI		CN		SHA	
Y.RENMINBI		CNY		KGS	
PARIS	FR		M	320.00	
N	68.34				
45	51.29				
500	44.21				

解： 查找活动物运价表，从上海运往巴黎，属于三区运往二区，运价的构成形式是 "Normal GCR or Over 45kg"。

运费计算如下：

按查找的运价构成形式来计算：

Total Gross Wight：$25.0\times2=50.0$（kg）

Volume：$70\times50\times50\times2=350\,000$（cm^3）

Volume Weight：$350\,000\div6000=58.33$（kgs）≈58.5（kgs）

Chargeable Weight：58.5kg

Applicable Rate：S Normal GCR or Over 45kg

$\qquad\qquad\quad 100\%\times51.29=51.29$（CNY/kg）

Weight Charge：$58.5\times51.29=$ CNY3 000.47

因此，运费为 CNY3000.47。

（2）贵重货物运价

贵重货物（valuable cargo）包括黄金、白金或其他稀有金属（如钯、铱钛、锇、铑）、白金合金、钻石（包括工业用钻石）、红宝石、蓝宝石、绿宝石、天然珍珠、现钞、有价证券、股票以及旅行支票等。在托运时，从价值上每一笔包括上述一种或几种物品每千克重量价值超过 1 000 美元，即被视为贵重货物。中国民航规定，凡申明价值为每千克毛重价值人民币 1 800 元或 1 800 元以上的货物，称为贵重货物。

中国至世界各地的贵重货物，按适用的普通货物 45 千克以下运价的 200% 收费。在 1～3 区，经北、中太平洋（朝鲜至美洲大陆各点除外）托运贵重货物 1 000 千克或 1 000 千克以上，按普通货物 45 千克以下运价的 150% 收费。

最低运费按普通货物最低运费的 200% 收取，但不得低于 50 美元或其等值货币。

【例 5-7】　Routing：Beijing，CHINA（BJS）to London，GB（LON）。

　　　　　Commodity：Gold Watch

　　　　　Gross Weight：32.0kg

　　　　　Dimensions：1 Piece 60×50×40cm

公布运价如表 5-5 所示。

表 5-5　所公布的运价

BEIJING		CN		BJS
Y.RENMINBI		CNY		KGS
LONDON		GB	M	320.00
N	63.19			
45	45.22			
300	41.22			
500	33.42			

解：运费计算为

Volume：$60×50×40=120\ 000$（cm³）

Volume Weight：$120\ 000÷6\ 000=20.0$（kg）

Chargeable Weight：32.0kg

Applicable Rate：S 200％of the Normal GCR

　　　　　　　　$200％×63.19=126.38$（CNY/kg）

Weight Charge：$32.0×126.38=CNY4\ 044.16$

因此，运费为 CNY4 044.16。

（3）尸体和骨灰运价

此类货物的运价不同的航空公司有着不同的规定，有的采用 N 运价，有的按 N 运价的 200％计收。此类货物不得办理运费到付，不得集中托运，即不能作为混装货物运输。

（4）报纸、杂志、定期刊物、书籍、目录、盲人读物及设备的运价

在 IATA 业务一区及一区与二区之间，按适用的普通货物 45 千克以下的 67％收费，其他区域内的上述货物，按适用的普通货物 45 千克以下运价的 50％收费。但若按 45 千克以上的 Q 运价计算的运费低于按此等级运价计算的运费，则按 Q 运价计收。最低运费按运价手册上公布的适用普通货物的最低运费执行，但不附减。

【例 5-8】　Routing：Beijing，CHINA（BJS）to ROME，IT（ROM）

　　　　　Commodity：Books

　　　　　Gross Weight：980.0kg

　　　　　Dimensions：20 Pieces 70×50×40 cm each

公布运价如表 5-6 所示。

解：运费计算为

Volume：$70 \times 50 \times 40 \times 20 = 2\,800\,000$（cm^3）

Volume Weight：$2\,800\,000 \div 6\,000 = 466.67$（kgs）$\approx 467.0$（kgs）

Chargeable Weight：980.0kg

Applicable Rate：R 50％ of the Normal GCR

$50％ \times 45.72 = 22.86$（CNY/kg）

Weight Charge：$980.0 \times 22.86 = CNY22\,402.80$

$1\,000.0 \times 28.71 = CNY28\,710.00$

因此，运费为 CNY22 402.80。

表 5-6　所公布的运价

BEIJING		CN		BJS	
Y.RENMINBI		CNY		KGS	
ROME		IT	M	320.00	
N	45.72				
45	37.98				
100	36.00				
500	31.26				
1000	28.71				

（5）作为货物运送的行李运价

作为货物运送的行李（baggage shipped as cargo）是指旅客本人的衣物和与旅行有关的其他私人物品，包括小型乐器、手提打字机、小型体育用品，但不包括机器零件、货币、有价证券、珠宝、手表、餐具、裘衣、胶卷、照相机、票据、文件、酒类、香水、家具、商品和销售样品等。

运价的适用范围如下：

1）在 IATA 业务二区内（全部航程为欧洲分区例外）。

2）在 IATA 业务三区内（至或从美国领地除外）。

3）在 IATA 业务二区与三区之间（至或从美国领地除外）。

4）在 IATA 业务一区与二区之间（至或从美国、美国领地至或从格陵兰岛例外）。

5）从 IATA 业务三区至 IATA 业务一区。

中国至三区的国家或地区以及中国至二区的国家或地区，但不包括美国领土、领地在内，按照适用的普通货物 45 千克以下运价的 50％收费。按此规定运价的10 千克运费与适用普通货物最低运费进行比较，取其高者作为 M 运费。

【例 5-9】 Routing：Beijing，CHINA（BJS）to Tokyo，JAPAN（TYO）

Commodity：Personal Effects

Gross Weight：25.0kg

Dimensions：1 Pieces 70×47×35（cm）

公布运价如表 5-7 所示。

解：运费计算如下。

Volume：70×47×35＝115 150（cm^3）

Volume Weight：115 150÷6 000＝19.19（kgs）≈19.5（kgs）

Chargeable Weight：25.0kg

Applicable Rate：R 50% of the Normal GCR

　　　　　　　　50%×37.51＝18.755（CNY/kg）≈18.76（CNY/kg）

Weight charge：　25.0×18.76＝CNY469.00

因此，航空运费为 CNY469.00。

表 5-7　所公布的运价

BEIJING		CN		BJS
Y.RENMINBI		CNY		KGS
TOKYO	JP		M	230.00
N	37.51			
45	28.13			

（6）机动车辆运价

除电力机动车辆外，运输机动车辆在 IATA 各区与三区之间按适用普通货物运价的200%收费。

4. 公布的直达运价的使用和特点

（1）航空货物运价的特点

1）所报的运价是指从始发地机场到目的地机场，而且只适用于单一方向。

2）是从机场到机场的运价，不包括其他额外费用，如提货、报关、交接和仓储费用等。

3）运价通常使用当地货币公布。

4）除起码运费外，公布的直达运价一般都以千克或磅为计算单位。

5）公布的直达运价，通常与飞机飞行的路线无关，但可能因承运人选择的航线不同而受到影响。

6）航空运单中的运价按出具运单之日所适用的运价计算。

（2）公布的直达运价的使用

1）航空运费计算时，应首先适用指定商品运价，其次是等级货物运价，最后是普通货物运价。

2）如按指定商品运价或等级货物运价或普通货物运价计算的货物运费总额低于所规定的起码运费时，按起码运费计收。

3）承运货物的计费重量可以是货物的实际重量或者体积重量，以高者为准；如果某一运价要求有最低运量则以最低运量为计费重量。

4）如果货物可以按指定商品运价计算，但货物重量没有达到指定商品运价的最低重量要求，则将采用指定商品运价计费与采用普通货物运价计费的结果相比较，取其低者。

5）如果指定商品同时又属于附加等级运价的货物，只允许将附加等级运价与指定商品运价的计费结果相比较，取其低者。

6）如果货物是属于附减的等级货物，即书报杂志类货物、作为货物运输的行李，将其按等级运价计费与按普通货物运价计费的结果相比较，取其低者。

五、非公布的直达运价

在《TACT Rates》中，如货物的始发地和目的地之间没有可适用的公布直达运价时，可以采用比例运价或分段相加运价的办法，组成最低全程运价，这些统称为组合非公布直达运价。

1. 比例运价

（1）比例运价（construction rate）的构成

在运价手册上公布的一种不能单独使用的运价附加数（add on amount），当货物的始发地至目的地无公布直达运价时，可采用此附加数与已知的公布直达运价相加，构成非公布直达运价，此运价就称为比例运价。

我们知道，指定运价的主要依据是航空运输距离及航空运输成本，因此在《TACT Rates》中都公布有至世界各主要城市的直达运价。但是为了缩短篇幅，《TACT Rates》中不可能将所有城市的运价都公布出来。为了弥补这一缺陷，方便使用者自行构成直达运价，根据运价制定的原则，规定了一个运价的比例范围，只要是运输距离在同一个距离的比例范围内或者接近这个范围，就可以采用以某一地点作为运价的相加点，然后用相加点至始发地或目的地的公布运价与相加点至目的地或始发地的运价附加数相加，便可以构成全程直达运价。虽然始发地点不同，或者是目的地不同，但相加的运价附加数都相同。例如，北京至美国长滩无公布的直达运价，但可以采用自纽约至长滩的运价附加数与北京至纽约的直达运价相加，构成北京至美国长滩的全程比例运价。

（2）比例运价的分类

在运价手册中所列的比例运价分为以下三类：

1）普通货物的比例运价，用"GCR"表示，只用于组成直达的普通货物运价。

2）指定商品的比例运价，用"SCR"表示，只用于组成直达的指定商品运价。

3）集装箱的比例运价，用"ULD"表示，只用于组成直达的集装箱设备运价。

（3）比例运价的使用规定

1）比例运价只适用于国际货物运输，不适用于国内货物运输。

2）采用比例运价时，必须遵守普通货物比例运价只能与普通货物运价相加、指定商品比例运价只能与指定商品运价相加、集装箱的比例运价只能与集装箱运价相加的原则。

3）采用比例运价构成直达运输时，比例运价可加在公布运价的两端，但每一端不能连加两个或者两个以上的比例运价。

4）当始发地或目的地可以经不同的运价组成点与比例运价相加组成不同的直达运价时，应采用最低运价。

5）运价的构成不影响货物的运输线路。

【例 5-10】 从上海运至亚历山大普通货物 15 千克，计算航空运费。其中，开罗－亚历山大运价附加数为 0.06EGP/千克。公布的航空运价如表 5-8 所示。

表 5-8　所公布的运价

SHANGHAI	CN		SHA
Y.RENMINBI	CNY		KGS
CAIRO	EGP	M	380.00
N	72.93		
45	61.99		

其中：1 美元＝6.82 元

1 美元＝5.63 埃及磅

解：由于上海至亚历山大无公布的直达运价，可按比例运价组成的运价进行计算。

上海—亚历山大运价：N=72.93+0.07=73.00。

1）按实际重量计算：

Chargeable Weight：15.0kg

Applicable Rate：GCR N 73.00CNY/KG

Weight Charge：15.0×73.00=CNY1 095.00

2）采用较高重量分界点的较低运价计算：

Chargeable Weight：45.0kg

Applicable Rate：GCR Q 62.06CNY/KG

Weight Charge：45.0×62.06=CNY2 792.70

因此，上海至亚历山大的航空运费为 CNY1 095.00。

2. 分段相加运价

所谓分段相加运价（combination rate）是指在两地之间既没有直达运价，同时也无法利用比例运价构成全程直达运价时，可以在始发地与目的地之间选择合适的运价计算点，分别找到始发地至该点、该点至目的地的运价，两段运价相加组成全程的最低运价。

在采用分段相加运价时，应严格遵守运价相加的有关规定，并选择若干个不同的运价计算点，相互进行比较，取运价最低者为分段相加运价。

无论是比例运价还是分段相加运价，中间计算点的选择也就是不同航线的选择，它将直接关系到计算出来的两地之间的运价。因此承运人允许发货人在正确使用的前提下，以不同结果中的最低值作为该货物适用的航空运价。

六、航空附加费

1. 声明价值

声明价值（valuation charges）是指航空运输的承运人与海运或铁路运输的承运人一样，都要对托运人承担一定程度的责任，为了限制其经营风险，一般要求将自己的责任限制在一定的范围内。根据《华沙公约》，对由于承运人自身疏忽或故意造成的货物灭失、损坏或延迟规定了最高赔偿责任限额。

在托运行李和货物运输中，承运人对行李或货物的责任以每千克 250 法郎为限，除非旅客或托运人在交运货物时特别声明在目的地点交付时的利益并支付附加费。在后种情况下，除非承运人证明声明的金额高于在目的地点交付时旅客或托运人的实际利益，承运人应当偿付到声明的金额。

目前，这一金额一般被理解为每千克 20 美元或每磅 9.07 英镑或其他等值货币。如果货物的价值超过了上述值，即增加了承运人的责任，承运人要收取声明价值费。否则，即使出现超出上述限额的损失，承运人对超出的部分不承担赔偿责任。

如果托运人托运的货物毛重价值在 20 美元/千克或其等值货物以上时，托运人要求在货物发生货损货差时，得到全额赔偿，托运人可以向承运人办理货物声明价值，并交纳声明价值附加费。声明价值附加费为货物的声明价值超过承运人赔偿限额部分的 0.5%，并与航空货物运费一同支付。

货物从中国始发，航空运单上所有表示费用金额的货币规定为人民币，声明价值应该为人民币数额，则声明价值附加数按下式计算：

$$声明价值附加费＝（货物声明价值－货物毛重×20 美元/千克 ×美元对人民币的汇率）×0.5\%$$

大多数航空公司在规定声明价值附加数费率的同时还要规定声明价值附加费的最低收费标准。如果根据上述公式计算出来的声明价值附加费低于航空公司的最低标准，则托运人要按照航空公司的最低标准缴纳声明价值附加费。

托运人填制的每份货运单的声明价值一般不超过 10 万美元或其等值货币。如果货物每千克价值超过 20 美元，发货人也可以不办理声明价值，只需要在运单上的有关栏中填上"N.V.D"（no value declared），表示无声明价值，但承运人的最高赔偿金额每千克毛重不超过 20 美元。托运人办理货物声明价值时，须按整批货物办理，不得办理部分声明价值或在整批货物中办理两种不同的声明价值。

【例5-11】 从北京运往伦敦一箱重25千克玉雕，声明价值为12 000元，计算航空运输费用。公布的直达航空运价表如表5-9所示，其中，1美元＝7.41元。

表5-9　所公布的运价

| BEIJING | CN | BJS |
Y.RENMINBI	CNY	KGS
LONDON	GB　　M	320.00
N	63.19	
45	45.22	
300	41.22	
500	33.42	

解：Valuation Charges：（12 000.00－20×7.41×25）×0.5％＝41.48元

Chargeable Weight：25.0kg

Applicable Rate：GCR N63.19CNY/KG

Weight Charge：25×63.19＝CNY1 579.75

All Charges：1 579.75+41.48=CNY1 621.23

因此，航空运费为CNY1 621.23。

2. 其他附加费

其他附加费包括运费到付手续费、危险货物操作手续费、航空运单费、货物提取费、中转手续费、地面运输费等。

还有一些航空运输服务业务随着航空运输业的发展将逐渐发展起来，例如：国际优先运输货物服务、小件货物运输服务、代垫付款等。相应的收费项目和收费规则有待逐步完善。

小　　结

本章通过对航空货物运输基本知识的介绍，分别阐述了国际航空货物运输进、出港作业程序，及国际航空货运方式。通过学习了解并掌握国际航空货物运输单据的流转及运费的结算。

案 例 分 析

航空货物运输合同在运输合同中是特殊的，航空运输的每一环节均有该行业的规章调整，大部分还有国际公约或协定、协议。对航空货物运输过程中发生的灭失、损坏，承运人或其代理人承担的是一种限制责任，称为责任限额。因国内航空货物运输赔偿责任限额过低，近年来引发了较多的纠纷。下面具体介绍一例。

上诉人（原审原告）：张××，男，汉族

被上诉人（原审被告）：广州市××航空服务有限公司××分公司

被上诉人（原审被告）：广州市××航空服务有限公司

上诉人张×因货运合同纠纷一案，不服广州市东山区人民法院（2005）东法民一初字第×××号民事判决，向高院提起上诉。本院依法组成合议庭审理了本案，现已审理终结。

原审查明：2004 年 9 月 4 日，上诉人将旧手机配件一批交到被上诉人广州市××航空服务有限公司××分公司处托运，该公司的工作人员应上诉人要求在《航空货运单》上填写有关内容，订明：始发站广州，目的站济南，收货人夏亮，计费重量 9kg，货物品名为配件，付款总额为 100 元（包括航空运费 56 元，地面运费 10 元，其他费用 25 元，保险费 8 元）。在该货运单上上诉人无填写"运输声明价值"和"运输保险价值"。被上诉人广州市××航空服务有限公司××分公司后将上诉人托运货物交由广州市盈润运输有限公司承运，广州市盈润运输有限公司再交由广州市白云国际机场地勤服务有限公司装卸服务部承运时，上诉人托运的货物发生了破损，其中损坏的旧手机配件、翻新手机配件共 74 台（套）。上诉人、被上诉人对赔偿数额协商未果，上诉人遂诉至本院。另查，上诉人托运货物保险费率为 4‰。

原审法院认为：广州市××航空服务有限公司××分公司以其名义与上诉人订立航空货运单，是《中华人民共和国民用航空法》第一百三十七条第一款规定的缔约承运人，上诉人与广州市××航空服务有限公司××分公司因航空货运合同关系产生的纠纷应适用该法律进行调整。广州市××航空服务有限公司××分公司作为缔约承运人应当对合同约定的全部运输负责。《中华人民共和国民用航空法》第一百二十八条第一款规定：国内航空运输承运人的赔偿责任限额由国务院民用航空主管部门制定，报国务院批准后公布执行。民航总局依据《中华人民共和国民用航空法》的规定，制定了《中国民用航空国内货物运输规则》，该规则第四十五条规定：货物没有办理声明价值的，承运人按照实际损失的价值进行赔偿，但赔偿最高限额为毛重每公斤人民币 20 元。本案上诉人托运时无声明货物价值，依据该规定被上诉人广州市××航空服务有限公司××分公司按照货物重量 9kg赔偿上诉人货物损失 180 元。被上诉人广州市××航空服务有限公司××分公司称收取上诉人保险费 8 元后已为上诉人投保，但并无证据证明，该公司应承担未为上诉人及时投保而造成上诉人的损失，现该公司同意按货物相应的保险费率 4‰赔偿上诉人损失即 2 000 元合理，法院予以支持。上诉人向广州市××航空服务有限公司××分公司交纳了 100 元，但该公司没有履行承运义务造成上诉人货物受损，该公司应退还上诉人 100 元。因广州市××航空服务有限公司××分公司是广州市××航空服务有限公司的分支机构，不能独立承担民事责任，应由广州市××航空服务有限公司共同承担赔偿责任。上诉人无声明货物价值而要求两被上诉人赔偿货物全部损失无法律依据，本院不予支持。综上所述，依照《中华人民共和国合同法》(以下简称《合同法》)第三百一十二条、《中华人民共和国民用航空法》(以下简称《民航法》)第一百二十八条第一款、第一百三十八条、《中国民用航空货物国内运输规则》第四十五条的规定，判决如下：

一、被上诉人广州市××航空服务有限公司、广州市××航空服务有限公司××分公司在本判决发生法律效力之日起 3 日内赔偿上诉人张×损失 2 180 元。逾期付款，逾付部分按《中华人民共和国民事诉讼法》第二百三十二条的规定执行。

二、被上诉人广州市××航空服务有限公司、广州市××航空服务有限公司××分公司在本判决发生法律效力之日起 3 日内退还张×费用 100 元。逾期付款，逾付部分按《中华人民共和国民事诉讼法》第二百三十二条的规定执行。

本案受理费 1 167 元由上诉人张×负担 1 066 元，被上诉人广州市××航空服务有限公司、广州市××航空服务有限公司××分公司负担 101 元，该费上诉人起诉时已预付，两被上诉人应在本判决生效之日起将应负担受理费 101 元交付给上诉人。

判后，张×不服，上诉称：原审适用法律错误，本案只是一般货物运输合同，上诉人并没有签订航空运输合同，应由《合同法》调整，不能使用《民航法》，按合同法规定，被上诉人应全额赔偿。原审认定事实不清，航空货运单是由被上诉人的工作人员填写，没有明确告知如何声明价值，如何购买保险，一旦运输中出现货物损坏时，就能得到最大限度赔偿，被上诉人负有不可推卸的责任，被上诉人存在过错，理应全额赔偿。

被上诉人答辩双方的合同从形式上、内容上都是航空运输合同，货运单虽然是被上诉人的工作人员填写，但上诉人并无异议，应当视为上诉人代托运人填写而接受，并对其内容负责。同意原审判决，请求维持原判。

经审理查明：双方当事人对原审查明事实部分无异议，本院予以确认。

另查明：航空货运单有一栏"储运注意事项及其他"，该栏注明"请注意：请如实申报货物价值。如不如实申报价值的货物发生灭失、损坏或被冒领的赔偿价值以航空货运单货物价值栏注明的价值为准，造成赔偿不足的责任由托运人或收货人负责。"

思考题

1. 一审判决中所采用的《中华人民共和国航空法》是否具备法律依据？
2. 在航空货物运输中无声明价值时，发生货损货差应如何进行赔付？

练 习 题

一、选择题

1. （   ）是各国航空货运企业之间的联合组织。
   - A. 国际货运代理人协会
   - B. 国际航空运输协会
   - C. 国际民用航空组织
   - D. 国际货物发运人协会

2. 由航空货运公司在办理集中托运业务时签发给每一发货人的运单称为（   ）。
   - A. 航空分运单
   - B. 航空主运单
   - C. 国际货物托运书
   - D. 出境货物通关单

3. 当运送的货物体积质量大于实际质量时，应按（   ）来计费。
   - A. 实际质量
   - B. 体积质量
   - C. 集中托运货物的计费质量
   - D. 计费质量

4. 航空主运单正本的份数为（   ）。
   - A. 1 份
   - B. 2 份
   - C. 3 份
   - D. 4 份

5. 北京至香港航线属于（   ）。
   - A. 国际航线
   - B. 国内干线航线
   - C. 地区航线
   - D. 跨区航线

6. International Air Transport Association（IATA）是（   ）。
   - A. 政府间的国际机构
   - B. 企业间的联合组织
   - C. 行业间的组织
   - D. 私人间的组织

7. 航空公司货运代理公司的主要业务是办理（   ）。
   - A. 部分包机
   - B. 整包机
   - C. 集中托运
   - D. 联合运输

8. 当一笔普通航空货物计费重量很小时，航空公司规定按（   ）计收运费。
   - A. 特种运价
   - B. 声明价值费用
   - C. 起码运费
   - D. 指定运价

9. 普通货物运价适用于（   ）。
   - A. 指定等级的货物
   - B. 指定商品运价
   - C. 特定商品、特定品名的运价
   - D. 一般普通货物

10. 由于航空货运单所填内容不准确、不完全，致使承运人或其他人遭受损失，（   ）负有责任。
   - A. 托运人
   - B. 承运人
   - C. 代理人
   - D. 机场服务人员

二、计算题

1. Routing：Beijing，CHINA（BJS）
   to Tokyo，JAPAN（TYO）

Commodity：MOON CAKE

Gross Weight：1 Piece，5.8kg

Dimensions：1 Piece，42×35×15 cm

计算该票货物的航空运费。

公布运价如表 5-10 所示。

表 5-10　所公布的运价

BEIJING		CN		BJS
Y.RENMINBI		CNY		KGS
TOKYO	JP			M 230.00
N 37.51				
45 28.13				

2. Routing：Beijing，CHINA（BJS）
   To Portland，U.S.A（PDX）

Commodity： FIBRES

Gross Weight：22 Pieces，EACH 70.5 kg

Dimensions：22 Pieces，82×68×52cm

计算该票货物的航空运费。

公布运价如表 5-11 所示。

表 5-11　所公布的运价

BEIJING		CN	BJS
Y.RENMINBI		CNY	KGS
PORTLAND		U.S.A.	M 420.00
N	59.61		
45	45.68		
100	41.81		
300	38.79		
2211	300	27.29	
2211	1500	25.49	

3. Routing：Shanghai，CHINA（SHA）
   To Pairs，FRENCH（PAR）

Commodity：Jewelry

Gross Weight：55.3kg

　　Dimensions：1 Piece，82×48×32cm

　　Valuation Charges：250 000

计算该票货物的航空运费。

公布运价如表 5-12 所示。

表 5-12　所公布的运价

SHANGHAI	CN	SHA
Y.RENMINBI	CNY	KGS
PARIS（PAR）	FR	M 320.00
N　52.81		
45　44.46		
100　40.93		

三、简答题

　　1. 简述集中托运的优势。

　　2. 简述航空运单的性质。

　　3. 国际航空货运有哪几种方式？

　　4. 简述航空快递与传统航空货运业务、邮政运送业务的区别。

　　5. 什么是等级运价？哪些货物适用于等级运价？

第六章 管道运输

学习目标

通过学习，掌握管道运输的基本概念，管道运输与其他运输方式比较有哪些优缺点，管道的分类、安装及技术要求，了解国内外管道运输的发展概况，我国管道运输的发展前景，掌握输油管道、天然气管道、固体料浆管道运输系统的分类及其基本组成，和输油（气）工艺的一般原理，掌握管道生产管理的基本内容和要求。

第一节 管道运输系统的发展及其特性

一、管道运输的概念

管道在我国是既古老又年轻的一种运输方式。早在公元 2 世纪，我国劳动人民就创造了用竹管送水的方法，后来在四川省中部发明了用竹管输送天然气和卤水，推动了井盐工业的发展。到 10 世纪末期，四川自流井输送天然气的竹管道就有 10 多条，总长达二三百千米。但以钢管为材料、备有机械动力装置的现代化管道运输，在旧中国则根本没有。

管道运输（pipeline transport）是指由大型钢管、泵站和加压设备等组成的运输系统完成物料输送工作的一种运输方式。

二、管道运输的特点

1. 管道运输的优点

使用管道设备、设施来完成物质资料运送的运输方式称为管道运输，如较远距离地输送石油、天然气等，都可以使用管道运输。在五大运输方式中，管道运输有着独特的优势。在建设上，与铁路、公路、航空相比，投资要省得多。就石油的管道运输与铁路运输相比，交通运输协会的有关专家曾算过一笔账：沿我国成品油主要流向建设一条长 7 000 千米的管道，它所产生的社会综合经济效益，仅降低运输成本、节省动力消耗、减少运输中的损耗三项，每年就可以节约资金数 10 亿元左右；而且对于具有易燃特性的石油运输来说，管道运输更有着安全、密闭等特点。在油气运输上，管道运输有其独特的优势，一是于它的平稳、不间断输送。对于现代化大生产来说，油田不停地生产，管道可以做到不停地运输，炼油化工工业可以不停地生产成品，满足国民经济的需要；二是实现了安全运输。对于油气来说，汽车、火车运输均有很大的危险，国外称之为"活动炸弹"，而管道在地下密闭输送，具有极高的安全性；三是保质。管道在密闭状态下运输，油品不挥发，质量不受影响；四是经济。管道运输损耗少、运费低、占地少、污染低。成品油作为易燃易爆的高危险性流体，最好的运输方式应该是管道输送。与其他运输方式相比，管道运输成品油有运输量大，劳动生产率高；建设周期短，投资少，占地少；运输损耗少，无"三废"排放，有利于环境生态保护；可全天候连续运输，安全性高，事故少；以及运输自动化，成本和能耗低等明显优势，具体如下：

1）因为基本上没有可动部分，所以维修方便，费用低。

2）因为连续不断地进行输送，所以效率高，并可以大量输送。

3）管道一般埋在地下，节省人力和土地。

4）事故较少、比较安全，对环境污染少。

2. 管道运输的缺点

1）较长距离的管道运输主要适用于液体和气体的输送，一般固体物资不适宜采用管道运输。

2）管道运输一般用于连续性运输的物资，对于运输量较小或者不连续需求的物料（包括液体和气体物资），也不适宜于用管道运输，而常采用容器包装运输。

3）管道运输路线一般是固定的，管道设施的一次性投资也较大。

三、管道安装与监控技术

管道运输技术包括管道设计、管道安装、管道检测、管道的防腐和保温、物料输送等方面的技术，下面简要介绍管道安装和监控技术。

1. 管道的分类及安装

管道也分多种类型，按管道的材料划分，常用的管道有金属管道、塑料管道、玻璃钢管道和其他管道等；按管道的应用范围划分，管道包括输气管道、输原油管道、输成品油管道、水管道和海洋管道等。管线的铺设方式有在地下、地上和架空安装管道。

2. 管线实时监控系统

物料在管道运输过程中，对其运输状态需要进行实时监控，发现问题及时处理。下面以胜利油田使用的输油管线实时监控与防盗系统为例，介绍针对输油管线泄漏和盗油现象的自动监控报警系统。该系统将负压波法和输差检漏法相耦合，经多次试验改进，已成为技术成熟的智能定位报警系统。

利用高性能仪表对管线的压力、流量、温度等信号进行跟踪测量，由信号处理器（signal processor，SP）2.0完成对信号的高速采集、滤波和降噪等预处理，预处理以后的数据通过上位机的智能诊断系统（smart diagnosis system，SDS）2.0，SDS2.0利用先进的多尺度小波变换算法和智能神经网络模式，提高了系统的检测速度与抗干扰能力，先进的智能辨识算法使系统具有在线自学习功能，提高了系统的容错性和精度，形成了一种全新的检测、定位系统。

四、国内外管道建设情况

1. 国外管道建设情况

在国外工业发达国家，管道运输比较普遍，2000年全世界建设管线26 885千米，世界能源环境的变化影响着未来的管道建设，20世纪下半叶，前苏联曾在极其短暂的时期内建成了输送天然气、原油和成品油的干线管道系统，其长度、输量和复杂程度堪称举世无双。这一管道系统是20世纪世界上规模最大的工程设施，其干线管道的总长度达21.5万千米。

前苏联的人口只占世界人口的2%，而自然资源却占世界的30%。前苏联是世界上的能源大国：它拥有世界石油储量的13%，天然气储量的45%，煤炭储量的12%。至于海洋油气田的开发目前仅仅是开始，在萨哈林大陆架已经开采出第一批原油。虽然目前的勘探程度还很低，但初步探明的大陆架油气资源折合成原油已达1 000亿吨，占世界的20%～25%。巴伦支海、伯朝拉海和喀拉海大陆架最具发展前景，这些地方集中了初步探明油气资源的80%以上。

据前苏联能源部预测，到2010年，原油的年开采量应达到3.10亿～3.35亿吨，天然气的年开采量将增加15%～20%，达到7 000亿～7 350亿立方米。石油的年加工能力应达到2亿～2.1亿吨。干线管道将承担上述产品的全部或几乎全部的运输任务。

在美国仅2000年就建设管线8 333千米。

2. 我国管线建设情况

改革开放以来，我国的管道运输得到了较快发展，逐步形成了一些局部网络。截止2000年，我国共建成输原油管线9 212千米、输成品油管线151千米、输气管线2 127千米、输水管线156千米。

（1）原油管道

华北地区的大港油田、华北油田都铺设有外输原油管道，华北地区的炼化企业，有地处北京燕山的东方红炼油厂和大港炼油厂、天津炼油厂、沧州炼油厂、石家庄炼油厂、保定炼油厂、内蒙古呼和浩特炼油厂。原油管道总长度1 847.4千米。

中部地区油田，分布在湖北和河南两省境内，有江汉油田、河南油田和中原油田，主要炼油企业有湖北荆门炼油厂和河南洛阳炼油厂。原油管道总长度 1 347.5 千米。

东北地区是原油生产的主要基地，有大庆油田、辽河油田和吉林油田，原油产量大约占全国总产量的 53.5%，原油管道达 3 399.6 千米。

华东地区主要油田为山东胜利油田，是继大庆油田之后建成的第二大油田。胜利油田投入开发后，陆续建成了东营至辛店（1965 年），临邑至济南（1972 年）两条管道，直接通向齐鲁和济南的两个炼厂输油。1974 年，东营至黄岛管道建成后，原油开始从黄岛油港下海转运；1975 年后，开工修建了山东至仪征、东营至临邑的管道，开成了华东管道网，原油又可从工江仪征油港水路转运。1978 年建成河北沧州至临邑、1979 年建成河南濮阳至临邑的管道，华东油田和中原油田的部分原油，也进入了华东原油管网。长江北岸的仪征输油站（油库）成为华东地区最大的原油转运基地，除供应南京炼油厂用油外，通过仪征油港转运长江沿岸各炼油厂。华东地区原油管道总长度 2 718.2 千米。

西北地区是 50 年代初全国石油勘探的重点地区。1958 年在甘肃兰州建成了中国第一座引进的现代化炼油厂——兰州炼油厂。1958 年 12 月建成的克拉玛依至独山子原油管道，是中国长输管道建设史的起点。西北地区原油管道总长 4 102.7 千米。

（2）陆上成品油管道

中国最早的长距离成品油管道是 1973 年开工修建的格拉成品油管道，起自青海省格尔木市，终于西藏自治区拉萨市，1977 年 10 月全部工程基本完工。管道全长 1 080 千米，年输送能力 25 万吨。

格拉成品油管道由中国人民解放军总后勤部组织修建，由总后勤部青藏兵站部输油管线团进行。格拉线穿越长江源头楚玛尔河、沱沱河、通天河等 108 处河流，翻越昆仑山、唐古拉山等 9 座大山。有 900 多千米管道处于海拔 4 000 米以上（最高处 5 200 多米）的严寒地区，有 560 千米铺设在常年冻土地带。冻土层厚度从几米到上百米，还有厚层地下水、热融滑塌等特殊不良地质现象。难题多、施工难度非常大。格拉线是国内首次采用的顺序输送工艺，顺序输送汽油、柴油、航空煤油和灯用煤油四个品种五种型号的油品。同时也为青藏公路沿线的加油站和拉萨供油，军民两用。

距离较长的成品油管道还有 1995 年建成的抚顺石化至营口鲅鱼圈管道，全长 246 千米；1999 年建成天津滨海国际机场和北京首都国际机场的管道，全长 185 千米；2000 年 10 月 22 日开工建设的兰州至成都至重庆的管道，全长 1 200 多千米，目前正在建设中。

（3）西气东输工程

西气东输工程是我国"十五"期间安排建设的特大型基础设施，总投资预计超过 1 400 亿元，其主要任务是将新疆塔里木盆地的天然气送往豫皖江浙沪地区，

沿线经过新疆、甘肃、宁夏、陕西、山西、河南、安徽、江苏、上海、浙江 10
个省市区。西气东输工程包括塔里木盆地天然气资源勘探开发、塔里木至上海天
然气长输管道建设以及下游天然气利用配套设施建设。西气东输工程主干管道全
长 4 000 千米左右，输气规模设计为年输商品气 120 亿立方米，建成后将成为我国
第一条大口径、长距离、高压力、多级加压、采用先进钢材并横跨长江下游宽阔
江面的现代化、世界级的天然气干线管道。

西气东输工程管线以新疆塔里木轮南油田为起点，经库尔勒、库米什、南湖
戈壁，甘肃柳园、张掖、武威，宁夏甘塘、中卫，陕西靖边，山西临汾，河南郑
州，安徽定远，江苏南京，最后抵达上海。

在西气东输的试验段上，管道施工不仅有着机械化的流水作业，采用了许多
新技术、新设备（如全自动焊机、大吨位的吊管机等），还采用了第三方监理、
HSE 等国际通行的先进施工管理，反映出中国管道的施工能力已经接近国际先进
水平。

西气东输管道工程将采用一个由信息管理系统、生产自动化系统和卫星通信
系统组成的综合信息管理系统，这样可以在保证工程建设和管理更加迅捷、科学
的同时，为社会公众提供更方便的信息服务。在这个系统的管理下，公司的管理
和技术人员在任何有因特网的地点都可以足不出户地监控管道的运行状况，并通
过因特网进行异地指挥和控制。该系统中的模拟仿真系统还可以对管道全线进行
动态模拟分析、管道泄漏检测及定位，从而为管道安全、平稳、高效地运行提供
依据。

（4）其他输气管道

靖边至北京的陕京线，是国内第一条长距离、大口径和高度自动化的输气管
道。1996 年 3 月开工，1997 年 9 月 10 日建成，全长 918.42 千米，设计压力 6.4
兆帕，年输气能力不加压 13.2 亿立方米。

陕京干线起自陕西省靖边县长庆气田天然气净化厂，终于北京石景山区衙门
口，途经陕西、山西、河北、北京三省一市 22 个县，并穿过三条地震带，翻越吕
梁山、恒山、太行山三座山脉，穿越无定河、秃尾河、窟野河、黄河、永定河五
条大河。全线穿越河流 230 处、铁路 21 处、大型公路 131 处。为适应调峰需要，
2000 年 1 月 6 日建成大张坨地下贮气库和 118.5 千米配套管线工程，调峰能力为
500 万立方米/日，年有效调峰量 6 亿立方米。

鄯乌线（鄯善至乌鲁木齐），1995 年 9 月 26 日开工，1996 年 9 月 30 日竣工，
1997 年 3 月 10 日正式供气。全长 301.6 千米。穿越河流 6 处、铁路 6 处、公路
79 处。

鄯乌线是国内自动化程度较高的输气管道，首次采用了环氧粉末喷涂防腐。
国内首次采用同沟敷设有通信光缆，长度 310.78 千米。

新疆塔里木油田，有油藏也有气藏。气藏储藏丰富，开发远景大，1996 年累

计探明天然气储量 305.23 亿立方米，1996 年开始铺设输气管道。20 世纪末，探明天然气储量已达 5 000 多亿立方米。已建输气管道有塔轮线、轮库线，西气东输至上海的干线也从这里出发。

塔中至轮南（塔轮线）。1995 年 7 月 1 日开工，1996 年 8 月 16 日竣工，全长 302.15 千米，是中国第一条沙漠气线，与塔轮输油管线和通信光缆同沟铺设。

河南濮阳至沧州（中沧线）。1985 年 4 月 1 日开工，1986 年 4 月 28 日竣工，8 月 7 日向沧州化肥厂供气。全长 361.89 千米，设计压力 5.1 兆帕，年输气能力 6 亿立方米。管道穿越铁路 4 处、公路 38 处、河流 92 处。首站装有引进的半人马座 T4500 型燃气轮机及两台离心式压缩机和配套的附属设备，是国内输气管道第一次采用压气设备。

五、中国管道运输建设的发展前景

在管道线路施工上，20 世纪 70 年代以前，绝大部分依靠人力用简单的施工工具施工，年施工能力 100 千米左右；70 年代后，有了管道专用施工装备，效率大大提高，形成了专业化施工企业，年施工能力提高到 500 千米；80 年代施工能力进一步地提高，普遍采用了机械化组装，焊接技术也由传统的上向焊改为手工下向焊，定向钻开始应用到穿越工程中（1985 年管道三公司引进了当时国际上最先进的 RB-5 型定向钻机及配套机组）；到 90 年代，专业化队伍年施工能力可达 3000 千米，有了半自动焊和全自动焊设备，以及热、冷弯管机等设备，穿（跨）越的手段越来越多，各种复杂地区的施工经验越来越规范化，能力也越来越强。

在今后几年，我国将建设一批大型管道运输项目。

1）在原油管道上，中国石油将建设从哈萨克斯坦到中国的管道，2003 年全长 448 千米的肯基亚克—阿特劳输油管（哈萨克斯坦—中国跨国输油管道的一期工程）投产，这条管道由哈萨克斯坦石油运输公司和中国石油勘探开发公司（CNPC）共同兴建。今天向西部和阿特劳—萨马拉输油管以及里海管道财团输送位于阿克纠宾州境内（哈萨克斯坦西北部）的石油。将来两条输油管道投产后就可以将哈萨克斯坦的西部和东部连接起来并将石油输送到中国，而现在是通过铁路运送的。2004 年 9 月底开始铺设阿塔苏—阿拉山口输油管段，它的起点是卡拉干达州的阿塔苏泵站的铁路装油栈桥，然后延伸到离中国边界不远的德鲁日巴铁路终端，最后进入中国的阿拉山口。管道长度 962.2 千米，设计每年输油能力 2 000 万吨，运营初期每年输油能力 1 000 万吨，该工程 2005 年 11 月竣工，现已全线贯通，达到投产条件。

根据哈萨克斯坦石油天然气公司和 CNPC 达成的协议，建成全长 752 千米的肯基亚克—阿拉尔斯克—库姆科尔输油管（3 座泵站，管径 813/914 毫米）之后，就要考虑完成哈—中跨国输油管道的下一部发展阶段，而后将 3 条管道纳入统一运输系统。整个项目的完工日期估计是 2011 年。

2）天然气管道建设将是未来中国管道建设中最热的热点，在未来一段时间内中国将建设大批的天然气管道。继西气东输管线之后，中国还将启动"俄气南送"工程，该管线计划2005～2007年建成投产，该项目对我国东北和环渤海地区的发展将具有重大的政治和经济意义。此外，为了改善东南沿海地区经济增长迅速、缺少能源的状况，经国家批准，广东珠江三角洲地区将首先引进国外液化天然气资源，作为LNG项目的试点，管道建设的前期工作目前已经全面启动（中国石油天然气集团公司管道局管道工程有限公司已经中标该工程的概念设计和基本设计），该管线由一条主干线及两条支线组成，全长327千米，主干线由深圳至广东，工程计划投资12亿元人民币，已于2006年7月全线贯通。另外，为了使近海天然气登陆，我国还将建设山东胶东半岛天然气管网、东海春晓气田向浙江供气的东海天然气管道、南海气田向海南和广西的管线等。最后，由四川忠县到武汉的全长700多千米的忠武天然气管道的建设也正在积极的准备之中，该管道将向湖南和湖北供气；为了扩大陕北气的供应，有力地支持2008年北京举办奥运会，陕京复线也即将建设；为了实现山东省的"蓝天碧水工程"，中国石化还将建设一条136千米长的、由济南至淄博的管道，该管道目前正在加紧设计之中。这些管道的建设将有力地推动相关产业的发展和保证城市天然气市场的快速增长。

3）成品油管道的建设是我国实行可持续性发展和西部大开发战略的又一举措。除正在建设的兰成渝管道外，我国还将建设一条由广东茂名至云南昆明的管线，该管线采用500～700毫米口径的变径，全长2 000千米，目前正处于预研阶段。

第二节　管道运输系统的分类及其基本组成

一、输油管道

长距离输油管道由输油站和管线两大部分组成。输送轻质油或低凝点原油的管道不需加热，油品经一定距离后，管内油温等于管线深埋处的地温，这种管道称为等温输油管，它无须考虑管内油流与周围介质的热交换。对易凝、高粘油品，不能采用这种方法输送，因为当油品粘度极高或其凝固点远高于管路周围的环境温度时，每千米管道的压降将高达几个甚至几十个大气压，这种情况下，加热输送是最有效的办法。因此，热油输送管道不仅要考虑摩阻的损失，还要考虑散热损失，输送工艺更为复杂。

输油管道的起点称为首站，沿途设有中间泵站，末站接受输油管道送来的全部油品，供给用户或以其他方式转运，故末站有较多的油罐和准确的计量装置。

输油站包括首站、末站、中间泵站等。

输油管道的线路（即管线）部分包括：管道，沿线阀室，穿越江河、山谷等的设施和管道阴极防腐保护设施等。为保证长距离输油管道的正常运营，还设有供电和通讯设施。

长距离输油管道由以下部分组成：井场；输油站；来自油田的输油管；首站灌区和泵房；全线调度中心；清管器发放室；首站锅炉房；微波通讯塔；线路阀室；维修人员住所；中间输油站；穿越铁路；穿越河流；穿越工程；车站；炼厂；火车装油线桥；油轮码头。

二、天然气管道

（一）输气管道的组成

输气管道系统主要由矿场集气网、干线输气管道（网）、城市配气管网以及与此相关的站、场等设备组成。这些设备从气田的井口装置开始，经矿场集气、净化及干线输送，再经配气网送到用户，形成一个统一的、密闭的输气系统。主要由以下部分组成：井口装置；集气支线；集气站；集气总站；集气干线；气体处理厂；压缩机首站；输气干线；截断阀；压缩机中间站；输气支线；穿（跨）越；储气库；城市配气管阀；配气站；压缩机末站。

我国是世界上最早使用管道输送天然气的国家之一。1600年左右，竹管输气已有很大发展。但第一条现代意义的管道却是1963年在四川建成的、管径426毫米、长度55千米的巴渝线。从全世界来看，18世纪以前主要是用木竹管道运输，1880年首次出现蒸汽机驱动的压气机，19世纪90年代钢管出现后，管道运输进入工业性发展阶段。到20世纪80年代，全世界的输气管道约近90万千米。美国、西欧、加拿大及前苏联等国家均建成了规模较大的输气管网甚至跨国输气管道。

（二）输气管道运输设备及工作原理

1. 矿场集气

集气过程从井口开始，经分离、计量、调压、净化和集中等一系列过程，到向干线输送为止。集气设备包括井场、集气管网、集气站、天然气处理厂、外输总站等。

一般气田的集气有单井集气和多井集气两种流程。单井集气方式下的每一口井场除采气树外，还有一套独立完整的节流（加热）、调压、分离、计量等工艺设施和仪表设备。多井集气方式下，主要靠集气站对气体进行节流、调压、分离、计量和预处理等工作，井场只有采气树。气体经初步减压后送到集气站，每一个集气站可汇集不超过10口井的气体。集气站将气体通过集气管网集中于总站，外输至净化厂或干线。多井集气处理的气体质量好，劳动生产率高，易于实现管理自动化，多用于气田大规模开发阶段。

单井集气与多井集气都可采用树枝形或环形集气管网。环形管网可靠性好，但投资较大。由于气井井口压力较高，集气管道工作压力一般可达 1×百万帕斯卡以上。

2. 输气站

输气站又称压气站。核心设备是压气机和压气机车间。任务是对气体进行调压、计量、净化、加压和冷却，使气体按要求沿着管道向前流动。由于长距离输气需要不断供给压力能，故沿途每隔一定距离（一般为 110～150 千米）设置一座中间压气站（或称压缩机站），首站也是第一个压气站，当地层压力大至可将气体送到第二站时，首站也可不设压缩机车间。第二站开始称为压气站，最后一站即干线网的终点：城市配气站。压气站也可按作用分为压气站、调压计量站、储气库两类。调压计量站多设在输气管道的分输处或末站，其作用是调节气体压力、测量气体流量，为城市配气系统分配气量并分输到储气库；储气库则设于管道沿线或终点，用于解决管道均衡输气和气体消费的昼夜及季节不均衡问题。

压气站站址的选择要求地面平坦，有缓坡可排水，土壤承载能力不低于 0.12 百万帕斯卡。地下水位低，土壤干燥，站址尽量靠近已有的道路系统和居民区以减少建筑费用、便于安排职工生活。

3. 干线输气

干线是指从矿场附近的输气首站开始到终点配气站为止。

由于输气管道输送的介质是可压缩的，其输量与流速、压力有关。压缩机站与管路是一个统一的动力系统。压缩机的出站压力就是该站所属管路的起点压力，终点压力为下一个压缩机站的进站压力。一般地，输气管线可以有一个或多个压缩机站。

4. 城市配气

城市配气指从配气站（即干线终点）开始，通过各级配气管网和气体调压所按用户要求直接向用户供气的过程。配气站是干线的终点，也是城市配气的起点与枢纽。气体在配气站内经分离、调压、计量和添味后输入城市配气管网。城市配气管网的形式可分树枝形和环形两类，按压力则可分高压、次高压、中压和低压四级。由于不同级别的管网上管道等设施的强度不同，上一级压力的管网必须调压后才能输向下一级管网，所以城市一般均设有储气库，可调节输气与供气间的不平衡，如当输气量大于城市供气量时，储气库储存气体，否则输出气体。

（三）增加输气管输气能力

输气管道在生产过程中常需要进行扩建或改造，目的在于提高输气能力并降低能耗。当输气管最高工作压力达到管道强度所允许的最大值后,可用铺设副管、倍增压气站两种方法来提高输气能力。前者需要扩建原有压气站、增加并联机组;后者是通过在站间增建新的压气站、减少站间管路长度,从而达到输气管通过能力的提高。一般地,一定直径的输气管道有其合理的输量范围,超过该范围时,铺设两条管线比一条更经济有利。

三、固体料浆管道

用管道输送各种固体物质的基本措施是将待输送固体物质破碎为粉粒状,再与适量的液体配置成可泵送的浆液,通过长输管道输送这些浆液到目的地后,再将固体与液体分离送给用户。目前浆液管道主要用于输送煤、铁矿石、磷矿石、铜矿石、铝钒土和石灰石等矿物,配制浆液的主要是水,还有少数采用燃料油或甲醇等液体。目前世界上规模最大的煤浆管道是美国 1971 年建成的、长 439 千米的黑迈萨煤浆管道。管径有 457 毫米和 305 毫米两种,年输煤 500 万吨。规模最大的矿浆管道是巴西的萨马科铁矿浆管道,全长 400 千米。我国已在唐山建立了煤浆管道试验中心,全长 460 千米、年输煤能力 1 200 万吨的山西平朔至天津的输煤管道正在筹建中。

尽管有许多人认为管道输送固体物质是经济、可靠的方法之一,固体料浆管道的输送技术也确实有了较大的发展,但在料浆管道的优化设计与计算方法等方面还缺乏经过实践验证的、普遍适用的工艺技术。固体料浆管道的输送技术还在继续探索和发展之中。

料浆管道的基本组成部分与输气、输油管道大致相同,但还有一些制浆、脱水干燥设备。以煤浆管道为例,整个系统包括煤水供应系统、制浆厂、干线管道、中间加压泵站、终点脱水与干燥装置。它们也可分为三个不同组成部分:浆液制备厂、输送管道、浆液后处理系统。

（一）料浆制备系统

以煤为例,煤浆制备过程包括洗煤、选煤、破碎、场内运输、浆化、储存等环节。为清除煤中所含硫及其他矿物杂质,一般要采用淘选、浮选法对煤进行精选,也可采用化学法或细菌生物法。

从煤堆场用皮带运输机将煤输送至储仓后,经振动筛粗选后进入球磨机进行初步破碎,再经第二级振动筛筛分后进入第二级棒磨机掺水细磨,所得粗浆液进入储浆槽,由提升泵送至安全筛筛分,最后进入稠浆储罐。在进行管输前,为保证颗粒级配和浓度符合质量要求,可用试验环管进行检验。不合格者可返回油罐重新处理。

煤浆管道首站一般与制浆厂合在一起,首站的增压泵从外输罐中抽出浆液,经加压后送入干线。

（二）中间泵站

中间泵站的任务是为煤浆补充压力能。停运时则提供清水冲洗管道。输送煤浆的泵也可分容积式与离心式两种，其特性差异与输油泵大致相同。泵的选用要结合管径、壁厚、输量、泵站数等因素综合考虑。

为了减少浆液对活塞泵缸体、活塞杆、密封圈的磨蚀，国外研制了一种油隔离泵，可避免浆液进入活塞缸内，活塞只对隔离油加压并通过它将压力传给浆液。

（三）后处理系统

煤浆的后处理系统包括脱水、储存等部分。管输煤浆可脱水储存，也可直接储存。脱水的关键是控制煤表面的水含量，一般应保证在7%～11%。

影响脱水的因素主要有浆液温度与细颗粒含量。

浆液先进入受浆罐或储存池，然后再用泵输送到振动筛中区分为粗、细浆液。粗浆液进入离心脱水机，脱水后的煤粒可直接输送给用户，排出的废液输入浓缩池与细粒浆液一起，经浓缩后再经压滤机压滤脱水，最后输送用户。

由于管道中流动的浆液是固液两相的混合物，其输送过程中除了要保证稳定流动外，还要考虑其沉淀的可能，尤其是在流速降低情况下。不同流速、不同固体粒和不同浓度的条件下，浆液管道中可能出现均质流、非均质流、半均质流三种流态。非均质流浓度分布不均，可能会出现沉淀，其摩阻高，输送费用大。

从整个系统来看，要保证系统的经济性需要考虑并确定合理的颗粒大小及浆液浓度。细颗粒含量多时虽然可以降低管输费用，但制浆、脱水费用增加。

第三节　管道输油（气）工艺

一、离心泵

泵是一种将机械能（或其他能）转化为液体能的水力机械，它也是国内外输油管线广泛采用的原动力设备，是输油管线的心脏。泵的种类较多，按工作原理，可将其分为叶片式泵（如离心泵、轴流泵等）、容积式泵（如齿轮泵、螺杆泵等）和其他类型泵（如射流泵、水锤泵等）三类。大型的输油泵可采用多级离心泵串联工作，每级的扬程可高达500～600米。国内铁大线采用的KS型单级离心泵扬程达190米，排量达3 000立方米/小时。离心泵的种类也很多，如按泵轴位置可分为卧式泵、立式泵；按叶轮级数可分为单级泵和多级泵；按压力可分为低压泵和高压泵；按用途可分为井用泵、电站用泵、化工用泵、油泵等。

离心泵通过离心力的作用完成介质的输送任务，其结构是吸入室、叶轮、排出量、扩压舌、泵舌。

当泵内充满液体时，叶轮旋转产生离心力，叶轮槽中的液体因此被甩向外围而流进泵壳，使叶轮中心压力降低并低于水池叶面压力，液体在此压力差下由吸入池流进泵壳，通过泵的不断吸入和压出，完成液体输送。

从结构上看，离心泵由吸入机构、过流部件、导流机构、密封部件、平衡部件、支承部件及辅助机构等部分组成。吸入机构与导流机构组成泵壳；过流部件的轴、叶轮、轴套及轴上的部件组成了泵的转子部分。

蜗壳式泵体与泵盖组成泵壳，它是液体的导入机构。蜗壳应有足够的强度和刚度，流道的铸造要光洁，连接处不能有错缝。这种泵壳的导流机构中，液体流断面是由小到大呈螺旋形，故称蜗壳式。壳体的上半部称泵体，下半部称泵盖。

对转子部分来说，其关键是要减少振动，保证转子平衡。一般平衡轴向力的机构和机械密封的组合件等均套装在轴上。由不平衡重量产生的离心力不应超过转子重量的 2%～3%。叶轮除考虑机械强度外，还要考虑耐磨和耐腐蚀性能。

离心泵应具有良好的密封性能。包括转子轴伸部分与固定壳体间的密封（也称轴端密封）和泵内高低压腔的密封。

目前国内输油管道采用的输油泵主要有：400KD 型、DKS 型、KS 型、Sh 型、D（DA）型、Y（YS）型、DY 型等。拖动离心泵的原动机一般是电动机、柴油机和燃气轮机。电动机价廉、轻便、体积小、效率高、维护管理方便、工作平稳、易于控制，安全性能亦好，应用最广泛。

二、输油泵站

输油泵站的基本任务是供给油流一定的能量（压力能或热能），将油品输送到终点站（末站）。输油泵站包括生产区和生活区两部分，生产区又可分为主要作业区和辅助作业区。主要作业区的设备或设施包括输油泵房、总阀室、清管器收发装置、计量间、油罐区、油品预处理装置（多设于首站）、加热炉或换热器组等；辅助作业区包括供电系统、供热系统、供水系统、排污与净化系统、车间与材料库、机修间、调度及监控中心、油品化验室与微波通讯设备等。生活区指供泵站工作人员及家属居住用的设施，新建管道时，一般采取在条件较好的地区集中建设家属生活区的做法，输油站一般只设单身宿舍。

三、输油加热炉

在原油输送过程中对原油采用加热输送的目的是使原油温度升高，防止输送过程中原油在输油管道中凝结，减少结蜡，降低动能损耗。通常采用加热炉为原油提供热能。

加热炉一般由四个部分组成，即辐射室（炉膛）、对流室、烟囱和燃烧设备；加热方法有直接加热和间接加热两种方式。直接加热方法是使原油在加热炉炉管内直接加热，即低温原油先经过对流室炉管被加热，再经辐射室炉管被加热到所需要的温度。直接加热炉的工作流程是：燃烧器（火咀）；辐射室；对流室；烟囱。

目前我国使用较多的是管式加热炉，它操作方便，成本低，可以连续、大量地加热原油（重质油），获得了广泛的应用。管式加热炉有多种炉型，如石油工业早期使用的、较为简单的箱式炉（方箱炉）以及斜顶炉、立式炉、圆筒炉、间接式加热炉等。箱式炉结构简单、操作容易、取材方便，但占地大、施工周期较长、效率较低。斜顶炉有单斜顶和双斜顶之分，它为弥补方箱炉膛中气体充满度不佳的缺陷而将炉顶改为倾斜方向，改善了箱式炉炉内受热不均匀的问题。圆筒炉是输油管道上常用的另一种加热炉，有卧式和立式两种，其结构较紧凑，可减少占地面积和钢材耗用量，且烟气由下向上，流向合理，热效率较高，但不太适合野外分散的施工作业，多在炼油厂使用。

除上述直接加热炉以外，还有一类间接式加热炉，也称热煤炉，它利用某种中间载体（又称热媒）通过换热器加热油品（原油）。间接加热炉的优点是安全、可靠，但系统复杂，不易操作，造价亦较高。

第四节　管道生产管理

一、管道输送计划管理

根据管道所承担的运输任务和管道设备状况编制合理的运行计划，以便有计划地进行生产。管道输送计划管理首先是编制管道输送的年度计划，根据年度计划安排管道输送的月计划、批次计划、周期计划等。然后根据这些计划安排管道全线的运行计划，编制管道站、库的输入和输出计划，以及分输或配气计划。另一方面，根据输送任务和管道设备状况，编制设备维护检修计划和辅助系统作业计划。

二、管道输送技术管理

根据管道输送的货物特性，确定输送方式、工艺流程和管道运行的基本参数等，以实现管道生产最优化。管道输送技术管理的内容包括随时检测管道运行状况的参数，分析输送条件的变化，采取各种适当的控制和调节措施调整运行参数，以充分发挥输送设备的效能，尽可能地减少能耗。对输送过程中出现的技术问题，要随时予以解决或提出来研究。管道输送技术管理和管道输送计划管理都是通过管道的日常调度工作来实现的。

三、管道输送设备管理

对管道站、库的设备进行维护和修理，以保证管道的正常运行。管理的内容主要包括：对设备状况进行分级，并进行登记；记录各种设备的运行状况；制定设备的日常维修和大修计划；改造和更新陈旧、低效能的设备；保养在线设备。

四、管道线路管理

对管道线路进行管理，以防止线路受到自然灾害或其他因素的破坏。管理内容主要包括：日常的巡线检查；线路构筑物和穿越、跨越工程设施的维修；管道防腐层的检漏和维修；管道的渗漏检查和维修；清管作业和管道沿线的放气、排液作业；管道线路设备的改造和更换；管道线路的抗震管理；管道紧急抢修工程的组织等。

五、技术手段

管道运输线路长，站、库多，输送的货物易燃、易爆、易凝或易沉淀，且在较高的输送压力下连续运行。这样，就要求管道生产管理具有各种可行的技术手段，主要有管道监控、管道流体计量、管道通信。管道监控是利用仪表和信息传输技术测试全线各站、库和线路上各测点的运行工况参数，作为就地控制的依据，或输给控制室作为对全线运行工况进行监视和管理的依据。收集到的运行工况参数，经分析、判断后，下达调度指令，调节或改变运行工艺。管道流体计量是为管道管理提供输量和油、气质量的基本参数，是履行油品交接、转运和气体调配所必需的。管道通信是管道全系统利用通信系统交流情况，传递各种参数信息，下达调度指令，实现监控。通信系统对管道管理水平的提高起着重要的保证作用。通信线路有明线载波、微波、甚高频和特高频等，作为电话、电传打字及监控信号等的常用信道。为确保通信的可靠性，常用一种以上信道，有的管道用微波或同轴电缆作主要通信手段，而以甚高频、特高频作辅助通信手段。有的管道还用通信卫星作备用手段。海洋管道多用电离层散射等进行站间或管道全系统通信。

小　结

管道运输是指由大型钢管、泵站和加压设备等组成的运输系统完成物料输送工作的一种运输方式。改革开放以来，我国的管道运输得到了较快发展，逐步形成了一些局部网络。在今后几年，我国将建设一批大型管道运输项目。在五大运输方式中，管道运输有着独特的优势。在建设上，与铁路、公路、航空相比，投资要省得多。管道运输技术包括管道设计、管道安装、管道检测、管道的防腐和保温、物料输送等方面的技术。管道运输线路长，站、库多，输送的货物易燃、易爆、易凝或易沉淀，且在较高的输送压力下连续运行。要制定严密的生产计划，对管道站、库的设备进行维护和修理，以保证管道的止常运行，要求管道生产管理具有各种可行的技术手段，主要有管道监控、管道流体计量、管道通信。

案例分析

一

中国最早的长距离成品油管道是 1973 年开工修建的格拉成品油管道,起自青海省格尔木市,终于西藏自治区拉萨市。1977 年 10 月全部工程基本均完工。管道全长 1 080 千米,年输送能力 25 万吨。

格拉成品油管道由中国人民解放军总后勤部组织修建,由总后勤部青藏兵站部输油管线团进行。格拉线穿越长江源头楚玛尔河、沱沱河、通天河等 108 处河流、翻越昆仑山、唐古拉山等 9 座大山。有 900 多千米管道处于海拔 4 000 米以上(最高处 5 200 多米)的严寒地区,有 560 千米铺设在常年冻土地带。冻土层厚度从几米到上百米,有冰锥、冰丘、爆炸克水鼓丘,还有厚层地下水、热融滑塌等特殊不良地质现象。难题多、施工难度非常大。格拉线是国内首次采用的顺序输送工艺,顺序输送汽油、柴油、航空煤油和灯用煤油 4 个品种 5 种型号的油品。为青藏公路沿线的加油站和拉萨供油,军民两用。

二

中新网温哥华 11 月 29 日电(尹琳)连接加美两国的一条重要石油管道发生爆炸事故,导致今天油价急升。

事故发生在加东时间 28 日下午 3 点 45 分左右,加拿大能源公司 Enbridge 输往美国的石油管道在美国明尼苏达州的端口发生大火并爆炸,导致 3 名员工死亡。目前没有其他伤亡报告,但是由于浓烟四起,附近居民已经相继撤离。

该公司发言人表示,事发当时,4 条原油管道全部关闭,所以目前美国中西部和加拿大东部的所有系统停止供应。

据悉,大火和爆炸导致美国原油库存量下降到 15.23 亿桶,是 2005 年 10 月以来的最低纪录。而这也直接引发今天的油价一度飙升超过 3 美元。

Enbridge 公司这条石油管道是世界上最长的液体原油管道,承担从加拿大萨斯喀彻温省到美国中西部的原油输出。加拿大是目前美国海外原油最大的供应国,Enbridge 系统平均每天向美国输送 1 500 万桶原油,占美国国内进口原油总量的19%,占全部原油消费的 9.7%。

另据此间媒体最新报道,今天上午早些时候,这条输送管道当中的第一线和第二线已经恢复运营,预期第四线今日也可以复工,但是第三线因为损毁严重,可能需要 2~3 天才能修复。

至于事故发生的确切原因,有关当局还在调查当中。不过有媒体报道说,石油公司员工曾更换过一个管道的部分零件。而管道重新启动时,某个连接处松开,导致油喷进而着火。

思考题

1. 管道运输的优点和缺点是什么？

2. 简述管道运输管理的特点及对从业人员的特殊要求。

练习题

一、选择题

1. 管道在我国是既古老又年轻的一种运输方式，我国古代劳动人民创造了用竹管输送（　　）的方法。

　A. 水　　　　　B. 天然气　　　　C. 卤水　　　　D. 煤炭

2. 管道运输的优点有（　　）。

　A. 因为基本上没有可动部分，所以维修方便，费用低

　B. 因为可以连续不断地进行输送，所以效率高，并可以大量输送

　C. 管道一般埋在地下，节省人力和土地

　D. 事故较少、比较安全，对环境污染少

　E. 管道运输路线一般是固定的，管道设施的一次性投资也较大

3. 西气东输工程主干管道全长（　　）千米左右，输气规模设计为年输商品气120亿立方米，建成后将成为我国第一条大口径、长距离、高压力、多级加压、采用先进钢材并横跨长江下游宽阔江面的现代化、世界级的天然气干线管道。

　A. 4 000 120　　　　　　　B. 6 000 120

　C. 2 000 200　　　　　　　D. 3 000 120

4. 对管道站、库的设备进行维护和修理，以保证管道的正常运行，管理的内容主要包括（　　）。

　A. 对设备状况进行分级，并进行登记

　B. 记录各种设备的运行状况

　C. 制定设备日常维修和大修计划

　D. 改造和更新陈旧、低效能的设备

　E. 保养在线设备

二、简答题

1. 简述管道运输的概念及特点。

2. 管道运输的生产管理包括哪几方面？

第七章 集装箱运输

学习目标

通过学习，掌握集装箱的基本概念和种类，集装箱运输的基本特点和基本业务程序，掌握集装箱运输管理的内容，运用集装箱运输的基本理论、操作方法对集装箱运输操作管理进行实践，为学生今后从事现代集装箱运输业务奠定理论和实践基础。

第一节 集 装 箱

一、集装箱概述

集装箱是集装装备最主要的形式，它在铁路、公路和水路运输中被广泛应用。集装箱能一次装入若干包装件或散装货物，运输途中更换车、船时，无须将货物从箱内取出换装，可以有效减少装卸搬运的次数。

集装箱外形的构思最早起源于卡车的车斗。很早以前，在运输过程中有时会发生卡车运送的货物，需通过渡轮或一段火车运输的过渡。为减少货物装上卸下的工作量，偶尔会有人将整个卡车车厢吊上渡船或火车，到达目的地后再将整个卡车车厢吊到卡车底盘上。这就给了人们一种"集装箱运输方式"的启示。

早在 19 世纪初（1801 年），英国的安德森（James Anderson）博士就提出了集装箱运输的设想。1830 年，在英国铁路上首先出现了一种装煤的容器，接着出现了在铁路上使用容器来装运杂货。1853 年美国铁路也采用了"容器装运法"。1845 年，英国铁路上开始出现载货车厢，这种车厢酷似现在的集装箱。发展到 19 世纪下半叶，英国兰开夏使用了一种运输棉纱和棉布的带有活动框架的托盘，俗称"兰开夏托盘"（lancashire flat），它可以看作最早使用的集装箱雏形。

（一）集装箱的定义

集装箱（container）的英文词义是一种容器，在我国台湾和香港等地称为货柜。是指具有一定规格和强度的专为周转使用的大型货箱。这种容器和货物的外包装与其他容器的不同之处在于除能装载货物外，还需要适应许多特殊要求。国际标准化组织制定了集装箱的统一规格，力求使集装箱达到标准化，它们不仅对集装箱尺寸、术语、试验方法等，而且就集装箱的构造、性能等技术特征做了某些规定。集装箱的标准化促进了集装箱在国际间的流通，对国际货物流转的合理化起了重大作用。

根据国际标准化组织 104 技术委员会（International Standardization Organization-Technicalcommittee104，ISO/TC104）的规定，集装箱应具有如下条件：

1）具有耐久性，其坚固强度足以反复使用。

2）便于商品运送而专门设计的在一种或多种运输方式中无需中途换装。

3）设有便于装卸和搬运，特别是便于从一种运输方式转移到另一种运输方式的装置。

4）设计时应注意到便于货物装满或卸空。

5）内容积为 1 立方米或 1 立方米以上。

各国有关规章和其他国际公约对什么叫集装箱，集装箱应具备的条件都做了规定，虽有差异，但其实质内容基本相同。

（二）集装箱标准

1. 国际标准集装箱

（1）按规格尺寸分
国际上通常使用的干货柜（dry container）有如下几种：

1）外尺寸为 20 英尺×8 英尺×8 英尺 6 寸，简称 20 尺货柜。

2）外尺寸为 40 英尺×8 英尺×8 英尺 6 寸，简称 40 尺货柜。

3）外尺寸为 40 英尺×8 英尺×9 英尺 6 寸，简称 40 尺高柜。

4）20 尺柜：内容积为 5.69 米×2.13 米×2.18 米，配货毛重一般为 17.5 吨，体积为 24～26 立方米。

5）40 尺柜：内容积为 11.8 米×2.13 米×2.18 米，配货毛重一般为 22 吨，体积为 54 立方米。

6）40 尺高柜：内容积为 11.8 米×2.13 米×2.72 米，配货毛重一般为 22 吨，体积为 68 立方米。

7）45 尺高柜：内容积为 13.58 米×2.34 米×2.71 米，配货毛重一般为 29 吨，体积为 86 立方米。

8）20 尺开顶柜：内容积为 5.89 米×2.32 米×2.31 米，配货毛重一般为 20 吨，体积为 31.5 立方米。

9）40 尺开顶柜：内容积为 12.01 米×2.33 米×2.15 米，配货毛重一般为 30.4 吨，体积为 65 立方米。

10）20 尺平底货柜：内容积为 5.85 米×2.23 米×2.15 米，配货毛重一般为 23 吨，体积为 28 立方米。40 尺平底货柜：内容积为 12.05 米×2.12 米×1.96 米，配货毛重一般为 36 吨，体积为 50 立方米。

为了便于计算集装箱数量，可以以 20 英尺（ft）的集装箱作为换算标准箱（twenty foot equivalent units，TEU）。换算公式为

$$40 \text{ ft 集装箱} = 2 \text{ TEU}$$
$$30 \text{ ft 集装箱} = 1.5 \text{ TEU}$$
$$20 \text{ ft 集装箱} = 1 \text{ TEU}$$
$$10 \text{ ft 集装箱} = 0.5 \text{ TEU}$$

2. 非国际标准集装箱

非标准长度集装箱有美国海陆公司的 10.67 米（35 英尺）集装箱，非标准宽度集装箱有 2.5 米（8.2 英尺）和 2.59 米（8.5 英尺）两种，非国际高度集装箱主要有 2.74 米（9 英尺）和 2.9 米（9.5 英尺）两种等。

（三）集装箱的分类

这里仅介绍在海上运输中常见的国际货运集装箱类型。

1. 按用途分类

（1）通用干货集装箱

通用干货集装箱（dry cargo container）也称为杂货集装箱，用来运输无需控制温度的件杂货。其使用范围极广，据 1983 年的统计，世界上 300 万个集装箱中，杂货集装箱占 85%，约为 254 万个。这种集装箱通常为封闭式，在一端或侧面设有箱门。通常用来装运文化用品、化工用品、电子机械、工艺品、医药、日用品、纺织品及仪器零件等，是平时最常用的集装箱。不受温度变化影响的各类固体散货、颗粒或粉末状的货物都可以由这种集装箱装运。

（2）保温集装箱

保温集装箱（keep constant temperature container）是为了运输需要冷藏或保温的货物。所有箱壁都采用导热率低的材料隔热而成，可分为以下三种：

1）冷藏集装箱（reefer container）。它是以运输冷冻食品为主、能保持所定温度的保温集装箱。是专为运输如鱼、肉、新鲜水果、蔬菜等食品而特殊设计的。目前国际上采用的冷藏集装箱基本上分两种：一种是集装箱内带有冷冻机的叫机械式冷藏集装箱；另一种箱内没有冷冻机而只有隔热结构，即在集装箱端壁上设有进气孔和出气孔，箱子装在舱中，由船舶的冷冻装置供应冷气，这种叫做离合式冷藏集装箱（又称外置式或夹箍式冷藏集装箱）。

2）隔热集装箱。它是为载运水果、蔬菜等货物，防止温度上升过大，以保持货物鲜度而具有充分隔热结构的集装箱。通常用冰作制冷剂，保温时间为 72 小时左右。

3）通风集装箱（ventilated container）。它是为装运水果、蔬菜等不需要冷冻

而具有呼吸作用的货物，在端壁和侧壁上设有通风孔的集装箱，如将通风口关闭，同样可以作为杂货集装箱使用。

（3）罐式集装箱

罐式集装箱（tank container）是专用以装运酒类、油类（如动植物油）、液体食品以及化学品等液体货物的集装箱。它还可以装运其他液体的危险货物。这种集装箱有单罐和多罐数种，罐体四角由支柱、撑杆构成整体框架。

（4）散货集装箱

散货集装箱（bulk container）是一种密闭式集装箱，有玻璃钢制和钢制的两种。前者由于侧壁强度较大，故一般装载麦芽和化学品等密度相对较大的散货，后者则用于装载密度相对较小的谷物。散货集装箱顶部的装货口应设水密性良好的盖，以防雨水侵入箱内。

（5）台架式集装箱

台架式集装箱（platform based container）是没有箱顶和侧壁，甚至连端壁也去掉而只有底板和四个角柱的集装箱。这种集装箱可以从前后、左右及上方进行装卸作业，适合装载长大件和重货件，如重型机械、钢材、钢管、木材、钢锭等。台架式集装箱没有水密性，怕水湿的货物不能装运，或用帆布遮盖装运。

（6）平台集装箱

平台集装箱（platform container）是在台架式集装箱上再简化而只保留底板的一种特殊结构的集装箱。平台的长度与宽度与国际标准集装箱的箱底尺寸相同，可使用与其他集装箱相同的紧固件和起吊装置。这一集装箱的采用打破了过去一直认为集装箱必须具有一定容积的概念。

（7）敞顶集装箱

敞顶集装箱（open top container）是一种没有刚性箱顶的集装箱，但有由可折叠式或可折式顶梁支撑的帆布、塑料布或涂塑布制成的顶篷，其他构件与通用集装箱类似。这种集装箱适于装载大型货物和重货，如钢铁、木材，特别是像玻璃板等易碎的重货，利用吊车从顶部吊入箱内不易损坏，而且也便于在箱内固定。

（8）汽车集装箱

汽车集装箱（car container）是一种运输小型轿车用的专用集装箱，其特点是在简易箱底上装一个钢制框架，通常没有箱壁（包括端壁和侧壁）。这种集装箱分为单层的和双层的两种。因为小轿车的高度为 1.35～1.45 米，如装在 8 英尺（2.438米）的标准集装箱内，其容积要浪费 2/5 以上。因而出现了双层集装箱。这种双层集装箱的高度有两种：一种为 10.5 英尺（3.2 米），一种为 8.5 英尺高的 2 倍。因此汽车集装箱一般不是国际标准集装箱。

（9）动物集装箱

动物集装箱（pen container or live stock container）是一种装运鸡、鸭、鹅等活家禽和牛、马、羊、猪等活家畜用的集装箱。为了遮蔽太阳，箱顶采用胶合板露盖，侧面和端面都有用铝丝网制成的窗，以求有良好的通风。侧壁下方设有清扫口和排水口，并配有上下移动的拉门，可把垃圾清扫出去，还装有喂食口。动物集装箱在船上一般应装在甲板上，因为甲板上空气流通，便于清扫和照顾。

（10）服装集装箱

服装集装箱（garment container）集装箱的特点是，在箱内上侧梁上装有许多根横杆，每根横杆上垂下若干条皮带扣、尼龙带扣或绳索，成衣利用衣架上的钩，直接挂在带扣或绳索上。这种服装装载法属于无包装运输，它不仅节约了包装材料和包装费用，而且减少了人工劳动，提高了服装的运输质量。

2. 按箱体材料分类

集装箱按其主体材料构成可分为四类：钢集装箱，铝集装箱，玻璃钢集装箱，不锈钢集装箱。

（四）集装箱标记

为了便于识别集装箱，方便集装箱的流通和使用，便于单证编制和信息传输，同时，也为了集装箱运输管理的需要，给每个集装箱规定相应的识别标记是极为必要的。为此，国际标准化组织专门制定了集装箱标记，此标准即《集装箱的代号、识别和标记》（ISO6346—1981（E））。

国际标准化组织规定的标记有必备标记和自选标记两类，每一类标记又分为识别标记和作业标记。

1. 必备标记

（1）识别标记

识别标记包括箱主代号、顺序号和核对数字。

1）箱主代号。国际标准化组织规定，箱主代号用四个大写的拉丁文字母表示，前3位由箱主自己规定，第四个字母一律用U表示（U为国际标准中海运集装箱的代号，以便使集装箱与其他设备相区别），如COSU即表示此集装箱为中国远洋运输公司所有。

2）顺序号，又称箱号。位于箱主代号后，一般由6位阿拉伯字母组成，如数字不足6位时，则在有效数字前用0补足6位，如051216。

3）核对数字。核对数字是用来验证箱主代号和顺序号在记录或传输时是否准确的依据。它位于箱号后，1位阿拉伯数字外加1个方框表示，它与箱主代号中的每一个字母和顺序号中的每一个数字都有直接关系。

（2）作业标记

作业标记包括以下三个内容：

1）额定重量和自重标记。额定重量即集装箱总重（MAX.GROSS），自重即集装箱本身的重量（tare），ISO688 规定其计量单位应以千克（kg）和磅（b）同时表示。此外，还有载重量（payload），它是集装箱最大允许承载的货物重量，箱的容积（cube），其计量单位应以立方英尺和立方米同时表示。

2）空陆水联运集装箱标记。由于该集装箱的强度仅能堆码两层，为此，国际标准化组织对该集装箱规定了特殊的标志，该标记为黑色，位于侧壁和端壁的左上角。

3）登箱顶触电警告标记。该标记为黄色底黑色三角形，一般设在罐式集装箱上位于登箱顶的扶梯处，以警告登梯者有触电危险。

2. 自选标记

（1）识别标记

识别标记包括以下两个方面：

1）国家和地区代号。用两个或三个大写字母表示，如中国为 CN（PRC）、美国为 US（USA），用以说明集装箱的登记国。

2）尺寸及类型代号（箱型代码）。它们用四个阿拉伯数字表示，前两位数字表示集装箱尺寸，后两位数表示集装箱类型，如 2030 表示 20 英尺长、8 英尺高、采用消耗式冷剂制的冷藏集装箱。

（2）作业标记

作业标记包括以下两个方面：

1）超高标记。ISO 规定凡高度超过 2.6 米（8.5 英尺）的集装箱均应贴上此标记。该标记为在黄色底上标出黑色数字，四周加黑色边框，贴在集装箱每个侧壁的左下角，距箱底约 0.6 米处，同时，还应贴在集装箱主要标记的下方。

2）国际铁路联盟标记。凡符合《国际铁路联盟条列》规定的集装箱，可以获得此标记。该标志是在欧洲铁路上运输集装箱的必要通行标志。

（3）通行标记

集装箱在运输过程中要能顺利地通行或进入他国国境，箱上必须贴有按规定要求的各种通行标志。否则，必须办理各种繁琐的证明手续，从而延长了集装箱的周转时间。这不仅违背了集装箱化的原则，而且也使集装箱运输的优越性化为乌有。

集装箱上主要的通行标记有安全合格牌照、集装箱批准牌照、防虫处理板、检验合格徽、带有熏蒸设施的集装箱标记以及国际铁路联盟标记等。

二、集装箱货物及其装载

（一）集装箱货物分类

1. 按货物性质划分

1）普通货物：可称为杂货，不需要特殊方法保管和装卸的货物。货物批量不大，品种较多。

2）典型货物：货物本身已包装的、需采用与该包装相适应的装载方法装载的货物。

3）特殊货物：指在货物形态上具有特殊性、运输时需要用特殊集装箱装载的货物。

2. 按货物是否适合装箱划分

从集装箱运输货物的经济性、物理性角度分析，集装箱运输的货物可分为四大类。

（1）最适合于集装箱的货物

这类货物在物理属性方面完全适合于集装箱运输，而且这类货物的货价一般都很高，因此承受运价的能力也很大，是集装箱运输公司激烈争夺的"抢手货"。这类货物通常包括医药品、酒、家用电器、照相机、手表、纺织品等。

（2）适合于集装箱的货物

这类货物通常是指其物理属性与运价均可为集装箱运输所接受的货物。但与最适合于集装箱的货物相比，其价格和承受运价的能力相对要低一些。因此，利用集装箱运输这类货物的运输利润不是很高。这类货物包括电线、袋装食品、屋顶板等。

（3）临界于集装箱的货物

这类货物使用集装箱运输，在物理属性及形态上是可行的；但其货价较低，承受的运价也较低，若采用集装箱运输在经济上不一定盈利，甚至亏损。这类货物包括钢材、生铁、原木等。

（4）不适合于集装箱的货物

这类货物由于物理状态和经济上的原因不能使用集装箱，如货价较低的大宗货、长度超过 1 219 厘米（40 英尺）的金属构件、桥梁、废钢铁等。又如汽车、食糖等，虽然其物理属性与运价均适合于集装箱运输，但由于这类货物经常采用大批量运输，使用诸如汽车、专用船之类的特种结构船运输效率会更高。

（二）集装箱货物的装载

1. 明确货物属性及其对装箱的要求

（1）货物的种类与性质

按照货物的种类与性质选择集装箱，选择依据如表 7-1 所示。

（2）货物的尺寸与重量

对货物的具体尺寸与重量的了解，其目的在于合理选用适应其尺寸及重量的集装箱以及箱内可装载的货物数量。

表 7-1　按货物种类选择集装箱

集装箱种类	货物种类
杂货集装箱	清洁货、污货、箱装货、危险货、滚筒货、卷盘货等
开顶集装箱	超高货、超重货、清洁货、长件货、易腐货、污货等
台架式集装箱	超高货、超重货、袋装货、捆装货、长件货、箱装货等
散货集装箱	散货、污货、易腐货等
平台集装箱	超重货、超宽货、长件货、散件货、托盘货等
通风集装箱	冷藏货、动植物检疫货、易腐货、托盘货、易腐货等
动物集装箱	动植物检疫货
罐式集装箱	液体货、气体货等
冷藏集装箱	冷藏货、危险货、污货等

（3）货物的包装

货物因其采用不同的包装方式或不同的包装材料使其包装强度有所差别。货物的包装强度和包装材料应符合各种运输方式的运输条件和装卸条件。

2. 集装箱货物装载的一般要求

可用集装箱装载的货物千差万别，装载的要求也各有不同，但一般应满足下述基本要求。

（1）重量的合理分配

根据货物的体积、重量、外包装的强度以及货物的性质进行分类，把外包装坚固和重量较重的货物装在下面，外包装较为脆弱、重量较轻的货物装在上面，装载时要使货物的重量在箱底上形成均匀分布。否则，有可能造成箱底脱落或底梁弯曲。如果整个集装箱的重心发生偏移，当用扩伸抓具起吊时，有可能使集装箱产生倾斜。此外，还将造成运输车辆前后轮重量分布不均。

（2）货物的必要衬垫

装载货物时，要根据包装的强度来决定对其进行必要的衬垫。

对于外包装脆弱的货物、易碎货物应夹衬缓冲材料，防止货物相互碰撞挤压。为填补货物之间和货物与集装箱侧壁之间的空隙，有必要在货物之间插入垫板、覆盖物之类的隔货材料。

要注意对货物下端进行必要的衬垫，使重量均匀分布。

对于出口集装箱货物，若其衬垫材料属于植物检疫对象的，箱底应改用非植检对象材料。

（3）货物的合理固定

货物在装箱后，一般都会产生空隙。由于空隙的存在，必须对箱内货物进行固定处理，以防止在运输途中，尤其是海上运输中由于摇摆船体而造成的货物坍塌与破损。货物的固定方法主要有以下几种：

1）支撑，用方形木条等支柱使货物固定。

2）塞紧，货物与集装箱侧壁之间用方木等支柱在水平方向加以固定，货物之间插入填塞物、缓冲垫、楔子等防止货物移动。

3）系紧，用绳索、带子等索具或用网具等捆绑货物。

由于集装箱的侧壁、端壁、门板处的强度较弱，因此，在集装箱内对货物进行固定作业时要注意支撑和塞紧的方法，不要直接撑在这些地方，应设法使支柱撑在集装箱的主要构件上。此外，也可将衬垫材料、扁平木材等制成栅栏来固定货物。

此外，绑扎固定对于缓冲运输中产生的冲击和振动也具有明显效果。

随着新型缓冲衬垫材料的不断出现，货物的固定与衬垫方式方法也将发生明显的变化。

第二节　集装箱船及主要运输航线

随着国际集装箱海运量的不断增加，集装箱运输船舶得到了快速发展。集装箱船型已发展到现在的全集装箱船、滚装船、载驳货船等，集装箱船舶日趋高速化、大型化，平均船龄为 11 年。目前全球载箱量最大的超级集装箱船，总长 334 米，宽 42.6 米，航速达到 25.2 节，可装载 8 500 个标准集装箱（TEU），并配有 700 个冷藏箱插座，堪称海上集装箱运输的"航空母舰"。

一、集装箱船的种类

（一）全集装箱船

又称集装箱专用船，是一种专门用于装载集装箱的船舶，在海上能安全有效地大量运送集装箱，服务于班轮航线，往往定期航行于世界各主要集装箱港口。按照装卸集装箱的方式不同，它又可分为以下几种：

1. 吊装式全集装箱船

其集装箱的装卸方式是吊上吊下，装卸效率高，依靠集装箱码头岸上装卸机械作业，大多数集装箱船不设装卸设备，全集装箱船一般为大开口单甲板船，船舱内设置格栅结构以固定集装箱，防止集装箱在运输途中发生移动，以保证航行安全和货运质量。一般每一箱格可堆 4～7 层同一规格的集装箱，最多可达 9 层。舷侧设有边舱，可供载燃料或作压载用。甲板上设置了能装载多层集装箱的特殊结构，多采用尾机型或偏尾机型。

2. 滚装式集装箱船

滚装式集装箱船是由汽车轮渡发展起来的一种专用船舶。滚装运输方式发展得快，它具有以下优点：滚装船码头设备简单，投资少；由于带轮滚装，车辆从船上直接开上开下，比吊装式集装箱船的装卸效率高；适应各种货物运输，通用性较大等。其缺点是舱容利用率低、造价高、运输成本比全集装箱船高等。这种船适用于沿海或近洋短途航线。滚装式集装箱船的主要结构特点如下：

1）滚装船为多层甲板型，在各层甲板上都设有固定集装箱用的栓固装置。为便于滚动方式装卸，需要车辆在舱内运行方便，上下货舱均不设横舱壁，各层甲板之间的交通采用升降机或斜坡道连通。

2）滚装船在船首，或船尾，或船侧设有开口，开口处的水密门有的兼作跳板，有的则另设跳板，以实现船岸装卸作业滚上滚下的需要。

3）滚装船由于结构及装卸船作业等原因，船舶稳性变化较大，为解决船舶倾斜和摇摆问题需设置足够的压载及减摇装置。

（二）半集装箱船

所谓半集装箱船，是指把船体中最适于装载集装箱的货舱安装格栅装置后，作为集装箱专用舱，其余船舱因形状不规则，故作为杂货舱。

由于集装箱与杂货混装于一船，有时既需停靠集装箱码头，又要停靠杂货码头进行装卸作业，因此，与全集装箱船相比，半集装箱船营运效率较低，也增加了港口使用费。但是，对于那些适箱货源不足而有大批钢材等重件货的航线，或因港口设施不能接卸全集装箱船的航线，半集装箱船有其独特的优越性。

（三）多用途船

多用途船通用性强，使用范围广，一般是以某一干货为主，兼运其他干货。近年建造的多用途船主要有以载运集装箱为主的，有以运输重大件、超长件为主的，有兼运集装箱及重货的，有的还可以兼运散货。虽然多用途船运输某一类货物不如专用船舶效率高、成本低，但是，在航线货种多、变化大、货源不稳定的情况下，多用途船由于其适应性强、揽货能力高，可以减少回空及待泊，提高船舶的航行率。利用多用途船运输集装箱，既可节约船舶投资又可减少集装箱的码头投资，所以，多用途船仍得到较快发展。

多用途船航速一般不太高，约在15～16节。它常设有起重设备，起重能力一般为20吨左右，也有的多用途船根据需要设置起重力为40～50吨不等的重型吊杆。

（四）载驳船（子母船）

载驳船是由母船与载重量为150～800吨的箱形驳船组成的。各种货物或集装箱装到箱形驳船上（子驳），驳船在港内（码头或锚地）装完货后，用母船的起重设备装到母船上，母船把子驳运至目的地后，卸下子驳，子驳可被拖运至母船无法通行的航道和无法停靠的码头，卸下货物或集装箱，装上回程货物或集装箱，被拖船拖往指定水域，然后再将子驳装到载驳船上，运往目的地。载驳船根据其装卸子驳的方式不同，可分为普通载驳船（"拉西型"）、海蜂式载驳船（"西比型"）及浮坞式载驳船（"巴可型"）等。

二、集装箱船的特点

集装箱船与传统货船相比，具有以下特点：

（一）船舶吨位大

世界杂货船自 20 世纪 80 年代以来数量不断下降，而集装箱船则逐年稳定增长，而且，集装箱船的吨位明显大于传统货船，如全集装箱船有 60％以上为 30万吨或 30 万吨以上的载重量，而传统杂货船的载重量绝大部分在 20 万吨或以下。

船舶吨位的大小对运输成本影响较大。虽然船舶总运输成本随吨位的增加而增加，但每吨船的单位运输成本随船舶吨位的增加而减少。因此集装箱船的装卸效率大大高于干货船，因此增加船舶吨位的经济性是显而易见的。

（二）功率大、航速快

由于集装箱船装卸效率高，在港停留时间大大缩短，且集装箱所装载的，多为价格较高的货物，如提高航速，有利于加速船舶周转，提高竞争能力。同时，集装箱船货箱装得越多越经济，越能提高船舶载重量利用率。一般甲板上装箱数占全船装箱总数的 20％～50％，因此，满载的重心高度比普通货船大得多，初稳性高度较小。但因受风面积增加，风压力臂增大，对稳定性产生不利影响，在风浪中横摇加剧，影响操纵性。所以，集装箱船需要大量压载，以提高船舶在各种吃水状态条件下的稳定性。

三、主要集装箱海运运输航线

目前，世界上规模最大的三条集装箱航线是远东—北美航线，远东—欧洲、地中海航线和北美—欧洲、地中海航线。这三条航线将当今全世界人口最稠密、经济最发达的三个板块—北美、欧洲和远东联系起来。这三大航线的集装箱运量占了全世界集装箱海运运量的大半壁江山。

1. 远东—北美航线

远东—北美航线实际上又可分为两条航线，即远东—北美西岸航线和远东—北美东海岸、海湾航线。

（1）远东—北美西岸航线

这条航线主要由远东—加利福尼亚航线和远东—西雅图、温哥华航线组成。它涉及的港口主要包括远东的高雄、釜山、上海、香港、东京、神户、横滨等和北美西岸的长滩、洛杉矶、西雅图、塔科马、奥克兰和温哥华等。涉及的国家和地区包括亚洲的中国（包括港台地区）、韩国、日本及北美的美国和加拿大西部地区。这两个区域经济总量巨大，人口特别稠密，相互贸易量很大。近年来，随着中国经济总量的稳定增长，这条航线上的集装箱运量越来越大。目前，仅上海港在这条航线上往来于美国西海岸的班轮航线就多达40多条。

（2）远东—北美东海岸航线

这条航线主要由远东—纽约航线等组成，涉及北美东海岸地区的纽约—新泽西港、查尔斯顿港和新奥尔良港等。这条航线将海湾地区也串了起来。在这条航线上，有的船公司开展的是"钟摆式"航运，即不断往返于远东与北美东海岸之间，有的则是经营环球航线，即从东亚开始出发，东行线为：太平洋—巴拿马运河—大西洋—地中海—苏伊士运河—印度洋—太平洋；西行线则反向而行，行次时间为80天。

2. 远东—欧洲、地中海航线

远东—欧洲、地中海航线也被称为欧洲航线，它又可分为远东—欧洲航线和远东—地中海航线两条。

（1）远东—欧洲航线

这条航线是世界上最古老的海运定期航线。这条航线在欧洲地区涉及的主要港口有荷兰的鹿特丹港，德国的汉堡港、不来梅港，比利时的安特卫普港，英国的费利克斯托港等。这条航线大量采用了大型高速集装箱船，组成大型国际航运集团开展运输。这条航线将中国、日本、韩国和东南亚的许多国家与欧洲联系起来，贸易量与货运量十分庞大。与这条航线配合的还有西伯利亚大陆桥、新欧亚大陆等欧亚之间的大陆桥集装箱多式联运。

（2）远东—地中海航线

这条航线由远东，经过地中海，到达欧洲。与这条航线相关的欧洲港主要有西班牙南部的阿尔赫西拉斯港、意大利的焦亚陶洛港和地中海中央马耳他南端的马尔萨什洛克港。

3. 北美—欧洲、地中海航线

处于北美、欧洲、远东三大地域与经济板块另一极的，是北美—欧洲、地中海航线。北美—欧洲、地中海航线实际由两三条航线组成，分别为北美东海岸、海湾—欧洲航线，北美东海岸、海湾—地中海航线和北美西海岸—欧洲、地中海航线。这一航线将世界上最发达与富庶的两个地域联系起来，船公司之间在集装箱海运运输方面的竞争最为激烈。

第三节　集装箱货运流程与交接方式

一、集装箱货运的流程

集装箱货物的运输，是根据各国的运输法规和每条运输路线上的经济、地理等条件，决定其不同的集散方式和流转程序。由于集装箱运输是建立在大规模生产方式基础上的，所以，它必须将分散的小批量货源预先在内陆的某几个点加以集中，等组成大批量货源后，通过内陆运输，将其运至集装箱码头。这里，假设把内陆地点作为集装箱运输中的第一枢纽站，装船港作为第二枢纽站，然后通过海上运输，卸船港作为第三枢纽站，再通过内陆运输，将集装箱货物运到最终目的地，即第四枢纽站。这是集装箱运输中一个比较典型的例子，如图 7-1 所示。

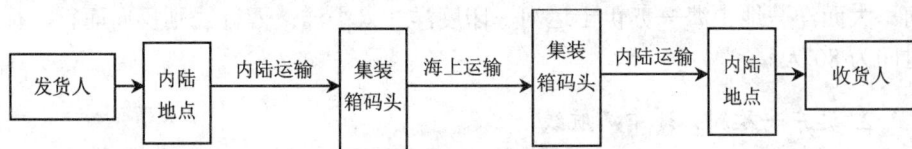

图 7-1　集装箱货运流程

二、集装箱货流的种类

集装箱货流按货物运量的多少可以分为拼箱货流和整箱货流。

（一）拼箱货流

拼箱货（less than cargo container load，LCL）是指装不满一整箱的小票货物。通常是把货物先用卡车或其他运载工具从货主处装运到集装箱货运站进行拼箱并负责填制装箱单，拼箱后，由海关施加铅封。然后将集装箱运送到码头堆场交由集装箱船装船运输。

对于这种货物，承运人要负责装箱与拆箱作业。通常是，在装运地由承运人分别揽货并集中于集装箱货运站或内陆站，而后将两票或两票以上的货物拼装在一个集装箱内，经过运输后，同样要在目的地的集装箱货运站或内陆站拆箱并分别交付货物。

拼箱货流转过程通常包括以下环节：

1）发货人在自己工厂或仓库装箱地点配置集装箱（使用承运人提供的集装箱或自备箱）。

2）发货人在自己工厂或仓库装箱地点配货、装箱。

3）通过内陆运输，将集装箱货物运至集装箱码头。

4）根据堆场计划在堆场内暂存集装箱货物，等待装船。

5）根据装船计划，将集装箱货物装上船舶。

6）通过海上运输，将集装箱货物运抵卸船港。

7）根据卸船计划，从船上卸下集装箱货物。

8）根据堆场计划在堆场内暂存集装箱货物，等待收货人前来提货。

9）通过内陆运输，将集装箱货物运至收货人工厂或仓库。

10）收货人在自己工厂或仓库等掏箱地点掏箱。

11）集装箱空箱回运（货主自备箱除外）。

上述程序简单如图 7-2 所示。

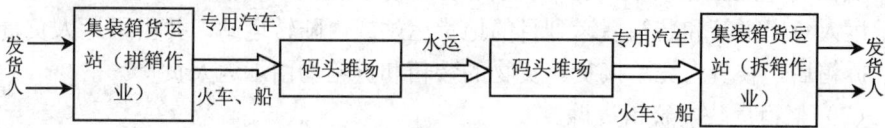

图 7-2　拼箱货流转过程

（二）整箱货流

整箱货（full container cargo load，FCL）是指由发货人负责装箱、计数、积载、填写装箱单，并由海关加铅封的货，通常在货主有足够货源装载一个或数个整箱时采用这种形式。

整箱货物运输是将货物直接从发货人处（如发货人的仓库）装箱、验关（出口）。

特点：货物批量大，全部货物均属于一个货主，到达地一致；货物从发货人处装箱后一直到收货人拆箱为止，一票到底。

整箱货流转过程包括以下环节：

1）发货人自己负责将货物运至集装箱货运站。

2）集装箱货运站负责备箱、配箱、装箱。

3）集装箱货运站负责将装载的集装箱货物运至集装箱码头。

4）根据堆场计划将集装箱货物暂存堆场，等待装船。

5）根据装船计划将集装箱货物装上船舶。

6）通过海上运输，将集装箱货物运抵卸船港。

上述程序如图 7-3 所示。

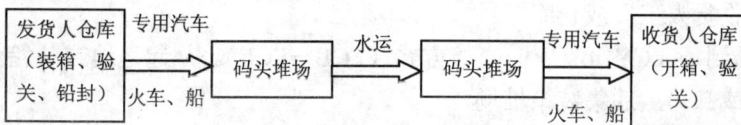

图 7-3　整箱货流转过程

三、集装箱货流的组织形式

集装箱货流形态分为拼箱货流和整箱货流两种货流形态，因此在交接方式上也有所不同，一般集装箱的货流组织形式有四种。

（1）拼箱货装，整箱货拆

货主将不足整箱的小票托运货物在集装箱货运站或内陆转运站交给承运人，由承运人分类调整，把同一收货人的货集中拼装成整箱，运到目的地后，承运人以集装箱交付，收货人以整箱接收。

（2）拼箱货装，拼箱货拆

货主将不足整箱的小票托运货物在集装箱货运站或内陆转运站交给承运人。由承运人负责拼箱和装箱后运到目的地货运站或内陆转运站，并由承运人负责拆箱，拆箱后，收货人凭单接货。货物的装箱和拆箱均由承运人负责。

（3）整箱货装，整箱货拆

货主在工厂或仓库把装满货后的整箱交给承运人，收货人在目的地以同样的整箱接货，即承运人以整箱为单位负责交接。货物的装箱和拆箱均由货主负责。

（4）整箱货装，拼箱货拆

货主在工厂或仓库把装满货后的整箱交给承运人，在目的地的集装箱货运站或内陆转运站由承运人负责拆箱后，各收货人凭单接货。

四、集装箱货物的交接地点与交接方式

集装箱运输中，根据整箱货、拼箱货的不同，其交接地点可以是集装箱码头堆场（container yard，CY）、集装箱货运站（container freight station，CFS），也可以是发货人或收货人的工厂或仓库（即门，door）。

因此，集装箱货物的交接方式主要如下：

1）门到门（door to door）交接方式（FCL－FCL）。从发货人工厂或仓库至收货人工厂或仓库。

2）门到场（door to cY）交接方式（FCL－FCL）。从发货人工厂或仓库至目的地或卸箱港的集装箱堆场。

3）门到站（door to cFS）交接方式（FCL－LCL）。从发货人工厂或仓库至目的地或卸箱港的集装箱货运站。

4）场到门（CY to door）交接方式（FCL－FCL）。从起运地或装箱港的集装箱堆场至收货人工厂或仓库。

5）场到场（CY to CY）交接方式（FCL－FCL）。从起运地或装箱港的堆场至目的地或卸箱港的集装箱堆场。

6）场到站（CY to CFS）交接方式（FCL－LCL）。从起运地或装箱港的集装箱堆场至目的地或卸箱港的集装箱货运站。

7）站到站（CFS to CFS）交接方式（LCL—LCL）。从起运地或装箱港的集装箱货运站至目的地或卸箱港的集装箱货运站。

8）站到场（CFS to CY）交接方式（LCL—FCL）。从起运地或装箱港的集装箱货运站至目的地或卸箱港的集装箱堆场。

9）站到门（CFS to door）交接方式（LCL—FCL）。从起运地或装箱港的集装箱货运站至收货人工厂或仓库。

第四节　集装箱运输进出口货运业务

一、集装箱出口货运业务

（一）集装箱出口货运程序

1. 订舱

发货人根据贸易合同或信用证条款的规定，在货物托运前一定时间内填好集装箱货物托运单（container booking note）委托其代理或直接向船公司申请订舱。

2. 接受托运申请

船公司或代理公司根据自己的运力，航线等具体情况考虑发货人的要求，决定接受与否，若接受申请就着手编制订舱清单，然后分送集装箱堆场（CY），集装箱货运站（CFS）据以安排空箱及办理货运交接。

3. 发放空箱

通常整箱货货运的空箱由发货人到集装箱码头堆场领取，有的货主有自备箱；拼箱货货运的空箱由集装箱货运站负责领取。

4. 拼箱货装箱

发货人将不足一整箱的货物交至货运站，由货运站根据订舱清单和场站收据负责装箱，然后由装箱人编制集装箱装箱单（container load plan）。

5. 整箱货交接

由发货人自行负责装箱，并将已加海关铅封的整箱货运到 CY。CY 根据订舱清单，核对场站收据（dock receipt d/r）及装箱单验收货物。

6. 集装箱的交接签证

CY 或 CFS 在验收货物和集装箱时，即在场站收据上签字，并将签署后的 D/R

交还给发货人。

7. 换取提单

发货人凭 D/R 向集装箱运输经营人或其代理换取提单（combined transport bill of lading），然后去银行办理结汇。

8. 装船

集装箱装卸区根据装货情况，制订装船计划，并将出运的集装箱调整到集装箱码头前方堆场，待船靠岸后，即可装船出运。

（二）装箱出口货运的主要单证

1. 订舱单

订舱单（booking note，B/N）是承运人在接受发货人的订舱时，根据发货人的口头或书面申请货物托运的情况用以安排集装箱货物运输而制作的单证。该单证一经承运人确认，便作为承、托双方订舱的凭证。订舱单中填写的装运条件必须与信用证一致。

2. 装箱单

集装箱装箱单（container load Plan，CLP）是详细记载集装箱和货物名称、数量等内容的单据，每个载货的集装箱都要制作这样的单据，它是根据已装进集装箱内的货物制作的。不论是由货主装箱，还是由集装箱货运站负责装箱，集装箱装箱单是详细记载每个集装箱内所装货物情况的唯一单据。所以，在集装箱运输中，这是一张极其重要的单据，其主要作用如下。

1）在装货地点作为向海关申报货物出口的代用单据。

2）作为发货人、集装箱货运站与集装箱码头堆场之间货物的交接单。

3）作为向承运人通知集装箱内所装货物的明细表。

4）在进口国、途经国家作为办理保税运输手续的单据之一。

5）单据上所记载的货物与集装箱的总重量是计算船舶吃水差、稳性的基本数据。

因此，装箱单内容记载准确与否，对保证集装箱货物的安全运输有着密切的关系。

3. 码头收据

码头收据（dock receipt，D/R）一般都由发货人或其代理人根据船公司或其他运输经营人制定的格式填制，并与货物一起运至集装箱码头堆场或集装箱货运站，由接货的人在收据上签字后交还给发货人，证明托运的货物已收到。

接货人在签署码头收据时，应详细审核收据上所记载的内容与运来货物的实际情况是否相一致。如货物的实际情况与收据上记载的内容不一，则必须修改。如发现货物或箱子有损坏情况，则一定要在收据的备注栏内加批注，说明货物和箱子的实际情况。码头收据的签署不仅表明承运人已收到货物，而且，也明确表示承运人对收到的货物开始负有责任。

通常码头收据一式9联，各港使用有所差异，但内容相同，主要内容如下。

1）港站收据联（D.ck receipt）。此联相当于传统海运中的大副收据。此联在整箱货运输下是由集装箱码头堆场在验收货物后签发给货物托运人的收货凭证。在拼箱货运输下此联是由集装箱货运站在验收货物后签发给货物托运人的收货凭证。此联是货物托运人换取提单的依据。

2）发货人副本联（shipper's copy）。此联是发货人送交代理公司鉴单确认后自留的副本。

3）通知船长联（B/L master）。此联相当于代理公司签发的装货通知（S/O），由船方保存。

4）海关联（custom's copy）。此联是由海关凭以验关、放行使用的。

5）场站副本联（CY、CFS copy）。此联由集装箱码头堆场或集装箱货运站留存。

6）代理公司副本（agent's copy）。此联由代理公司签发，提单部门存查，并可据以重印提单。

7）运费计算联（freight calculating copy）。此联由代理公司计算运费部门使用。

8）运费收据联（freight receipt）。此联由代理公司收取运费使用。

9）卸货港副本联（discharging port copy）。此联由装货港代理公司交卸货港代理时使用。

4. 集装箱提单

普通船舶的货运提单是在货物实际装船完毕后经船方在收货单（大副收据）上签署，表明货物已装船，发货人凭经船方签署的收货单去船公司或其代理公司换取已装船提单。而集装箱提单（bill of lading，B/L）则应以码头（场站）收据换取，它同普通船舶运输下签发的提单不同，是一张收货待运提单。所以，在大多数情况下，船公司根据发货人的要求，在提单上加注具体的装船日期和船名后，该收货待运提单便具有了与已装船提单同样的性质。

现行的集装箱提单中都有表面条款（face clause），也称止面条款，说明货物在集装箱运输下所签发的提单性质和作用。该条款有确认条款、签署条款和承诺条款。

1）确认条款：表示承运人是在箱子外表状况良好、铅封号码完整的情况下接货、交货，同时说明该提单是一张收货待运提单。

2）承诺条款：表明正式签发的正本提单是运输合同成立的证明，对双方都有约束力。

3）签署条款：指签发正本提单的份数，凭其中一份正本交货后，其余作废。

5. 设备收据

设备收据（equipment receipt）也叫设备交接单，是作为集装箱，以及其他载货设备交接的证书，由借方和出借方共同签字。当集装箱或机械设备在集装箱码头堆场或货运站借出、回收时，由集装箱堆场制作设备收据，经双方签字后，作为两者之间设备交接的证书，其主要内容如下：

1）集装箱或其他设备的所有人应提供完好的、具有合格有效证书的设备、集装箱。

2）交接集装箱或设备时，用箱人、运箱人如无异议，则表示该箱子、设备处于良好状态。

3）用箱人在接收集装箱或有关设备后，在使用期内应保持良好状态，并应负责对该集装箱或设备进行必要的维修、保养。

4）用箱期间，不论是何种原因引起的有关箱子、设备的丢失、损坏，则均由用箱人负责赔偿，但自然耗损除外。

5）用箱期间，因使用箱子、设备不当所引起的对第三者的损害责任，由用箱人负责赔偿。

6）用箱人应在规定的时间、地点，将箱子和设备按租赁时的状况变还给出租人，不论是由于何种原因引起的迟期交还，用箱人应支付附加费用。

7）用箱人只有在事先得到出租人允许的情况下，才可将箱子或设备转租给第三者，但原出租人和用箱人之间的责任、义务等各项规定并没有任何改变。

8）在规定的归还期之前发生箱子、设备的灭失、损坏，包括不能修复或已无法修复的情况时，用箱人应办理赔款事项，但在赔偿时应扣除已使用的折旧费。

设备收据分进场和出场两种，交接手续均在集装箱堆场大门口办理。

出堆场时，堆场工作人员与用箱人、运箱人共同审核的设备收据内容有：用箱人名称、地址，出堆场时间、出场目的，集装箱箱号、规格、铅封号，空箱还是实箱，有关设备的情况。

进堆场时，堆场工作人员与用箱人、运输人共同审核的设备收据上的内容有：集装箱或其他设备的归还日期、时间，集装箱或其他设备归还时的外表状况，集装箱或其他设备归还人名称、地址，整箱交箱货主名称、地址，进堆场目的，拟装船舶的船名、船次、航线、卸箱港。

（三）发货人在集装箱出口货运中的业务

集装箱运输下，发货人的出口货运业务与普通船运输下发货人应办理的事项没有什么特别大的变化，当然也有集装箱运输所要求的特殊事项，如货物的包装应适应集装箱运输，保证货物所需要的空集装箱，在整箱货运情况下负责货物的配箱、装箱等。发货人在集装箱出口货运中的主要业务如下：

1. 订立贸易合同

作为出口方，发货人（卖方）首先必须与国外的收货人（买方）订立贸易合同。因为，无论哪一种运输方式，其运输是建立在贸易基础上的。这一点与普通船的运输的做法完全一样，但合同条件有所变化。

2. 备货

出口贸易合同订立后，发货人（卖方）应在合同规定的装运期限前全部备好出口货物，其数量、品质、包装、标志等必需符合合同条件的规定。

3. 租船订舱

在以 CIF、C&F 价格条件成交时，发货人负有租船订舱之责任。特别是在出口特殊货物需采用特殊集装箱运输时，发货人的这一责任则显得更重。由于一般集装箱船对上述特殊集装箱的装载数量有限，应尽早订舱。

4. 报关

拼箱货习惯采用普通船运输的方法报关，整箱货则通常采用统一报关，因为海关人员到现场审查很方便，既可以更好地发挥集装箱运输的优越性，又可省略一些手续。

5. 货物装箱与托运

报关完毕后，在整箱货运下发货人即可安排装箱，并在装箱完毕后将货箱运至集装箱码头堆场，取得经码头堆场签署的场站收据。拼箱货经报关后运至集装箱货运站，由货站负责装箱并签署场站收据。

6. 投保

出口货物如是以 CIF 价格条件成交，发货人则负责办理投保手续，并支付保险费，也可委托货运代理代投保。

7. 支付运费和签发提单

如是预付运费，发货人只要出示经码头堆场签署的场站收据，支付全部运费后，承运人或其代理人即签发提单。如是到付运费，只要出示场站收据即签发提单。此外，在对签发清洁提单有异议时，发货人可向承运人出具保证书以取得清洁提单。

8. 向收货人（买方）发出装船通知

在以 FOB、C&F 价格条件成交的出口贸易合同中，发货人在货物装船完毕后向收货人发出装船通知则作为合同的一项要件。如货物的丢失、损害是由于发货人在货物装船完毕后没有向收货人发出装船通知，致使收货人未能及时投保所致，该货物的丢失、损害则由发货人负责赔偿。

二、集装箱货物进口业务

（一）集装箱进口货运程序

1. 传输单证

集装箱出口港在船舶开航后，将有关业务单证及货运资料如舱单、提单副本、集装箱清单、冷藏箱清单、特殊货清单、危险品准运单等通过 EDI 传输或航空邮寄给进口港船公司。

2. 分送货运单证

进口港船公司在收到业务单证及货运资料后，应立即分别送交进口港船舶代理和进口港码头。

3. 发出到货通知

进口港船舶代理人接到船公司送来的相关资料后，在船舶抵港前，应及时为卸船接货工作做好准备，同时，集装箱码头应根据船舶代理提供的船舶到港日期及船舶实际积载图等其他货运资料，编制卸箱作业计划、堆场计划和交货计划，并根据交接方式对货箱分别堆码，为货主提箱提货做好准备。

4. 换取提货单

收货人在向银行付款购单后，即可凭正本提单和到货通知书到进口港船舶代理人处换取提货单。船舶代理人根据收货人提供的正本提单，经与货运进口舱单核对无误后，则应签发提货单，并做好交货记录。

5. 办理通关及"三检"手续

收货人持进口许可证及相应报关单证，到港区所在海关、"三检"处办理进口货物的通关和相应的商检、卫检、动植检手续。

6. 办理提货手续

收货人持提货单及相应的海关放行单证，便可以到码头办理提箱提货手续。

整箱货由码头堆场根据正本提货单向收货人交箱，拼箱货则要求收货人在货运站办理提货手续。

（二）集装箱进口货运的主要单证

1. 交货记录

交货记录（deLivery record，D/R）是集装箱货运的三大单证之一。它是承运人把货物交付给收货人，经双方签署，证明货物已经交付，承运人对货物责任宣布终止的凭证。

标准交货记录格式一套共五联，以不同颜色区分。其中，第一联为到货通知书，第二联为提货单，第三联、第四联为费用账单，第五联为交货记录。

2. 船舶实际积载图

它是根据船舶配载图，将集装箱装船完毕后，按每个箱子在船上实际装载位置所绘制的实际装载图。它是船舶抵港前，由船舶代理提供给集装箱码头的主要货运资料之一，是码头据以制订卸船作业计划的重要依据。

3. 理货单证

理货单证主要有理货计数单和溢短残损单两种，都是由码头理货人员编制的。

理货计数单是在货运站拆箱时，理货人员核对装箱单及货物舱单点验件数，分别编制理货计数单，同时还应将可能出现的异状、件数不符等情况，列入理货计数单。

溢短残损单是根据卸货时所编的卸箱清单所列的批注，并参照出口港的批注清单编制而成。

（三）进口商在集装箱进口货运中的业务

1. 贸易合同签订

进口商首先同国外的出口商签订贸易合同。

2. 订舱

如果贸易合同是以 FOB 条件成交，进口商则负责订舱，并将船名、装船日期通知出口商。特别是在采用特殊集装箱运输时，更应尽早订舱。

3. 申请开立信用证

如果贸易合同约定以信用证结算，进口商必须在贸易合同规定的期限内向银行提出开证申请，并按合同的内容填写开证申请书，请开证行开证。由于集装箱运输的特点，一般应在信用证中明确是否必须提交已装船提单。

4. 投保

进口货物如以 **FOB** 或 **CFR** 条件成交，进口商则负责投保、支付保险费。一般情况下，进口货物采用预约保险，所以，只要接到出口商的装运通知，其货名、数量、价值等一经确定，进口商即应正式投保。

5. 付款换取货运单据

进口商按贸易合同约定的付款方式（信用证或托收等）向银行支付货款（或承兑票据），换取货运单据，其中最主要是提单，以备提货。

6. 换取提货单

收货人在提货前应将提单交还给卸货港船公司或其代理人，据以换取提货单。在货物从船上卸下后，凭提货单即可提货。

7. 提取货物

若为整箱货，进口商应到码头堆场去提货；若为拼箱货则应在货运站提货。必须注意，整箱货物应连同箱子一起提走，同时，还应办理有关集装箱的设备交接单。

8. 索赔

提取货物时，如发现有关货物的灭失、损坏，进口商即应按合同和有关法律规定向出口商、承运人或保险人提出索赔。

第五节　集装箱运价及运费

一、集装箱运价的特点

（一）集装箱运输与国际贸易价格条件术语

国际商会通过文件形式将国际贸易价格条件的名称、内容及买卖双方的责任义务、费用、风险划分都做出明确的解释，当在合同中采用某种价格术语时，要求合同的其他条件都应与之对应，并以合同中规定的价格术语来确定合同的性质和双方各自的权利和义务，如表 7-2 所示。

（二）集装箱运价构成的特点

集装箱运价构成不仅包括集装箱海上运费，而且还应包括集装箱的内陆集疏运费（包括装运港区内运输费）、内陆港站中转费、拆装箱费、集装箱及设备使用费和港口中转费等。

在集装箱运输中，不同交接方式的运价构成是不同的，拼箱货与整箱货的运价构成也不相同。

表7-2 FOB、CIF、CFR术语下的责任、费用及风险

术语		FOB		CIF		CFR	
内容		买方	卖方	买方	卖方	买方	卖方
责任	租船订舱		Y	Y			
	投保		Y	Y			
	办进口		Y		Y		
	按时交货	Y		Y			
	办出口	Y		Y			
	提供单证	Y		Y			
	租船订舱		Y				
费用	运费		Y				
	保险费						
	装船港过船舷前费用	Y					
	装船港过船舷后费用		Y				
	卸船港过船舷前费用		Y				
	卸船港过船舷后费用						
风险	装船港船舷前	Y					
	装船港船舷后		Y				
	卸船港船舷前			Y			
	卸船港船舷后				Y		

（三）集装箱运价按箱计费的特点

世界上大多数航运公司集装箱的海运运价整箱货一般都采用包箱费率（BOS）。这种包箱费率一般都包括集装箱海上运输费与在装、卸船港的码头装卸费用，在我国还包括码头堆场的装卸车费用。

集装箱港口装卸费一般也是以箱为单位计收的，大多采用包干费形式（装卸包干费与中转包干费）。另外集装箱在运输全程中，在起运地、中转地、终到地堆场存放超过规定的免费堆存期时收取的延运费（滞期费）一般也都是按箱天数计收的。

集装箱运输中以箱计费的特点，使集装箱运输的计费方式实现了统一化和简单化，大大方便了运输经营人和货主。

二、集装箱海运运价与运费的计收

（一）集装箱海运中货物的交接方式及运价构成

1. 场到场（CY-CY）

在这种交接方式下，船公司承担的责任范围是从进入起运港码头堆场开始至离开目的港码头堆场为止。船公司的运价构成为：起运港堆场（码头）服务费（包括接受货物、堆场存放、搬运至装卸桥下及有关单证费用），装船费用，卸船费用，目的港堆场服务费（包括从卸桥下运至堆场、堆存与交付费用及单证费用），如使用的集装箱是船公司提供的，还应包括从发货人提取空箱至拆箱后返回空箱这一规定期间（免费使用期）的集装箱及设备使用与保险费（以下简称为集装箱使用费）。

在大部分港口，堆场服务费与装卸船费都以港口装卸包干费形式收取。在我国港口包干费中还包括装港堆场卸车费与卸港堆场装车费。

2. 场到站（CY-CFS）

在这种交接方式下，船公司运价构成为起运港、目的港堆场服务费及装、卸船费用，海上运输费用，集装箱使用费和目的港 CFS 拆箱服务费（包括堆场至 CFS 重箱搬运费、拆箱费用、货物在 CFS 库中存放及保管费、交付费用和有关单证费用和空箱回运至堆场的搬运费）。

3. 站到站（CFS-CFS）

在这种交接方式下，承运人接受与交付的货物均为拼箱形态。船公司运价构成为：起运港 CFS 装箱服务费（包括接受与存放保管货物费用，堆场至装箱场地的空箱搬运费，装箱费用，重箱至堆场搬运费和有关单证制作管理费），堆场服务费，装船费，海上运输费，目的港卸船费，目的港堆场服务费，拆箱服务费和集装箱使用费。

各船公司一般用运价本来说明各航线的运价。有的运价本海上运费中包括装箱费，如不是承运人装箱、船方应将这部分费用退给实际装箱人。有的运价本中还规定装拆箱费用，包括从承运人指定地点领取或送回箱子的费用，因此发货人应事先熟悉运价本中收费的含义，以免多付或少付费用。

集装箱运价属于班轮运价的范畴。班轮运价考虑的主要因素除运输成本外，还应考虑国际航运市场的竞争情况，由于竞争的需要，各公司的运价并不总保持在运价本说明的水平上。在近些年集装箱运输市场供大于求的情况下，许多船公司采用降价（明降或暗降）手段来争取货源，集装箱运价波动很大。对这一点承托双方都应给予充分重视。同时还应当注意到，对各种集装箱经营人来讲，低运价并不是争取货源的唯一手段。由于适箱货物对运价承受能力相对较高，相当多的货主在选择承运人时不仅关心运价的高低，而且要将运输质量、服务水平（特别是安全，可靠、快速、方便等）等综合考虑后进行选择。

（二）集装箱海运运费的计收

目前集装箱货物运价基本上分为两大类：一类是沿用件杂货运费计算方法，以每运吨（W/M）为计算单位，加上相应的附加费；另一类是以箱为计算单位，按航线包箱费率计算。

1. 拼箱货运费计收

目前各船公司拼箱货运费基本上依据件杂货运费计算标准计算，即按公司运价本规定的（或双方议定的）W/M费率计算基本运费，再加收集装箱运输所产生的有关费用，如拼箱服务费、支线附加费、越重或超尺度附加费等。

拼箱货运费计收应注意以下几个要点：

1）拼箱货运费计算是与船公司或其他类型的承运人承担的责任和成本费用一致的，由于拼箱货是由 CFS 负责装、拆箱，承运人的责任从装箱的 CFS 开始到拆箱的 CFS 为止。接受货物前和交付货物后的责任不应包括在运价之内。装拆箱的 CFS 应为承运人拥有或接受承运人委托办理有关业务。

2）承运人在运费中加收拼箱服务费等常规附加费后，不再加收件杂货码头收货费用。承运人运价本中规定 W/M 费率后，基本运费与拼箱服务费均按货物的重量和尺码计算，并按其中高者收费。

3）拼箱货起码运费按每份提单收取，计费时不足 1 吨部分按 1 吨收费。

4）在拼箱运输中，承运人一般不接受货主提出的选港和变更目的港的要求，因此没有变更目的港的附加费。

5）各公司的 W/M 费率多数采用等级费率。货物大多分为一般货物、半危险货物、危险货物、冷藏货物等四类，并分别订出 W/M 费率。

6）尽管各公司运价本中都说明了各航线的等级费率，在激烈的竞争形势下，一些公司经常采用议价形式，其基本费率和附加费用可能与运价本不一致。有的公司甚至只报一个 M/W 费率而不加收附加费。

7）对符合运价本中有关成组货物的规定和要求，并按拼箱货托运的成组货物，一般给予运价优惠，如托盘运输，计费时可扣除托盘本身的重量或尺码。

2. 整箱货运费计收

（1）包箱费率

包箱费率（box rates）是各公司根据自身情况，按箱子的类型制定的不同航线的包干运价，既包括集装箱海上运输费用，也包括在装、卸船港码头的费用。

包箱费率可分为两类：等级货物包箱费率和均一包箱费率。前者是按货物的类别、级别和不同箱型规定的包箱费率，后者则不论货物的类别（危险品、冷藏货除外），只按箱型规定的包箱费率。

目前包箱费率主要有如下三种具体形式：

1）FAK 包箱费率（freight for all kinds）。这种包箱费率是对每一集装箱不细分箱内货物的货类级别，不计货量（当然是在重量限额以内），只按箱型统一规定的费率计费，也称为均一包箱费率。

采用这种费率时，货物仅分普通货物、半危险货物、危险货物和冷藏货物四类，不同类的货物、不同尺度（20 英尺/40 英尺）的集装箱费率不同。

2）FCS 包箱费率（freight for class）。这种费率是按不同货物种类和等级制定的包箱费率。在这种费率下，一般（如中远公司运价本）将货物分为普通货物、非危险化学品、半危险货物、危险货物和冷藏货物等几大类，其中普通货物与件杂货一样为 1～20 级，各公司运价本中按货物种类、级别和箱型规定包箱费率，但集装箱货物的费率级差要大大小于件杂货的费率级差。

使用这种费率计算运费时，先要根据货名查到等级，然后按航线、货物大类等级、交接方式和集装箱尺度查表，即可得到每只箱子相应的运费。

这种费率属于等级货物包箱费率，中远运价本中，在中国—澳大利亚和中国—新西兰航线上采用这种费率形式。

3）FCB 包箱费率（freight for class and basis）。这种包箱费率是指按不同货物的类别、等级（class）及计算标准（basis）制定的包箱费率。在这种费率下，即使是装有同种货物的整箱货，当用重量吨或体积吨为计算单位（或标准）时，其包箱费率也是不同的，这是与这种费率的主要区别之处。

使用这种费率计算运费时，首先不仅要查清货物的类别等级，还要查明货物应按体积还是按重量作为计算单位，然后按等级、计算标准及交接方式、集装箱类别查到每只箱子的运费。

这种费率也属于等级货物的包箱费率。中远运价本中在中国—卡拉奇等航线上采用这种费率形式。

（2）最低运费

为了保证营运收入不低于营运成本，各船公司都制定了起码的收费标准（即最低费率）。在集装箱运输中各船公司最低运费的规定形式不尽相同，基本上可归纳为下面几种形式。

1）规定最低货物等级。这种计算方法适用于按货物等级计收运费的情况，可使船公司在承运低级货物时不致亏损。如中远公司运价本中规定以 7 级为最低收费等级，低于七级的货物按七级计算。

2）在整箱运输下，根据箱子的种类和规格（尺度）规定最低运费吨；在拼箱运输下，规定每票货物的最低运费吨。

3）规定最低箱载利用率。这种最低运费规定是通过规定集装箱载重量及容积最低利用率来间接地规定最低运费吨，例如对可载货 18 吨、32 立方米的 20 英尺箱，对计算标准为 W/M 的货物分别为 95%/85%，意味着规定了最低载货吨为 17.1 吨/27.2 立方米。

（3）最高运费

最高运费（maximum freight）仅适用于集装箱整箱运输，其含义是即使货主自装的实际装箱的货物尺码吨越过规定的最高计费吨，承运人仍按箱子的计费吨收取运费，超出部分免收运费。但有些公司有进一步的规定，按等级包箱费率（FCB、FCS）计费且装箱货物等级又不同时，免收运费的货物以箱内货物中级别低（低费率）者计算。

各船公司规定的最高计费吨一般习惯按箱子内容积的 85% 计算。因此当装运轻泡货物时，可能发生实际装载货物的尺码超出箱子规定的最高计费吨的情况。但国际标准对集装箱总重量有严格规定，超重是绝对不允许的。

【例 7-1】 20 英尺干货箱最高计费吨为 21.5（吨/立方米），而箱内实装 9 级货 27 立方米，运费仍按 21.5 立方米计收，超出的 5.5 立方米免收运费。

【例 7-2】 40 英尺箱最高计费吨为 43 立方米，箱内实装货物总计为 50 立方米。其中 15 级货 20 立方米、12 级货 12 立方米、9 级货 8 立方米、7 级及以下货 10 立方米，运费计算如下：

20 立方米×15 级货费率＝15 级货运费

12 立方米×12 级货费率＝12 级货运费

8 立方米×9 级货费率＝9 级货运费

3 立方米×7 级货费率＝7 级货运费

共 43 立方米

运费免收部分为：10－3＝7 立方米（7 级以下货）。

与最低运费一样，集装箱运输中的最高运费也有其他形式的规定。有的公司规定了最高计费等级（如中远公司规定 16 级为最高计费等级）。在等级包箱费率情况下，凡高于最高计费等级的货物（不论整箱货还是拼箱货），均按该等级收费。

实行最高运费规定时应注意：整箱货运费应按发货人填制的装箱单列明的不同货种及适用费率分别计算后加总收取。如箱内货物每包（捆、箱）中装有不同等级的货物，该包货物运费按包内货物最高等级适用的费率计收；如发货人没有按规定详细申报箱内货物的情况，运费按箱子的内容积计收，且按箱内货物最高等级的费率计算；如箱内货物有一部分没有申报衡量，则没有申报衡量的货物数量以箱子内容积与已申报货物运费吨之间的差额确定。

3. 装箱运输中的附加费

集装箱附加费是海运运费的组成部分，不论按哪一种费率和计算标准收费，集装箱运输有时都要加收各种附加费。如变更目的港附加费、变更交接方式附加费、重件（由 CFS 装箱）附加费、港口附加费、选卸费、燃油附加费等。这些附加费有的按箱计收，有的按箱内货物量（M/W）计收。

（三）节省集装箱货物运费的途径

1. 合理利用箱容和载重量

集装箱运价实行包箱费且有最高收费限制，这意味着箱内货物装得越多，免费部分就越多，运费节省也越多。

一般来讲，20 英尺适于装运装载系数为 1:1.8 或更轻的货物。货方在装箱时，可以通过每箱中不同种类货物的合理搭配来充分利用箱容和载重量，达到节省费用的目的。

2. 改进货物包装

有些货物因外包装形状、尺码与箱子内体积（形状、尺码）不相适应而造成箱容的浪费。

3. 运费承受能力差的低价货物尽量不装箱运输，高价货物使用集装箱运输

集装箱货等级费率与传统件杂货等级费率比较，差别主要在如下几个方面：首先是计费级别较少，如中远 6 号本（下同）只划分四个计费等级，与传统运输费率对应关系分别为 1～7 级、8～10 级、11～15 级和 16～20 级；其次是各级费率差较小，分别为 57、61、65 和 74 美元；三是等级低的货物费率高于传统运输，而等级高的货物费率大大低于传统货运。

在这种情况下，诸如矿石、铸铁件、粮食、饲料等等级低于最低运费等级（7级）的货物宜用普通件杂货船运输，而不用集装箱运输，可节省费用；反之，高于 10 级甚至高于最高运费等级 16 级（有的航线是 14 级）的货物使用集装箱运输要便宜得多。等级越高使用集装箱运输越能节省运费。

小   结

本章主要讲述了集装箱运输的概念、特点，集装箱船舶，集装箱货运流程与交接方式，集装箱运输进出口业务及集装箱运输的运费等内容。通过学习真正地理解和掌握海洋运输代理出口（集装箱）业务实务操作，为将来从事相关工作奠定理论和实践基础。

案 例 分 析

一、案例背景

2001 年 8 月，品圆公司受科宁公司的委托，为科宁公司运输 24 只 20 英尺的

集装箱货物，从上海至汕头。因该货物装在原告的集装箱内，为桶装液体助剂，故品圆公司向原告续租这 24 只集装箱，并约定：每只集装箱用箱费为人民币 500元，还箱至上海洋泾码头，使用时间为 25 天，超期使用费为每只集装箱 3.50 美元/天。品圆公司将 24 只集装箱装载在林通公司所有的"苏林立 18"轮上。同年8 月 29 日，"苏林立 18"轮从上海港出发，开航当时船舶并无不适航的情况。次日 19 时 30 分，船舶航行至浙江温州洞头沿海海面，遇到了雷雨大风，19 时 50分，船舶开始下沉，直至船舶及货物、集装箱一同沉没，其中包括涉案的 24 只集装箱。事故发生后，品圆公司将集装箱灭失的消息及时通知了原告，并称等海事报告出来之后再商定处理意见。

2001 年 12 月 18 日，温州海事局制作《"苏林立 18"轮沉船事故调查报告书》，对事故原因作出了分析，认为造成本次事故的主要原因是天气海况恶劣，次要原因是船员应变能力差、操作不当。

由于涉案的 24 只集装箱是原告向中集公司租赁的，2002 年 10 月 8 日，原告向中集公司赔付了集装箱（按照干货箱的标准）灭失损失 71 700.00 美元及租金247.80 美元。

二、法院裁判

经审理认为：原告与被告品圆公司之间的集装箱租赁合同，双方均已确认，这是双方真实意思的表示，且合同形式要件符合规定，应认定为合法有效。原告与被告科宁公司、被告林通公司不存在租箱合同关系。

品圆公司认为，温州海事局制作的《"苏林立 18"轮沉船事故调查报告书》确认是不可抗力原因造成租赁物灭失，故集装箱租赁人可以免责。但是温州海事局的"事故调查报告书"认为造成本次事故的主要原因是天气海况恶劣；次要原因是船员应变能力差、操作不当。该报告已明确表述船员应变能力差、操作不当也是本次事故的原因之一，同时对天气海况恶劣的程度未作结论，更未对是否属于不能克服、不能避免、不能预见的事由下判断，故品圆公司提出不可抗力的抗辩不能成立。

被告林通公司认为温州海事局已证明，"该事故是由自然天气海况恶劣引起的，船长黄光铃及其他船员不承担本次事故的责任"，故本次事故属不可抗力。虽该份证据所述的事故原因与《"苏林立 18"轮沉船事故调查报告书》不同，但是从证据的目的性来看，出具该证明的主要目的是用以说明船长及船员在水路货物运输中无赔偿责任，并没有说明船东无责任；从证据效力上来看，该证据的落款是"中华人民共和国温州海事局海事专用章"的印章，从效力上要低于温州海事局的公章；从证据的全面性来看，《"苏林立 18"轮沉船事故调查报告书》详细地记载了事故发生时的情况，综合地分析了事故的原因，具有完整性和可信性。故林通公司主张不可抗力的理由亦不能成立。

根据《"苏林立 18"轮沉船事故调查报告书》中所确认的事实，在事故发生当时，"苏林立 18"轮在海面上遇到 7~9 级大风，但是这无法推出"苏林立 18"轮是突遇 7~9 级大风，不可抗拒，必定沉没的结论。故被告作不可抗力抗辩的理由不能成立。

被告品圆公司称因其主观上无过错，故不承担民事责任。根据《合同法》第一百二十一条规定，当事人一方因第三人的原因造成违约的，也应当向对方承担违约责任。租赁期间届满，承租人必须返还租赁物，不能返还的，需赔偿经济损失。

关于涉案的 24 只集装箱价值及箱龄，原告未能提供有效的证据加以证明，双方对涉案的 24 只集装箱价值事先又无约定，根据有关法律规定，应由负有举证责任的当事人承担不利后果。由于原告与被告品圆公司的租赁关系确实存在，且租赁物现已灭失也属事实，故根据《国际集装箱超期使用费计收办法》集装箱全损最低赔偿额标准计算，每只 20 英尺的干货箱为 1 280.00 美元，24 只集装箱共计应赔偿 30 720.00 美元。

品圆公司辩称，由于"苏林立 18"轮沉没导致集装箱灭失，使用收益无法实现，应根据《合同法》第二百三十一条的规定，无需向原告支付用箱费及超期使用费。本院认为，"不可归责于承租人的事由"是指承租人已尽了妥善保管的义务。本案由于品圆公司未提交相关证据，证明其已经为租赁物选择了谨慎的占有人。故品圆公司请求免付用箱费人民币 12 000.00 元的理由亦不能成立。

因涉案集装箱灭失是在品圆公司正常使用期间，且品圆公司在集装箱灭失后，及时通知了原告，并未发生超期使用费；另原告向中集公司赔付时，也没有支付超期使用费，故原告诉讼请求中的超期使用费部分，本院不予支持。

原告还请求自租箱之日起至判决生效之日止的利息损失，利率为每日 2‰，本院认为没有事实和法律依据。但由于原告向中集公司赔付集装箱灭失损失之日起其利息损失实际发生，故品圆公司还应付原告 30 720.00 美元和人民币 12 000.00 元所产生的银行同期企业存款活期利息损失（自 2002 年 5 月 31 日起至判决生效之日止）。

综上，依照《合同法》第一百零七条、第一百一十二条、第一百一十三条第一款的规定，判决如下：

1. 被告上海品圆贸易有限公司应向原告上海中海物流有限公司支付集装箱灭失赔偿金 30 720.00 美元、用箱费人民币 12 000.00 元及利息损失（自 2002 年 5 月 31 日起至本判决生效之日止，利率为银行同期企业活期存款利率）。该款项应在本判决生效之日起 10 日内一次性支付完毕，逾期履行应加倍承担迟延履行期间的债务利息。

2. 对原告上海中海物流有限公司的其他诉讼请求不予支持。

案件受理费人民币 11 574.74 元、保全费人民币 4 520.00 元，其他诉讼费人民币 2 000.00 元,由原告负担人民币 10 735.94 元,被告上海品圆贸易有限公司负担人民币 7 358.80 元。被告上海品圆贸易有限公司负担之数应在本判决生效之日起 7 日内向原告支付,原告预交部分本院不再另退。

思考题

以此案为例,写出你的体会。如果你将来从事相关业务,应吸取哪些经验?

练 习 题

一、选择题

1. 将集装箱运输海陆沟通起来的最早实践者是( )。
   A. 美国人马克林　　　　　　B. 英国人马克林
   C. 德国人马克　　　　　　　D. 法国人马克
2. 集装箱应具有( )等条件。
   A. 具有耐久性其坚固强度足以反复使用
   B. 便于商品运送而专门设计的在一种或多种运输方式中运输无需中途换装
   C. 设有便于装卸和搬运特别是便于从一种运输方式转移到另一种运输方式的装置
   D. 设计时应注意到便于货物装满或卸空
   E. 内容积为 1 立方米或 1 立方米以上
3. 集装箱按其主体材料构成可分为( )四类。
   A. 钢集装箱　　　　　　　　B. 铝集装箱
   C. 玻璃钢集装箱　　　　　　D. 纸集装箱　　　　　E. 不锈钢集装箱

二、简答题

1. 集装箱货物进出口运输货运程序是什么?
2. 集装箱海运中货物的交接方式及运价构成是怎样的?
3. 节省集装箱货物运费的途径有哪些?

第八章　国际多式联运

学习目标

通过学习，掌握国际多式联运的含义、特征及要素，了解国际多式联运的主要业务及程序，且能够在实际业务中运用，能够区别国际多式联运的两种运输组织——协作式与衔接式，掌握多式联运单据的构成、填写，国际多式联运经营人的含义与特征，成为经营人需具备的条件，掌握在国际多式联运过程中多式联运经营人的责任。

第一节　国际多式联运概述

一、国际多式联运的含义、特征及要素

一般而言，国际多式联运是指根据一个多式联运合同，采用两种或两种以上的运输方式，由多式联运经营人把货物从一国境内接管货物地点运到另一国境内指定交付货物地点的行为。

上述定义反映了国际多式联运具有以下特点：

1）由国际多式联运经营人承担或组织完成全程运输工作。

2）签订一个运输合同，对货物运输的全程负责。

3）采用两种或两种以上的不同运输方式来完成运输工作。

4）采用一次托运、一次付费、一票到底、统一理赔、全程负责的运输业务。

5）可实现"门到门"运输。

上述有关国际多式联运的定义，对运输方式的种类、国际多式联运合同所适用的规章、国际多式联运经营人的资格、货物的种类以及发货地与交货地等构成要素并无任何限制。但在有关的运输规章或实际业务中，则会根据其需要，对国际多式联运中所涉及的上述要素加以必要的限定，从而使得在不同的运输规章或条件下对国际多式联运的定义有所不同。下面对上述各构成要素予以简要说明。

（一）运输方式的种类

1. 对运输方式的种类未做限制

在《联合国国际货物多式联运公约》（以下简称《国际多式联运公约》）等专门规范各种运输方式之前的国际多式联运公约或国内立法中，对国际多式联运涉

及的运输方式种类无特殊的限制，可以由陆海、陆空、海空等运输方式组合。

2. 对运输方式的种类加以限制

在规范某种运输方式的国际公约或国内立法中所定义的国际多式联运中将其规范的运输方式作为国际多式联运中必不可少的运输方式之一。比如，在《中华人民共和国海商法》（以下简称《海商法》）中所定义的国际多式联运仅是指海运与其他运输方式之间的多式联运。又如考虑国际集装箱多式联运中采用空运方式的极少，我国《国际集装箱多式联运管理规则》中所称的国际多式联运将航空运输方式排除在外。

3. 在特定情况下，某些单一方式下的联运也视为多式联运

例如，考虑到国际海运与国内水运实行不同的管理和责任制度，为了管理上的需要，国际商会的《联合运输单证统一规则》和我国的《国际集装箱多式联运管理规则》也将国际海运与国内水运视为两种不同的运输方式，即将国际海运与国内水运之间的水水联运也视为多式联运。又如，我国内地段铁路运输和港澳段铁路运输适用不同的管理和责任制度，因此，这种铁铁联运也可以视为多式联运。

（二）国际多式联运合同所适用的规章

1）适用于专门规范国际多式联运方面的国际公约或惯例，《国际多式联运公约》、国际商会《联合运输单证统一规则》等，通常所说的国际多式联运即属于这种情况。

2）适用于专门规范某种运输方式的国际公约或国内立法。如，在履行航空特快专递、机场至机场航空运输或者港至港海上集装箱运输的过程中，都会涉及汽车运输或铁路运输的接送，但这种"陆空联运"或"陆海联运"已明确规定适用于单一运输方式的国际公约或国内立法（即航空运输或海上运输方面的国际公约或国内立法），因而这种特殊的"多式联运"可以直接由所规定适用的某种运输方式的国际公约或国内立法予以调整，并不涉及对不同运输方式之间法律规范在责任期限、责任限制等方面所存在的冲突进行协调等问题。因此，在联合国《国际多式联运公约》和国际商会《联合运输单证统一规则》中均把这种"多式联运"排除在外。

（三）国际多式联运经营人的资格

关于国际多式联运经营人的资格将在以后的章节中详细论述。

（四）货物的种类

目前，绝大多数国际公约或国内立法通常对国际多式联运货物的种类并无限

制，既可以是集装箱货物、成组托盘货物，也可以是一般的散杂货等。然而，由于采用集装箱运输的效果最好，故国际多式联运货物通常是指集装箱货物。而且有些过激多式联运法规或惯例专门对国际多式联运货物的种类予以限定。如，西伯利亚大陆桥运输中的国际多式联运货物仅限于国际集装箱货物。

（五）发货地与交接地

国际多式联运要求发货地与交接地位于不同国家，国际多式联运与国内多式联运在组织形式、适用的规章、操作规程等诸多方面均存在很多差异。

二、国际多式联运的发展概况

（一）国外国际多式联运的发展状况

20 世纪 70 年代，国外国际多式联运得到较快发展，进入海陆空国际联运的全面发展时期。目前国际集装箱总运量中，采用国际多式连运方式完成的运量占10%～15%。国外主要的国际多式联运线路有如下几条：

1）西伯利亚大陆桥运输线。西伯利亚大陆桥是利用俄罗斯的西伯利亚铁路作为陆地桥梁，把太平洋远东地区与波罗的海和黑海沿岸以及西欧大西洋口岸连起来。此条大陆桥运输线东自日本和东南亚海运至海参崴的纳霍特卡港口起，横贯欧亚大陆，至莫斯科，然后分 3 路，一路自莫斯科波罗的海沿岸的圣彼得堡港，转船往西欧北欧港口；一路从莫斯科至俄罗斯西部国境站，转欧洲其他国家铁路（公路）直运欧洲各国；另一路从莫斯科至黑海沿洋转船往中东、地中海沿岸。所以，从远东地区至欧洲，通过西伯利亚大陆桥有海—铁—海，海—铁—公路和海—铁—铁三种运送方式。

2）北美大陆桥运输线。北美大陆桥是指北美的加拿大和美国都有一条横贯东西的铁路公路大陆桥，它们的线路基本相似，其中美国的大陆桥的作用更为突出。

美国有两条大陆桥运输线，一条是从西部太平洋口岸至东部大西洋口岸的铁路（公路）运输系统，全长约 3 200 千米，另一条是西部太平洋口岸至南部墨西哥港口岸的铁路（公路）运输系统，长为 500～1 000 千米。

3）新亚欧大陆桥。新亚欧大陆桥也称亚欧第二大陆桥。该陆桥东起中国的连云港，西至荷兰鹿特丹港，全长 10 837 千米，其中在中国境内 4 143 千米，途经中国、哈萨克斯坦、俄罗斯、白俄罗斯、波兰、德国、荷兰七个国家，可辐射到 30 多个国家和地区。1990 年 9 月，中国铁路与哈萨克铁路在德鲁日巴站正式接轨，标志着该大陆桥的贯通。1991 年 7 月 20 日开办了新疆—哈萨克斯坦的临近边贸货物运输。1992 年 12 月 1 日由连云港发出首列国际集装箱联运"东方特别快车"，经陇海、兰新铁路，西出边境阿拉山口，分别运送至阿拉木图、莫斯科、圣彼得堡等地，标志着该大陆桥运输的正式开办。近年来，该大陆桥运量逐年增长，并具有巨大的发展潜力。

4）北美小陆桥运输线。这是指日本到欧洲的货物，从日本装船后，越过太平洋到北美西海岸的港口上陆，再利用横贯美国大陆的铁路，运到美国东海岸的港口。例如，日本横滨到美国纽约的货物，从日本横滨港装船后，越过太平洋，运到美国奥克兰，在奥克兰再用铁路运到纽约，用以替代由船舶从横滨通过巴拿马运河驶往纽约的运输方式。这就是北美小陆桥运输。

微桥运输与小陆桥运输基本相似，只是其交货地点在内陆地区。北美微桥运输是指经北美东、西海岸及墨西哥湾沿岸港口到美国、加拿大内陆地区的联运服务。随着北美小陆桥运输的发展，出现了新的矛盾，主要反映在：如货物由靠近东海岸的内地城市运往远东地区（或反向），首先要通过国内运输，以国内提单运至东海岸交船公司，然后由船公司另外签发由东海岸出口的国际货运单证，再通过国内运输运至西海岸港口，然后海运至远东。货主认为，这种运输不能从内地直接以国际货运单证运至西海岸港口转运，不仅增加费用，而且耽误运输时间。为解决这一问题，微桥运输应运而生。进出美、加内陆城市的货物采用微桥运输既可节省运输时间，也可避免双重港口收费，从而节省费用。

5）北美、东北亚、东南亚、澳新各港口/中国沿海主要港口/中国内地（或反向运输）。

6）远东各港口/欧洲各港口/欧洲内地（或反向运输）。

7）远东、东南亚各港口/澳大利亚港口/澳大利亚内地（或反向运输）。

（二）我国国际多式联运的发展概况

我国于1980年8月由中国对外贸易运输总公司（以下简称中国外运）开办境内国际集装箱接转西伯利亚大陆桥运输，当时国际多式联运业务量不大。1986年，铁道部运输局与中国远洋运输总公司（以下简称中远）合作开办国际集装箱海铁联运业务，从而使得我国国际集装箱国际多式联运得到较快的发展。从1994年开始，铁道部所属的中国铁路集装箱运输中心、中国铁路对外服务公司先后与香港九龙广州铁路公司、香港东方海外货柜航运有限公司、美国总统轮船公司、丹麦马士基航运公司合作开办国际集装箱多式联运业务。目前，中外运系统、中远系统、中国铁路系统、中国海运集团系统以及地方国际航运公司、国际货运代理企业、中外合资与中外合作企业等都在不同程度上开办国际集装箱多式联运业务。

目前，我国已开办的国际多式联运路线主要有如下多条：

1）我国内地—我国港口—日本港口—日本内地（或反向运输）。

2）我国内地—我国港口（包括香港）—美国港口—美国内地（或反向运输）。

3）我国港口—肯尼亚的蒙巴萨港—乌干达内地（或反向运输）。

4）我国内地—我国港口（包括香港）—德国汉堡港或比利时安特卫普港—北欧、西欧内地（或反向运输）。

5）我国内地—我国港口（比如上海、新港）—科威特—伊拉克（或反向运输）。

6）我国东北地区—图们—朝鲜清津港—日本港口（或反向运输）。

7）我国港口—日本港口—大洋洲港口—大洋洲内地。

8）我国内地接转西伯利亚大陆桥运输（或反向运输）。

9）我国内地接转欧亚大陆桥运输（或反向运输）。

三、多式联运的基本形式

为了更好地理解国际多式联运与国内多式联运的异同，此处对多式联运的基本形式的划分并不仅限于国际多式联运，也包括国内多式联运。

（一）法定联运与协议联运

1. 法定联运

法定联运，是指与多式联运有关的运输票据、联运范围、联运受理的条件与程序、运输衔接、货物交接、货物索赔程序以及承运人之间的费用清算等均应符合有关国际公约和国家颁布的有关规章的规定，并实行计划运输。

这种多式联运的最基本特征在于其强制性，即承托双方并不需要对国际多式联运合同的条款予以协商，仅需要按照规定办理即可。法定联运实际上属于协作式联运，参与联运的承运人为共同承运人，对货主承担连带责任。这种联运形式无疑有利于保护货主的权利和保证联运生产的顺利进行，但缺点是灵活性较差，适用范围较窄，它在从事联运的运输企业资格、联运线路、货物种类与数量及受理地/换装地点等方面均做出了限制。此外，由于货主托运前需要报批运输计划，因此也给货主带来一定的不便。

在国内多式联运中，以交通部发布的《水路货物运输规则》和交通部和铁道部联合发布的《铁路和水路货物联运规则》为依据，由各港航企业与港口、航运、铁路企业共同协作，完成货物的水水联运和水陆联运均属于法定联运。它主要适用于保证指令性计划的调拨物资、重点物资和国防、抢险、救灾等急需物资。

在国际多式联运中，并不存在这种法定联运，但单一方式下的国际联运大多采取法定联运。比如，国际铁路联运即属于法定联运。目前，国际铁路联运主要有两大系统，一是以《国际铁路货物运送公约》（以下简称《货约》）为依据所进行的国际铁路联运；另一个是以《国际铁路货物联运协定》（以下简称《货协》）为依据所进行的国际铁路联运。

2. 协议联运

协议联运，是指法定联运以外的联运，协议联运特征的最基本在于联运的非强制性。在这种联运形式下，采用的运输方式、运输票据、联运范围、联运受理的条件程序、运输衔接、货物交付、货物索赔程序以及承运人之间的利益分配与风险承担等均由双方通过友好协商而定。在实践中，货主往往处于劣势，并不具备与联运经营人协商修改联运协议的能力。因此，为了避免联运经营人损害货主的利益，无论是国际还是国内都制定了规范这种联运形式的国际公约或法律法规，凡联运协议中与这些国际公约或法律相抵触的内容均属无效。

根据是否存在负责全程运输组织工作的联运经营人，这种联运形式可以分成协作式联运和衔接式联运两种类型。国际航空联运即属于协作式联运。

（二）协作式联运与衔接式联运

根据联运组织方式和体制的不同，联运可以分成协作式多式联运和衔接式多式联运两大类。

1. 协作式联运

协作式联运，是指两种或两种以上运输方式的不同运输企业按照统一的公约、规章或商定的协议，共同将货物从接管货物的地点运到指定交付货物地点的联运。

在协作式多式联运下，参与联运的承运人均可受理托运的申请、接收货物、签署全程运输单据，并负责自己区段的运输生产，后续承运人除负责自己区段的运输外，还需要承担运输衔接工作，而最后承运人则需要承担货物交付以及受理收货人的货损货差索赔。在这种体制下，参与联运的每个承运人均具有双重身份，对外而言，他们是共同承运人，其中一个承运人，或代表所有承运人的联运机构与发货人订立运输合同，并对其他承运人均有约束力，即每个承运人均视为与货主存在运输合同关系；对内而言，每个承运人不但有义务完成自己区段的实际运输和有关的货运组织工作，还应根据规章或约定协议的规定承担风险和利益分配。

根据开展联运所依据的规则不同，协作式多式联运可进一步细分为法定联运和协议联运。

2. 衔接式联运

衔接式联运是指由一个多式联运经营人综合组织两种或两种以上运输方式的不同企业，将货物从接管货物的地点运到指定交付货物地点的联运。

在实践中，多式联运经营人既可能由从事某一区段的实际承运人担任。但无论如何，承运人都必须持有国家有关主管部门核准的许可证书，能独立承担责任。

在衔接式多式联运下，运输组织工作与实际运输生产实现了分离，多式联运经营人负责全程运输组织工作，各区段的实际承运人负责实际运输生产。在这种体制下，多式联运经营人也具有双重身份。对于货主而言，他是全程承运人，与货主订立全程运输合同，向货主收取全程运费及其他费用，并承担承运人的义务；对于各区段实际承运人而言，他是托运人，他与各区段实际承运人订立分运合同，向实际承运人支付运费及其他必要的费用。很明显，这种运输组织与运输生产相互分离的形式，符合分工专业化的原则，不但方便了货主和实际承运人，也有利于运输的衔接工作。因此，它是联运的主要形式。

（三）海陆联运、海空联运、陆空联运

1. 海运与其他运输方式，尤其是与铁路、公路的联运

这种运输方式在多式联运中占绝对的主导地位。其中的大陆桥运输、小陆桥以及微桥运输等所谓的陆桥运输即是最典型的海陆联运。

2. 海空联运

海空联运不同于海陆联运，空运在运力、运输上有其特点，而且，绝大多数飞机无法实现海空货箱互换，海空货物的目的地是机场，货物运抵后是以航空货物处理的。如何在中转时快速、安全地处理货物以及如何直接空运以便按时抵达目的地已成为海空联运的关键。正因为如此，海空联运是以航空运输为核心的多式联运，通常由航空公司或航空运输转运人，或者专门从事海空联运的代理人来制定计划，以便满足许多货主对于海空联运货物的抵达时间的要求与直接空运一样精确到"×日×时×分"。

3. 陆空联运

这种联运包括陆空联运（train-air or truck-air，TA）和陆空陆联运（train-air-truck，TAT）。

四、国际多式联运的优越性

国际多式联运是一种较高级的运输组织方式，它集中了各种运输方式的特点，扬长避短，融合一体，组成连贯运输，达到简化货运环节、加速周转、减少货损货差、降低运输成本、实现合理运输的目的。它相对于单一运输方式具有较大的优越性，主要表现在如下几个方面：

（一）提高运输组织水平

国际多式联运开展以前，各种运输方式都是自成体系，因此其经营的范围是有限的，承运的数量也是有限的。多式联运的开展，实现了运输的合理化，改善了不同运输的衔接协作，从而提高了运输组织的管理水平。

（二）综合利用各种运输的优势

多式联运通过各种运输方式的合理搭配，充分发挥各类运输工具的优势，提

高了运输效率，减少了货物的库存时间和费用，降低了运输成本。

（三）实现"门到门"运输的有效途径

国际多式联运综合了各种运输的特点，组成了直达连贯的运输，可以把货物从发货人的呢地工厂或仓库，直接运到收货人的内地工厂或仓库，还可以运到收货人指定的任何适宜的地点。

（四）手续简便，提早结汇

在多式联运方式下，不论全程运输距离多远，不论需要使用多少种不同运输工具，也不论中途需要经过多少次装卸转换，所有运输事宜均由多式联运经营人统一负责办理。对货主而言，只需办理一次托运手续，指定目的地，多式联运经营人就会以此为基础，把海、陆、空组织起来，设定最佳路线，提供统一单证和至目的地的统一费率，承担运输的全部责任。这样做较货主自己选择运输路线、安排运输，不仅具有减少库存费用的优点，而且在减少一般管理费用的同时，还可以获得多式联运经营人的优惠运价。货物在启运地装上第一程运输工具后，货主即可取得多式联运单据，并可凭此向银行办理收汇手续。这较之过去从内地发货，需要在到达港口装船后才可取得装船提单收汇要早，因而，也有利于加速资金周转，节省利息支出。

（五）安全迅速

整个多式联运过程由多式联运经营人统一组织与管理，加之多式联运经营人与各区段承运人一般采用包干费率，因而，各个环节配合密切，衔接紧凑，中转迅速而及时，中途停留时间短。此外，多式联运以集装箱为主体，货物封闭在集装箱内，虽经长途运输，但无需拆箱，这样既减少了货损货差，还可以防止污染和被盗，能够较好地保证货物安全、迅速、准确、及时地运到目的地。

（六）降低运输成本，节约运杂费用

多式联运可以从多方面节约费用，降低成本。对货主而言是优惠的运价，对承运人而言是高利润。

五、国际多式联运存在的问题

国际多式联运是一种与国际接轨的运输组织方式，此项业务开展得快与慢、好与坏，与国内和国外的基本条件、基础设施、相关的配套设施和法律适用都息息相关。下面简要分析目前国内外开展多式联运时存在的主要问题。

（一）国外多式联运存在的主要问题

1. 各国的集装箱标准尚未统一

目前欧洲大陆各国、日本和其他发达国家都是按国际标准化组织（ISO）所规定的尺寸，即各国通用的 20 英尺和 40 英尺的标准集装箱，并坚持采用 ISO 标准集装箱。但在美国的国内运输中，通常使用 45 英尺或 48 英尺的集装箱，同时还采用加长、加高的集装箱。由于以上原因，使得美国与其他国家之间的多式联运存在一定的困难和摩擦。

2. 各国集装箱运输的发展不平衡

当前许多发展中国家尚停留在集装箱化的初级阶段，这些地区成为多式联运路线的薄弱环节，然而，其地理位置却处于多式联运路线的中途，这便成了国际多式联运的重要障碍之一。同时，这些国家由于财政和其他原因，其港口建设与内陆交通状况的改善成为这些国家的难题之一。这些国家的交通运输执行和海关监管环境都存在许多不尽如人意的地方，从而也妨碍了多式联运的发展。

3. 国际多式联运的法律问题尚未统一

至今《国际多式联运公约》尚未达到 30 个国家的有效批准数而未能生效，尽管国际货运代理联合会（FIATA）制定了多式联运单证，但是，由于各国船公司、承运单位及其企业规模的大小不同，以及各国的法律不同，使得所规定多式联运经营人责任的多式联运单证及其背面条款存在差异，加之国际上尚无一个可为各国通用的、统一规范的标准联运单证，造成了多式联运单证纷繁杂乱的状态。

（二）我国国际多式联运存在的主要问题

目前，我国开展国际多式联运的条件较好，但开展状况不理想，多式联运的优势未能充分体现出来。

1. 各种必要的设施设备不配套

目前，我国存在着集疏运系统不完善、运货站装卸设备不足等问题。

2. 多式联运的外部环境问题有待改善

多式联运业务是一项系统工程，有关各方必须密切合作，任何一个环节失灵，都会影响这一工程的效果，都会影响到客户，使其不能从中得到好处，从而使这一先进的运输组织方式得不到广泛的推广和运用。目前，有关单位，如海关、商检、税务、银行、保险、理货等尚未能做到认识一致、互相配合、全力支持多式联运业的发展壮大。

3. 信息系统不完善

信息化建设迟缓是制约我国多式联运发展的主要因素之一。因而，大型多式联运经营人应尽快建立遍及全国乃至全球的跨国信息网络系统，以达到真正能控制和管理集装箱的动态，做到迅速、及时地发运和收回运往内地的集装箱的目标。

4. 缺乏大型的国际多式联运经营人

由于目前我国缺乏一些能够综合协调整个多式联运系统各方面操作，并能真正承担全程责任的多式联运经营人，使得多式联运的优势未能得到充分发挥。相反，客户也能因选择多式联运形式反而在城货物延迟交货或收货。

第二节　国际多式联运的程序及运输组织

一、多式联运的主要业务及程序

多式联运经营人从事多式联运业务时，大致需要经过接受托运申请→订立多式联运合同→空箱发放、提取及运送→出口报关→货物装箱及接收货物→向实际承运人订舱及安排货物运送→办理货物保险→签发多式联运提单，组织完成货物的全程运输→办理运输过程中的海关业务→货物交付→货物事故处理等环节。

（一）托运申请，订立多式联运合同

多式联运经营人根据货主提出的托运申请和自己的运输线路等情况，判断是否接受该托运申请。如果能够接受，则双方协定有关事项后，在交给发货人或其代理人的场站收据（空白）副本上签字（必须是海关能接受的），证明接受委托申请，多式联运合同已经订立并开始执行。

发货人或其代理人根据双方就货物交接方式、时间、地点、付费方式等达成协议并填写场站收据（货物情况可暂空），并把其送至联运经营处编号，多式联运经营人编号后留下货物托运联，将其他联交还给发货人或其代理人。

（二）空箱的发放、提取及运送

多式联运中使用的集装箱一般应由经营人提供。这些集装箱来源可能有三个，一是经营人自己购置使用的集装箱；二是向租箱公司租用的集装箱，这类箱一般在货物的起运地附近提箱而在交付货物地点附近还箱；三是由全程运输中的某一分运人提供，这类箱一般需要在多式联运经营人为完成合同运输于该分运人（一般是海上区段承运人）订立分运合同获得使用权。

如果双方协议由发货人自行装箱，则多式联运经营人应签发提箱单或者租箱公司或分运人签发的提箱单交给发货人或其代理人，由他们在规定日期内到指定的堆场提箱并自行将空箱托运到货物装箱地点，准备装货。如果发货人委托也可由经营人办理从堆场到装箱地点的空箱托运（这种情况需加收空箱托运费）。

如果是拼箱货（或是整箱货但发货人无装箱条件不能自装）时，则由多式联运经营人将所用空箱调运至接受货物的集装箱货运站，做好装箱准备。

（三）出口报关

若联运从港口开始，则在港口报关；若从内陆地区开始，应在附近的内陆地海关办理报关，出口报关事宜一般由发货人或其代理人办理，也可委托多式联运经营人代为办理（这种情况需加收报关手续费，并由发货人负责海关派员所产生的全部费用）。报关时，应提供场站收据、装箱单、出口许可证等有关单据和文件。

（四）货物装箱及接收货物

若是发货人自行装箱，发货人或其代理人提取空箱后在自己的工厂和仓库组织装箱，装箱工作一般要报关后进行，并请海关派员到装箱地点监装和办理加封事宜。如需理货，还应请理货人员现场理货并与之共同制作装箱单。

如是拼箱货，发货人应负责将货物运至指定的集装箱货运站，由货运站按多式联运经营人的指示装箱。

无论装箱工作由谁负责，装箱人均需制作装箱单，并办理海关监装与加封事宜。

对于由货主自装的装箱货物，应运至双方协议规定的地点，多式联运经营人或其代表（包括委托的场站业务员）在指定地点接收货物。如是拼箱货，经营人在指定的货运站接收货物。验收货物后，代表联运经营人接收货物的人应在堆场收据正本上签章并将其交给发货人或代理人。

（五）订舱及安排货物运送

经营人在合同订立之后，即应制定该合同涉及的集装箱货物的运输计划。该计划应包括货物的运输路线、区段的划分、各区段实际承运人的选择确定及各区段间衔接地点的到达、起运时间等内容。这里所说的订舱泛指多式联运经营人要按照运输计划安排洽定各区段的运输工具，与选定的各实际承运人订立各区段的分运合同。这些合同的订立由经营人本人（派出机构或代表）或委托的代理人（在各转接地）办理，也可请前一区段的实际承运人作为代表向后一区段的实际承运人订舱。

（六）办理保险

在发货人方面，应投保货物运输险。该保险由发货人自行办理，或由发货人承担费用由经营人作为代理。货物运输保险可以是全程，也可分段投保。

在多式联运经营人方面，应投保货物责任险和集装箱保险，由经营人或其代理人负责办理。

（七）签发多式联运提单，组织完成货物的全程运输

多式联运经营人的代表收取货物后，经营人应向发货人签发多式联运提单。在把提单交给发货人前，应注意按双方协定的付费方式及内容、数量向发货人收取全部应付费用。

（八）运输过程中的海关业务

按照国际多式联运的全程运输（包括进口国内陆段运输）均应视为国际货物运输。因此该环节的工作主要包括货物及集装箱进口国的通关手续，进口国内陆段保税（海关监管）运输手续及结关等内容。如果陆上运输要通过其他国家海关和内陆运输线路时还应包括这些海关的通关及保税运输手续。

这些涉及海关的手续一般由多式联运经营人的派出机构或代理人办理，也可由各区段的实际承运人作为多式联运经营人的代表代为办理。由此产生的全部费用，应由发货人或收货人负担。

如果货物在目的地港交付，则结关应在港口所在地海关进行。如在内陆地交货，则应在口岸办理保税（海关监管）运输手续，海关加封后方可运往内陆目的地，然后在内陆海关办理结关手续。

（九）货物交付

当货物运至目的地后，由目的地代理通知收货人提货。收货人需凭多式联运提单提货，经营人或其代理人需按合同规定，收取收货人应付的全部费用，收回提单签发提货单（交货记录），提货人凭提货单到指定堆场和地点提取货物。

如是整箱提货，则收货人要负责至拆箱地点的运输，并在货物取出后将集装箱运回指定的堆场，运输合同终止。

（十）货运事故处理

如果全程运输中发生了货物灭失、损害和运输延误，无论是否能确定损害发生的区段，发（收）货人均可向多式联运经营人提出索赔。多式联运经营人根据提单条款及双方协议确定责任并做出赔偿。如果确知事故发生的区段和实际责任时，可向其进一步提出索赔。如不能确定事故发生的区段时，一般按在海运段发生处理。如果已对货物及责任投保，则存在要求保险公司赔偿和向保险公司进一步追索的问题。如果受损人和责任人之间不能取得一致，则需要通过在诉讼时效内提起诉讼和仲裁来解决。

二、国际多式联运的运输组织

在传统的分段运输情况下，由国际贸易引起的货物从最初的起运地（发货人的工厂或仓库）到最终目的地运输要经过多个环节，由多个承运人采用接力的方式完成。货方（发货人或取货人）通过与各区段承运人订立运输合同来实现各段的运输。从全程运输和各区段运输组织来看，各区段的承运人仅负责自己区段（从接受货物至交付）的组织工作，而货方（发货人或取货人）要负责大部分的组织工作，包括运输线路的确定、运输确定的划分（中转地点的选择）、各区段运输方式的选择及承运人的选择、各区段的衔接和所需的各种服务及手续的办理等。这种做法使得货方不仅要在准备货物方面花费精力，而且在运输问题上要花费更多的精力，如果他们无精力或能力完成这些工作，则需要通过支付佣金委托代理人完成各项工作。

这种做法给货方带来了许多不方便。由于各货主难以对国际间运输有较充分的了解，在运输组织和实施过程中，不可避免地会发生费时、费力，甚至多花费用等问题。因此在订立贸易合同时大多采用 FOB 及类似的价格成交，这种做法最终对我国运输业（特别是远洋运输）的发展造成了不利影响。

国际多式联运的产生和发展，为货主提供了最大限度的方便。作为一种新的、综合性的一体化运输，提供了理想的"门到门"服务。多式联运经营人通过承担货物全程的运输组织工作，提供全面的服务，使货主只要订立多式联运合同并在自己认为合适的地点将货物交给经营人，就可以完成货物的全程运输。发展国际货物多式联运不仅可为货主提供方便，也可以促进我国交通运输业的发展。

（一）多式联运的运输组织方法

货物多式联运的全过程就其工作性质的不同，可划分为实际运输过程（即各区段运载工具工作过程）和全程运输组织业务过程两部分。实际运输过程是由参加多式联运的各种运输方式的实际承运人完成的，其运输组织工作属于各种方式运输企业内部的技术、业务组织。全程运输组织业务过程是由多式联运全程运输的组织者——多式联运企业或机构完成的，主要包括全程运输所涉及的所有商务性事务和衔接服务性工作的组织实施。其运输组织的方法可以有很多种，但就其组织体制来说，基本上可按协作式联运和衔接式联运分为两大类。

1. 协作式多式联运的运输组织方法

协作式多式联运的组织者是在各种部门的协调下，由参加多式联运的各运输企业和中转港站共同组成的联运办公室（或其他名称）。货物全程运输计划由该机构制定，这种联运组织下的货物运输过程如图 8-1 所示。

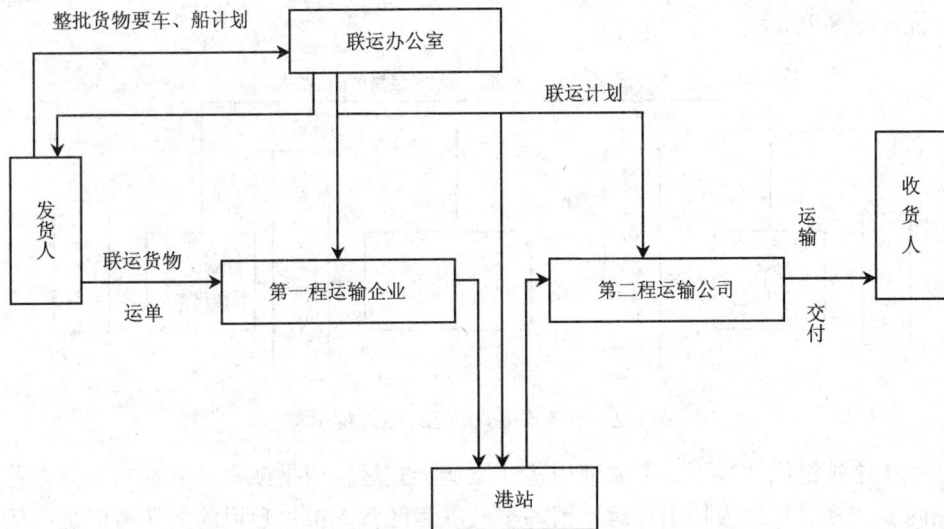

图 8-1 协作式多式联运运输过程示意

在这种机制下，需要使用多式联运形式运输整批货物的发货人应根据运输货物的实际需要，向联运办公室提出托运申请并按月申报整批货物的要车、要船计划，联运办公室根据多式联运线路及各运输企业的实际情况制定该托运人托运货物的运输计划，并把该计划批复给托运人及转发给各运输企业和中转站。发货人根据计划安排向多式联运第一程的运输企业提出托运申请并填写联运货物托运委托书，第一程运输企业接受货物后经双方签字，联运合同即宣告成立。第一程运输企业组织完成自己承担区段的货物运输至与后一段衔接地，直接将货物交给中转港站，经换装由后一程运输企业继续运输，直到最终目的地由最后一程运输企业向收货人直接交货。在前后程运输企业之间和港站与运输企业交接货物时，需填写货物运输交接单和中转交接单。联运办公室负责按全程费率向托运人收取运费，然后按各企业之间商定的比例向各运输企业及港站分配。

在这种组织体制下，全程运输组织是建立在统一计划、统一技术作业标准、统一运行图和统一考核标准的基础上，而且在接受货物运输、中转换装、货物交付等业务中使用的技术装备、衔接条件等也需要在统一协调下同步建设或协议解决，并配套运行以保证全程运输的协同性。

对这种多式联运的组织体制，在有的资料中称为"货主直接托运制"。这是国内过去和当前多式联运（特别是大宗、重要物资运输）主要采用的体制。

2. 衔接式多式联运的组织方法

衔接式多式联运的全程运输组织业务是由多式联运经营人（multimodal transport operator，MTO）也叫多式联运企业完成的，这种联运组织下的货物运输过程如图 8-2 所示。

运输计划、要求、指示、运输单证、文件

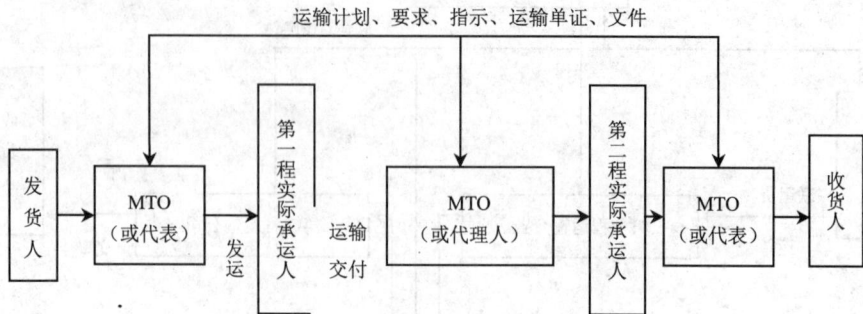

图 8-2　衔接式多式联运运输过程示意

　　在这种组织体制下,需要使用多式联运形式运输成批或零星货物的发货人首先向多式联运经营人提出托运申请,多式联运经营人根据自己的条件考虑是否接受。如接受,双方订立货物运输的多式联运合同,并在合同指定的地点(可以是发货人的工厂或仓库,也可以是指定的货运站、中转站、堆场或仓库)办理货物的交接,联运经营人签发多式联运单据。接受托运后,多式联运经营人首先要选择货物的运输路线、划分运输区段(确定中转、换装地点)、选择各区段的实际承运人,确定零星货物的集运方案,制定货物全程运输计划并把计划转发给各中转衔接地点的分支机构或委托代理人。然后根据计划与各程的实际承运人分别订立各区段的货物运输合同,通过这些实际承运人来完成货物的全程位移。全程各区段之间的衔接,由多式联运经营人(或其代表或其代理人)采用从前程实际承运人手中接受货物再向后程承运人发运的方式完成,在最终目的地从最后一程实际承运人手中接受货物再向收货人交付货物。

　　在与发货人订立运输合同后,多式联运经营人根据双方协议(协议内容除货物全程运输及衔接外)还常包括其他与货物运输有关的服务业务,按全程单一费率收取全程运费和各种服务费、保险费(需经营人代办的)等费用。多式联运经营人在与各区段实际承运人订立各分运合同时,需向实际承运人支付运费及其他必要的费用;在各衔接地点委托代理人完成服务业务时,也需要向代理人支付代理费用。

　　在这种运输组织体制下,承担各区段货物运输的运输企业的业务与传统分段运输形式下完全相同,这与协作式体制下还要承担运输衔接工作是有很大区别的。

　　这种联运组织体制,在有些资料中称为"运输承包发运制"。目前在国际货物多式联运中主要采用这种组织体制,在国内多式联运中采用这种体制的越来越多。随着我国经济体制的改革,这种组织体制将成为国内多式联运的主要组织体制。

　　(二)多式联运的运输组织业务

　　多式联运的运输组织业务主要包括如下几方面:

1）宣传与揽货工作组织。

2）汇总合同，制定运输计划。主要包括：选择各票货物的运输路线、运输方式、各区段的实际承运人及代理人；确定运输批量；编制订舱计划，集装箱调运计划，装箱、接货计划及各批货物的运输日程计划等。

3）组织各项计划的实施。主要包括与各区段选择的实际承运人签订分运合同，将计划下达有关人员或机构，监督其按计划进行工作，并及时了解执行情况，并组织相关信息的传递工作。

4）计划执行情况监督及计划的调整。根据计划及执行情况反馈信息检查，督促各区段、各转接点的工作，如出现问题则对计划进行必要调整，并把有关信息及时传递给有关人员与机构，以便执行新的指令。

5）组织货物交付、事故处理及集装箱回运等工作。

第三节　国际多式联运单证

一、多式联运单证的定义

在国际货物多式联运的过程中，虽然一票货物由多种运输方式、几个承运人共同完成运输，但使用的却是同一张货运单证，即多式联运单证。而且，货物在由一种运输方式转换至另一种运输方式时，不必再经过重新分类、核对、检查、开箱、装箱等过程，达到了统一化、简单化、方便货主的要求。

已通过但至今仍未生效的《国际多式联运公约》对多式联运单证的定义是：多式联运单证是指证明多式联运合同，以及多式联运经营人接管货物并负责按照多式联运合同条款交付货物的单证。多式联运单具有如下特点：

1）多式联运单证不是运输合同，而是运输合同的证明。

2）多式联运单证是多式联运经营人收到货物的收据和凭以交付货物的凭证。

国际多式联运合同应由多式联运经营人与发货人订立，而且该合同的成立必须具备如下条件：

1）货物的全程运输必须使用两种或两种以上运输方式。

2）所承运的货物必须是国际间的货物。

3）合同中必须明确规定运输、保管货物的责任。

4）合同必须是一种承揽、有偿、要式的合同。

二、多式联运单证的主要内容

多式联运单证是各当事人之间进行国际多式联运业务活动的凭证。因此，要求单据的内容必须正确、清楚、完整，该单证的主要内容如下：

1）货物的外表状况、数量、名称、包装、标志等。

2）多式联运经营人的名称和主要营业所。

3）发货人、收货人的名称、地址。

4）多式联运经营人接管货物的日期、地点。

5）经双方明确议定的交付货物的时间、地点。

6）表示多式联运单证可转让或不可转让的声明。

7）多式联运单证的签发时间、地点。

8）多式联运经营人或其授权的代理人的签字。

9）有关运费支付的说明。

10）有关运输方式、运输路线、运输要求的说明等。

同时，多式联运单证除按规定的内容、要求填写外，还可根据双方的实际需要，在不违背单证签发国法律的情况下，加注其他项目。如，关于特种货物运输的说明，对所运输货物批注的说明，不同运输方式下承运人之间的临时洽商批注等。

多式联运单证所记载的内容，通常由货物托运人填写，或由多式联运经营人或其代表根据托运人提供的有关托运文件制成。但在多式联运经营人接管货物时，被认为货物托运人或发货人已向多式联运经营人保证其在多式联运单证中所提供的货物品类、标志、件数、尺码、数量等情况准确无误。

如果货物的灭失、损坏是由于发货人或货物托运人在单证中所提供的内容不准确或不当所造成，发货人应对多式联运经营人负责，即使在多式联运单证已转让的情况下也不例外。

当然，如果货物的灭失、损坏是由于多式联运经营人在多式联运单证中列入不实资料，或漏列有关内容所致，该多式联运经营人则无权享受赔偿责任限制，而应按货物的实际损坏负责赔偿。

三、多式联运单证的签发

多式联运经营人在接收托运的货物时，必须与接货单位（集装箱货运站或码头堆场）出具的货物收据进行核对无误后，方可签发多式联运单证。多式联运单证由多式联运经营人或其授权人签发，在不违背多式联运单证签发国法律规定的情况下，多式联运单证可以是手签的、手签笔迹复印的、打透花字的、盖章或用任何其他机械或电子仪器打印的。

1. 多式联运单证的签发形式

多式联运经营人凭接货单位签收的货物收据，根据发货人或货物托运人的要求，签发可转让或不可转让的多式联运单证。

（1）签发可转让的多式联运单证

1）应列明按指示交付，或向持票人交付。

2）如列明按指示交付，需经背书转让。

3）如列明向持票人交付，无须背书即可转让。

4）如签发一套一份以上的正本单证，则应注明正本份数。

5）对于所签发的任何副本，应在每份副本上注明"不可转让"的字样。

在业务实践中，对多式联运单证的正本和副本的份数规定不一，主要视发货人的要求而定。在交付货物时，多式联运经营人只要按其中一份正本交付货物后，便已履行向收货人交付的义务，其余各份正本自动失效。

（2）不可转让的多式联运单证

如果货物托运人要求多式联运经营人签发不可转让的多式联运单证，多式联运经营人或其授权人在多式联运单证的"收货人"一栏内载明收货人的具体名称，并打上"不可转让"的字样，货物在运抵目的地后，多式联运人只能向单证中载明的收货人交付货物。如多式联运单证中载明的收货人以书面形式通知多式联运经营人将单证中所载的货物交给其在通知中指定的其他收货人，而在事实上多式联运经营人也这样做了，则可认为该多式联运经营人已履行了交货的义务。

2. 多式联运单证签发的时间、地点

在集装箱货物的国际多式联运中，多式联运经营人接收货物的地点有时不在装船港，而在某一内陆集装箱货运站，或装船港的集装箱码头堆场，甚至在发货人的工厂或仓库。因此在很多场合下，从接收货物到实际装船之间有一待装期，在实际业务中，即使货物尚未装船，托运人也可凭场站收据要求多式联运经营人签发多式联运提单，这种提单属收货待运提单。

四、多式联运单证的证据效力与保留

除非多式联运经营人已在多式联运单证上做了保留，否则，多式联运单证一经签发，具有如下效力：

1）多式联运经营人收到货物的初步证据。

2）多式联运经营人对所接收货物开始负有责任。

3）可转让的多式联运单证如已转让给善意的第三方，该单证在多式联运经营人与善意的第三方之间构成了最终证据，多式联运经营人必须按单证中的记载事项向单证持有人交付货物，任何提出的相反证据均无效。

多式联运单证中的保留是指多式联运经营人或其代表在接收货物时，对于货物的实际状况与单证中所注明的有关货物的种类、标志、包装、件数、重量等事项有怀疑，而又无适当的方法进行核对、核查时，多式联运经营人或其代表可在多式联运单中提出保留，注明不符的地方、怀疑的依据等。与此相反，如多式联运经营人或其代表在接收货物时未在多式联运单证中做出任何批注，则表明他接收的货物外表状况良好。货物在运抵目的地以后，多式联运经营人或其代表也应在外表状况良好的情况下交货，任何有关货物的灭失、损害均由多式联运经营人负责赔偿。否则，应举证说明货物的灭失、损害并不是由其或其代理人的过失所致。因此，多式联运单证的证据效力如何，取决于该单证中所记载的事项是否准确。这是因为单证中所记载的事项是法定的，而且，单证又是要求具备一定格式的证券，如在这些方面有遗漏，则单证的效力将在判例中无效，除非该种遗漏不危害货物运输或影响运输合同的执行。

第四节　国际多式联运经营人

一、国际多式联运经营人的含义与特征

（一）国际多式联运经营人的含义

关于国际多式联运经营人的含义，有关的国际公约、法律法规和惯例均对此做出了相应的规定。

1. 1980 年《联合国国际货物多式联运公约》的定义

根据该公约，国际多式联运经营人是指其本人或通过其代表订立国际多式联运合同的任何人。他是事主，而不是发货人的代理人或代表或参加国际多式联运的承运人的代理人或代表，并且负有履行合同的责任。

2. 国际商会 1975 年制定的《联合运输单证统一规则》的定义

根据该规则，联运经营人，对托运人的关系是本人的关系，作为一个本人，他应对运输的妥善进行负责，也应对在整个联合运输过程中，无论在任何地方发生的灭失或损害承担责任。

3. 交通部与铁道部于 1997 年联合颁布的《国际集装箱多式联运管理规则》的定义

根据该规则，国际集装箱多式联运经营人，是指本人或者委托他人以本人名义与托运人订立一项多式联运合同并以承运人身份承担完成此项合同责任的人。

（二）国际多式联运经营人的性质及法律特征

从以上的定义和解释中，我们不难发现国际多式联运经营人具有如下基本特征。

1）国际多式联运经营人是"本人"而非代理人。他应对全程运输享有承运人的权利，承担承运人的义务。

2）国际多式联运经营人在以"本人"身份开展业务的同时，并不妨碍他同

时以"代理人"身份兼营有关货运代理服务，或者在一项国际多式联运业务中不以"本人"身份而是以其他诸如代理人、居间人的身份开展业务；在实际业务中，国际多式联运经营人通常向货主提供一揽子服务，在一项国际多式联运服务中，根据实际业务需要，他可能以本人、代理人、居间人等身份中的一种或几种与货主发生业务关系。国际多式联运经营人的这一特征，一方面有助于为货主提供优质的全方位服务，但另一方面也增加了对国际多式联运人身份识别的难度。

3）国际多式联运经营人是"中间人"。国际多式联运经营人具有双重身份，他既以契约承运人的身份与货主（托运人或收货人）签订国际多式联运合同，又以货主的身份与负责实际运输的各区段的承运人（通常称为实际承运人）签订分运合同。

4）国际多式联运经营人既可以拥有运输工具也可以不拥有运输工具。当国际多式联运经营人以拥有的运输工具从事某一区段运输时，他既是契约承运人，又是该区段的实际承运人。

二、国际多式联运经营人的类型

如前所述，根据是否拥有运输船舶，国际多式联运经营人可以分成以船舶运输为主的国际多式联运经营人和无船国际多式联运经营人两大类。

（一）以船舶运输为主的国际多式联运经营人

这类国际多式联运经营人在利用自己拥有的船舶提供"港至港"服务的同时，将他们的服务扩展到包括陆上运输甚至空运在内的"门到门"服务。在一般情况下，他们可能不拥有也不从事公路、铁路、航空货物运输，而是通过与相关承运人订立分运合同来安排相关的运输。此外，他们也可能不拥有也不从事场站设施，而是与相关场站经营人订立装卸与仓储合同来安排相关的装卸与仓储服务。

（二）无船国际多式联运经营人

根据是否拥有运输工具和场站设施，无船国际多式联运经营人可以分成如下三类：

1. 承运人型

这类国际多式联运经营人不拥有运输船舶，但却拥有汽车、火车或飞机等运输工具。他与货主订立国际多式联运合同后，除了利用自己拥有的运输工具完成某些区段的实际运输外，对于自己不拥有或经营的运输区段则需要通过与相关承运人订立分包合同来实现该区段的运输。与船舶运输为主的国际多式联运经营人一样，这类国际多式联运经营人既是契约承运人又是某个或几个区段的实际承运人。

2. 场站经营人型

这类国际多式联运经营人拥有货运站、堆场、仓库等场站设施。他与货主订立国际多式联运合同后，除了利用自己拥有的场站设施完成装卸、仓储服务外，还需要与相关的各种运输方式的承运人订立分运合同，由这些承运人来完成货物的运输。

3. 代理人型

这类国际多式联运经营人不拥有任何运输工具和场站设施，需要通过与相关的承运人、场站经营人订立分合同来履行他与货主订立的国际多式联运合同。

三、国际多式联运经营人应具备的基本条件

在实务中，几乎所有的代理企业都曾有过以国际多式联运经营人身份签发国际多式联运单证的经历。然而，从经营的角度来看，国际多式联运应被划归在定期运输之列，即至少应有相对固定的国际多式联运线路和相应的价格。因此，为了确保国际多式联运业务的稳定性，国际多式联运经营人必须具备如下基本条件。

（一）取得从事国际多式联运的资格

在我国，中外合资企业、中外合作企业的企业法人资格需要经过交通部、铁道部共同批准，并办理相应手续后才能经营国际集装箱多式联运业务；除非法律、行政法规另有规定，外商独资企业不得从事国际集装箱多式联运业务。未经交通部、铁道部共同批准，境外企业不得从事我国国际集装箱多式联运业务。

（二）具备国际多式联运线路以及相应的经营网络

从事国际多式联运业务的企业不仅需要一支具有各种运输方式、运输知识、经验和能力的专业队伍，而且还必须建立自己的国际多式联运路线，并在所经营的各条联运线路上拥有由分支机构、代表或代理人等所组成的完整的业务服务网络，同时还必须有先进的信息管理系统以实现运输的全程控制、实时控制。

（三）和与自己经营的国际多式联运线路有关的实际承运人、场站经营人之间存在长期的合作协议

多种运输方式组成的国际多式联运线路，既不是国际多式联运经营人也不是某一实际承运人所具备的，因此，为了确保国际多式联运业务的稳定性，国际多式联运经营人必须与有关的实际承运人、场站经营人签署长期合作协议，以便从这些实际承运人、场站经营人处获得订舱、仓储优先权和享受运杂费优惠。

（四）具备必要的运输设备，尤其是场站设施和短途运输工具

尽管法律法规上并未要求从事国际多式联运业务的企业必须拥有短途运输工具、货运站、仓库等硬件设施，但从实际运作来看，为了能在激烈的市场竞争中立足，即使代理型国际多式联运经营人也需要以投资入股、联营、长期租赁等形式获得必要的运输设备。

（五）拥有雄厚的资金

根据《国际集装箱多式联运管理规则》的规定，申请设立国际集装箱多式联运经营业务的注册资金不低于人民币 1 000 万元，并有良好的资信。增设经营性的分支机构时，每增设一个分支机构增加注册资金 100 万元人民币。

（六）拥有符合该规则规定要求的国际多式联运单据

该国际多式联运单据实行登记编号制度。凡在我国境内签发的国际多式联运单据必须由国际多式联运经营人或其代理报交通部、铁道部登记，并在单据右上角注明许可证编号。

（七）具备自己所经营的国际多式联运线路的运价表

由于国际多式联运是由国际多式联运经营人将不同运输方式组成综合性和一体化运输，通过一次托运、一张单证、一次计费，由各运输区段的承运人共同完成货物的全程运输，因而，从理论上讲，国际多式联运企业应制定全程运价表，且应采用单一运费率制。然而，由于单一费率是由运输成本、经营管理费和利润所构成，而其中的运输成本（包括各区段不同运输方式的运费、装运站包干费、中转站费用、目的地交货前的费用等）不仅随着不同的交货条件、运输方式和运输路线而变化，而且在很大程度上取决于市场供需状况以及各区段实际承运人的运费标准。因而，制定单一运费率是一件较为复杂的问题。正因为如此，目前几乎所有的国际多式联运企业都未能按单一运费率计收运费。但无论如何，国际多式联运企业都应力争制定出自己所经营路线的运价表并对外公布，以提高其知名度和市场竞争力。

四、国际多式联运经营人的业务范围与经营方式

（一）国际多式联运经营人的业务范围

随着企业类型、规模的不同，国际多式联运经营人的业务范围也有较大的差异。大型国际多式联运企业实际上已集代理人、经纪人、承运人、场站经营人、国际多式联运经营人、第三方物流经营人为一体，有可能向客户提供全方位的运输服务；而"代理型"的国际多式联运企业只能以代理人、经纪人、国际多式联

运经营人的身份从事咨询业务、货运代理业务、运输经纪业务和国际多式联运业务。但无论何种类型的国际多式联运企业，在实际业务操作中，通常都是以"混合身份"向客户提供服务。

（二）国际多式联运企业的经营方式

多式联运是国际间货物的联合运输，根据多式联运和联运经营人必须具备的条件，联运线路的两端必须在两个不同的国家，在线路的两端及中间各转接点上要有设备完整的由派出机构、代理机构组成的网络，以完成货物的交接及服务事宜，提供必要的信息，完成单证传递等任务。在这种情况下，承担多式联运业务的企业（即多式联运经营人）的经营方式通常有以下三种：

1. 企业独立经营方式

即企业在各线路两端及中间各转接点处均设有自己的子公司或办事处等形式的派出机构或分支机构，作为全权代表处理揽货、交接货、订立运输合同协议，处理有关服务业务等运输和衔接中所需要的一系列事务。一些较有实力的多式联运经营人在世界的重要地区、主要城市都设有办事处。联运过程中的所有工作全部由自己的办事处或分支机构承担并完成。承运人型的多式联运经营人是这种形式。

2. 两企业间联营方式

企业由位于联运线路两端国家的两个（或几个）类似的企业联合经营的方式，联营的双方互为合作人，分别在各自的国家内开展业务活动，揽到货物后，按货物的流向及运输区段划分双方应承担的工作。在本国，自身是起运货物的总承运人，而对方企业是该项运输业务在对方国的代理，接续完成至交付货物为止的全部工作。两企业联合经营的紧密程度由双方协议确定，可有从互为代理、互付佣金直到双方分享利润、分摊亏损等不同形式。

3. 代理方式

即在线路两端和中间各衔接地点委托国外（内）同业作为多式联运代理，办理或代理安排全程运输中的分承运工作和交接货物，签发或回收多式联运单证，制作有关单证，处理交换信息，代收、支付费用和处理货运事故或纠纷等。这种代理关系可以是相互的，也可以是单方面的，在这种情况下，一般由多式联运经营人向代理人支付代理费用，不存在分利润、分摊亏损的问题。

第一种方式一般适用于货源数量较大、较为稳定的线路。一般要求企业具有较强的实力和业务基础。这种方式由于全部工作由自己雇用的人员完成，工作效率较高，利润也可能较高。第二种和第三种（特别是第三种）方式多适用于公司的经济实力不足以设立众多的海外办事处和分支机构，或线路和货源不够大，不太稳定，或企业开展多式联运业务的初期等情况。这种方式具有投资少、见效快、建立线路准备工作较少、业务扩大较快等优点；但与第一种方式比较，工作效率及利润率要低一些。大多数无船承运人型的多式联运企业均采用后两种形式。

上述介绍的是目前国际上通行的三种最基本的多式联运企业经营方式。但在实际的经营过程中，各多式联运企业并不只按上面三种方式的某一种经营，而是3种方式结合运用。即使是经济实力很强的多式联运经营人也只是在一些货源量较大、中转业务较多的地区、城市或不同线路交汇处设立自己的办事处或分支机构（必须以经济上合算为前提）。而在其他地点采用联营与委托代理方式满足各环节业务的实际需要。各多式联运企业必须根据自己的经济实力、业务量的大小决定采用哪一种方式和各种方式结合的程度，以便保证自己多式联运业务的开展及迅速发展。

五、国际多式联运经营人的责任

根据多式联运经营人的定义和业务特点，在多式联运过程中，多式联运经营人首先要与发货人订立多式联运合同，然后根据这份合同承担货物全程运输的责任，使用两种或两种以上的运输方式将货物从一国境内指定交付货的地点。运输全过程可能由他与各种受雇人（分支机构工作人员或代表等）、代理人和实际承运人等共同完成。为了完成全程运输任务，多式联运经营人要与受雇人、代理人和实际承运人订立各种雇佣合同、委托（代理）合同和分运（分包）合同。在多式联运合同及这些合同中，联运经营人都是事主，都是以"本人"身份出现并承担责任的。因此，多式联运中的法律关系比起单一方式运输来讲，要复杂得多，既有多式联运经营人与发货人之间的合同关系，又有多式联运经营人与他的受雇人之间的雇佣关系、与他的代理人之间委托代理关系、与分包承运人之间的分运合同关系等，还可能会有发货人、收货人与多式联运经营人的受雇人、代理人、分运人之间发生的侵权关系等。由于多人的法律关系交织在一起，而且协调各法律关系的国际或地区性法规对各方权利、义务、责任的规定又各不相同。因此，在多式联运中，多式联运经营人的法律地位及承担的责任要比单一方式运输经营人复杂、深远得多。

了解多式联运下法律结构的关键是多式联运经营人与发货人之间的合同关系，并把其他法律关系都附在这一合同关系上。多式联运是根据多式联运合同进行的，该合同的一方是多式联运经营人（包括其本人或其代表），他要履行合同关系责任，作为承运人（全程运输的总承运人），对运输的全程负责。在运输的全过程中，不论是他自己完成全部工作，还是将部分或大部分工作通过委托合同和分运合同转交给代理人或分包人完成，多式联运经营人都要对全部工作负责。他与其受雇人、代理人和分包人的关系都适用于委托关系，货物由受雇人、代理人或分包人掌管都应视为由多式联运经营人本人掌管。因此，根据多式联运合同，多式联运经营人要对他的受雇人、代理人、分包人和为履行该合同而使用的其他任何人在受雇或履行合同范围内行事时的行为与不行为向合同的另一方负责。

多式联运经营人为完成全程运输，一般要以本人名义与他的受雇人、代理人和分包人签订雇佣合同、代理合同和各区段分运合同来完成各区段的运输、各中转地点所需的运输衔接和服务性工作。这些合同依附于多式联运合同，与多式联运合同中发货人无直接关系。根据这些合同，受雇人、代理人或分包人要对他自己承担的合同规定的行为或不行为向多式联运经营人负责。

虽然发货人和收货人与多式联运经营人的受雇人、代理人、分包人之间没有合同关系，但货物的所有权属于货方。仍可依据侵权行为按其受到的损失提起诉讼。在这种诉讼中多式联运经营人的受雇人、代理人和分包人可享受与多式联运经营人同样的辩护理由和责任限制。

多式联运中涉及的各种人之间的法律关系，要比传统分段运输的各方法律关系复杂得多，其中的赔偿责任要深远得多。在多式联运下的赔偿责任首先是多式联运合同决定的多式联运经营人与发货人（或收货人）之间的赔偿责任；其次是由雇佣合同、代理合同和分包合同决定的多式联运经营人与受雇人、代理人和分运人等之间的赔偿责任；还有在确知责任的情况下，发货人（收货人）、多式联运经营人的雇佣人、代理人、分运人之间的赔偿责任。在涉及保险的情况下，还存在投保人与保险之间和保险人与实际责任人之间的赔偿关系等。明晰多式联运经营人的责任，应搞清楚在多式联运中他与其他人的法则关系和相互间的责任关系。

国际多式联运经营人的责任是指国际多式联运经营人按照法律规定或运输合同的约定对货物的灭失、损害或延迟交付所造成损失的违约责任，他由责任期间、责任基础、责任形式、责任限额、免责等几部分构成。

（一）责任期间

多式联运经营人的责任期间是指多式联运经营人履行义务和承担责任的期间。根据《国际多式联运公约》的规定，多式联运经营人的责任期间为从接收货物时起至交付货物时止，承运人掌管货物的全部期间。

对于收取货物，多式联运经营人可以按通常的方式从托运人或其代理人处接收货物，也可以根据法律法规从海关或港口当局处接收货物。

对于交付货物，承运人可以把货物直接交给收货人或其代理人，也可以根据法律法规将货物交给有关当局或第三人。对于在交付不能时，承运人将货物存放于合适的地点并发出通知后，货物视为已交付收货人，承运人责任终止。

在各种运输法规中，承运人的责任期限一般是指承运人关于货物运输责任自开始时刻至结束之间的一段连续时间，在这段时间内承运人要对货物负责。责任期限一般由掌管货物的时间决定。

根据集装箱运输中货物在发货人的工厂或仓库、集装箱货运站、堆场进行交接的特点，《国际多式联运公约》仿照《汉堡规则》，对多式联运经营人规定的责任期限是"多式联运经营人对货物的责任期限自接管货物之时起至交付货物时止"。尽管多式联运公约至今尚未生效，但世界上所有的多式联运经营人在其运输单证背面条款中都一致采用这一规定，只是在有的多式联运提单条款中以"接管货物以前和交付货物之后对货物不负责任"的形式提出，两种说法的意义是相同的。

为了明确接管货物与交付货物的意义，多式联运公约对接管货物与交付货物的形式做出了相关规定。

多式联运经营人接管货物有以下两种形式：

1）从发货人或其代表手中接收货物，这是最常用、最普遍的形式。

2）根据接管货物地点适用的法律和规章，货物必须由运输管理当局或其他第三方手中接收，这是一种特殊形式。

在第二种接受方式中，如果是从港口当局（或其他第三者）手中接收货物时，如货物在当局保管期间发生灭失、损害，则多式联运经营人可以不负责任。

对多式联运经营人交付货物规定的形式有以下三种：

1）将货物交给收货人。

2）如收货人不向多式联运经营人（或其代表）提取货物，则按多式联运合同规定或按交货地点适用的法律规定或特定的行业惯例，将货物置于收货人的支配下。

3）将货物交给根据交货地点适用的法律、规章规定的必须向其交付的当局或第三方。

在实践中经常会发生由于各种原因收货人延迟提货的情况，公约规定多式联运经营人可按上述 2）、3）的交货方式交付货物，责任即告终止，是十分必要和合理的。

（二）责任基础

责任基础是指多式联运经营人对于货物运输所采取的赔偿责任原则。在各类运输法规中，承运人的赔偿责任基础一般是指承运人在按运输合同规定完成运输的过程中（责任期限内）对发生的哪些事情或事故承担赔偿责任及按照什么样的原则判断是否应承担责任。对于承运人的赔偿责任基础，目前各单一运输公约或法律的规定不一，但大致可分为过失责任制和严格责任制两种。

过失责任制是指承运人承担责任是以自己在执行这些合同过程中有过失，并因这些过失造成对货方或其他人的损害为基础而承担损害赔偿责任。根据目前各公约中规定的不同,过失责任制又可分成不完全过失责任和完全过失责任制两种。完全过失责任制是指不论承运人的过失是什么情况,只要有过失并造成了损害就要承担责任,如海运的《汉堡规则》和航空运输的《海牙议定书》就采用这种责任制;不完全过失责任制是指规定对某些性质的过失造成的损害可以免责(即不承担赔偿责任),如海上运输的《海牙规则》就采用这种责任制,规定对管船的过失造成的损害可以免责,但对管货的过失应承担责任。

严格责任制则是指除不可抗力造成的损失可以免责外,承运人要对责任期限内发生的各类损失承担赔偿责任,不论承运人是否有过失或损害是否由于过失造成的。目前国际铁路、公路运输采用这类责任制。

在《国际多式联运公约》中,仿照《汉堡规则》,采用了完全过失责任制,对多式联运经营人规定的赔偿责任基础是:"多式联运经营人对于发生在其掌管期间内货物的灭失、损坏或延迟交货的损失应负赔偿责任。除非多式联运经营人能证明其本人、受雇人或其代理人或其他人为避免事故的发生和其后果已采取了一切符合要求的措施。"这个规定的前一句话说明了多式联运经营人责任的范围,即对掌管货物期间发生的货物灭失、损害和延误交货造成的货方损失责任。后一句话说明在能证明本人或受雇人或代理人无过失的情况下可以不承担责任。或反过来说,如果有过失或不能证明无过失则应承担责任。由于没有区分过失的性质,这句话实际是完全过失责任制的体现。

在多式联运公约中又对延误交货做出如下规定:"如果货物未在议定的时间内交付,或者无此种情况下,未在按照具体情况对一个勤奋的多式联运经营人所能合理要求的时间内交付,即为延误交货。"又规定如果货物在上面规定的交货日期届满或连续 90 日内未交付,索赔人即可认为这批货物业已灭失。上述对延误交货的规定可以分为以下两种情况:

1)未在双方议定(或合同规定)的时间交货。

2)未在合理时间内交货。

由于采用严格责任制的国际公约或国内法也列举了大量的免责事项,从而更使得严格责任制与完全过失责任制之间已无甚差。

目前,海运领域中的《海牙规则》、《维斯比规则》采用了不完全过失责任制,对于航行驾驶过失免责;海运领域中的《汉堡规则》、航空领域的《海牙议定书》和《国际多式联运公约》采用完全过失责任制;而铁路、公路领域的国际公约,如《国际公路货运合同公约》、《国际货协》、《国际货约》均采用严格责任制。

(三)多式联运经营人的赔偿责任形式

多式联运中货物的全程运输,一般是由多式联运经营人及其代理人和各区段的实际承运人共同完成的。如果货物在运输过程中发生灭失、损害或延误,是由多式联运经营人负责,还是由实际承运人负责?在不同方式发生时,是依据同一标准进行赔偿，还是根据损害发生区段所适用的法律规定的标准进行赔偿？这是多式联运经营人的责任形式要解决的问题。

在现行的集装箱货物多式联运中承运人或运输经营人采用的责任制形式有两种，即责任分担制和单一责任制。责任分担制是经营人和实际承运人仅对自己完成的区段运输负责，各区段适用的责任原则按该区段的适用法律予以确定。在这种责任形式下，没有全程统一的责任人，由各区段的实际承运人对自己完成的区段运输和该区段适用法律规定标准分别承担赔偿责任。单一责任制与责任分担制的主要区别是有对全程运输统一负责的单一的人——多式联运经营人。无论损害发生在哪一方、哪一区段运输中，托运人或收货人均可向多式联运经营人索赔。单一责任制目前有以下两种形式：

1）网状责任制。多式联运经营人对全程运输负责，而各区段的实际承运人仅对自己完成的区段负责。各区段适用于该区段的法律予以确定。

2）统一责任制。多式联运经营人对全程运输负责，而各区段的实际承运人仅对自己完成的运输段负责。不论损害发生在哪一个区段，多式联运经营人或实际承运人承担的赔偿责任都相同。

网状责任制与统一责任制都属于单一责任制。他们的共同之处是都有单一的承运人对全程运输负责，而各区段的实际承运人对自己完成的区段负责。不论货物的损害发生在哪一个运输区段，在什么运输方式下发生，或不能确知损害发生区段的情况下，托运人或收货人均可向多式联运经营人索赔；也可在确知损害发生区段情况下，向各区段的实际承运人索赔。两类责任制的不同之处在于多式联运经营人与各区段的实际承运人承担责任的依据和数额。在网状责任制下，经营人与各区段的承运人依据损失发生区段运用的法律确定责任及赔偿数额；而在统一责任制下，不分运输方式与区段，经营人和实际承运人均按统一规定的标准进行赔偿。

根据多式联运本身的特点，很显然单一责任制比责任分担制更适于多式联运，它能较好地保护托运人与收货人的利益。因此在多式联运实践中较少采用责任分担制。

但究竟选择网状责任制还是统一责任制，在《国际多式联运公约》的起草过程中是分歧最大的问题之一。一些发展中国家主张采用统一责任制，而发达国家主张采用网状责任制。主张采用统一责任制者认为其采用了一种法律规定，既包括了多式联运经营人与货方之间的法律关系，也包括了多式联运经营人与分运人之间的关系。这样一方面保证了货主的利益，简化了货运事故的处理，也消除了整个运输过程中可能出现的"隐藏损失"的处理问题，是一种较为优越的"第三方责任制"。主张采用网状责任制者认为统一责任制有其优越性，但并不完善，实际上是行不通的。这是由于各国家及承运人都早已接受了不同的某一国际公约，这些公约对运输合同及承运人责任的规定差别很大，如果再接受统一责任制的多式联运公约，则会面临不能同时履行对每一公约义务的状况，这会给实际运作带来极大的问题。再者目前与集装箱运输相关的人的赔偿责任都是建立在单一运输法规的责任规定的基础之上的，改为统一标准会给这些行业带来混乱。他们认为网状责任制更为实用，可把多式联运经营人与其分包人的赔偿责任与特殊赔偿责任结合起来，即在货物损害可确定发生在哪一区段并归结于某一分包人时，多式联运经营人与分包人的赔偿责任相同；而在不能归结于某一分包人时，多式联运经营人可按照双方约定的特殊责任予以承担。

为使公约能顺利通过，分歧双方都做出了让步，最后通过的《国际多式联运公约》采用了经过修改的统一责任制，即：多式联运经营人对全程运输负责，各区段的实际承运人仅对自己完成区段的运输负责。无论货损发生在哪一区段，多式联运经营人和实际承运人都按公约规定的统一责任限额承担责任，但"如果货物的灭失、损害发生于多式联运的某一特定区域，而对这一区段适用的一项国际公约或强制性国家法律规定的赔偿责任限额高于本公约规定的赔偿责任限额时，多式联运经营人对这种灭失、损害的赔偿应按照适用的国际公约或强制性国家法律予以确定"。这种经修改的统一责任制前一半是统一责任制，而后一半是完全的网状责任制。

多式联运的这种特殊规定，在多式联运中出现了两层关系，第一层首先是多式联运经营人与货方间的赔偿关系。由于各种运输方式至今分别采用"不完全过失责任制"、"完全过失责任制"、"严格责任制"，且各公约规定的赔偿额责任限额有很大差别（空运最高，铁路次之，海运最低），空运、铁路及公路运输公约规定限额均高于《国际多式联运公约》规定的统一限额，只有海运公约低于这一限额，考虑到国际多式联运公约的强制性，在处理该层赔偿时多式联运经营人不能放弃或降低规定的责任限额，也不能把自己承担的责任转嫁给货方。第二层赔偿关系是多式联运经营人与分包人之间的赔偿责任，对这一责任，公约中并没有做出任何规定，只能按目前各区段适用的法律处理。这种规定极易造成多式联运经营人利益的损害或把责任完全由多式联运经营人独自承担的局面。例如，多式联运中货物的灭失、损害发生在海上运输区段，由于海上运输目前适用法规规定的赔偿限额低于多式联运公约规定的统一限额，多式联运经营人按公约规定的责任限额赔偿给货方后，却不能通过向海运段承运人处追偿中得到足够的补偿。更有甚者，如果事故是由于海上承运人驾驶或管船过失造成时，根据适用的法律，海上承运人是免责的，不承担向多式联运经营人的赔偿责任，而公约规定多式联运经营人不能借以免除责任，同时又不能向海运承运人追偿。再者，如果使各种方式的实际承运人接受统一的责任限额，又是很困难的。因此多式联运公约中规定的这种经过修改的统一责任制在目前确实是难以实行的。公约中出现的这种责任制问题在近期内是无法解决的，只有当其他单一方式的运输公约、法律做出调整或新的规定后才能逐渐解决。这也是《国际多式联运公约》至今仍未生效的主要原因之一。

目前在多式联运的实际运作中，大部分经营人采用的责任制形式都是网状责任制，即多式联运经营人对全程运输负责，各实际承运人仅对自己完成的区段运输负责。不论货物损害发生在哪一区段，多式联运经营人和该区段的实际承运人的赔偿责任均按适用于该区段的法律予以确定。如不能确定货物损害发生区段时，按海上运输区段的适用法律来处理。

目前，多式联运经营人的责任形式可以分为以下四种：

1. 责任分担制

责任分担制，也称区段负责制，是指多式联运经营人对货主并不承担全程运输责任，仅对自己完成的区段货物运输负责，各区段的责任原则按该区段适用的法律予以确定。由于这种责任形式与多式联运的基本特征矛盾，因而，只要多式联运经营人签发全程多式联运单据，即使在多式联运单据中声明采取这种形式，也可能会被法院判定此种约定无效而要求多式联运经营人承担全程运输责任。

2. 统一责任制

统一责任制，是指多式联运经营人对货主赔偿时不考虑各区段运输方式的种类及其适用的法律，而是对全程运输按一个统一的原则并一律按一个约定的责任限额进行赔偿。由于现阶段各种运输方式采用不同的责任基础和责任限额，因此目前多式联运经营人签发的提单均未采用此种责任形式。不过前述所称的适用于单一运输方式法律的"多式联运"，比如航空特快专递、机场—机场航空运输、港—港海上集装箱运输等，倒可以看作是采用了统一责任制。因为在这种"多式联运"形式下，即使货运事故发生在陆运区段，多式联运经营人也应该按空运或海运法所规定的责任限额予以赔偿。

3. 网状责任制

网状责任制是指多式联运经营人尽管对全程运输负责，但对货运事故的赔偿原则仍按不同运输区段所适用的法律规定，当无法确定货运事故发生区段时则按海运法规或双方约定的原则予以赔偿。目前，几乎所有的多式联运提单均采取这种赔偿责任形式。因此，无论是货主还是多式联运经营人都必须掌握现行国际公约或国内法律对每种运输方式下承托双方的权利、义务与责任所作出的规定。

4. 统一修正责任制

这是介于统一责任制与网状责任制之间的责任制，也称混合责任制。它在责任基础方面与统一责任制相同，而在赔偿限额方面与网状责任制相同。目前，《国际多式联运公约》基本上采取这种责任形式。该公约规定："多式联运经营人对货损的处理，不管是否能确定造成货损的实际运输区段，都将适用于本公约的规定，但对于货损发生于某一特定区段，而该区段适用的国际公约或强制性国家法律规定的赔偿责任限额高于本公约规定的赔偿责任限额时，则应按照该区段适用的国际公约或强制性国家法律规定的赔偿限额予以赔偿"。由于目前各个单一运输方式国际公约和国内法对承运人的责任基础和赔偿责任限额的规定并不统一，相互之间存在较大的差别，即使采取修正统一责任制也将会对现有的运输法律体系产生一定的冲击，因此这也是造成该公约至今尚未生效的主要原因。

（四）责任限额

1. 有关货损货差的责任限额

目前，各国际货物运输公约所规定的责任限额，除了在数值上不尽相同外，在计量的币值上也有很大的不同。表 8-1 显示各国国际公约所规定的责任限额及在无对应 SDR 时，按上述比率折算成 SDR 的数值。

表 8-1　有关国际公约法律责任限额及折算成 SDR 数值

公约或法律名称		计算货币单位	每件或每单位	毛重（每千克）	备　　注
海牙规则		英镑	100		
79 年维斯比规则		金法郎	1 000	30	
		SDR	666.67	2	
汉堡规则		SDR	835	2.5	除《国际货约》和《国际公路货运合同公约》外，所称的金法郎均指含 90.00%的黄金 65.5 毫克的金法郎。以英镑计价无法解决通货膨胀和各国币值不统一等问题，而用金法郎则因黄金价格的浮动过大而难以兑换结算，只有 SDR 的价格波动较平稳
		金法郎	12 500	37.5	
中华人民共和国海商法		SDR	666.67	2	
华沙公约		金法郎		250	
蒙特利尔议定书		SDR		17	
		金法郎		250	
中华人民共和国民用航空法		SDR		17	
国际多式联运公约	包含水运	SDR	920	2.75	
		金法郎	13 750	41.25	
	不含水运	SDR		8.33	
		金法郎		124	
国际铁路货物联运公约		金法郎		50	
		折算 SDR		16.66	
国际公路货运公约		金法郎		25	
		折算 SDR		8.33	

2. 有关延迟交付的责任限额

延迟交付，是指货物未在明确议定的时间内交付或在无此协议时，未能按照具体情况对一个勤奋的承运人所能合理要求的时间内交付。

在海上运输中，《中华人民共和国海商法》规定承运人仅对有明确协定交付期限的延迟损失予以赔偿；对于明确议定交付期限下所造成的延迟损失予以赔偿，其责任限额为延迟交付货物的运费数额，如果延迟损失与货物的灭失、损坏同时发生，则按货物灭失、损坏的责任限额为准，即对于货物延迟损失和灭失、损坏的不能超过货物灭失、损坏所规定的责任限额。

《汉堡规则》、《联合国国际货物多式联运公约》则规定无论有无议定交付期限，承运人对于延迟损失均予以赔偿。二者作出如下形同的规定：对于延迟损失的责任限额，相当于对延迟交付的货物应付运费的 2.5 倍，但不得超过整个合同的运费。而且在同时伴随货物的灭失、损坏时，总赔偿责任不能超过按公约所规定的货物损坏、灭失的责任限额所确定的货物全部灭失的赔偿责任限额。

（五）承运人责任的免除

目前，对于承运人可以免除责任的所谓免责条款，除了《汉堡规则》及《国际多式联运公约》未采用列举法外，其他国际公约、惯例及国内法律法规大都采用列举方式列举了若干免责事项。

（六）多式联运经营人的赔偿责任限制

在各运输公约和法规中，承运人的赔偿责任限制一般是指在承运人掌管货物期间对应承担赔偿责任的货物灭失、损害和延误交货等造成的货方损失进行赔偿的最高限额规定，该限额是由采用的责任形式和责任基础决定的。在现行不同方式的法规中，由于承运人为完成运输承担的风险和货物本身的特点等的不同，赔偿责任限额也有较大区别。限额规定的形式一般有两种：一种是单一赔偿标准形式，即只规定单位重量货物赔偿限额；另一种是双重赔偿标准，既规定单位重量货物赔偿限额，也规定每一货损单位的赔偿限额。

现行的航空、陆运和海运在《海牙规则》中均采用单一标准，而海运的《维斯比规则》、《汉堡规则》则采用双重标准。

多式联运公约是以双重赔偿标准与单一赔偿标准相结合的方式规定多式联运经营人的赔偿责任限额，两种标准适用的情况和规定的限额如下：

1）如在国际多式联运中包括了海运或内河运输，即在构成海（水）陆和海（水）空联运时，多式联运经营人对每一件或每一货损单位的赔偿限额为 920 个特别提款权（SDR）或毛重每公斤 2.75SDR，两者以较高为准。

如果货物是由集装箱、货盘或类似装运工具集装，并在多式联运单据上列明在这种装运工具中的件数或货运单位数，否则装运工具与其中货物应视为一个货运单位。

如果装运工具本身灭失或损坏且该工具并非多式联运经营人所有或提供，则视为一个单独的货运单位。

2）如在国际多式联运中不包括海运或内河运输，即构成公铁联运，铁空或公空联运时，则多式联运经营人赔偿责任限额按灭失或损坏货物毛重每公斤不得超过 8.33SDR 计算。

公约还规定，多式联运经营人对延迟交货造成损失的赔偿责任限额为延误交付的货物应付运费的 2.5 倍，但不得超过多式联运合同规定的应付运费的总额。

在货物的灭失、损坏与延迟交付同时发生时，赔偿总额以货物全部灭失时应负的责任为限。

以上是国际多式联运公约按统一责任制形式规定的多式联运经营人的赔偿责任，由于多式联运公约目前尚未生效，在实际运作中大多数多式联运合同均采用网状责任制。因此目前在国际多式联运中，各多式联运经营人仍按各种单一运输方式适用的法律规定的责任限额计算赔偿数额。

为了防止多式联运经营人利用责任限制的规定，对运输的货物安全掉以轻心或故意造成损害或延误运输是由多式联运经营人有意造成或明知有可能造成而又毫不在意的行为或不行为而引起，多式联运经营人则无权享受本公约规定的赔偿责任限制权益。对他的受雇人、代理人或在履行多式联运合同为期服务的其他人也是如此。

小　结

本章主要介绍了国际多式联运的概况，包括国际多式联运的基本概念、特征和要素，国际多式联运的发展概况及优缺点，国际多式联运运输程序及运输组织，尤其是业务流程；国际多式联运的单证；国际多式联运经营人，包括经营人的含义、特征，成为经营人应具备的条件，经营人的责任等内容。

案 例 分 析

多式联运货损责任莫忽视交接单

2001 年 11 月 18 日，华映公司与特灵台湾公司签订了进口 3 套冷水机组的贸易合同，交货方式为 FOB 美国西海岸，目的地为吴江。2001 年 12 月 24 日，买方华映公司就运输的冷水机组向人保吴江公司投保一切险，保险责任期间为"仓至仓条款"。同年 12 月 27 日，原告东方海外公司从美国西雅图港以国际多式联运方式运输了装载于 3 个集装箱的冷水机组经上海到吴江。原告签发了空白指示提单，发货人为特灵台湾公司，收货人为华映公司。

货物到达上海港后，2002 年 1 月 11 日，原告与被告中外运江苏公司约定，原告支付被告陆路直通运费、短驳运费和开道车费用等共计 9 415 元，将提单下的货物交由被告陆路运输至目的地吴江。但事实上，被告并没有亲自运输，而由吴淞公司实际运输，被告向吴淞公司汇付了 8 900 元运费。

同年 1 月 21 日，货到目的地后，收货人发现两个集装箱破损，货物严重损坏。

收货人依据货物保险合同向人保吴江公司索赔，保险公司赔付后取得代位求偿权，向原告进行追偿。原告与保险公司达成了和解协议，已向保险公司作出 11 万美元的赔偿。之后，原告根据货物在上海港卸船时的理货单记载"集装箱和货物完好"，以及集装箱发放/设备交接单（出场联和进场联）对比显示的"集装箱出堆场完好，运达目的地破损"，认为被告在陆路运输中存在过错，要求被告支付其偿付给保险公司的 11 万美元及利息损失。

思考题

1. 如果你是海事法院的法官，你如何审判此案件？

2. 在多式联运海运段运输中，从单证使用角度如何更好地划分承托双方的责任？单证使用过程中应注意哪些问题？

练 习 题

一、名词解释题

1. 国际多式联运　　2. 法定联运　　　3. 协议联运

4. 多式联运单证　　5. 多式联运经营人　6. 延迟交付

二、选择题

1. 多式联运中货损事故处理的一般原则是（　　）。

　A. 实事求是原则　　　　　B. 有根有据原则

　C. 合情合理原则　　　　　D. 注意实效、区别对待原则

2. 多式联运经营人采用的责任形式有（　　）。

　A. 统一责任制　　　　　　B. 分段责任制

　C. 网状责任制　　　　　　D. 责任分担制

3. 多式联运经营人的双重身份包括（　　）。

　A. 契约承运人　　　　　　B. 场站经营人

　C. 代理人　　　　　　　　D. 货主

4. 申请多式联运业务的注册资金不低于人民币（　　）万元。

　A. 500　　　　B. 750　　　　C. 1 000　　　D. 1 500

5. 大多数无船承运型的多式联运企业采用（　　）形式。

　A. 企业独立经营方式　　　B. 联营方式

　C. 代理方式　　　　　　　D. 合资方式

6. 《国际多式联运公约》中规定，如果货物在规定的交货日期届满或连续（　　）天内未交付，索赔人即可认为这批货物已灭失。

　　　A. 30　　　　　　B. 60　　　　　C. 90　　　　　D. 120

　　7.《汉堡规则》规定："对于延迟损失的责任限额，相当于对延迟交付的货物应付运费的（　　）倍，但不得超过整个合同运费额"。

　　　A. 2　　　　　　B. 2.5　　　　　C. 3　　　　　D. 3.5

三、简答题

　　1. 简述法定联运与协议联运异同点。

　　2. 简述协作式联运与衔接式联运异同点。

　　3. 简述多式联运的主要业务及程序。

　　4. 简述多式联运中处理索赔的一般程序。

　　5. 简述多式联运经营人应具备的基本条件。

第九章 货 运 合 同

学习目标

通过本章的学习，重点掌握公路、铁路、航空、多式联运货运合同的订立、履行、解除、变更、违约责任以及每款合同的范本，了解公路、铁路、航空、多式联运货运合同的含义、订立原则以及特征。

第一节 货运合同概述

一、货运合同的含义和特征

（一）货运合同的概念

1. 合同的概念

《合同法》中所称的合同是指平等主体的自然人、法人、其他组织之间设立、变更、终止民事权利义务关系的协议。

2. 运输合同的含义

运输合同是指承运人将旅客或者货物从起运地点运输到约定地点，向旅客、托运人或收货人收取票款或者运输费用的合同。运输合同又可称运送合同，是一种提供服务的合同。提供服务的标的是一种特定的行为，不是劳务行为所产生的结果，即运输合同的标的不是被运送的旅客或货物，而是运输行为的本身。

运输合同涉及的当事人有承运人、托运人（旅客）及收货人。将货物或旅客送到约定地点的人是承运人。将自己或他人的货物交付于承运人并支付相关运输费用的人叫托运人。从承运人处接收货物的人是第三方当事人，叫收货人。

我国相关法律法规要求承运人具备一定的承运能力，从事客货运输业务必须得到交通、铁路、民航等有关主管部门的批准，领取营运许可证或从业资格证。目前，从事运输的组织有国有企业组织，如铁路局、海运公司、航空公司、物流公司等，也有集体运输组织、个体私营运输组织、民营运输组织等。《合同法》对于托运人的资格没有限制，可以是公民也可以是经济组织；可以是物品所有人，也可以是非物品所有人；托运人有时也可以是收货人。本书中主要介绍货物运输合同。

3. 货物运输合同的含义

货物运输合同简称货运合同，是指承托双方签订的，明确双方权利义务关系，确保货物有效移位，具有法律约束力的合同文件。

（二）货运合同的分类

1. 按运输工具分类

按运输工具分类，可将货运合同分为公路货运合同、铁路货运合同、水路货运合同、航空货运合同、管道货运合同等。

2. 按运送方式分类

按运送方式分类，可将货运合同分为单一货运合同和多式联合货运合同。

单一运输是以一种运送工具进行的运送；多式联合运输简称为联运，是指采用两种或两种以上的不同运输方式进行运输的活动。联运又分为国内联运和国际联运。

3. 按合同期限分类

按合同期限分类，可将货运合同分为长期合同和短期合同。

长期合同是指合同期限在一年以上的合同；短期合同是指合同期限在一年以下的合同，如年度、季度、月度合同。

4. 按货物数量分类

按货物数量分类，可将货运合同分为批量合同和运次合同。

批量合同一般是一次托运货物数量较多的大宗货物运输合同；运次合同一般是托运货物较少，一个运次即可完成的运输合同。

5. 按合同形式分类

按合同形式分类，可将货运合同分为书面合同和契约合同。

书面合同是指签订正式书面协议书形式的合同；契约合同是指托运人按规定填写货物运输托运单或货单。这些单证具有契约性质，承运人要按托运单或货单要求承担义务，履行责任。

（三）货运合同的特征

1）货运合同是当事人之间为实现一定的经济目的，明确相互权利义务关系而订立的协议，签订合同的当事人，双方或一方必须是法人。

2）签订货运合同的承运人必须持有经营货运的营业执照，具有合法的经营资格。

3）货运合同的内容限于运输经济行为，是以运输经济业务活动为主要内容。

4）货运合同是实践合同，承托双方除了就合同的必要条款达成协议外，还要求托运人必须将托运的货物交付给承运人，合同才能成立。

5）货运合同的当事人涉及第三人，即除了托运人和承运人之外，一般还有收货人（也可能收货人就是托运人）。

6）货运合同具有标准合同的性质，主要内容、条款及运输费用由有关部门统一制定。

7）货运合同的标的是运输行为本身。它不是被运送货物，而是运输行为本身。因此货运合同属于劳务合同。

二、货运合同的订立原则及程序

（一）货运合同订立的原则

货运合同的签订是指承托双方经过协商后用书面形式签订有效合同。其基本原则如下。

1. 合法规范原则

合法规范是指签订运输合同的内容和程序必须符合法律要求。只有合法规范的合同才能得到国家承认，才具有法律效力，当事人的权益才能得到保护，达到签订运输合同的目的。

2. 平等互利的原则

无论企业的大小、所有制性质是否相同，在签订货运合同中承托双方当事人的法律地位平等；在合同内容上，双方的权利义务必须对等。

3. 协商一致的原则

签订合同是双方的法律行为，双方意愿经过协商达到一致，彼此均不得把自己的意志强加于对方。任何其他单位和个人不得非法干预。

4. 等价有偿的原则

合同当事人都享有同等的权利和义务，每一方从对方得到利益时，都要付给对方相应代价，不能只享受权利而不承担义务。

（二）货运合同订立的程序

1. 要约

要约是希望和他人订立合同的意思表示，即合同当事人的一方提出签订合同的提议，提议的内容包括订立合同的愿望、合同的内容和主要条款。要约一般由托运人提出。

2. 承诺

承诺是接受要约人同意要约的意思表示，即承运人接受或受理托运人的提议，对托运人提出的全部内容和条款表示同意。受理过程包括双方协商一致的过程。

三、货运合同的变更和解除

（一）货运合同的变更和解除的含义

货运合同变更和解除是指在合同尚未履行或者没有完全履行的情况下，遇到特殊情况而使合同不能履行，或者需要变更时，经双方协商同意，并在合同规定的变更、解除期限内办理变更或解除。任何一方不得擅自变更、解除双方签订的运货合同。

变更合同是指合同部分内容和条款的修改补充；解除合同是指解除由合同规定双方的法律关系，提前终止履行合同。

（二）货运合同的变更和解除的条件

凡发生下列情况之一者，允许合同变更和解除。
1）由于不可抗力使运输合同无法履行。
2）由于合同当事人一方的原因，在合同约定的期限内确实无法履行运输。
3）合同当事人违约，使合同的履行成为不可能或不必要。
4）合同当事人双方协商同意，可以解除或变更合同。承运人提出解除合同的，应退还已收费用；托运人提出解除合同的，应付给承运人已发生的费用。

四、货物运输合同范本

货物运输合同
（参考文本）

订立合同双方：

托运人：_____

承运人：_____

托运方详细地址：_____

收货方详细地址：_____

根据《合同法》及其他有关运输规定，经过双方充分协商，特订立本合同，以便双方共同遵守。

第一条　货物名称、规格、数量、价款

货物编号	品名	规格	单位	单价	数量	金额（元）

第二条　包装要求：托运人必须按国家主管机关规定的标准包装；没有统一规定包装标准的，应根据保证货物运输安全原则进行包装，否则承运人有权拒绝承运。

第三条　货物起运地点 _____　　　　货物到达地点 _____

第四条　货物承运日期 _____　　　　货物运到期限 _____

第五条　运输质量及安全要求 _____

第六条　货物装卸责任和方法 _____

第七条　收货人领取货物及验收办法 _____

第八条　运输费用、结算方式 _____

第九条　各方的权利义务

一、托运人的权利义务

二、承运人的权利义务

三、收货人的权利义务

第十条　违约责任

一、托运人责任

二、承运人责任

本合同正本一式二份，合同双方各执一份；合同副本一式 _____ 份，送 _____ 留一份。

托运人：_____　　　　承运人：_____

代表人：_____　　　　代表人：_____

地址：_____　　　　　地址：_____

电话：_____　　　　　电话：_____

开户银行：_____　　　开户银行：_____

账号：_____　　　　　账号：_____

　　　　　　　　　　　_____ 年 _____ 月 _____ 日订

第二节　公路货运合同

企业进行公路运输主要有三种情况：使用自有汽车运输、租用他人汽车运输、交给专业的汽车承运人来运输。无论哪种公路运输，都要受到法律法规的约束。这方面的法律法规主要有《中华人民共和国合同法》、《汽车货物运输规则》、《汽车租赁业管理暂行规定》等。所以公路货运中涉及到的合同有两类，汽车租用合同以及与汽车承运人签订的汽车货运合同。

一、汽车租用合同

企业在租用他人汽车进行运输时，通常要与车辆的所有人签订汽车租用合同。汽车租用合同是指出租人将汽车交给承租人使用、收益，由承租人支付租金的合同。此时企业不仅要对运输需求方尽到受托人的义务，还要依照合同对汽车出租人尽到承租人的义务。

（一）汽车租用合同的订立及内容

1. 汽车租用合同订立步骤

汽车租用合同订立要经过要约与承诺两个步骤。其中，一方当事人向另一方当事人发出订立汽车租用合同的意思表示即为要约；而收到要约的一方当事人表示同意即为承诺，双方意思表示达成一致，汽车租用合同即告成立。

2. 汽车租用合同文本内容

签订汽车租用合同，应该使用由各省级道路运政管理机构根据国家有关法律、法规制定的汽车租用合同文本。合同文本内容一般包括出租人名称，承租人名称，租用汽车的车型、颜色和车辆号牌，行驶证号码，租用期限，计费办法，付费方式以及合同双方的权利、义务、违约责任等。

（二）汽车租用合同的履行

1. 企业作为承租人应承担的义务

1）在接收汽车时，应对租用的汽车进行检查，确认汽车技术状况良好，并要核对行驶证、道路运输证等证件是否齐全有效，行车中应随车携带上述有关证件。

2）按照合同约定使用租用的汽车。租用的汽车应用来在约定的地域或道路上载运约定种类的货物。如果物流企业以违约的方法使用租用来的汽车，致使汽车受到损害时，出租人可以解除合同，并要求物流企业赔偿损失。

3）妥善保管租用的汽车。如果因保管不善致使汽车受损，企业要承担赔偿责任。

4）按照合同约定承担燃料的费用。

5）按照约定支付租金，在合同约定的期限内不支付的，出租人可以解除合同。

6）未经出租人同意，不得将租用的汽车转租给他人，否则出租人可以解除合同。

7）租用期限届满后，返还所租用的汽车，逾期不及时返还，企业要承担违约责任。

2. 出租人应承担的义务

1）按照约定将汽车交给物流企业并保证其适于约定用途。否则，企业可以要求其承担违约责任。

2）出租人有维修汽车的义务，物流企业可以要求他按照有关技术标准，加强车辆技术管理，保持汽车良好的技术状态。如果出租人不履行维修义务，企业可以自行维修，并要求出租人承担维修费用。

（三）汽车租用合同范本

签订日期：_____年_____月_____日

合同编号：_____

出租方：光明货运公司

承租方：腾飞建筑公司施工三队

第一条 出租方根据承租方需要，同意将四吨载重量解放牌汽车租给承租方使用。

第二条 承租方租用的汽车只限于工地运砂子、水泥、砖、木料和预制板用。承租方只有调度权，行车安全、技术操作由出租方司机负责。

第三条 承租方要负责对所租车辆进行维护保养，在退租时如给车辆设备造成损坏，承租方应负责修复原状或赔偿，修复期照收租费。因出租方所派司机驾驶不当造成损坏的由出租方自负，如果致使承租方不能按合同规定正常使用租赁车辆，承租方不但不给付出租方不能使用期间的租费，而且出租方每天还要偿付承租方____元钱的违约金。

第四条 租用期定为一年，自____年_____月____日起至____年___月___日止，承租方如果继续使用或停用应在5日前向出租方提出协商，否则按合同规定照收租费或按合同期限将车调回。

第五条 租金每月为____元，从合同生效日起，每月结算一次，按月租用，不足一个月按一个月收费。

第六条 所用燃料由承租方负责。

第七条 违约责任。出租方不得擅自将车调回，否则将按租金的双倍索赔承租方。承租方必须按合同规定的时间和租金付款，否则，每逾期一天，加罚一天的租金。

第八条 其他未尽事项，由双方协商，另订附件。

第九条 本合同一式____份，双方各执正本一份，副本送有关管理机关备案。

出租方（盖章）：　　　　　　承租方（盖章）：

法定代表人签字：＿＿＿＿　　法定代表人签字：＿＿＿＿

二、汽车货运合同

汽车货运合同是指汽车承运人与托运人之间签订的明确互相权利义务关系的协议。很多企业既不用自己的企业，也不租用别人的汽车来完成运输，而是把货物运输交给专业的汽车承运人来完成，并作为托运人或托运代理人与之签订汽车货运合同。

与汽车承运人签订的货运合同分为两类，其中一类为定期货运合同，是指汽车承运人与托运人签订的在规定的期限内，用汽车将货物批量地由起运地运至目的地的汽车货运合同。如果企业能够谨慎选择良好的汽车承运人长期合作，无论在效率上还是在效益上，都能得到满意的效果。第二类为一次性货运合同，是指汽车承运人与托运人之间签订的一次性将货物由起运地运至目的地的货运合同。根据企业的需要随时运货，随时签订一次性货运合同。

（一）汽车货运合同的订立

汽车货运合同的订立，即当事人就汽车货运合同的各项条款协商一致的过程。物流企业作为需求方的受托人，应选择信誉良好、资金雄厚和服务完善的企业承运人。在订立合同的过程中站在托运人的立场上谨慎行事，对合同中的重要条款加以足够注意，并按要求仔细填写运单。

定期运输合同和一次性运输合同的订立与其他合同一样，都要经过要约和承诺两个步骤。

1. 要约

对于定期运输合同来说，通常由一方提出货运要求，可能是企业提出的，也可能是汽车承运人主动要求进行长期合作。双方要经过谈判交涉，不断要约与反要约的过程，最后达成合同。而一次性货运合同则往往是由企业先向汽车承运人提出要约，要求汽车承运人接收某一批货物的托运。当然双方有讨价还价的过程。

2. 承诺

无论上述哪种情况，企业和汽车承运人经过不断的要约与反要约，当一方表示完全接受合同条款时，即为承诺。一方承诺后，双方意思表示达成一致，合同即告成立。采用书面形式的，合同自双方当事人签字或盖章时成立，当事人采用信件、数据电文等形式订立合同的，可以要求签订确认书，签订确认书时合同成立。

（二）汽车货运合同的履行

1. 托运人的义务

企业在货运合同履行过程中须履行托运人的义务和责任,具体包括以下内容。

1）托运的货物名称、性质、件数、质量、体积、包装方式等,应与运单记载的内容相符。

2）按照国家有关部门规定需办理准运或审批、检验等手续的货物,托运时应将准运证或审批文件提交承运人,并随货同行。如果委托承运人向收货人代递有关文件,应在运单中注明文件名称和份数。

3）在托运的货物中不得夹带危险货物、贵重货物、鲜活货物和其他易腐货物、易污染货物、货币、有价证券以及政府禁止或限制运输的货物等。

4）托运货物的包装,应当按照双方约定的方式进行。没有约定或者约定不明确的,可以协议补充;不能达成补充协议的,按照通用的方式包装,没有通用方式,应在能够保证运输、搬运、装卸作业安全和货物完好的原则下进行包装。依法应当执行特殊包装标准的,按照规定执行。

5）应根据货物性质和运输要求,按照国家规定,正确使用运输标志和包装储运图示标志。

6）运输途中需要照料的有生物、植物、尖端精密产品、稀有珍贵物品、文物、军械弹药、有价证券、重要票证、货币等,必须派人押运。应在运单上注明押运人员姓名及必要的情况。押运人员必须遵守运输和安全规定,并在运输过程中负责货物的照料、保管和交接;如果发现货物出现异常,应及时处理并告知驾驶员。

7）托运人应该按照合同的约定支付运费。

2. 汽车承运人的义务

汽车承运人按照合同的约定,一般负有下列义务,企业对此应有一定的了解,以便在承运人不履行或错误履行时,要求其承担相应责任。承运人的义务主要包括如下:

1）根据货物的需要和特性,提供适宜的车辆。该义务要求承运人提供的应当是技术状况良好、经济适用,并能满足所运货物重量要求的车辆。对运输特种货物的,还应为特种货物配备符合运输要求的特殊装置或专用设备的车辆。

2）承运人应当根据运送的货物情况,合理安排运输车辆。货物装载重量以车辆额定吨位为限,轻泡货物以折算重量装载,不得超过车辆额定吨位和有关长、宽、高的装载规定。

3）按约定的运输路线进行运输。如果在起运前要改变运输路线,承运人应对此情况加以通知,并按最后确定的路线运输。

4）在约定的运输期限内将货物运达。零担货物应按批准的班期时限运达,快件货物应按规定的期限运达。

5）对货物的运输安全负责，保证货物在运输过程中不受损害。

（三）公路货运合同的变更与解除

在承运人未将货物交付收货人之前，企业作为托运人可以要求承运人中止运输、返还货物、变更到达地或者将货物交付给其他收货人，但需要赔偿承运人因此受到的损失。

1. 可以变更或解除合同的情况

如果发生下列情况之一，企业和汽车承运人可以变更或解除合同：

1）由于不可抗力使运输合同无法履行。

2）由于合同当事人一方的原因，在合同约定的期限内确实无法履行运输。

3）合同当事人违约，使合同的履行成为不可能或不必要。

4）合同当事人双方协商同意，可以解除或变更合同。承运人提出解除合同的，应退还已收费用；托运人提出解除合同的，应付给承运人已发生的费用。

2. 公路货运合同的变更与解除应符合相应的要求

1）运输合同签订后，任何一方不得擅自变更或解除。如有特殊原因不能继续履行或需要变更时，须经双方同意，并在合同规定的时间内办理变更。如在合同规定的期限外提出，必须负担给对方已造成的实际损失。

2）涉及国家指令性计划的运输合同，在签订变更或解除协议前，须报下达计划的主管部门核准。

3）因自然灾害造成运输线路断阻或执行政府命令等原因影响按时履行运输合同时，承运方应及时通知托运方，提出处理意见。

4）变更或解除运输合同，应当以书面形式（包括公函、电报、变更计划表）提出或答复。

（四）违反公路货运合同的责任和处理

1. 承运人责任

1）由于承运方的过错，造成货物逾期到达，应按合同规定支付对方违约金。

2）从货物装运时起，至货物运抵到达地交付完毕时止，承运方应对货物的灭失、短少、变质、污染、损坏等负责，并按照货物实际损失赔偿。但有下列情况之一者除外：

① 不可抗力。

② 货物的自然损耗或性质变化。

③ 包装不符合规定（无法从外部发现）。

④ 包装完整无损而内装货物短损、变质。

⑤ 托运方有过错。

⑥ 有押运人且不属承运方责任的。

⑦ 其他经查证非承运方责任造成的损失。

3）货物错运到达地或收货人，由承运方无偿运到规定地点，交给指定的收货人，由此再造成的货物逾期到达，按第一项规定处理。

4）如果托运方或收货人证明损失的发生确属承运人的故意行为，则承运人除按规定赔偿实际损失外，由合同管理机关处其造成损失部分 10%～50% 的罚款。

2. 托运人的责任

1）未按合同规定的时间和要求提供托运的货物，应按合同规定支付给对方违约金。

2）由于托运人发生下列过错造成的事故，致使车辆、机具、设备损坏、腐蚀或人身伤亡以及涉及到第三者物质的损失，应由托运人负赔偿责任。

① 在普通货物中夹带、匿报危险品或其他违反危险品运输规定的行为。

② 错报货物重量。

③ 货物包装不良或未按规定制作标志。

3）货物包装完整无损而货物短损、变质、收货人拒收，或货物运抵到达地找不到收货人以及由托运方负责装卸的货物超过合同规定装卸时间所造成的损失，均应由托运方负责赔偿。

3. 关于违约金、赔偿金的规定

1）违约金数额由双方商定，同等对待，一般最高不应超过违约部分运量应记费用的 10%。

2）货物的灭失、短少按灭失、短少货物的价值赔偿；货物的变质、污染损坏按受损货物所减低价值或修理费赔偿，赔偿的价格如何计算，由交通部同国家物价局、国家工商行政管理局另行规定。

3）造成车辆、设备损害或第三者物质损失，按损坏或损失部分的价值赔偿。

4）造成车辆空驶损失或延误损失，按空驶损失费或延滞费赔偿。

5）承、托双方彼此之间要求赔偿的时效，从货物运抵到达地点的次日起算，不超过 180 日。赔偿要求应以书面形式提出，对方应在收到书面的赔偿要求的次日起 60 日内处理。

6）违约金、赔偿金应在明确责任后 10 日内偿付，否则按逾期付款处理；任何一方不得自行用扣发货物或扣付运费来充抵。

（五）公路货运合同范本

甲方（托运方）：＿＿＿＿＿＿

地址：＿＿＿＿＿

电话：＿＿＿＿＿

传真：＿＿＿＿＿

乙方（承运方）：＿＿＿＿＿

地址：＿＿＿＿＿

电话：＿＿＿＿＿

传真：＿＿＿＿＿

甲方指定乙方为甲方货物提供公路运输服务。双方经友好协商，就具体事宜达成如下协议：

第一条　承运货物及起止地点

一、托运的主要货物

包装：甲方确保产品符合有关国家规定的包装标准。

属性：化工产品。

二、货物的起运地点：＿＿＿＿＿＿＿＿＿＿＿

三、到达地点：永红化工指定的送货地点。

四、甲方托运的其他货物及服务内容，以货物运单或补充协议说明。

第二条　操作流程

一、甲方发出运输指令，二、乙方回复认可书，三、甲方装货，四、双方验货签收，五、发往目的地交货，六、收货单位验签，七、验收后取回单，八、将回单交回甲方，九、甲方承付运费。

第三条　甲方的义务和责任

一、甲方至少提前 8 小时以电话或书面传真形式向乙方发出运输指令，通知内容包含发运时间、运输方式、货物名称、数量，并准确提供发运地方和目的地地址及联络方式方法等信息。如发生特殊情况，甲方在乙方派出车辆前 3 小时有权对合理的内容进行变更。

二、甲方保证所托运的货物不属于国家违禁品。

三、甲方负责对乙方有关责任人和操作人员进行必要的运作要求培训。

四、因甲方交代不清而引起的无法抵达目的地或找不到收货人所造成的损失由甲方负责。

五、甲方保证按合同要求在乙方向甲方提交相关单据时及时结算运费给乙方。

第四条　乙方责任

一、乙方接受甲方的委托，为其提供货物运输服务，乙方应及时操作转运货物，安全、准时、准确地将货物运至甲方指定的目的地并派送到门。

二、司机把货物送达目的地后，若客户对货物有任何意见，司机绝对不可以与客户发生争执，应立即与乙方负责人联系，并将事件及时回报给甲方。

三、乙方必须严格按照附件中所列运输时间执行，若因特殊情况，货物没有按预订时间到达，乙方应及时与甲方取得联系，向甲方汇报并进行处理。若甲方调查中发现有不合实际的情况，有权做出处罚。

四、乙方在承运过程中发生的货物被盗、丢失、淋湿、货损、交货不清、货物破损等，概由乙方负责。

五、由于自然灾害或交通事故造成货物无法准时到达，乙方必须及时通知甲方，由双方共同协商解决，若由于未及时通知甲方而造成货物过期到达，造成甲方损失应由乙方负责赔偿。

六、甲方若委托乙方代办货物运输保险，乙方应配合甲方进行保险，并对投保的货物承担全部的责任。

七、乙方不得向甲方员工赠送财物，若经发现，甲方有权处理乙方未结运费。

第五条 费用及结算方式

一、费用的结算标准见运输报价表

二、结算方法为：每月 5 日前结算上月发生的运输费用，乙方需交付有效作业凭证及结算汇总表，经甲方审核无误后在 3 个工作日内支付乙方运费，如遇节假日则时间顺延。如有扣除的款项，应在运费中扣除。货到提付运费的甲乙双方都备有底根，以便于查账。

第六条 违约责任

一、因甲方提供资料不齐全而导致乙方无法送达或者延误送达，损失由甲方负责。乙方在运输过程中如果发现甲方所提供的收货人联系电话、地址有误，必须及时与甲方联系寻求解决办法。否则损失由乙方负责。

二、乙方错运到达地点或收货人的，乙方必须无偿将货物运到指定地点交付给收货人，由此造成货物过期送达的，按甲方规定条列处理。如果造成货物误收而丢失，乙方应照价赔偿。

三、由于乙方的过失造成货物过期到达，超过《公路运输价格表》上双方所约定的时间（且没有取得甲方的认可），每次乙方需支付给甲方人民币 100 元的违约金。由于不可抗力造成乙方交货延误，影响执行合同时，乙方应及时通知甲方并采取措施防止事件的扩大。经双方协商可适当放宽到货时间。

四、合同终止后，甲乙双方不再合作，双方在一个月内结清所有运费。

第七条 文本及时有效

一、本合同签订时，双方必须出具法人资格文件和其他注册资料。如属法人委托人签署的，应有法人委托书原件。

二、本合同一式二份，甲、乙双方各持一份，具有同等法律效力。

三、本合同有效期为____年____月____日至____年____月____日

四、本合同自双方签字盖章之日起生效。

五、自本协议生效之日起一个月内为试用期，试用期内，如乙方要求提前终

止合同，必须提前 15 天通知甲方。否则甲方有权不退还乙方未结运费。

六、本合同全部内容属商业秘密，双方均有责任保守秘密。

第八条　变更与终止

一、合同如有变更或者补充，经协商一致后，以补充协议形式确定，补充协议与原合同具有同等效力。

二、本合同终止后，合同双方仍承担合同终止前本合同规定的双方应该履行而未履行完毕的一切责任与义务。

三、合同如需提前终止，须双方书面同意。

第九条　纠纷及其仲裁

若合同在履行中产生纠纷，双方应及时协商解决。协商无效的，可向合同履行地人民法院申请诉讼解决。

甲方（盖章）　　　　　　　　　　　　乙方（盖章）

代表人：_____　　　　　　　　　　　代表人：_____

签署日期：_____　　　　　　　　　　签署日期：_____

第三节　铁路货物运输合同

铁路是现代化运输业的主要运输工具，物流企业在组织货物运输时要利用铁路这种运输方式。有的企业拥有铁路自备车，可以自己进行铁路运输，但大多数企业在组织铁路运输时都是与铁路部门合作，与铁路承运人签订铁路货物运输合同，由铁路承运人来完成运输。在我国，铁路货物运输受《中华人民共和国铁路法》、《中华人民共和国合同法》等的约束。

当物流企业没有铁路自备车辆时，即需要与铁路承运人签订货物运输合同，以履行其物流服务合同的义务。此时铁路货物运输合同即成为物流服务合同的分合同。

铁路货物运输合同是指铁路承运人根据托运人的要求，按期将托运人的货物运至目的地，交与收货人的合同。此时，物流企业通常作为托运人或托运人的代理人与铁路承运人签订铁路货物运输合同。

铁路货物运输合同可分为整车货物运输合同和零担货物运输合同。整车货物运输合同是指铁路承运人和托运人约定将货物用一整辆货车来装载运送的铁路货物运输合同。在运输大宗货物时，一般会按照年度、半年度或者季度签订整车货物运输合同。零担货物运输合同是指铁路承运人与托运人就不需要整车运输的少量货物签订的铁路货物运输合同。

一、铁路货运合同的订立

对于大宗物资的运输，有条件的可按年度、半年度或季度签订货物运输合同，也可以签订更长期限的运输合同；其他整车货物运输，应按月度签订运输合同。按月度签订的运输合同，可以用月度要车计划表代替。零担货物和集装箱货物运输，以货物运单作为运输合同。

按年度、半年度、季度或月度签订的货物运输合同，经双方在合同上签认后，合同即告成立。托运人在交运货物时，还应向承运人按批提出货物运单，作为运输合同的组成部分。零担货物和集装箱货物的运输合同，以承运人在托运人提出的货物运单上加盖车站日期戳后，合同即告成立。

按年度、半年度、季度或月度签订的货物运输合同，应载明下列基本内容：

1) 托运人和收货人名称。
2) 发站和到站日期。
3) 货物名称。
4) 货物重量。
5) 车种和车数。
6) 违约责任。
7) 双方约定的其他事项。

货物运单应载明下列内容：

1) 托运人、收货人名称及其详细地址。
2) 发站、到站及到站的主管铁路局。
3) 货物名称。
4) 货物包装、标志。
5) 件数和重量（包括货物包装重量）。
6) 承运日期。
7) 运到期限。
8) 运输费用。
9) 货车类型和车号。
10) 施封货车和集装箱的施封号码。
11) 双方商定的其他事项。

二、铁路货运合同的履行

（一）托运人应当承担的义务

1) 按照货物运输合同约定的时间、地点和要求向承运人交付托运的货物。
2) 需要包装的货物，应当按照国家包装标准或部包装标准（专业包装标准）进行包装，没有统一规定包装标准的，要根据货物性质，在保证货物运输安全的原则下进行包装，并按国家规定标准包装，笨重货物还应在每件货物包装上标明货物重量。

3）按规定需要凭证运输的货物，应出示有关证件。

4）对整车货物，提供装载货物所需的货车装备物品和货物加固材料。

5）托运人组织装车的货物，装车前应对车厢完整和清洁状态进行检查，并按规定的装载技术要求进行装载，在规定的装车时间内将货物装载完毕或在规定的停留时间内，将货车送至交接地点。

6）在运输中需要特殊照料的货物，须派人押运。

7）向承运人交付规定的运输费用。

8）将领取货物凭证及时交给收货人并通知其到站领取货物。

9）货物按保价运输办理时，须提出货物声明价格清单，支付货物保价单。

10）国家规定必须保险的货物，托运人应在托运时投保货物运输险，对于每件价值在 700 元以上的货物或每吨价值在 500 元以上的非成件货物，实行保险与负责运输相结合的补偿制度，托运人可在托运时投保货物运输险，具体办法另行规定。

（二）承运人应当承担的义务

1）及时运送货物。铁路承运人应当按照铁路运输的要求，及时组织调度车辆，使列车正点到达。铁路承运人应当按照全国约定的期限或者铁路主管部门规定的期限，将货物运到目的站。

2）保证货物运输安全，对承运的货物妥善处理。铁路承运人对于承运的容易腐烂的货物和活物，应当按照铁路主管部门的规定和双方的约定，采取保护措施。

3）货物运抵到站后，及时通知收货人领取货物，并将货物交付收货人。

三、铁路货运合同的变更或解除

（一）铁路货运合同的变更

铁路货运合同经双方同意，并在规定范围内可办理变更。企业由于特殊原因，经承运人同意，对承运后的货物可以按批在货物的中途站或到站办理变更到站、变更收货人。但在下列情况下，不得办理铁路变更合同：

1）违反国家法律、行政法规、物资流向或运输限制。

2）变更后的货物运输期限大于货物容许运送的期限。

3）对一批货物中的部分货物进行变更。

4）第二次变更到站。

在承运人同意承运货物后至其发货前，经双方协商一致，可以解除铁路货运合同。企业要求变更合同时，要提交领货证和货物运输变更要求书，不能提交领货凭证的时候，要提交其他有效证明文件，并在货物运输变更要求书内注明，还应该按照规定支付费用。

（二）铁路货运合同的解除

货运合同在货物发送前，经双方同意，可以解除。

四、违反铁路货运合同的责任和处理

铁路货运合同的承、托双方违反货运合同应承担相应的责任，并按规定进行处理。

（一）承运人的责任

1. 向托运人偿付违约金的情况

由于下列原因之一，未按货运合同履行，按车向托运人偿付违约金，但当月补足或改变车种、车型经托运人同意者除外：

1）对托运人自装的货车，未按约定的时间送到装车地点，致使不能在当月装完。

2）拨调车辆的完整和清扫状态，不适合所运货物的要求。

3）由于承运人的责任停止装车或使托运人无法按计划将货物搬入车站装车地点。

2. 赔偿规定

从承运货物时起，至货物交付收货人或依照有关规定处理完毕时止，货物发生灭失、短少、变质、污染、损坏按下列规定赔偿：

1）已投保货物运输险的货物，由承运人和保险公司按规定赔偿。

2）保价运输的货物，由承运人按声明价格赔偿，但货物实际损失低于声明价格的按实际损失赔偿。

3. 不负赔偿责任的情况

由于下列原因之一造成的货物灭失、短少、变质、污染、损失，承运人不负赔偿责任：

1）货物本身性质引起的碎裂、生锈、减量、变质或自燃等。

2）国家主管部门规定的货物合理损耗。

3）托运人、收货人或所派押运人的过错。

（二）托运人的责任

1. 向承运人偿付违约金的情况

由于下列原因之一，未按货运合同履行，按车向承运人偿付违约金：

1）未按规定期限提出旬间日历装车计划，致使承运人未拨货车（当月补足者除外），或未按旬间日历装车计划的安排，提出要车计划。

2）收货人组织卸车的，由于收货人的责任卸车迟延，线路被占用，影响向装车地点配送空车或对指定使用本单位自卸的空车装货，而未完成装车计划。

3）承运前取消运输。

4）临时计划外运输致使承运人违约造成其他运输合同落空者。

2. 货物损坏的赔偿责任

由于下列原因之一招致运输工具、设备或第三者的货物损坏，按实际损失赔偿：

1）匿报或错报货物品名或货物重量的。

2）货物包装有缺陷，无法从外部发现，或未按国家规定在货物包装上标明包装储运指示标志的。

3）托运人组织装车的，加固材料不符合规定条件或违反装载规定，在交接时无法发现的。

4）由于押运人过错。

3. 责任免责

货运合同遇有下列情况，免除承运人或托运人责任。

1）因不可抗力或铁路发生重大事故影响排空送车，企业发生重大事故以及停电影响装车，超过 24 小时。

2）根据国家和省、自治区、直辖市的主管行政机关的书面要求停止装车时。

3）由于海运港口、国境口岸车辆积压堵塞，不能按计划接车时。

五、铁路货运合同范本

托运方： _____

地　址： _____ 邮码： _____ 电话： _____

法定代表人： _____ 职务： _____

承 运 方： _____

地　址： _____ 邮码： _____ 电话： _____

法定代表人： _____ 职务： _____

根据国家有关运输规定，经过双方充分协商，特订立本合同，以便双方共同遵守。

第一条　货物名称、规格、数量、价款

第二条　包装要求

托运方必须按照国家主管机关规定的标准包装；没有统一规定包装标准的，应根据保证货物运输安全的原则进行包装，否则承运方有权拒绝承运。

第三条　货物起运地点、货物到达地点
第四条　货物承运日期、货物运到期限
第五条　运输质量及安全要求
第六条　货物装卸责任和方法
第七条　收货人领取货物及验收办法
第八条　运输费用、结算方式
第九条　各方的权利义务
第十条　违约责任

本合同正本一式二份，合同双方各执一份；合同副本一式＿＿＿份，送＿＿＿等单位各留一份。

托运方：＿＿＿＿＿＿＿＿代表人：＿＿＿＿＿＿＿＿

　　　　　　　　　　＿＿＿年＿＿＿月＿＿＿日

承运方：＿＿＿＿＿＿＿＿代表人：＿＿＿＿＿＿＿＿

　　　　　　　　　　＿＿＿年＿＿＿月＿＿＿日

第四节　水路货运合同

　　水路运输是利用船舶运载工具在水路上的运输，它是一种重要的运输方式。对企业来说，如果要运送距离远、时间要求不高的大批货物，水路运输是一个很好的选择。

　　有些企业拥有自己的船舶，可以使用自有船舶来完成货物运输。有些企业虽然没有船舶，但靠租用别人的船舶来完成运输。而货运代理企业则与专门的航运企业签订水路货运合同，把货物运输交给他们完成。

　　因此，企业应对我国水路运输方面的实务操作和法律法规有所了解。相关法律法规包括《中华人民共和国合同法》、《中华人民共和国海商法》、《国内水路货物运输规则》等。涉及这方面的合同有两类，船舶租用合同和水路货运合同。在此，简要简述水路货运中的各类运输合同。

一、船舶租用合同

　　企业在租用他人船舶进行运输时，需要与出租人签订船舶租用合同。船舶租用合同是指船舶出租人将约定的配备船员或不配备船员的船舶交给承租人按约定使用，并由承租人支付租金的合同。

　　船舶租用合同包括定期租船合同和光船租赁合同。定期租船合同，是指船舶出租人向承租人提供约定的由出租人配备船员的船舶，由承租人在约定的期间内按照约定的用途使用，并支付租金的合同。光船租赁合同，是指船舶出租人向承租人提供不配备船员的船舶，在约定的期间内由承租人占有、使用和营运，并向出租人支付租金的合同。此时企业为承租人。

（一）船舶租用合同的订立

无论是定期租船合同还是光船租赁合同，都应以书面形式订立。在实践中，往往先由作为承租人的企业将自己所需要的船舶的详细情况提供给出租人，询问出租人是否能够提供合适的船舶，此为询价。出租人在接到询价后，将自己所能提供的船舶情况和提供的条件报给企业，此为报价。双方在此基础上可以再对内容增加或删减，经过多次磋商，最终达成一致，并签订船舶租用合同。

大多数出租人和承运人在签订船舶租用合同的时候，往往协议选用某一租船合同范本，在此基础上订立附加条款，对范本合同中所列的条款修改、删除和补充，最终达成合同。租船合同范本通常是一些航运组织、船务公司等为了简化和加速订立合同的进程并节省合同签订的费用而拟定的。企业可对这些合同范本加以充分利用。

（二）船舶租用合同双方的义务

企业作为承租人需要履行承租人的义务，由于船舶合同的双务性，它也可以要求出租人履行出租人的义务。由于法律未对租船合同双方当事人的义务做强制性规定，《海商法》的规定只有在合同没有约定或者没有不同约定时适用。因此，双方当事人义务依靠合同的具体约定来确定，包括以下各项：

1. 定期租船合同双方的义务

1）作为承租人的企业，负有下列合同义务：

① 提供适当数量和质量的燃油并支付费用。

② 应当保证船舶在约定航区内的安全港口或地点之间从事约定的运输。

③ 保证船舶用于运输约定的合法货物。

④ 按照合同约定支付租金，否则承租人有权撤船。

⑤ 按合同约定的时间和地点交还船舶，交还船舶时，船舶应当处于出租人交船时的良好状态，但是船舶本身的自然磨损除外。

2）出租人负有下列合同义务。

① 按照合同约定的时间和地点交付船舶。

② 在交付船舶时谨慎处理，使船舶适航，交付的船舶应当适于约定的用途。

③ 在租期内维持船舶处于适航状态，如果船舶不符合约定的适航状态或者其他状态而不能连续正常营运满二十四小时的，应采取合理措施，使之尽快恢复。对因此而损失的营运时间，企业可以按合同约定不支付租金。

④ 为船舶配备合格的船员，并支付船员工资。

2. 光船租赁合同双方的义务

1）作为承租人的企业，应当承担下列义务：

① 负责船舶的保养、维修。

② 未经出租人书面同意，不得转让合同的权利和义务或者以光船租赁的方式将船舶转租。

③ 不得因对船舶占有、使用和营运等原因，使出租人的利益受到影响或者遭受损失。

④ 在合同约定的地点和期限内交还船舶。还船时，船舶应处于同交船时相同的良好状态，但船舶本身的自然磨损除外。

2）出租人则应承担下列义务：

① 在合同约定的港口或者地点，按照合同约定的时间，向承租人交付船舶以及船舶证书。

② 交船时，出租人应当谨慎处理，使船舶适航。

③ 交付的船舶应当适于合同约定的用途。

④ 未经承租人事先书面同意，不得在光船租赁期间对船舶设定抵押。

二、水路货运合同

水路货运合同，是指承运人收取运输费用，负责将托运人托运的货物经水路由一港（站、点）运至另一港（站、点）的合同。

企业为完成运输服务合同的运送义务而与承运人签订水路货运合同时，是作为运输合同的托运人身份出现的，它可以根据需要来选择签订哪一种合同。

（一）水路货运合同的订立

无论哪一种运输合同，都应当按照公平的原则订立。订立水路货运合同可以采用书面形式、口头形式和其他形式。书面形式包括合同书、信件和数据电文。

班轮运输形式下的运输合同一般通过订立舱的方式成立。企业通过填写订舱单，向班轮公司或其代理机构申请货物运输，订舱单一般应载明货物的品名、种类、数量、重量或体积、装货港、卸货港，以及装船期限等内容。班轮公司会根据订舱单的内容，结合船舶的航线、挂靠港、船期、舱位等情况决定是否接受货物的托运。如果班轮公司决定接受托运，双方意向达成一致，合同即告成立。

（二）水路货运合同双方的义务

1. 托运人的义务

企业作为托运人一方，应注意履行托运人的义务。

1）及时办理港口、海关、检验、检疫、公安和其他货物运输所需的手续，并将已办理各项手续的单证送交承运人。

2）所托运货物的名称、件数、重量、体积、包装方式、识别标志，应当与运输合同的约定相符。

3）妥善包装货物，保证货物的包装符合国家标准，没有包装标准的货物应当保证运输安全和货物质量。需要随备用包装的货物，应当提供足够数量的备用包装，交给承运人随货免费运输。

4）在货物的外包装或者表面上制作识别标志和储运指示标志。识别标志和储运知识标志应当字迹清晰、牢固。

5）除另有约定外，应当预付运费。

6）托运危险货物时，应当按照有关危险货物运输的规定妥善包装，制作危险品标志和标签，并将其正式名称和危险性以及必要时应当采取的预防措施书面通知承运人。

未通知承运人或者通知有误的，承运人可以在任何时间、任何地点根据需要将危险货物卸下、销毁或者使之不能为害，而不承担赔偿责任。承运人知道危险货物的性质并已同意装运的，仍然可以在该项货物对于船舶、人员或者其他货物构成实际危险时，将货物卸下、销毁或者使之不能为害，而不承担赔偿责任。但是，不影响共同海损分摊。

7）除另有约定外，运输过程中需要饲养、照顾的活动物、植物，以及尖端保密物品、稀有珍贵物品和文物、有价证券、货币等，应当向承运人申报并随船押运，在运单内注明押运人员的姓名和证件，但押运其他货物须经承运人同意。

8）负责笨重、长大货物和舱面货物所需要的特殊加固、捆扎、烧焊、衬垫、苫盖物料和人工，并卸船时拆除和收回相关物料；需要改变船上装置的，货物卸船后应当负责恢复原状。

9）托运易腐货物和活动物、植物时，应当与承运人约定运到期限和运输要求；使用冷藏船（舱）装运易腐货物的，应当在订立运输合同时确定冷藏温度。

10）承担下列原因发生的洗舱费用：提出变更合同约定的液体货物品种；装运特殊液体货物（如航空汽油、煤油、变压器油、植物油等）需要的特殊洗舱；装运特殊污秽油类（如煤、焦油等），卸后须洗刷船舱。因货物性质或者携带虫害等，需要对船舱或者货物进行检疫、洗刷、熏蒸、消毒的，应当由托运人或者收货人负责，并承担船舶滞期费等有关费用。

2. 承运人的义务

承运人在合同履行过程中要承担下列义务，据此，企业可以在承运人违反义务时，要求承运人承担相应责任。

1）使船舶处于适航状态，妥善配备船员、装备船舶和配备供应品，并使干货舱、冷藏舱、冷气舱和其他载货处所适于并能完全收受、载运和保管货物。

2）按照运输合同约定接收货物。

3）妥善装载、搬移、积载、运输、保管、照料和卸载所运货物。

4）按照约定、习惯或者地理上的航线将货物运送到约定的到达港。承运人为救助或者企图救助人命或者财产而发生的绕航或者其他合理绕航，不属于违反上述规定的行为。

5）在约定期间或者在没有这种约定时，在合理期间内将货物安全运送到约定地点。

6）货物运抵到达港后，向收货人发出到货通知，并将货物交给指定的收货人。

（三）水路货运合同的变更和解除

以货物运单作为运输合同的，允许按下列规定变更或解除运输合同。

1）货物发运前，承运人或托运人征得对方同意，可以解除运输合同。承运人提出解除合同的，应退还已收的运输费用，并付给托运人已发生的货物进行的短途搬运费；托运人提出解除合同的，应付给承运人已发生的港口费用和船舶费用。

2）货物发运后，承运人或托运人征得对方同意，可以变更货物的到达港和收货人。同一单的货物不得变更其中的一部分，并只能变更一次。对指令性运输计划内的货物要求变更时，除必须征得对方同意外，还必须报下达该计划的主管部门核准。

3）由于航道、船闸障碍、海损事故、自然灾害、执行政府命令或军事行动，货物不能运抵到达港时，承运人可以到就近港口卸货，并及时通知托运人或收货人，提出处理意见。

（四）水路货运合同违约的责任

违反水路货运合同的双方应承担相应的责任。

1）按月度签订的货运合同，承运人在履行时未配备足够的运力，应按落空的运量每吨偿付违约金1元；托运人在履行时未提供足够的货源，应按落空的货源每吨偿付违约金1元；运量与货源均有落空时，应按对等数量互相抵消违约金，偿付差额。

2）从承运货物时起，至货物交付收货人或依照规定处理完毕时，货物发生灭失、短少、变质、污染、损坏，按下列规定赔偿。

① 已投保货物运输险的货物，由承运人和保险公司按规定赔偿。

② 实行保价运输的个人生活用品，由承运人按声明价格赔偿，但货物实际损失低于声明价格的按实际损失赔偿。

③ 除上述①、②项外，均由承运人按货物的实际损失赔偿。赔偿的价格如何计算，由交通部商国家物价局、国家工商行政管理局另行规定。

3）如果托运人或收货人证明损失的发生确属承运人的故意行为，则承运人除按规定赔偿实际损失外，由合同管理机关处其造成损失部分 10%~50% 的罚款。

4）承运人未按规定或约定的时间将货物运抵到达港，应按规定向收货人偿付违约金，但由于下列原因之一引起的滞延时间应从实际运到期限中扣除。

① 自然灾害或气象、水文原因。

② 参加水上救助或发生海损事故。

③ 政府命令或军事行动。

④ 等候通过船闸。

⑤ 应托运人要求在起运港保管的时间。

⑥ 其他非承运人责任造成的延误。

5）由于托运人责任发生下列事故，以至船舶、港口设备或波及其他货物的损坏、污染、腐蚀或造成人身伤亡，应由托运人负责赔偿。

① 在普通货物中夹带危险货物，匿报危险货物品名，隐瞒危险性质，或其他违反危险货物运输规定的行为，引起燃烧、爆炸、中毒、污染、腐蚀等事故。

② 在普通货物中夹带流质、易腐货物，引起污染事故。

③ 错报笨重货物重量，引起船体损伤、吊机倾翻、货件摔损、人员伤亡等事故。

④ 货物包装材质不良、强度不足或内部支撑不当等缺陷，以及外包装上必须制作的指示标志错制、漏制，引起摔损事故。

6）由于托运人或收货人责任发生下列情况之一，应由托运人或收货人承担有关的费用或违约金。

① 货物运抵到达港，承运人发出到货通知后，收货人拒绝收货或找不到收货人，承运人应通知托运人在限期内自行处理该项货物，并应承担由此而发生的一切费用；如托运人在限期内不予处理的，承运人可以按照无法交付货物的规定对该项货物就地处理。

② 以货物运单作为运输合同的，未按运单规定的时间和要求提供托运的货物，应向承运人支付落空货源违约金，但由于自然灾害影响货物按期托运的以及已按规定承担违约责任的货物除外。

③ 托运人或收货人未及时付清运输费用及其他应付的费用，应按规定按日向承运人支付迟交金额的滞纳金。

7）由于货物本身原因或应托运人要求，需要对货物、船舱、库场进行检疫、熏蒸、消毒的，应由托运人或收货人负责办理检疫、熏蒸、消毒并承担有关费用。

（五）水路货运合同范本

甲方：＿＿＿＿　　　　　　乙方：＿＿＿＿

地址：＿＿＿＿　　　　　　地址：＿＿＿＿

邮编：＿＿＿＿　　　　　　邮编：＿＿＿＿

电话：＿＿＿＿　　　　　　　　电话：＿＿＿＿
法定代理人（委托代理人）：＿＿＿＿　　法定代理人（委托代理人）：＿＿＿＿
开户行：＿＿＿＿　　　　　　　开户行：＿＿＿＿
账户：＿＿＿＿　　　　　　　　账户：＿＿＿＿

甲乙双方为携手合作，促进发展，满足利益，明确责任，依据中华人民共和国有关法律之相关规定，本着诚实信用，互惠互利原则，结合双方实际，协商一致，特签订本合同，以求共同恪守。

第一条　乙方调派＿＿＿＿吨位船舶一艘（船舶＿＿＿＿吊货设备），应甲方要求从＿＿＿＿港运至＿＿＿＿港，按现行包船运输规定办理。

第二条　货物集中

甲方应按指定时间，将＿＿＿＿货物于＿＿＿＿天内集中于＿＿＿＿港，货物集齐后，乙方应在五天内派船装运。

第三条　装船时间

甲方联系到达港同意安排卸货后，经乙方落实并准备接收集货（开集日期由乙方指定）。装船作业时间，自船舶抵港已靠好码头时起于＿＿＿＿小时内装完货物。

第四条　运到期限

船舶自装货完毕办好手续时起于＿＿＿＿小时内将货物运到目的港。否则按《水路运输货物规则》第三条规定承担滞延费用。

第五条　起航联系

乙方在船舶装货完毕起航后，即发报通知甲方按时派引航员引航，费用由＿＿＿＿方负担。

第六条　卸船时间

甲方保证乙方船舶抵达＿＿＿＿港锚地，自下锚时起于＿＿＿＿小时内将货卸完。否则甲方按超过时间向乙方交付滞延金，在卸货过程中，因天气影响装卸货作业的时间，经甲方与乙方船舶签证，可按实际影响时间扣除。

第七条　运输质量

乙方装船时，甲方应派人员监装，指导工人按章操作，装完船封好舱，甲方可派押运员（免费一人）随船押运。乙方保证原装原运，除因船舶安全条件所发生的损失外，对于运送＿＿＿＿货物的数量和质量均由甲方自行负责。

第八条　运输费用

按省水运货物一级运价并以船舶载重吨位计货物运费＿＿＿＿元，空驶费按运费的 50% 计，全船运费为＿＿＿＿元，一次计收。

港口装船费用，按省港口收费规则有关费率计收卸船等费用，由甲方直接与到达港办理。

第九条　费用结算

本合同经双方签章后，甲方应先付给乙方预付运费用＿＿＿＿元。乙方在船舶卸完后，以运输费用凭据与甲方一次结算，多退少补。

第十条　附则

本合同甲乙双方各执一份；副本＿＿＿份，并向工商行政管理局登记备案。如有未尽事宜，按照省交通厅海上运输管理规定和经济合同法的有关规定协商办理。

甲方（盖章）：　　　　　　　　承运人：

法定代表人或委托代理人（签章）：

开户银行：＿＿＿＿

账户：＿＿＿＿

乙方（盖章）：

法定代表人或委托代理人：＿＿＿＿

开户银行：＿＿＿＿

账户：＿＿＿＿

签约日期：＿＿＿＿

第五节　航空货运合同

航空运输是一种现代化的运输方式，随着航空工业技术的发展和国际贸易市场对货物供应的要求，航空货物运输在货运中所占的比例越来越大。但由于国家对航空业的管理十分严格，企业很难使用自己的航空器运输，而更多的是与航空公司签订包机合同或航空货物运输合同来完成货物运输。在我国，航空货物运输要受《中华人民共和国民用航空法》、《中华人民共和国合同法》等规定的约束。在此，简要阐述航空运输中的各类运输合同。

一、企业与航空公司签订包机合同

包机合同是指航空公司按照合同约定的条件，把整架飞机或飞机的部分舱位租给包机人，把货物由一个或几个航空港运到指定目的地，并由包机人支付约定费用的合同。

包机分为整机包机和部分包机。整机包机是指航空公司的整架飞机租给一个包机人的航空运输方式。而部分包机是指由几家包机人联合包租一架飞机，或者由航空公司把一架飞机的舱位分别租给几家包机人的航空运输方式。企业可以根据具体情况选择是否使用包机运输，并与航空公司签订包机合同。

（一）包机合同的签订

包机合同的签订要经过要约和承诺的过程。通常由企业作为包机人向航空公司提出包机申请，视为要约。企业申请包机，要凭单位介绍信和个人有效身份证与航空公司联系。双方协商包机运输条件，达成一致后，包机合同即告成立。

（二）包机合同双方的义务

我国有关法律法规并未对包机合同作具体规定，因而双方当事人的义务主要靠所签订的包机合同条款来确定。一般来说，双方应分别承担下列义务：

1. 企业作为包机人应承担的义务

1）提供包机合同中约定的货物，并对货物进行妥善包装。
2）按照约定支付费用

2. 航空公司作为出租人应承担的义务

1）按照合同约定提供适宜货物运输的飞机或舱位。
2）按照合同约定的期限将货物运到目的地。
3）保证货物运输的安全。

包机运输虽然具有高度的灵活性，但政府出于安全考虑，对航空的限制、复杂的审批手续大大增加了运输成本。因而实际开展包机业务的地区并不多。

（三）货物包机运输合同范本

包机人：_____
地址：_____　　　　邮码：_____　　　　电话：_____
法定代表人：_____　　职务：_____

承运人：_____
地址：_____　　　　邮码：_____　　　　电话：_____
法定代表人：_____　　职务：_____
一、包机人于____年____月____日起包用____型飞机____架次担任（旅客、货物、客货）包机运输，其航程如下：
____年____月____日____自____至____,停留____日；
____年____月____日____自____至____,停留____日；
____年____月____日____自____至____,停留____日；
包机费总共人民币_____元
二、根据包机航程及经停站，可供包机人使用的最大载量为_____千克（内含客座）。如因天气或其他特殊原因需增加空勤人员或燃油时，载量照减。
三、包机吨位如包机人未充分利用时，空余吨位由民航利用；包机人不能利用空余吨位载运非本单位的客货。
四、承运人除因气象、政府禁令等原因外，应依期飞行。
五、包机人签订本协议书后要求取消包机，应交付退包费_____元。如在包机人退包前，承运人为执行本合同已发生调机等费用时，应由包机人负责交付此项费用。

六、在执行本合同的飞行途中包机人要求停留，应按规定交纳留机费。

七、其他未尽事项按承运人客货运输规则办理。

包机人：＿＿＿＿＿

代表人：＿＿＿＿＿

＿＿＿＿＿年＿＿＿＿＿月＿＿＿＿日

承运人：＿＿＿＿＿

代表人：＿＿＿＿＿

＿＿＿＿＿年＿＿＿＿＿月＿＿＿＿日

二、航空货运合同

企业更多的是选择与航空公司签订航空货运合同。航空货运合同是由航空承运人与托运人签订的。由航空承运人通过空运的方式将货物运至托运人指定的航空港，交付给托运人指定的收货人，由托运人支付运费合同。此时，企业是托运人。

（一）航空货运合同的订立

航空货运合同订立的过程，即要约和承诺的过程，表现为托运人和承运人承运的过程。托运人托运货物应向承运人填交货物托运单，并根据国家主管部门规定随附必要的有效证明文件。托运人应对托运单填写内容的真实性和正确性负责。托运人填交的货物托运单经承运人接受，并由承运人填发货运单后，航空货物运输合同即告成立。

（二）航空货运合同的履行

1. 托运人的义务

企业作为托运人应尽到以下义务：

1）应当按照航空货物运输合同的约定提供货物。

2）应对货物按照国家主管部门规定的包装标准进行包装；没有统一规定包装标准的，则应按照货物性质和承载飞机的条件，根据保证运输安全的原则，对货物重新包装。对于不符合包装标准要求的货物，承运人有权拒绝承运。

3）要及时支付运费。除非托运人与承运人有不同约定，运费应当在承运人开具航空货运单时一次付清。

4）如实申报货物的品名，重量和数量。

5）要遵守国家有关货运安全的规定，妥善托运危险货物，按国家关于危险货物的规定对其包装。不得以普通货物的名义托运危险货物，也不得在普通货物中夹带危险品。

6）应当提供必需的资料和文件，以便在货物交付收货人前完成法律、行政法规等规定的有关手续。

2. 承运人的义务

承运人具有以下义务，对此，企业作为托运人可以要求承运人加以履行：

1）按照航空货运单当填明的地点，在约定的期限内将货物运抵目的地。

2）按照合理或经济的原则选择运输路线，避免货物迂回运输。

3）对承运的货物应当精心组织装卸作业，轻拿轻放，严格按照货物包装上的储运指示标志作业，防止损坏。

4）保证货物运输安全。

5）按货运单向收货人交付货物。

（三）航空合同的变更和解除

1. 合同的变更

1）企业作为托运人有变更运输的权利。在履行航空货物运输合同规定的义务的条件下，有权在出发地机场或者目的地机场将货物提回，或者在途中中转中止运输，或者在目的地或者途中要求将货物交给非航空货运单上指定的收货人，或者要将货物运回出发地机场。

2）企业不得因行使上述权利而使承运人或者其他托运人遭受损失，应当偿付由此产生的费用。收货人的权利开始时，企业的这项权利即告终止；但是，收货人拒绝接受航空货运单或者货物，或者承运人无法同收货人联系的，企业将恢复其对货物的处置权。

2. 合同的解除

1）作为托运人的企业和承运人如果认为继续运输没有必要或者不可能，可以协商解除合同。要求解除的一方向对方提出解除合同的要求，经对方同意后即可解除合同。

2）承运人提出解除合同的，应当退还已经收取的运费；托运人提出解除合同，应当付给承运人已经发生的费用。任何一方因不可抗力不能履行合同时，也可以解除合同，但应当及时通知对方。

3）由于承运人执行国家交给的特殊任务或天气等原因使货运合同的履行受到影响，需要变更或者解除运输合同时，承运人应当及时与托运人或收货人商定处理办法。

（四）航空货运合同范本

托运人（姓名）＿＿＿与中国民用航空＿＿＿航空公司（以下简称承运人）协商

空运____（货物名称）到____（到达地名），特签订本合同，并共同遵守下列条款。

第一条　托运人于____月____日起需用____型飞机____架次运送____（货物名称），其航程如下：

____月____日自____至____，停留____日；

____月____日自____至____，停留____日。

运输费用总计人民币____元。

第二条　根据飞机航程及经停站，可供托运人使用的载量为____公斤（内含客座）。如因天气或其他特殊原因需增加空勤人员或燃油时，载量照减。

第三条　飞机吨位如托运人未充分利用，民航可以利用空隙吨位。

第四条　承运人除因气象、政府禁令等原因外，应依期飞行。

第五条　托运人签订本合同后要求取消飞机班次，应交付退机费____元。如托运人退机前承运人为执行本合同已发生调机费用，应由托运人负责交付此项费用。

第六条　托运方负责所运货物的包装。运输中如因包装不善造成货物损毁，由托运方自行负责。

第七条　运输货物的保险费由承运方负担。货物因承运方问题所造成的损失，由承运方赔偿。

第八条　在执行合同的飞行途中，托运人如要求停留，应按规定收取留机费。

第九条　本合同如有其他未尽事宜，应由双方共同协商解决。凡涉及航空运输规则规定的问题，按运输规则办理。

托运人：_____　　承运人：_____

开户银行：_____　　开户银行：_____

银行账号：_____　　银行账号：_____

_____年____月____日订

第六节　多式联运合同

集装箱运输的发展、贸易结构的变化、科技的进步以及电子商务的推广，为多式联运这一新兴运输方式的产生和发展提供了客观条件，货主对运输服务的高要求对它的发展产生了巨大的推动力，在这样的背景下，多式联运发展非常迅速。

选择多式联运的方式来运送货物可以缩短运输时间、保证货运质量、节约运输费用，实现运输合理化。有的企业自己组织多式联运，而有的则选择与多式联运经营人签订多式联运合同，由其去组织货物的多式联运。

多式联运合同指多式联运经营人与托运人签订的，由多式联运经营人用两种或者两种以上不同的运输方式将货物由接管地运至交付地，并收取全程运费的合同。企业选择与多式联运经营人签订多式联运合同时，则为托运人。

一、多式联运合同的特征

多式联运合同除具有一般运输合同的特征外，还具有以下特征。

1）多式联运合同的承运人一方为两人以上。多式联运合同的承运人若仅为一人，就不发生联运。多式联运合同的承运人虽为两人以上，但多式联运合同只是一个合同，不是数个运送合同的组合。

2）多式联运合同的各承运人以相互衔接的不同的运送手段承运。承运人虽为两人以上，但假如各承运人是用同一种运送工具完成运送任务的，也不构成多式联运。多式联运的承运人一方须以至少两种不同的运输方式承运。

3）托运人一次性交费并使用同一运送凭证。在多式联运中，货物由一方承运人转交另方一承运人运送，或者由一种运送工具换成另一种运送工具时，不需要另行交费和办理托运手续。因此，多式联运可以减少运送的中间环节，有利于加快运送速度，提高运送效率。

二、多式联运合同的订立与履行

（一）多式联运合同的订立

多式联运合同是处于平等法律地位的多式联运人与发货人双方的民事法律行为，只有在双方表示一致时才能成立。与其他合同一样是双方的协议，其订立过程是双方协商的过程。

多式联运经营人为了揽取货物运输，要对自己的企业（包括办事机构地点等），经营范围（包括联运线路、交接货物地域范围、运价、双方责任、权利、义务）等做广告宣传，并用运价本、提单条款等形式公开说明。发货人或其代理人向经营多式联运的公司或其营业所或代理机构申请货物运输时，通常要提出货物（一般是集装箱货）运输申请（或填写订舱单），说明货物的品种、数量、起运地、目的地、运输期限要求等内容，多式联运经营人根据申请的内容，并结合自己的营运路线，所能使用的运输工具及其班期等情况，决定是否接受托运。如果认为可以接受，则在双方商定运费及支付形式，货物交接方式、形态、时间，集装箱提取地点、时间等情况后，由多式联运经营人在交给发货人（或代理）的场站收据的副本联上签章，以证明接受委托。这时多式联运合同即告成立，发货人与经营人的合同关系已确定并开始执行。

多式联运中使用的集装箱一般是由经营人提供的，在表示接受委托之后，经营人签发提单给发货人或其代理人，以保证其在商定的时间、地点提取空箱使用。发货人或其代理人按双方商定的内容及托运货物的实际情况填写场站收据，并在经营人编号、办理货物报关及货物装箱后，负责将重箱托运至双方商定的地点，将货物交给多式联运经营人或指定的代理人（堆场或货运站），取得正本场站收据后到经营人处换取多式联运提单。

多式联运提单是证明多式联运合同的运输单据，具有法律效力，同时也是经营人与发货人之间达成协议（即合同）的条款和实体内容的证明，是双方基本义务、责任和权利的说明。提单写的条款和内容是双方达成合同的内容（除事先另有协议外）。多式联运经营人签发提单是履行合同的一个环节，证明其已按合同接受货物并开始对货物负责。对于发货人来讲，接受经营人签发的提单意味着已同意接受提单的内容与条款，即已同意以这些内容和条款说明的合同。

因此，发货人（或其代理人）在订立多式联运合同时，应认真了解多式联运经营人的提单条款（应事先印制而且公开），如有不能接受之处，应与经营人达成书面协议解决，否则将认为是接受所有条款，接受其关于双方责任、权利和义务的说明。

（二）多式联运合同双方的义务

1. 托运人的义务

企业作为托运人，在合同履行过程中应承担下列义务：

1）按照合同约定的货物品类、数量、时间、地点提供货物，并交付多式联运经营人。

2）认真填写多式联运单据的基本内容，并对其正确性负责。

3）按照货物运输的要求妥善包装货物。

4）按照约定支付各种运输费用。

2. 多式联运经营人的义务

1）及时提供适合装载货物的运输工具。

2）按照规定的运到时间，及时将货物运至目的地。

3）在货物运输的责任期间内保证货物的运输安全。

4）在托运人或收货人按约定缴付了各项费用后，向收货人交付货物。

三、多式联运承运人的责任

参与多式联运的承运人与多式联运经营人之间是一种合同关系，各区段承运人可以按照约定或者法律的规定承担运输义务，享有运输权利。我国目前有的多式联运有规章规定，如铁路与水路联运，就是依照铁路与水路联运规章的规定办理的。但其他方式的联运还没有规章。如果要开展联运，可以通过签订合同的形式进行多式联运承运人之间的责任划分。除了按照法律的规定要承担赔偿责任外，关键是多式联运经营人与责任人之间存在着连带责任，即多式联运经营人要对货物运输的全过程负责，托运人可以在任何情况下向多式联运经营人主张权利；区段承运人负有责任的，托运人也可以直接向区段承运人主张权利。比如，一批铁路——公路——水路联合运输货物在公路区段发生损坏，铁路作为多式联运经营人，对该批货物全程负责，因此，托运人或收货人可以直接向铁路承运人主张权利；但由于该批货物是在公路区段发生损坏的，托运人或者收货人也可以向公路承运人主张权利。

小　结

运输合同是指承运人将旅客或者货物从起运地点运输到约定地点，向旅客、托运人或收货人收取票款或者运输费用的合同。由于运输的方式不同，运输合同又可分为公路货运合同、铁路货运合同、水路货运合同、航空货运合同等，每类合同根据法律规定都有独特的订立原则、履行过程、变更解除的条件以及违约责任。

案 例 分 析

一

原告：上海振华港口机械有限公司（下称上海港机公司）。

被告：美国联合包裹运送服务公司（下称美国联合运送公司）。

1993 年 7 月 20 日上午，上海港机公司电话通知上海外贸仓储浦东储运公司（下称外贸浦东公司，系美国联合运送公司揽货点）的何德，表明其 7 月 21 日需快递一份文件至也门共和国参加投标。7 月 20 日下午，何德交给上海港机公司一份运单号为 38036552760 的美国联合运送公司运单，由上海港机公司填写。该份运单印有《华沙公约》和它的修改议定书完全适用本运单、托运人同意本运单背面条款、托运人委托美国联合运送公司为出口和清关代理等规定。运单还详细说明填写的 12 个步骤。上海港机公司仅在运单上填写了托运人及收件人的详细情况，其余应填事项未填写。7 月 21 日上午，何德至上海港机公司取走托运物标书（该托运物标书送机场报关时，过磅重量为 8 千克），并在运单上签字，表示认可收到上海港机公司的标书。上海港机公司随即汇付外贸浦东公司运费人民币 1 285 元，其中 1 280.50 元由外贸浦东公司经结算付给美国联合运送公司。当日上午 10 时，美国联合运送公司所属浦东办事处人员至何德处取走了上海港机公司的托运物标书，并在美国联合运送公司收件代表签字栏签字认可，在托运日期一栏填写日期为 1993 年 7 月 21 日。

美国联合运送公司收到上海港机公司标书后，未在当天送往海关报关。次日，美国联合运送公司亦未能使托运的标书报关出境。直至 7 月 23 日晚，美国联合运送公司才办理完托运标书的报关出境手续。托运的标书于 7 月 27 日到达货物运送地点。上海港机公司在得知标书在上海滞留两天半才离境并未能在 7 月 26 日投标截止日前运到的消息后，再次将标书的全部材料传真至也门共和国，期待传真投标文件被招标方确认，但未被认可。7 月 27 日，上海港机公司致函美国联合运送公司香港总部，要求查清此事并予答复。同年 8 月 10 日，美国联合运送公司的协作单位中国外运上海公司空运部快件科的陈晓勇以美国联合运送公司上海办事处业务经理的名义回函上海港机公司，承认此事主要延误责任在美国联合运送公司上海办事处，并称标书 7 月 21 日未送机场报关系因接另一客户至东京快件所致，7 月 22 日标书未出境系因上海港机公司填写运单不当所致；承认美国联合运送公司上海办事处在此快件处理上犯有未严格按收件时间收件（收件截止时间为每日 16 时，而原告标书最后送至其办事处为 16 时 45 分）、未仔细检查运单载明的货品性质、未问清客户有否限时送到的额外要求等三点错误，对此表示遗憾。嗣后，上海港机公司多次致函美国联合运送公司，要求协商处理此事，美国联合运送公司未作答复。为此，上海港机公司于 1993 年 12 月 25 日向上海市静安区人民法院起诉。

原告上海港机公司起诉称：我公司为参加也门共和国港务局岸边集装箱起重件招标投标，于 1993 年 7 月 21 日上午委托被告美国联合运送公司办理标书快递，要求被告在 7 月 25 日前将标书投递到指定地，被告表示可如期送达。因被告经办人员疏忽，致使托运的标书在沪滞留两天，于第三日才离沪，迟至 7 月 27 日下午到达指定地，超过 7 月 26 日的投标截止日期，致使我公司丧失投标机会，蒙受了较大的经济损失及可能得到的利润。请求法院判令被告退还所收运费人民币 1 430 元，赔偿经济损失 10 360 美元，并承担诉讼费用。

被告美国联合运送公司答辩称：双方未明确约定托运标书到达日期。投送此件费时 6 天零 5 个小时，未超过国际快件中国至也门的四至七天的合理运输时间，故我公司无延误送达标书之事实。标书在上海滞留两个整天，系原告未按规定注明快件的类别、性质，由此造成我公司无法报关，责任在原告。即使我公司存在延误送达的事实，应予赔偿，亦应按承运人最高责任限额赔偿。原告的诉讼请求无法律依据，请求法院依法驳回。

🏃 **思考题**

1. 美国联合运送公司是否应负赔偿责任？
2. 原告要求的两项经济赔偿是否都能成立？

二

福建某大理石石材厂与某汽车运输公司是长期业务关系户，多次订立货物运输合同。在最近的一份合同中，双方约定，为完成出口任务，大理石石材厂要求运输公司将 400 000 立方米大理石荒料送往某县石材加工厂。合同订立后，运输公司派汽车队到大理石厂承运荒料，在办理手续时，汽车队队长要求大理石石材厂出具主管机关的准运证明，大理石石材场厂长说，以前其他车队运送大理石产品未办理过准运证明。汽车队队长坚持，大理石产品需不需要办准运证他不管，但荒料就必须办，否则不予承运。双方协商不能达成一致，遂起纠纷。

思考题

大理石石材厂是否应向运输公司开具准运证明？

三

某食品公司与某水运公司签订一份运输 200 头黄牛的合同，合同规定由承运方在 7 天内将牛从汉水运至上海。托运方自备饲料和派人押送并负责照料黄牛。在运输过程中，因船长上岸买润滑油及信号灯和加油等耽误了数天时间，船到九江已过 6 天半。押运人要求上岸买饲料遭拒绝。船因主机状况不良，从九江到镇江又花去 2 天半时间，到上海又花了一天时间，结果断了两天多饲料，饿死了 3 头牛，每头牛非正常掉膘 15 千克，共损失 2 万元。食品公司认为船只未按约定时间到港，导致黄牛饿死和非正常掉膘，水运公司应赔偿起损失。水运公司认为船期延误系因意外事故造成属不可抗力，反而因押运人未及时添置饲料导致结果，所有损失应由托运人自负。双方争执不下，诉至法院。

思考题

在本案中责任应由哪方负责？

四

托运人甲某与郑州铁路分局于 2002 年 8 月 31 日签订运输合同一份。约定：苹果 1 500 箱，纸箱包装，承运人运输期限 6 天，到达站为长沙车站，收货人为甲某本人。甲某自行装车，货物标明"鲜活易腐"，9 月 1 日 18 时挂有该棚车的 111 次列车从郑州车站出发，甲某派押运人一名，9 月 3 日 20 时 111 次列车到达武昌车站，该车站调度令 111 次列车在站停留。当时气温为 37℃，押运人多次请示车站挂运无效，货车停留到 9 月 9 日挂出。9 月 10 日到达长沙车站，卸车时发现很多苹果纸箱外表有湿迹，经开箱检查，苹果有不同程度腐烂变色。经当地质检部门对苹果腐坏原因进行鉴定，结论为：腐坏因运输时间过长，气温较高，包装不合格，堆码紧密，影响通风所致。甲某将尚可食用的苹果进行处理后，要求承运方赔偿损失。

思考题

1. 甲某请求赔偿的赔偿金应按货物的实际损失计算吗？是否包含可得利润？

2. 托运人甲某是否对损害的发生也有责任?

五

王五与鼎盛公司订立了分期付款购车合同,购得小货车一辆进行营运,双方约定,在王五付清全部车款前,鼎盛公司保留车辆所有权,并且未办理车辆过户登记。合同签订后,小货车一直由王五驾驶和营运,但公安车管机关登记的车主,以及行驶证、营运证上所记载的车主都是鼎盛公司。后王五在使用该车营运时,以其自身的名义与他人订立货物运输合同,在运输过程中,由于交通事故造成货物损失。

思考题

在案例中,货物损失应由哪方负主要责任?

练 习 题

一、选择题

1. 运输合同又可称运送合同,它的标的为( )。
   A. 货物　　　　　　　B. 运输行为的本身
   C. 旅客　　　　　　　D. 运输的结果

2. 可变更合同被变更后,该合同自( )之日起,即生效。
   A. 变更　　　　B. 签订　　　　C. 执行　　　　D. 终止

3. 在运输合同中对产品包装不明确时,首先按( )。
   A. 国家标准　　　　　B. 专业标准
   C. 行业标准　　　　　D. 通常标准

4. 由于航空货运单所填内容不准确、不完全,致使承运人或其他人遭受损失,由哪方负责?( )。
   A. 托运人　　　　　　B. 承运人
   C. 代理人　　　　　　D. 机场服务人员

5. 甲托乙把盐酸运至 A 市,途中要求转运至 B 市,则( )。
   A. 甲无权要求乙转运至 B 市
   B. 乙应当对盐酸妥善包装,作出危险物标志和标签
   C. 如转运至 B 市途中因山洪暴发,致乙车报废的损失应由甲承担
   D. C 项中乙车报废的损失应主要由乙自己承担,甲作适当补偿

6. 甲公司与乙运输公司订立一份货物运输合同,由乙负责将甲的货物由北京用汽车运输至上海。后乙又与丙运输公司签订联运合同,由丙负责济南至上海段该货物的汽车运输。在济南至上海途中,因可归责于丙的事由致货物毁损。对该

部分毁损,应由谁对甲负责?（   ）。

    A. 乙   B. 丙

    C. 乙、丙连带负责   D. 乙先向甲赔偿,但乙可向丙追偿

    7. 甲公司与乙公司订立了一个买卖合同,约定由甲公司代办托运将合同标的货物以铁路运输到乙公司所在地。合同履行期限到来时,甲公司与丙运输公司订立合同,由丙公司以铁路运输的方式将货物运至乙公司所在地,并约定货到以后付运费,丙公司开始运输货物。在运输车辆快到乙公司所在地时,突然山洪爆发将车辆和货物全部冲走,幸未造成人员伤亡。丙公司应向谁要求支付运费?（   ）

    A. 甲公司   B. 乙公司

    C. 甲公司或者乙公司   D. 无权请求谁支付运费

    8. 李某与甲公司订立一份多式联运合同,甲公司负责将其一批货从大连运往广州,在大连到北京段采用铁路运输由甲公司自己负责,到北京后交由乙公司用公路方式运到广州,下列说法中正确的是（   ）。

    A. 甲公司对从大连到广州的全程运输承担责任

    B. 乙公司对从北京到广州的公路运输对李某承担责任

    C. 如果货物损失发生在北京至广州段,则刘某只能要求乙公司赔偿

    D. 如果货物损失发生在北京至广州段,则刘某可以要求甲乙公司承担连带赔偿责任

二、简答题

    1. 货运合同在哪些情况下可以变更或撤销?

    2. 简述汽车承运人的义务。

    3. 多式联运合同的特征有哪些?

第十章　运输质量与成本

📖 学习目标

通过本章的学习，掌握物流运输质量的概念，理解交通运输企业的运输质量分析，并会使用一定的指标分析具体的运输问题。此外，基本了解运输企业质量管理体系的结构和作用，知道目前我国运输企业质量管理的基本概况，理解运输企业质量管理的目的和途径、物流质量与物流成本之间的关系，联系经济学原理和会计记账方法学习各类运输方式的物流成本构成特点。

物流质量是物流服务管理的核心，运作质量的好坏直接关系到物流整体绩效。在传统物流概念中，物流活动主要解决产、需在时间和空间上的分离，从而创造出时间及场所的效用，产品数量往往被认为是不足产、需之间的差额的主要手段，从而忽视了质量在创造实践以及场所效用中的重要作用。在物流领域中，由于质量管理水平低直接导致质量隐患增多，质量事故不断，例如车祸造成货物及人员装备的损失，沉船造成全面巨大的损失，物流过程中丢失、损坏、变质、延误等事故都不仅使物流货物受到损失，而且其结果是使物流企业经济损失严重，经营效率低下；物流企业的客户绝不会接受低质量的物流服务，从而导致低质量物流企业市场占有率下降，经营难以为继。

现代物流的概念中，则更强调质量的重要性，强调质量是决定物流活动效率和物流服务水平的关键因素。尤其在物流国际化趋势越来越强，物流大型化之后，质量观念比以往更加重要。

运输过程中往往会出现很多货损货差的情况，这样的情况越多，运输质量就越差。如果运输过程中加强对运输质量的管理，就会相应地减少或消除货损货差，如果是物流企业则会使其物流运输服务水平上升，运输服务对象满意程度提高。所以本章的内容就围绕着运输质量和运输质量管理以及相关的运输成本等问题对物流的运输环节加以更深层次的分析。

第一节　质量管理概述

确保质量管理体系的有效运行是组织质量经营的核心，质量管理体系既要组织内部质量管理符合标准，满足顾客的要求和服从法律法规，也要充分考虑提供外部质量保证的要求，按照 ISO9000 族标准建立或更新完善质量管理体系，通常要做好组织策划、总体设计、体系建立、编制文件、实施运行等方面的工作。

根据 ISO9000：2000 标准对质量的定义为：一组固有特性满足要求的程度。我们所学习的运输质量属于质量的概念中服务质量的范畴，服务质量是指服务满足明确和隐含需要的能力的特性之总和。反映服务质量要求的质量特性主要有功能性、时间性、安全性、经济性、舒适性和文明性等。

一、质量管理的发展

质量管理是企业管理的重要组成部分，是企业管理职能中的重要职能。企业一般包括经营决策、计划、生产、技术、质量、劳资、供应、销售、售后服务、成本财务等管理部门。质量管理处于重要的地位，我国有关领导人提出："企业管理应以质量管理为纲"，质量管理带动、推动和联系其他部门完成企业生产经营活动的任务。ISO9000：2000 标准中明确定义，质量管理是在质量方面指挥和控制组织的协调的活动。在质量方面指挥和控制的活动，通常包括制定质量方针和质量目标、质量策划、质量控制、质量保证和质量改进。首先，质量管理是各级管理者的职责，但必须由最高管理者领导。质量管理的实施涉及到组织中的所有成员。其次，在质量管理中要考虑到经济性因素。

质量管理是随着生产的发展和科学技术的进步而逐渐形成和发展起来的，它发展到今天大致经历了三个阶段。

（一）第一阶段：质量检验阶段（事后检验阶段）

它是质量管理的初级阶段，一般以 20 世纪初至 40 年代以前为界。当时为了保证产品质量，质量管理职能开始从操作者转移到工厂，后来随着企业规模的扩大和产量的增长，大多数企业开始设置专门的质量检验部门，把质量检验职能从直接生产工序中分离出来成为单独的工序，从生产操作工人中分离出来成为独立的工种。由于是事后检验，即在产品完工以后才进行检验，剔除废品和不良品，因此，在原材料、人工和费用成本等方面所造成的损失，已不可能挽回。不能事先预防废次品的产生和避免所造成的损失，这是检验质量管理的一个重大缺点。这种质量管理方式逐渐不能适应当时经济发展的要求，需要改进和发展。

（二）第二阶段：统计质量管理阶段

统计质量管理产生的历史背景是 20 世纪 40 年代以后，生产力进一步发展，大规模生产形成，如何控制大批量产品质量成为一个突出问题。这时英、美等国相继颁布新的公差标准，对于批量生产产品的互换性和通用性起了一定的保证作用，同时一些统计学家着手研究用统计方法代替单纯用检验方法来控制产品质量。1924 年，美国贝尔研究所工程师休哈特提出用数理统计方法进行质量管理，并发表著名的"控制图法"，为统计质量管理奠定了理论和方法基础。第二次世界大战开始以后，战争对武器弹药等军需的生产质量，提出新的严格要求。缺乏事先控制和破坏性检验保证的军需产品的质量，必然影响战争的进行，这就迫切需要把数理统计的新方法应用于质量管理。于是，不仅在国防军火部门采用卓有成效的统计质量管理，而且也在其他部门如民用工业部门、运输、保险部门得到推行，使统计质量管理得到很大发展。这种方法实现了从被动的事后把关到生产过程的积极预防的转变。相对于检验把关的传统管理来说，统计质量管理是概念的更新，检查职能的更新，是质量管理方法上的一次飞跃。

（三）第三阶段：全面质量管理阶段

这一阶段从 20 世纪 60 年代开始一直延续至今。促使统计质量管理向全面质量管理过渡的原因主要有：

1）科学技术和工业发展的需要。

2）60 年代在管理理论上出现了工人参与管理、共同决策、目标管理等新办法，在质量管理中出现了依靠工人进行自我控制的无缺陷运动和质量管理小组等。

3）保护消费者利益运动的兴起使得企业必须建立生产全过程的质量保证体系，使质量管理水平提高一步。

4）随着市场经济的发展，市场情况瞬息万变，企业的经营决策、经营战略被提到重要的议事日程上来。企业要深入研究市场需求情况，制定合适的质量水平，不断研制新产品，同时还要作出质量、成本、交货期、用户服务等方面的经营决策。因此，企业迫切需要现代经营管理科学作指导，现代质量管理科学也就得到迅速的发展。全面质量管理阶段的标志是把企业的经营管理、数理统计等管理手段和现代科学技术密切地结合起来，建立一套质量管理体系，以保证经济地生产出满足用户要求的产品。1961 年费根堡姆出版《全面质量管理》一书，比较系统地阐明全面质量管理的理论和方法，很快为世界各国所接受，发展成为风靡当今世界的现代质量管理方式，使质量管理发展到一个新的阶段。

二、质量和质量管理术语

（一）术语的分类

GB/T19000-2000《质量管理体系基础和术语》第三章"术语与定义"中列出了 80 条术语，共分 10 个部分。

第一部分　有关质量的术语：　　　　　　　　　　　　　5 条
第二部分　有关管理的术语：　　　　　　　　　　　　　15 条
第三部分　有关组织的术语：　　　　　　　　　　　　　7 条
第四部分　有关过程和产品的术语：　　　　　　　　　　5 条
第五部分　有关特性的术语：　　　　　　　　　　　　　4 条

第六部分 有关合格（符合）的术语：13 条

第七部分 有关文件的术语：6 条

第八部分 有关检查的术语：7 条

第九部分 有关审核的术语：12 条

第十部分 有关测量过程质量保证的术语：6 条

这些术语适用于 GB/T19000 族的所有标准。

（二）有关质量的术语

1. 质量

质量（quality）是指一组固有特性满足要求的程度。术语"质量"可使用形容词如差、好或优秀来修饰。"固有的"（其相反是"外来的"）就是指在某事或某物中本来就有的，尤其是那种永久的特性。

2. 要求

要求（requirement）是指明示的、通常隐含的或必须履行的需求或期望。"通常隐含"是指组织、顾客和其他相关方的惯例或一般做法，所考虑的需求或期望是不言而喻的。特定要求可使用修饰词表示，如产品要求、质量管理要求、顾客要求。规定要求是经明示的要求，如在文件中阐明。要求可由不同的相关方提出。

3. 等级

等级（grade）是指对功能用途相同但质量要求不同的产品、过程或体系所作的分类或分级。例如飞机的舱级和宾馆的等级分类。特别要注意的是在确定质量要求时，等级通常是规定的。

4. 顾客满意

顾客满意（customer satisfaction）是指顾客对其要求已被满足的程度的感受。需要注意的是，顾客抱怨是一种满意程度低的最常见的表达方式，但没有抱怨并不一定表明顾客很满意。而且，即使规定的要求符合顾客的愿望并得到满足，也不一定确保顾客很满意。

5. 能力

能力（capability）是指组织、体系或过程实现产品并使其满足要求的本领。

（三）有关管理的术语

1. 体系

体系（system）也称为系统，即相互关联或相互作用的一组要素。

2. 管理体系

管理体系（management system）即建立方针和目标并实现这些目标的体系。一个组织的管理体系可包括若干个不同的管理体系，如质量管理体系、财务管理体系或环境管理体系。

3. 质量管理体系

质量管理体系（quality management system）是指在质量方面指挥和控制组织的管理体系。

4. 质量方针

质量方针（quality policy）是指由组织的最高管理者正式发布的该组织总的质量宗旨和方向。通常质量方针与组织的总方针相一致并为制定质量目标提供框架。GB/T19000-2000《质量管理体系基础和术语》中提出的质量管理原则可以作为制定质量方针的基础。

5. 质量目标

质量目标（quality objective）通常依据组织的质量方针制定，且通常对组织的相关职能和层次分别规定质量目标。

6. 管理

管理（management）是指指挥和控制组织的协调活动。

7. 最高管理者

最高管理者（top management）是指在最高层指挥和控制组织的一个人或一组人。

8. 质量管理

质量管理（quality management）是指在质量方面指挥和控制组织的协调的活动。在质量方面的指挥和控制活动，通常包括制定质量方针和质量目标以及质量策划、质量控制、质量保证和质量改进。

9. 质量策划

质量策划（quality planning）是指质量管理的一部分，致力于制定质量目标并规定必要的运行过程和相关资源以实现质量目标。编制质量计划可以是质量策划的一部分。

10. 质量控制

质量控制（quality control）是质量管理的一部分，致力于满足质量要求。

11. 质量保证

质量保证（quality assurance）是质量管理的一部分，致力于提供质量要求会得到满足的信任。

12. 质量改进

质量改进（quality improvement）是质量管理的一部分，致力于增强满足质量要求的能力。要求可以是有关任何方面的，如有效性、效率或可追溯性。

13. 持续改进

持续改进（continual improvement）是指增强满足要求的能力的循环活动。制定改进目标和寻求改进机会的过程是一个持续过程，该过程使用审核发现和审核结论、数据分析、管理评审或其他方法，其结果通常导致纠正措施或预防措施。

14. 有效性

有效性（effectiveness）是指完成策划的活动和达到策划结果的程度。

15. 效率

效率（efficiency）是指达到的结果与所使用的资源之间的关系。

第二节 交通运输企业质量分析

物流的价值在于解决商品产、需在时间和空间上的分离，创造时间及场所的效用，从而提升顾客的满意度。所以，整个物流的质量目标就是其服务质量。为此，物流企业质量管理必须从供应链的角度出发满足两方面的需求：一方面是保证供给方的物品（原材料、半成品、产成品）能保质保量地转移给需求方；另一方面则是满足需求方的需求，即按照需求方要求将其所需物品送交。物流企业质量管理的目的，就是在"向用户提供满足要求的质量服务"和"以最经济的手段来提供"两者之间找到一条优化的途径。

物流过程质量最终体现在服务上，所以物流企业质量管理目标就是保证物流服务质量。交通运输企业的运输质量最终通过运输服务质量体现出来。企业运输活动具有服务的本质特性，既要为企业生产经营过程服务，也要为企业产品和服务的顾客提供全面的物流服务，甚至可以说整个交通运输企业的质量目标就是企业运输的服务质量。

交通运输企业所提供的完整运输产品则是指，在一定的时间期限内，利用一种或多种运输工具，实现客户所需要的从起始地到最终目的地的货物位移服务。另一个相应的概念是准完整运输产品，指铁路、水运等承运人受条件限制只能提供的从"站到站"或"港到港"的运输服务。需要说明的是，完整运输产品可以是需求者利用自有运输完成，也可以由受雇运输完成；位移服务不限于单一运输方式，可以是单一承运人，也可以是联合承运人；位移服务应该具有质量维度，包括方便、快捷、安全等。不需要说明的则是，在受雇运输的情况下，运输业者可以从提供的运输服务中取得所对应的市场收入。

一、交通运输企业产品

（一）交通运输产品的定义

运输产品（transport product）即运输对象的位移，也可称为运输服务。运输产品是在运输企业提供运输服务的全过程中能够创造效益的运输服务结果，它同一般的产品概念不同，我们通常所说的产品指的是物质产品，而交通运输企业的运输产品其实就是运输服务，具体来说，就是使得运输对象按照特定的时间向特定的方向实现了特定的位移。运输产品是无形的，但却是交通运输企业的生产结果。

（二）运输产品的特性

1. 运输产品不是一般的物质产品，而是流通领域的服务产品

运输产品不是一般的物质产品，而是流通领域的服务产品。尽管它们都应该做到尽可能根据客户意愿设计和生产产品，但从现实的产品供求来看，对于一般制造业客户只能消费厂商生产出来的产品，而对于运输业，则是运营商处于相对被动的地位，客户需要什么它们就只能提供什么。例如在一般制造品市场，在不考虑产品质量信息不对称的条件下，供给方与需求方所说的产品是同一个东西，生产者先生产，消费者再消费，生产者提供什么，消费者就购买并消费什么，没有的东西显然不能消费。运输产品却是必须从需求角度测定的一个对象，即客户所要求的是从起运地至终到地的货物位移，运输企业能做的只是尽可能提供满足客户需要的位移服务，否则只能导致车船飞机等载运工具的无效行驶，并没有任何真正的产品生产出来。

运输产品提供的是一种服务效用，不是实体产品，没有实物形态。它的劳动对象既可以是物，也可以是人类本身，且劳动对象一般不为运输生产企业所有。运输产品不改变运输对象的形态或物理化学属性，只改变它们的位置，以求在时空上的最佳配置。运输产品从本质上讲就应该是完整的，因为任何一个确定的货物位移都有其确定的启运和终到地点，货物不运到目的地，该位移就没有完成，客户托运货

物的原本目的就不能达到。完整运输产品从供给角度讲是一个完整的运输链条，或称为无缝隙运输服务。但货物从起点到终点的运输全过程可能由于多种原因被分割成几段分别完成，结果对其中每段的承运人而言，其负责的运输作业只不过是前述完整运输服务的一部分。运输业内部的这种分工与协作是不可避免的，但对运输过程的分割如果超过了正常限度，那么运输产品的自然完整性就可能被严重忽视，客户利益可能被损害，运输行业自身的效率也会受到影响。因此，完整运输产品是否被有效提供决定着运输业的绩效，也成为运输经济分析不可忽视的一个重要问题。

2. 运输产品不能脱离生产过程而存在

它产生的效用，是和运输生产过程不可分离地结合在一起的，在运输生产过程中被消费，生产和消费同时开始也同时结束。运输产品不可储存，也不可转移或调拨，因此各运输行业只能建立运输生产装备和通过能力的充足后备，以保证完成每一个确定方向和确定时段上的具体客货位移。

3. 运输产品是网络型产业所提供的服务

与其他产业的产品相比，运输产品具有明显的矢量性质。只有提供相同的人或货物从相同起点到终点的运输服务才是相同的运输产品。例如，运输供给者不能用运水果代替需求者所要运送的大米，也不能用于兰州到乌鲁木齐的运输代替北京到上海的运输；甚至同一运输线上不同方向的运输服务也是完全不同的运输产品，偏离了这一方向的位移矢量是无效的。

（三）交通运输产品的度量标准

交通运输产品应该制定统一的度量标准，这样才能客观地衡量运输量，公正地进行横向对比。例如，在物流供应链管理过程中，货物运输是关键环节，占整个物流成本的25%以上。而公路货物运输量占全国货物运输量的70%以上，因此采用厢体运输将是公路货物运输的主要方式，对厢体的度量标准的统一迫在眉睫。

而我国货运目前主要的问题：一是货物运输绝大多数采用"裸露运输"即开放式运输，容易造成货物丢失、破坏交通、危害人身安全、影响环境等诸多隐患。二是货运汽车厢体技术和管理很不规范，存在着盲目投资，重复建设等问题。用户在向厢体制造企业提出要求时没有标准依据，给厢体制造企业组织生产带来难度，同时没有标准限制伪劣厢体的生产，导致腐败现象发生和不平等竞争，引起货运市场混乱。三是全国没有统一货运标准。一些地区自定标准，影响了货运的异地流通和物流的发展。特别是入世后，服务贸易市场逐步放开，国外物流企业的进入，必然对国内厢体制造企业和物流企业带来巨大的冲击。因此汲取国外的先进技术和管理经验，结合我国的实际情况，尽快制定标准非常必要。

二、交通运输企业产品的质量特性

以上说明了交通运输企业产品的含义和衡量的标准，那么交通运输企业在组织运输活动时所产生的产品质量（运输服务水平）越高，就会给客户留下较好的印象，使客户关系更加紧密，给企业带来增值效果。交通运输企业的运输环节质量测量内容主要有运输途中货物破损及污染率，货物准时到达率，实载率及配送率，信息的及时有效性和客户的满意度等。

（一）运输产品质量的含义

运输质量包括三个方面，即运输产品质量、运输工作质量和运输服务质量。

1）运输产品质量，是指满足旅客和货主对运输需要的特性。

2）运输工作质量，是指运输生产活动的过程、设施、设备、操作规程、规范等符合有关要求的特性。

3）运输服务质量，是指运输服务在满足客、货用户的运输需求方面所达到的程度。在提供运输产品过程中，运输生产质量反映了旅客和货主物质方面的质量要求，服务质量反映了旅客和货主精神方面的质量要求，运输工作质量则从运输产品质量和服务质量保证方面提出质量要求，没有稳定的运输工作质量，运输产品质量和运输服务质量就不可能得到保证。

（二）运输质量特性

运输企业生产不同于其他工农业企业，它的最终产品是运输服务，是一种特殊的产品，其使用价值就是实现旅客货物的空间位移。由于运输生产和产品的特殊性，就决定于运输企业产品质量的特性。主要包括以下几个方面：

1. 安全性

（1）含义

安全性是指在运输过程中，运输对象完好无损，平安实现位移的特性，是运输质量的首要特性。运输活动的特点之一就是要改变客、货的空间位移，而不改变其属性和形态。因此，在运输活动中首先必须保证客、货的安全。安全性包括车辆运行的安全和运输对象的安全。安全运输是道路运输企业生产的前提和基本要求。从货运方面看，任何不安全的事件都直接和间接地影响正常的生产和消费活动，而且必定会造成社会财富的损失。

（2）评价指标

我国目前对客货运输的安全性用以下几个指标来评价：行车责任事故频率、特大行车责任事故次数、安全行车间隔里程、死亡人数、行车责任死亡频率、旅客安全运输率、责任事故损失率。

下面列举一些关于交通运输安全性的衡量指标：

$$万元营收赔偿率 = \frac{赔偿金额（行车安全事故与商务事故）}{同期营收金额}（元/万元）$$

$$商务事故赔偿率 = \frac{商务事故赔偿金额}{同期及时性指标}（元/万元）$$

$$安全行车间隔 = \frac{总行程}{同期行车安全事故次数}（百千米/次）$$

2. 及时性

（1）含义

及时性是指迅速、准时地满足货主和旅客运输需求的特性。运输及时性的基本要求是按照运输合同、协议规定的或企业对社会宣布的发车、行车和到达时间，将货物、旅客及时送达目的地，提供及时的运输服务。与此同时，在保证安全的前提下，最大限度地在运送速度上达到旅客理想满意的程度，缩短商品流通时间，减少旅客在途时间。

（2）评价指标

及时性常用以下指标来评价：客运正班率、客车正点率、旅客正点率、货运及时率、货运合同履约率、货运超期天数、货运超期率。

以下列举一些关于交通运输及时性的衡量指标：

$$正点运输率 = \frac{一年中正点到达次数}{年运输总次数} \times 100\%$$

$$运输合同履行率 = \frac{圆满履约完成的运输合同数}{同期签订的运输合同总数} \times 100\%$$

$$运输计划完成率 = \frac{实际完成的运输生产量}{同期计划运输生产量} \times 100\%$$

3. 经济性

（1）含义

经济性即运输质量的经济特性，指以尽可能少的劳动消耗实现货物和旅客位移的特性。运输质量的经济性要求运输企业实现货物最佳运输方案，在完成既定运输任务的情况下，使运输费用最低，减少追加到社会产品中的运输费用。对货主和旅客而言，不仅要求运输经营者提供安全及时的运输服务，而且要求他们的费用支出能公平合理。

（2）评价指标

评价经济性的主要指标有：客运运价执行率和单位运输成本。

下面列举几个关于交通运输经济性的衡量指标。

$$单位运输成本 = \frac{运输总成本}{同期运输周转量}$$

$$服务费用收入率 = \frac{各项服务费用总收入}{同期运输周转量} \times 100\%$$

$$运输成本降低率 = 1 - \frac{报告期单位运输成本}{上年同期单位运输成本} \times 100\%$$

$$运费百分比 = \frac{当期货物运输总费用}{当期货物销售总收入} \times 100\%$$

4. 完整性

（1）含义

运输质量的完整性是指运输过程只使货物产品位移、而不造成货物数量减少、质量变化的特性。运输为国家、社会和人民生活服务，由于其产品的特殊性，如果运输过程造成货物损坏或数量减少，意味着社会财富的减少，会造成直接、间接的损失，或者其他后果。

（2）评价指标

运输质量的完整性，可以用以下指标进行评价：货损率；货差率；货运事故赔偿率；行包差错率；行包赔偿率。

5. 服务性

（1）含义

运输服务性是运输企业在生产经营活动中，以旅客乘车、货物运送的物质条件和服务态度使运输消费者满意的程度。交通运输具有强烈的社会服务性，运输服务性要求一切从旅客和货主的需求出发，尽最大可能为旅客和货主提供便利条件，进行热情周到的服务。

（2）评价指标

运输服务性的评价指标通常有：旅客（货主）满意率，旅客（货主）意见、投诉处理率，售票差错率。

以上仅就运输质量特性的主要方面及相应的评价指标作了分析和列举。在实际工作中，运输企业不断提高运输质量，保证客货运输的安全、及时、经济、完整，提供优质服务，具有非常重要的意义。

三、运输质量指标体系

运输质量优劣，不仅关系到物流企业自身的生存、发展，而且对全社会有重大影响。各种运输方式质量管理的内容不尽相同，但是对运输企业货运质量管理的要求是一致的。可以用一系列的量化指标去衡量运输质量的优劣。这些指标基本是围绕着运输过程中所出现的事故、货损、货差等问题展开分析的。

运输生产指标包括运输方式性能指标和运输企业质量指标两大类。运输质量指标由安全性、完整性、准确性、及时性和服务性组成，其中安全性指标：包括安全事故频率和安全事故强度统计；完整性指标：包括货损（货物湿损、污损和毁损）频率和强度；准确性指标：凡承运期间货物装卸地点、时间、名称、数量、规格与承运合同（托运单）不相符或发生差错的均属于货差，可以用单位周转量货差次数和损失金额表示；及时性指标：货运时间性指标指运输周期不能超过承托双方协议的合理期限；造成运输不及时的原因有主观和客观两种类型，凡主观原因造成不及时现象均由承运者负全则；及时性由单位周转量延误时间（小时）统计；服务性指标：托运人（客户）满意程度统计。运输生产指标体系是根据大量统计数据分析而成，既反映了运输方式的优缺点，也反映了企业技术和管理水平。

货物运输质量事故是指货物从托运方交承运方起，至承运方将货物交收货单位签证止的承运责任期内，发生的货物丢失、短少、变质、污染、损坏、误期、错运以及由于失职、借故刁难、敲诈勒索而造成的不良影响或经济损失。公路货物运输质量考核指标主要有以下几项：

（一）货运质量事故分类

我国的货运质量事故按货运质量事故造成货物损失的金额来划分，大致有以下类别：

1）重大事故，即货损金额在 3 000 元以上的运输质量事故，以及经省级有关部门鉴定为珍贵、尖端、保密物品在运输过程中发生灭失、损坏的事故。

2）大事故，即货损金额在 500～3 000 元的货运质量事故。

3）一般事故，即货损金额在 50～500 元的货运质量事故。

4）小事故，即货损金额在 20～50 元的货运质量事故。此外，货损金额在 20 元以下的货运质量事故，不作为事故统计上报，但企业要作为内部记录和处理。

（二）货运质量事故考核指标和标准

交通运输企业的货运质量的高低优劣，需要在货运过程之中和货运结束之后分别进行监督和考核，这样就出现了衡量货运质量水平的一系列指标。目前，我国汽车货物运输质量考核指标和标准主要是：

1. 重大货运质量事故次数

国家要求汽车运输经营业户杜绝发生重大货运质量事故。

2. 货运质量事故频率

货运质量事故频率指每完成百万吨千米发生货运质量事故的次数。事故次数以

车一次为计算单位，全国平均考核标准一般为每百万吨千米 0.7 次。其计算公式为

$$车千米事故频率=\frac{行车安全事故（大事故和重大事故）次数}{总行程}$$
$$\times （次/万车千米）$$

3. 货损率

货损率指运输统计报告期内，发生货运质量事故造成货物损失吨数占货运总吨数的比例。其计算公式是

$$货损率=\frac{货损吨数}{货运总吨数}\times100\%$$

鉴于各地情况差异悬殊，目前国家对货损率暂不规定统一的综合考核标准，只规定某些单项的考核标准。

4. 货差率

货差率指运输统计报告期内，发生货运质量事故造成货差货物的吨数占总货运吨数的比例。其计算公式为

$$货差率=\frac{货差吨数}{货运总吨数}\times100\%$$

货差率的考核标准与货损率考核标准相同。

5. 货运质量事故赔偿率

$$货运质量事故赔偿率=\frac{质量事故赔偿金额}{货运总收入金额}\times100\%$$

货运质量事故赔偿率考核标准，全国平均为万分之一。

6. 完成运量及时率

完成运量及时率指运输统计报告期内，按托运要求时间完成的货运量吨数占完成总货运量吨数的比例。完成运量及时率考核标准，国家暂不作统一规定，由各地根据实际情况自定标准。其计算公式为

$$完成运量及时率=\frac{按托运要求的时间完成的货运量吨数}{完成总货运量吨数}\times100\%$$

第三节　运输企业质量管理体系

质量管理体系基础为 ISO9001 及 ISO9004 标准的制定给出了总体原则要求。质量管理体系基础的内容可以概括为八大质量管理原则、12 项质量管理体系基

础、80 个词条。

为了清楚地理解八项质量管理原则、质量管理体系基础和 GB/T19001、GB/T19004 标准之间的关系，给出表 10-1 对应关系参考表，供参考学习。

表 10-1 八项质量管理原则、质量管理体系基础与 GB/T19001 标准条款对应关系参考

八项质量管理原则	质量管理体系基础	GB/T19001-2000 标准主要条款
以顾客为关注焦点	质量管理体系理论说明、质量方针和质量目标	1.1、5.2、5.3、5.4.1、7.1、7.2.1、7.3、7.5、8.2.1、8.4、8.5 等
领导作用	最高管理者在质量管理体系中的作用	5.1、5.3、5.4、5.5、5.6、6.2.2 等
全员参与	最高管理者在质量管理体系中的作用	5.5.1、6.2、8.2.2 等
过程方法	过程方法（给出了质量管理体系模式）	0.2、4、5、6、7、8 等
管理的系统方法	质量管理体系方法（给出了建立和实施质量管理体系的方法步骤）、质量管理体系理论说明、质量管理体系评价	0.1、4.1、7.1 等
持续改进	持续改进（给出了原则、方法和步骤）	4.1、5.1、5.3、5.4、6.1、6.2.2、7.1、7.3.1、7.5、8.1、8.2、8.4、8.5 等
基于事实的决策和方法	统计技术的作用、质量管理体系评价	4.2.4、5.3、5.4.2、7.1、7.2.3、7.3.1、7.5.1、8.1、8.2.2、8.4 等
与供方互利的关系	质量管理体系评价	7.4.1、7.4.2、7.4.3、8.4 等
	质量管理体系要求与产品要求	0.1 等
	文件	4.2 等
	质量管理体系和其他管理体系的关注点	0.4 等
	质量管理体系与优秀模式之间的关系	

一、全面质量管理保证体系的含义

所谓全面质量管理保证体系，就是企业以保证和提高产品质量为目标，按照规定的质量标准，运用系统的观念和方法，把本企业所有部门、所有人员及各项工作内容有效组织起来，形成一个有明确任务、职责、权限，互相协调、互相促进的质量管理有机整体。建立全面质量管理保证体系可以把分散在企业各有关部门的质量管理只能纳入到一个统一的质量管理系统内，有助于把生产经营过程各个环节的产品质量、工序质量和工作质量系统地联系起来，便于质量信息的反馈和质量管理工作的制度化、标准化和系统化。

二、运输企业全面质量管理保证体系的内容

全面质量管理保证体系的内容主要包括四个方面。

（一）思想保证体系

思想保证体系是指运输企业全体职工牢固地树立全心全意为人民服务的思想，一切为旅客和货主着想，质量第一。在企业全体职工中开展创优质服务活动，树立牢固的质量观念，使全面质量思想深入人心。

（二）组织保证体系

组织保证体系是思想保证体系的具体落实，即建立全面质量管理组织机构，使质量目标层层落实，各级机构有明确的分工，相互协作。

（三）生产过程即辅助生产过程保证体系

在班线开辟、客货源招揽、车辆准备、车辆运行、车辆维修等生产过程，各阶段制定质量标准，开展质量管理活动。

（四）检验保证体系

严格实行"预防为主"的方针，采取措施，把质量事故消灭在萌芽状态。通过驾驶员安全教育、安全行车竞赛、优质服务评比等一系列措施，制定科学的考核标准，提高行车人员的技术水平、采取科学的检测、维修手段，提高车辆完好率，确保运输质量。

三、运输企业建立全面质量管理保证体系的基本要求

（一）要有明确的质量目标和质量规则

企业要开展全面质量管理，首先要制定一个保证和提高运输质量的总目标。制定总目标时要综合考虑旅客和货主的要求、技术能力、综合效果等因素。按照总目标再做出质量规划，提出具体的质量目标和质量管理措施，如计划年度应达到质量水平、具体的运输质量指标、提高运输质量拟采用的各项措施等。再把质量目标层层分解开落实到每个班组和个人，动员全员参与质量管理，用质量计划组织指标目标的实施。

（二）规定各个部门在质量管理中的职责、任务和权限，并建立专职的质量管理部门

为了使全面质量管理保证体系卓有成效地运转，发挥其应用的作用，不仅要充分发挥各部门的质量管理职能，按照责、权、利相结合的原则建立健全岗位责任制，同时还要建立一个负责组织、协调、督促、监察、监督质量工作的综合部门，作为全面质量管理保证体系的领导核心和组织保证。在运输企业，这个综合部门一般为安全质量科或质量管理办公室。

（三）实现质量管理业务标准化和质量管理流程程序化

全面质量管理保证体系中的每个环节，每天都要进行大量的管理活动，其中很多是重复进行的，具有一定的规律性。我们把这些重复进行的质量管理业务按一定要求归纳分类，订成标准，纳入规章制度体系中，作为每个职工应该遵循的行动准则，使质量管理业务有章可循，这就是质量管理业务标准化。我们将质量管理业务处理过程中所经历过的各个环节、各个岗位、工作程序及原始凭证如实记录下来，经过分析研究，加工改进，是指科学化，然后通过图表、文字制订为标准的管理程序和流程图，这就是质量管理流程程序化。

（四）要有一个完善的信息传递、反馈系统

通过信息系统，可以及时地把运输质量信息传递到有关质量管理部门，反馈到车辆维修、配件供应、驾驶员培训教育等各个环节，便于企业及时掌握和控制质量情报，迅速采取措施，减少或杜绝运输生产过程中的质量问题。

（五）要有质量管理活动的评价

对于车辆保修、驾驶技术、服务水平等各个环节的质量保证、管理活动是否达到规定的标准，要定期进行检查对比，做出评价。通过奖优罚劣来促使各个环节的质量管理水平上台阶，从而保证和提高运输质量。

四、运输企业的生产安全分析

交通运输企业的运输生产即能够创造受益的全部运输过程，前面所述的运输产品也就是指运输生产的结果或产物。运输生产是否能够保证安全是影响交通运输企业效益的直接因素，也就是说，运输生产过程越安全，就越能够提高交通运输企业的服务水平，从而为企业增值。因此，交通运输企业的运输生产安全分析至关重要，以下介绍一些影响运输安全的因素。

由于在途运输的不可控性，影响运输安全的因素比较多，也难于防范，这也就是为什么运输商老板对安全感到头痛的原因之一，其涉及到司机、车辆、货物、制度、环境等多方面的因素。

（一）司机

司机是运输安全所有因素中最不稳定而且是最难于控制的因素，是道路运输安全的最大杀手，根据我国公安部的统计资料显示，2004年因司机的原因导致交通事故的占87.4%，因此要做好运输安全的工作，首要的任务就是管好司机，控制好司机，要管好司机，可从司机的招聘、培训等方面入手。

1）加强司机招聘的控制。这也是很多运输公司最容易疏忽和不重视的地方，理所当然地认为司机是一个简单的行当，只要有驾驶证、身体健康、能吃苦就行。其实招聘一个好的司机如同招聘一个优秀的业务员一样，都能给公司带来的极大经济效益和好处。因此要管好司机，就要从司机的选择招聘入手，严格加强对司机的招聘管理，如司机的身份证和驾驶证是否真实有效，司机提供的信息是否正确（特别要关注其家庭电话和家庭地址是否真实有效），司机的实际驾驶年限是否在 3 年以上（不能以驾驶证上的年限来计算驾龄，因为很多司机拿到驾驶证后可能许久没开），司机是否为特殊条件所录用的（如有熟人提供担保可优先录取，出现问题可连带责任比较易于对司机的控制和管理），司机的年龄（年龄可以根据长途和短途驾驶来区别对待，长途的年龄不要太大，怕身体吃不消，最好在 20～40 岁之间，短途的可选年龄大一点，对道路比较熟悉，有经验，最好为 30～50 岁），司机的文化程度和基本素质（不能是文盲，最好能有一点文化，如初中以上程度），司机的籍贯（每个地方的司机有每个地方司机的特点，如南方司机相对来说比较灵活，沟通能力强。司机的籍贯可根据运输货物和货主的服务要求来灵活选择），司机的家庭情况（此可推断出司机的喜好和风格。一般优先选择那些为人比较诚实，有责任心的司机），司机的健康状况（最好有体检证明），司机抽烟喝酒等不良嗜好程度（有酗酒和酗烟及严重不良嗜好的，如赌博，坚决不要），司机以前从事的行业或开车经历（优先录取有类似运作经历或对线路比较熟悉的司机）等。

2）加强对司机的培训。要控制运输安全就必须大力加强对司机的培训和教育，提高司机的安全意识和自我保护意识，避免事故的发生。而对司机的培训重点应该放在态度上，俗话说态度决定一切，只要司机态度端正，意识到安全的重要，就会主动想办法来避免安全事故，而不是被动地接受。可以让司机对身边的安全事故案例进行分析和探讨来进行教育或请专门的司机培训机构来进行培训等。

（二）车辆

车辆是运输安全发生的载体，也是不容忽视的因素。可采取的措施有：成立安检小组，定期对车辆进行保养和维修，并定期检查维修记录。不得弄虚作假，一经发现将严肃处理。

（三）货物

货物也是导致安全事故的重要因素。我们要根据货物的吨位和尺寸来选用不同的车型，严禁车辆超载和装载超长、超宽、超高的货物，消除安全的隐患。2004 年 6 月份国家强行查超载也是此目的，并收到了预期的效果。另外我们在装货物的时候也要注意一些技巧，如半装车的时候，应按阶梯形码放，而不是垂直码放，避免运输途中货物波动带来的车辆不稳和货物的损坏。运易燃易爆物品应用专门有危险品运营资质的车辆操作，并做好妥善的保护措施。货物码放的时候尽量不要混放，应将类似货物放到一起，避免货物的损坏，而且最好能轻重搭配，保持车辆的平衡。驾驶员在车上不得携带危险物品，配载货物中严禁配载危险物品。另外为防止意外，企业一定要买运输保险，包括车辆险、人身险、货物险等，降低不可控因素给企业带来的巨大损失，千万不能存在侥幸的心理。

（四）制度

制度是控制运输安全的保障。好的制度将有利于提高司机的积极性，降低安全风险，如成立由人事、运输、车队、保险公司代表组成的运输安全小组，全权负责公司的运输安全问题，安全管理责任到人，发现安全隐患及时协调解决。司机工作时间和休息时间要规范。制订休息次数和固定停留地点的规定，驾驶员知道何时需要停留和休息，只要他们能够在指定的时间到达目的地即可，每天保证最少6～7小时的休息时间，目的地提供辅助人员完成车辆的调动，以保证驾驶员在长途跋涉后有良好的睡眠，减少停留时间，缩短在途时间，司机跑完一次长途后，下次安排短途。公司的最高速度限制说明。建立运输事故档案库，对每一事故进行详细的分析，确认事故的根本原因，并分析事故发展趋势。请交通安全咨询公司做本公司的安全顾问。建立适度的司机评价、激励和考核制度。制订车队的维护和更新指南，建立事故报告处理分析制度等。

（五）环境

环境是运输安全最不能预知的因素，因此我们也要采取一些措施来防范，如事先做好线路调查报告，写明甲地到乙地要经过什么地方，有多少收费口，收费多少，当地的路况如何，当地的治安如何，应走哪一条道，如修路或堵车又可改走哪一条道，建议在什么地方停车吃饭休息等，并把线路调查报告宣贯到每一司机，让每一司机对当地的线路了如指掌。到达目的地后为驾驶员提供休息室或中转室，用于进餐，放松和适当休息。在司机出车前给司机营造一个温馨的氛围，让司机有一良好的心态出车，切忌让司机带着情绪上路，有什么问题也要等回来以后再解决。每天给司机手机发送当地的天气预报信息，让司机提前了解当地的天气情况做好相应的防范。在每一车辆的驾驶室里配备必要的空调设施。司机相互间及时提醒路途中的路况，避免走弯路等。在车辆停车休息的时候，车后门应对着墙壁或两车后门对后门避免被盗。严寒气候、冰雪道路驾驶注意必须随车携带防滑链条、绳索、小型铁镐、喷灯以及其他防滑、取暖物品和必要的个人防寒用品。大雾天气行驶必须注意，能见度在30米以内的道路段最高时速不得超过20千米；能见度在5米内的确应当采取临时交通管制措施。高温行驶中，驾驶员应注意多休息，谨防中暑，尽量避免中午12:00～14:00开车，晚间行驶尽量避免在凌晨2:00～5:00，因此段时间驾驶员最容易犯困和思想不集中。严格遵守国家的相关规定和政策，如《中华人民共和国道路交通安全法实施条例》等。

总之，运输安全涉及到司机、车辆、货物、制度、环境五大因素，贯穿道路运输全过程，是一项复杂的系统工程。必须牢固树立"安全第一，预防为主"的观念，采取有力措施，避免运输事故的发生，促进国家和企业的经济健康发展和社会的长期稳定。

第四节　运输成本的构成

运输成本（transport cost）是运输生产活动的综合性指标，它能比较全面地反映运输企业的生产、技术和经营管理水平。运输量的多少，劳动生产率的高低，运输工具和设备的利用程度，材料、燃料、电力消耗水平，以及货币资金的运用情况和企业经营管理水平等，最终都通过运输成本反映出来。因此，不断降低运输成本是运输企业的重要任务。从国家和社会角度分析，降低运输成本也是科学发展观、可持续发展观在物流业发展中的重要体现。

运输成本所包括的支出范围一般有：办理旅客和货物运输的费用，运输准备工作和车、船运行中的费用，运输生产单位固定资产的折旧费和维持保养费用，运输生产单位的间接生产费、服务费和管理费。这些费用按支出要素构成分为：工资、材料、燃料、电力、折旧和其他。

一、运输成本的概念及其构成

（一）运输成本的概念

运输成本是指运输企业单位运输工作量所分摊的运输支出，也称单位运输成本。

（二）运输成本的分类

按运输方式，分为铁路运输成本，公路运输成本，海运、内河和远洋运输成本，航空运输成本，管道运输成本；按客、货运输任务，分为旅客运输成本、货物运输成本、客货换算运输成本；按所运货物品种，分为煤炭运输成本、石油运输成本等；按运输工具，分为铁路列车运输成本、公路汽车单车运输成本、水运单船运输成本等。

（三）运输成本的构成

运输成本包括固定成本和可变成本两大类。所谓固定成本就是指与运输生产无直接关系的成本，比如：固定资产投资基本折旧费用，管理费用，非生产人员工资等。所谓可变成本就是指与运输生产直接有关的成本，比如：运输运行折旧费，燃料、材料消耗，生产人员工资等。显然，固定成本不随生产数量变化，而可变则与生产数量成正比。一般来讲，运输成本主要由以下几个部分构成：

1）直接人工：支付给营运车辆司机和助手的工资，包括司机和助手随车参与本车保养和修理作业期间的工资、工资性津贴、生产性奖金，以及按工资总额 14%计提的职工福利费。

2）直接材料：燃料、轮胎。

3）其他直接费用：保养修理费、折旧费、养路费和其他费用（车管费、行车事故损失、车辆牌照和检验费、保险费、车船使用税、洗车费、过桥费、轮渡费、司机途中餐费、行车杂费等）。

4）营运间接费用：基层单位为组织与管理营运过程所发生的，应由各类成本负担的管理费用和营业费用。包括工资、职工福利费、劳动保护费、取暖费、水电费、办公费、差旅费、修理费、保险费设计制图飞、实验检验费等。

二、影响运输成本的因素

（一）运输成本的相关因素

1. 运输距离

运输距离是影响物流成本的主要因素。因为它直接对劳动、燃料和维修保养等变动成本发生作用。

2. 载货量

载货量之所以会影响运输成本，是因为与其他许多物流活动一样，大多数运输活动中存在着规模经济，每单位重量运输成本随着载货量的增加而减少。这种关系对管理部门产生的启示是，小批量的载货应整合成更大的载货量，以期利用规模经济。

3. 货物的疏密度

货物的疏密度把重量和空间方面的因素结合起来考虑。一般而言，单位重量的运输成本随货物的疏密度的增加而下降。为此，物流管理人员会设法增加货物的疏密度，以便更好地利用货车的容积，使货车能装载更多数量的货物，从而降低单位运输成本。

4. 装载能力

装载能力这一因素是指产品的具体尺寸及其对运输工具（铁路车、拖车或集装箱）的空间利用程度的影响。由于有些产品具有古怪的尺寸形状，以及超重或超长等特征，通常不能很好地进行装载，并因此浪费运输工具的空间。

装载能力还受到装运规模的影响：大批量的产品往往能够相互嵌套、便利装载，而小批的产品则发挥不了这种优势，往往造成装载能力的浪费。

5. 装卸搬运

卡车、铁路车或船舶等的运输可能需要特别的装卸搬运设备。此外，产品在运输和储存时实际所采用成组方式（例如，用带子捆起来、装箱或装在托盘上等）也会影响到搬运成本。

6. 责任

承运人一般在运输过程中需承担货损货差的责任，因此现代物流中的承运人一般可以通过向保险公司投保来预防可能发生的索赔，否则有可能要承担任何可能损坏的赔偿责任；托运人可以通过改善保护性包装，或通过减少货物灭失损坏的可能性，降低风险，最终降低运输成本。

7. 运输供需因素

最后，诸如运输通道流量和通道流量均衡等运输供求等市场因素也会影响到运输成本。理想的情况就是"平衡"运输，即运输通道两端流量相等。但由于制造地点与消费地点的需求不平衡，通道两端流量相等的情况很少见。

（二）运输成本的计算方法

运输业的产品是人和货物的位移，因而采用运输量与运输距离的复合指标，如人千米（人海里）、吨千米（吨海里）和换算吨千米（吨海里）等作为运输成本的计算单位。

$$客运人公里成本 = \frac{客运支出总额}{旅客人公里总数}$$

$$货运吨公里成本 = \frac{货运支出总额}{货运吨公里总数}$$

$$换算吨公里成本 = \frac{客货运输支出总额}{换算吨公里总数}$$

分析运输成本时，对运输支出作两种分类。

1）按运输支出与运输量的关系，分为与运量有关支出（可变费用）和与运量无关支出（固定费用）。当运量变化是在现有运输能力范围内时，与运量有关支出基本上随运量变化而变化，所以单位吨千米成本的有关支出不变。与运量无关支出不随运量变化而变化，所以运量增长时，单位吨千米成本的无关支出下降；反之，运量减少时，单位吨千米成本的无关支出增加。其公式为

$$运输成本=\frac{运输支出总额}{运输吨·千米总数}=\frac{与运量有关支出+与运量无关支出}{运输吨·千米总数}$$

$$=单位吨·千米的有关支出+\frac{与运量无关支出}{运输吨·千米总数}$$

这种分类能够表示运输企业挖掘潜力,扩大运量所具有的经济意义。

2)按运输支出与运输距离的关系,分为运行作业费和发到作业费(水运为航行费用和停泊费用)。运行作业费随运输距离变化而变化,所以单位吨·千米的运行费是不变的;发到作业费不随运输距离而变化,所以在运输距离延长时,单位吨千米的发到作业费减少,运输距离缩短时,单位吨·千米的发到作业费增加。其公式为

$$运输成本=单位吨·千米运行费+\frac{单位运输作业费}{运输距离}$$

这种分类不仅有利于分析某一种运输方式内部运输距离对运输成本的影响,而且对比较各种运输方式有用。在各种运输方式成本构成中,发到作业费所占比重不同,水运最大,铁路次之,公路最小。当运输距离延长时,水运特别是海运运输成本降低最快,铁路运输成本也有降低,对公路运输成本影响较小。

(三)降低运输成本的途径

运输在整个物流中占有很重要的地位,总成本占物流总成本的35%~50%,占商品价格的 4%~10%。因此可以说运输对物流总成本的节约具有举足轻重的作用。会计学上将物流成本分为显性成本和隐性成本。在我国现行的物流运输方式中无论是自营物流,合营物流还是第三方物流,隐性成本占据了很重要的地位,这些隐性成本在物流运输过程中主要包括:返程或起程空驶和对流运输。空车无货载行驶,是不合理运输的最严重形式。在实际运输组织中,必须调运空车。但是,因调运不当货源计划不周,形成的空驶,是不合理运输的表现。造成空驶的不合理运输主要有以下几种原因:依靠自备车送货提货,单程空驶的不合理运输。由于工作失误或计划不周,造成货源不实,由于车辆过分专用,无法搭运回程货物。在同一线路上或平行线路上作相对方向的运送,而与对方运程的部分发生重叠交错的运输称对流运输。一般来说,解决好了物流运输隐性成本的问题,物流运输系统就会大大减少费用,再能够通过不断地改革调整,物流运输成本就会大大降低,物流企业就会不断发展壮大。

降低运输成本的途径有,提高运输效率,扩大运输工作量;提高劳动生产率,降低单位运输工作量的活劳动消耗;采用新技术,提高生产技术水平;降低燃料、材料、电力消耗;充分发挥运输设备效能,改善车船运用等。

第五节　各种运输方式的成本特征

一、公路运输

公路运输方式主要表现为汽车运输,所以本节主要分析汽车运输成本的特征。

(一)公路运输成本的构成

公路运输主要是指使用汽车这种运输工具实现物品位移的运输方式。汽车运输成本是汽车货物运输生产过程中所产生的以货币反映的全部耗费。汽车运输生产过程是指运用汽车运输工具实现货物的位移过程,在此过程中所产生的全部耗费包括车辆、装卸机械、燃料、轮胎、配件、工具等的价值耗费和相当于职工工资部分的价值耗费。汽车运输总成本是指汽车运输企业完成一定运输工作量所支付的各种生产费用的总和。

汽车运输单位成本是分摊到单位成本(千吨·千米)上的成本。

(二)公路运输成本的影响因素

汽车运输成本的多少,取决于运输距离的长短,也就是说,有一部分成本是随着运输距离的变动而变动的。汽车运输成本的多少,还取决于汽车运输量的多少,即一部分成本随着汽车运数量的变动而变动。这部分随着汽车运输距离和运量的变化而变化的成本称为变动成本。例如:随着行驶里程的变化而变化的燃料耗用、轮胎损耗、营运车辆维修费、按行驶里程计算的车辆折旧费等。还有一部分成本在一定的运输距离和运输数量范围内不发生变化,也即在一定的运输距离和运量范围内,成本不随运输距离和运量的变化而变化,这部分成本称为固定成本。例如管理人员的工资和福利费、营运间接费用、按一定比例提取的工会经费、职工教育经费等。需要注意的是,固定成本不是绝对不变的,而是在一定范围内不变,也就是说,当运输距离和运量突破一定范围的时候,固定成本也将随之发生变化。

二、铁路运输

(一)铁路运输成本的特点

铁路运输部门的固定成本高,可变成本相对低。装卸成本、制单和收费成本及多种产品、多批货物火车的调度换车成本导致铁路运输的端点成本很高。每批货物的运量增加以及由此会导致的单位运量端点成本的下降,都将带来一定程度的规模经济效益,即每批货的运量越大,单位成本就越低。

铁路运输成本除了具有一般交通运输业成本的特点外,还具有如表10-2所示的特点。

表 10-2　铁路运输成本的特点

成本特点	详　述
统一管理	为了适应国民经济和人民生活的需要，全国营业铁路对客货运输实行一票直通、四通八达的办法，但经营管理上必须分设若干铁路局分管实际业务工作。这样，客货运常常是由几个铁路局共同完成的，但铁路运输成本不可能按铁路局管界截然划分清楚
共同协作	与其他运输方式不同，铁路运输作业是由铁路线上数以万计的站、段基层单位相互协作、共同完成的。铁路运输费用绝大部分发生在这些基层单位，因而给成本计算、分析等带来了一定的复杂性
成本分摊	铁路在计算客运和货运成本时，用间接方法分配的支出所占的比重比其他运输方式要大，一般占到总成本的 2/3 左右。因此，采取适当的指标进行分配，关系到正确计算客运成本和货运成本
成本比较	铁路运输成本包括线路的折旧和维修费用，而水运成本中不包括航道、灯塔、航标等的折旧和维修费用，汽车运输成本中也不包括道路的折旧和维修费

（二）铁路运输成本的计算

　　铁路运输企业应对一定时期内发生的费用按一定成本计算对象汇集，以计算其运输总成本和单位成本。铁路运输成本计算以客、货运输业务作为成本计算对象，其计算单位分别为：客运成本的计算单位是千人·千米，货运成本的计量单位是千计费吨·千米。铁路运输成本一般按年或按季进行，其成本范围由以下内容组成：办理客货运输的费用，运输准备和列车运行的费用，运输部门固定资产及其他设备的修理、维护、保养费用，固定资产应计入运输成本的非生产性费用。根据以上开支范围，铁路运输成本项目划分为工资、材料、燃料、电力和其他 5 项。最常用的铁路运输成本计算方法分为以下两种：

　　1）换算吨·千米成本的计算方法。它是将旅客人千米的数按一定换算比率折合成吨千米，再与货物计费吨·千米数相加求得。

　　2）旅客及货物运输成本的计算方法。它是将客运成本与货运成本分别计算的方法，首先须将客运支出与货运支出分开，也就是说，完全与旅客运输有关的费用，全部列入客运支出；完全与货物运输有关的费用，全部列入货运支出；客货运输的共同费用则须按适当指标分配计入客运支出与货运支出中。其次，将两种支出分别除以旅客人千米和货物计算吨·千米，就可以得到单位的客运成本和货运成本。

三、水路运输

（一）水路运输方式的成本特征

　　相对于其他运输方式，海洋运输的运输量大、成本较低，但是费用内容多，如船舶在港口所发生的港口使用费、代理费用等，因此，海洋运输企业一般按照单船归集船舶营运费用计算货运成本。海洋企业的运输船舶，有时从事非运输工作。如船舶临时出租、救援遇难船舶的施救工作，这些非运输工作属于其他业务，所产生的船舶费用，应在计算船舶运输成本时予以计算扣除。

水运承运人主要将资金投放在运输设备和端点设施上。水路和港口都是公有的，由政府运营，在美国只有少数项目向水运承运人收费，内陆水运中尤其如此。水运承运人预算中的主要固定成本都与端点作业有关。这些费用包括船只进入海港时的港口费和货物装卸费。水路货物装卸速度特别慢，除散货和集装箱货可以有效使用机械化装卸搬运设备外，昂贵的搬运成本（人工作业）使得其他情况下的端点费用高得令人几乎无法接受。

水运中常见的高端点成本一定程度上被很低的线路费用所抵消。水路不对使用者收费，水运的可变成本仅包括那些与运输的运营设备相关的成本。因为水运以很慢的速度、很小的牵引力进行运输，营运成本（不包括人工成本）尤其低。由于端点站成本很高，线路费用很低，吨千米成本随运距和运量的变化急速下降。正因为此，水运是最廉价的大宗货物运输方式之一，适合长距离、大批量运输。

（二）水路运输成本的计算

1. 沿海运输成本

沿海运输船舶在国内各个沿海港口之间负责客运和货运业务。按其经济用途分类，营运支出一般归类为船舶费用和管理费用两大类。船舶费用是指运输船舶从事客货运输业务所发生的各项费用，其内容包括工资、提取的职工福利费、燃料、港口费、事故费、航道养护费等费用，这类费用属于运输成本直接计入费用。沿海运输由于航次时间较短，未完航次的费用比较少，也比较稳定，因此一般以月、季、年作为成本计算期。

2. 远洋运输成本

远洋运输是船舶在国际航线上航行，往来与国际、国内港口之间，负责运送旅客和货物的运输业务。它具有吨位大、距离远、航次时间长、航线不固定等特点。远洋运输以客、货运业务作为成本计算对象。考虑到远洋运输起初跨进和期末跨出的运输量和运输费用较大，为了正确计算成本，往往分别按各个航次计算成本。每个航次时间应以上一航次最终港卸完后开始直到本航次最终卸完时为止的所需时间。航次有单程航次和往返航次。通常成本计算只按单程航次计算，空放航次不单独计算成本，应与载货航次合并计算航次成本。对于航次时间较短，航次跨进、跨出不太悬殊的近洋航线，也可按月、季、年计算成本。

海洋运输企业，不论沿海运输或远洋运输，船舶完成运输周转量都是按当月（季、年）已完航次统计得到到达量计算，即计算成本采用的数据是已经完成的实际周转量。此外，海运企业为了比较船舶费用的水平，可以计算每一船舶吨位千

米的费用。所谓船舶吨位千米是指船舶的定额吨位数，与其完成航次的全部航次历程的成绩，公式为

船舶吨位千米＝Σ（每艘船舶的定额吨位数×已完航次航行里程）

另外，由于沿海运输业务运价以"每吨千米运费率"为基价，而远洋运输业务运价以"航线每吨运费率"为基价，因此，远洋运输还可以运输量"千吨"为成本计量单位，这样可以简化成本计算和分析。

四、航空运输

航空公司需要使用公共的固定设施，并需要为此付费，它们需要自己负责所属机队的维护，并专门建立维护机库，要为自己的乘客提供候机场地，它们也要设法合并运量，并且通过开辟新航线使各种设备的利用率达到最大。所有这些都使得航空公司的成本结构在某种程度上与公路零担货运十分相似，但航空公司的规模要大得多。以收入水平来衡量，一个"主要"航空公司的年收入至少要达到 10 亿美元，而一家"一级"公路货运公司的年收入仅要求在 500 万美元以上；美国公路货运公司的总数达上千家，而航空公司只有不足百家。但另一方面，如果以运输工具拥有数量来衡量，航空公司又很小，大多数主要航空公司的飞机总数不超过 500 架。航空业从总体上看也小于公路货运业。

（一）航空运输成本的构成

航空运输与水运和汽车运输的成本特征有很多相同之处。航空运输的端点和空中通道一般不属航空公司所有。航空公司根据需要以燃油、仓储、场地租金和起降费的形式购买机场服务。如果我们将地面装卸、取货和送货服务包括在航空货运服务中，这些成本就成为空运端点成本的一部分。此外，航空公司还拥有（或租赁）运输设备，在经济寿命内对其进行折旧就构成每年的固定使用费。在短期，航空公司的可变成本受运距的影响比受运量的影响大。由于飞机在起飞和降落阶段效率最低，可变成本就会随着运距的加长而降低。运量对可变成本又间接影响，因为对空运服务需求的增加使得航空公司可以引入大型飞机，而大型飞机按吨千米计算的营运成本较低。昂贵固定成本和可变成本合在一起使航空运输成为最贵的运输方式，短途运输尤其如此。

（二）航空运输成本的计算

航空运输主要是民用航空运输，它包括运输飞行和专业飞行。运输飞行分为旅客运输和货邮运输。专业飞行主要指一些特定飞行项目，如：防火、造林、探矿、测量、播种、除草、人工降雨、海上抢险等。民航企业按月计算成本，其成本项目分为飞行费用与飞机维修费用两大类。飞行成本中的最大开销是燃油费用。在过去 20 年间，燃油费的比重经历了巨大变化，虽然在这一过程中飞机已经变得

越来越省油，但燃油价格的巨幅涨落仍然使飞行成本成为航空业总成本中最不确定的部分。此外，还有空勤人员的工资及福利费、航空燃料消耗费，飞机、发动机折旧费，飞机、发动机大修理费，飞机租赁费，飞机保险费，飞机起降服务费以及旅客供应福利费等。飞机维修费一般由材料费、人工费以及间接维修费三个项目组成，凡属可以直接汇集某一机型成本的维修费为直接计入费用，不能直接汇集于某机型成本的费用先要通过飞机维修费账户进行归集，然后按一定标准分配到各个机型成本中去。

五、管道运输

管道运输与铁路运输的成本特征一样，固定成本占据的比例较大，而随着每批运输量的增加，管道运输的单位运输成本会降低，这同样是规模经济的结果。管道公司（或拥有管道的石油公司）拥有运输管道、泵站和气泵设备。这些固定装备的成本加上其他成本使管道的固定成本与总成本的比例是所有运输方式中最高的。可变成本主要包括运送产品（通常为原油和成品油）的动力和与泵站经营相关的成本。管道运输对动力的需求差异很大，取决于线路的运量和管道的直径。大管道和小管道相比，周长之比不像横截面面积之比那么大，摩擦损失和气泵动力之随管道周长变大而增加，而运量则随截面的增大而提高。其结果是，只要有足够大的运量，大管道的每吨千米成本会迅速下降。在一定的管道规格条件下，如果运送的产品种类过多，管道运输的规模收益会递减。

小　结

物流质量是物流服务管理的核心。现代物流的概念中，则更强调质量的重要性，强调质量是决定物流活动效率和物流服务水平的关键因素。尤其在物流国际化趋势越来越强，物流大型化之后，质量观念比以往更加重要。本章围绕着运输质量和成本这两个主题，对物流企业的质量管理概念、质量管理保证体系的内容、质量管理的衡量指标以及物流运输成本的含义和分类、各类运输方式的运输成本的构成和计算方法进行了介绍。通过本章的学习，学生应基本掌握以上这些概念、特征、含义等，并能够对特定情况下的交通运输企业运输质量和运输成本进行简单的归纳和分析。

案 例 分 析

案例一　上海通用汽车 CKD 零件综合运输服务

"上海通用汽车有限公司"由上海汽车工业（集团）总公司与美国通用汽车公

司分别出资 50%组建，总投资 15.2 亿美元，本部位于上海浦东金桥出口加工区，生产"别克君威"系列轿车、"别克凯越"系列轿车和"凯迪拉克"系列等车型。中货公司所属上海中货承担上海通用汽车本部全部进口 CKD 零部件的海运、清关、仓储和内陆配送。在进口清关中采取零件级分类报关模式，派驻厂员协助客户进行工作，为客户节约大量关税；同时针对部分 CKD 采取木箱级配送，提供与生产紧密结合的综合运输服务。自 1998 年 7 月签订门到门运输协议以来，上海中货遵守承诺，以安全、快捷、经济、周到的服务专人接单、专人报关、专用车辆为通用提供优质高效服务。2004 年全年操作货量达 35 000 TEU。

思考题

以上案例中有哪些环节体现了上海通用汽车有限公司提高了其运输质量管理？

案例二 韩国三星公司合理化运输

企业物流进行的根本目标就是通过在采购、销售过程中有效地掌握物流、信息流去满足客户的需求，也就是在最合适的时间、最合适的地点提供给客户需要的产品。今天的商业环境正在发生显著的变化，市场竞争愈加激烈，客户的期望值正在日益提高。为适应这种变化，企业的物流工作必须进行革新，创建出一种适合企业发展、让客户满意的物流运输合理化系统。三星公司从 1989 年到 1993 年实施了物流运输工作合理化革新的第一个五年计划。这期间，为了减少成本和提高配送效率进行了"节约成本 200 亿"、"全面提高物流劳动生产率劳动"等活动，最终降低了成本，缩短了前置时间，减少了 40%的存货量，并使三星公司获得首届韩国物流大奖。三星公司从 1994 年到 1998 年实施物流运输工作合理化革新的第二个五年计划重点是将销售、配送、生产和采购有机结合起来，实现公司的目标。即将客户的满意程度提高到 100%，同时将库存量再减少 50%。为了这一目标，三星公司将进一步扩展和强化物流网络，同时建立了一个全球性的物流链使产品的供应路线最优化，并设立全球物流网络上的集成订货—交货系统，从原材料采购到交货给最终客户的整个路径上实现物流和信息流一体化，这样客户就能以最低的价格得到高质量的服务，从而对企业更加满意。基于这种思想，三星公司物流工作合理化革新小组在配送选址、实物运输、现场作业和信息系统四个方面去进行物流革新。

一、配送选址新措施

为了提高配送中心的效率和质量，三星公司将其划分为产地配送中心和销地配送中心。前者用于原材料的补充，后者用于存货的调整。对每个职能部门都确定了最优工序，配送中心的数量被减少、规模得以最优化，便于向客户提供最佳的服务。

二、实物运输革新措施

为了及时地交货给零售商，配送中心考虑货物数量和运输所需时间的基础上确定出合理的运输路线。同时，一个高效的调拨系统也被开发出来，这方面的革新加强了支持销售的能力。

三、现场作业革新措施

为使进出工厂的货物更方便快捷地流动，公司建立了一个交货点查询管理系统，可以查询货物的进出库频率，高效地配置资源。

四、信息系统新措施

三星公司在局域网环境下建立了一个通讯网络，并开发了一个客户服务器系统，公司集成系统（SAPR）的三分之一被投入物流中使用。由于将生产配送和销售一体化，整个系统中不同的职能部门能达到信息共享。客户如有涉及物流的问题，都可以通过实行订单跟踪系统得到回答。

另外，随着客户环保意识的增强，物流工作对环境保护负有更多的责任，三星公司不仅对客户许下了保护环境的承诺，还建立了一个全天开放的由回收车组成的回收系统，并由回收中心来重新利用那些废品，以此来提升自己企业在客户心目中的形象，从而更加有利于企业的经营。

思考题

根据以上案例归纳出韩国三星公司是通过哪些途径实现了运输质量的提高，并分析通过这些途径达到的效果。

案例三　借鉴美国物流成本管理经验

我国如降低1%的物流成本，就等于增长了100亿美元的经济效益，降低物流成本是提高效益的重要措施。据测算，美国每年的经济规模为10万亿美元，如果降低1%的成本，就相当多出1000亿美元的效益。我国现在是1万亿美元的经济规模，如果降低1%的物流成本就等于增长了100亿美元的经济效益。美国的物流成本管理经验对我国物流业有重要启示。美国物流成本约占GDP的10%成本计算方法独到。美国物流成本占GDP的比重在20世纪90年代保持在11.4%~11.7%，而进入20世纪最后10年，这一比重有了显著下降，由11%以上降到10%左右，甚至达到9.9%，但物流成本的绝对数量还在一直上升。分析发现，美国的物流成本主要由3部分组成：一是库存费用，二是运输费用，三是管理费用。比较近20多年来的变化可以看出，运输成本在GDP中的比例大体保持不变，而库存费用比重降低是导致美国物流总成本比例下降的最主要原因。这一比例由过去接近5%下降到不足4%。由此可见，降低库存成本、加快周转速度是美国现代物流发展的突出成绩。也就是说利润的源泉更集中在降低库存、加速资金周转方面。

宏观上，美国物流成本包括的 3 个部分，且各自有其测算的办法。第一部分库存费用是指花费在保存货物的费用，除了包括仓储、残损、人力费用及保险和税收费用外，还包括库存占压资金的利息。其中，利息是当年美国商业利率乘以全国商业库存总金额得到的。把库存占压的资金利息加入物流成本，这是现代物流与传统物流费用计算的最大区别，只有这样，降低物流成本和加速资金周转速度才从根本利益上统一起来。

第二部分运输成本包括公路运输、其他运输方式与货主费用。公路运输包括城市内运送费用与区域间卡车运输费用。其他运输方式包括：铁路运输费用、国际国内空运费用、货物代理费用、油气管道运输费用。货主方面的费用包括运输部门运作及装卸费用。近十年来，美国的运输费用占国民生产总值的比重大体为6%，一直保持着这一比例，说明运输费用与经济的增长是同步的。

第三部分物流管理费用，是按照美国的历史情况由专家确定一个固定比例，乘以库存费用和运输费用的总和得出的。美国的物流管理费用在物流总成本中比例大体在 4% 左右。

另一个反映美国物流效率的指标是库存周期。美国平均库存的周期在 1996年—1998 年保持在 1.38 个月到 1.40 个月之间，但 1999 年发生了比较显著的变化，库存周期从 1999 年 1 月份的 1.38 个月降低到年底的 1.32 个月，这是有史以来的最低周期。库存周期减少的原因是由于销售额的增长超过了库存量增长。美国的物流成本管理对我们有三大启示：

第一，降低物流成本是提高效益的重要战略措施。美国每年 10 万亿美元的经济规模，如果降低 1% 的成本，就相当多出 1 000 亿美元的效益。我国现在是 1万亿美元的经济规模，如果降低 1% 的物流成本，就等于增长了 100 亿美元的效益。业界普遍认为我国物流成本下降的空间应该在 10 个百分点或更多，这是一笔巨大的利润源泉。

第二，美国的实践表明，物流成本中运输部分的比例大体不变，减少库存支出就成为降低物流费用的主要来源。减少库存支出就是要加快资金周转，压缩库存，这与同期美国库存平均周转期降低的现象是吻合的。因此，发展现代物流就是要把目标锁定在加速资金周转，降低库存水平上。这是核心的考核指标。

第三，物流成本的概念必须拓展。库存支出不仅仅是仓储的保管费用，更重要的是要考虑它所占有的库存资金成本，即库存占压资金的利息。理论上还应该考虑因库存期过长造成的商品贬值、报废等代价，尤其是产品周期短、竞争激烈的行业，如电子计算机、电子、家电等。

🏺 思考题

1. 从以上案例中我们能够向美国学习到哪些运输成本管理方法？
2. 结合我国实际情况，简述控制运输成本都应该向哪些方向努力。

练 习 题

一、选择题

1. 质量管理是随着生产的发展和科学技术的进步而逐渐形成和发展起来的，它发展到今天大致经历了（　　）阶段。

  A. 质量检验阶段   B. 统计质量管理阶段

  C. 全面质量管理阶段   D. 质量保证阶段

2. 以下关于交通运输产品的说法，正确的是（　　）。

  A. 是指运输服务   B. 是指运输过程的结果

  C. 是有形的   D. 是网络型企业所提供的

3. 以下关于运输产品质量的含义说法，正确的是（　　）。

  A. 运输产品质量   B. 运输工作质量

  C. 运输服务质量   D. 运输工具质量

4. 以下（　　）属于运输质量的特性。

  A. 安全性   B. 及时性

  C. 经济性   D. 完整性   E. 服务性

5. 以下关于货运质量事故分类的说法，正确的是（　　）。

  A. 重大事故   B. 大事故   C. 一般事故   D. 小事故

6. 全面质量管理保证体系的内容主要包括（　　）。

  A. 思想保证体系   B. 组织保证体系

  C. 生产过程即辅助生产过程保证体系   D. 检验保证体系

二、简答题

1. 请简要回答公路运输成本的计算方法。

2. 请简要回答铁路运输成本的构成特点。

3. 请简要回答航空运输成本近些年来发展的新趋势。

4. 请简要回答水路运输成本与其他运输成本的区别。

5. 请简要回答管道运输成本与铁路运输成本构成上的相同之处。

6. 简述运输质量管理在当今物流业发展中的意义。

7. 简述运输企业全面质量管理保证体系的内容。

8. 比较不同运输方式成本构成上的特征有哪些区别。

三、实践练习

1. 请就某主营运输业务的物流企业实际情况（可以是具备综合运输方式的企

业或者是只有单一运输方式的企业），结合本章所学知识来分析该企业的运输质量水平。（不少于 500 字）

2. 如果情况允许，请调查该企业的运输成本构成，并在该运输企业的运输成本构成中找出该企业可以尝试的降低费用的突破点，最后作出降低运输总成本的可行性报告。（不少于 400 字）

参 考 文 献

陈宜吉. 2003. 铁路货运组织. 北京. 中国铁道出版社

戴实, 冯双. 2006. 铁路货运组织. 北京. 中国铁道出版社

董文尧. 2006. 质量管理学. 北京: 清华大学出版社

对外经贸大学国际经贸学院运输系. 2004. 国际货物运输实务. 北京: 对外经济贸易大学出版社

高名波. 2006. 物流运输管理实务. 北京: 中国劳动社会保障出版社

黄民, 张建平. 2007. 国外交通运输发展战略及启示. 北京. 中国经济出版社

季永青. 2003. 运输管理实务. 北京: 高等教育出版社

课程组自编教材. 2007. 运输管理实务. 北京: 电子工业出版社

李克秦. 2006. 物流运输实务. 北京: 中国物资出版社

李永生, 黄君麟. 2004. 运输经济学. 北京: 机械工业出版社

缪六莹, 王进. 2004. 运输管理实务. 北京: 电子工业出版社

牛鱼龙. 2005. 货运物流实用手册. 北京: 人民交通出版社

曲昭仲. 2005. 物流运输管理与实务. 北京: 机械工业出版社

陶涛, 李诚明, 严力. 新编公司必备合同签订与范本（下册）. 呼和浩特: 内蒙古人民出版社

王庆功. 2003. 物流运输实务. 北京: 中国物资出版社

阎子刚, 2006. 物流运输管理实务. 北京: 高等教育出版社

杨浩. 2004. 运输组织学. 北京: 中国铁道出版社

杨志刚, 杜小磊, 孙志强. 2006. 国际物流实务、法规与案例. 北京: 人民交通出版社

姚新超. 2003. 国际贸易运输. 北京. 对外经济贸易大学出版社

约翰·J. 科伊尔等. 2004. 运输管理. 张剑飞等译. 北京: 机械工业出版社

张敏, 黄中鼎. 2004. 物流运输管理. 上海: 上海财经大学出版社

张瑜. 2004. 物流法规. 北京: 对外经济贸易大学出版社

中国国际货运代理协会. 2005. 国际多式联运与现代物流理论与实务. 北京. 中国商务出版社

朱隆亮, 谭任绩. 2004. 物流运输组织管理. 北京. 机械工业出版社

朱强, 闫子刚. 2006. 运输管理实务. 北京: 中国物资出版社

www.China.com.cn/economic/txt/2007-11/30/content_9320437.htm